谢亚勇　王海霞　卢长福　赵　磊◎编著

城市轨道交通结构抗震设计

中国石化出版社
·北京·

图书在版编目(CIP)数据

城市轨道交通结构抗震设计 / 谢亚勇等编著 .—北京:中国石化出版社,2023. 12
ISBN 978-7-5114-7314-1

Ⅰ. ①城… Ⅱ. ①谢… Ⅲ. ①城市铁路-轨道交通-防震设计 Ⅳ. ①U239. 5

中国国家版本馆 CIP 数据核字(2023)第 240709 号

中国石化出版社出版发行
地址:北京市东城区安定门外大街 58 号
邮编:100011 电话:(010)57512500
发行部电话:(010)57512575
http://www. sinopec-press. com
E-mail:press@ sinopec. com
北京鑫益晖印刷有限公司印刷
全国各地新华书店经销
*
787 毫米×1092 毫米 16 开本 14 印张 347 千字
2024 年 3 月第 1 版 2024 年 3 月第 1 次印刷
定价:60. 00 元

《城市轨道交通结构抗震设计》
编　委　会

主　编　谢亚勇　北京轨道交通建设管理有限公司

王海霞　广州地铁设计研究院股份有限公司

卢长福　南昌轨道交通设计研究院有限公司

赵　磊　北京城建设计发展集团股份有限公司

副主编　陈　嘉　中铁第一勘察设计院集团有限公司

蔡佳良　北京城建设计发展集团股份有限公司

编　委　资利军　广州地铁设计研究院股份有限公司

胡文聪　中铁二院华东勘察设计有限责任公司

前言

城市轨道交通是指为采用轨道结构进行承重和导向的车辆运输系统，依据城市交通总体规划的要求，设置全封闭或部分封闭的专用轨道线路，以列车或单车形式，运送相当规模客流量的公共交通方式。根据《城市公共交通分类标准》(CJJ/T 114—2007)，城市轨道交通包括地铁系统、轻轨系统、市域快速轨道交通系统、单轨系统、有轨电车系统、自动导向轨道系统、磁浮系统等。此外，随着交通系统的发展已出现其他一些新交通系统。城市轨道交通是城市公共交通的骨干，具有节能、省地、运量大、全天候、无污染(或少污染)又安全等特点，属绿色环保交通体系，特别适应于大中城市。

随着城市化进程的加快和人口增长，城市轨道交通系统作为一种重要的城市公共交通方式迅速发展。然而，城市轨道交通线路穿越地质灾害区域和高层建筑群区域，地震造成的破坏也日益引起人们的关注。因此，在城市轨道交通建设过程中科学合理地进行结构抗震设计，这对于保障城市轨道交通系统的安全和可靠性具有重要意义。

编者在参考《城市轨道交通结构抗震设计规范》(GB 50909—2014)、《中国地震烈度表》(GB/T 17742—2020)、《中国地震动参数区划图》(GB 18306—2015)、《机车车辆动力学性能评定及试验鉴定规范》(GB 5599—2019)、《城市轨道交通岩土工程勘察规范》(GB 50307—2012)、《组合结构设计规范》(JGJ 138—2016)等相关规范的基础上，对城市轨道交通结构基本知识、地震破坏和结构抗震验算等进行阐述。

全书总共8章，分别为城市轨道交通的结构类型、地震与震害概述、城市轨道交通结构抗震设计概述、城市轨道交通地上结构抗震计算、城市轨道交通地下结构抗震计算、城市轨道交通结构抗震性能验算、城市轨道交通结构抗震构造措施和城市轨道交通结构抗震设计案例。

限于编写时间仓促、编者专业能力不足，书中难免有错漏之处，敬请广大读者批评指正。

目　录

第1章 城市轨道交通的结构类型

城市轨道交通线路根据需要可以设在地面、地上和地下。当线路位于地面时，轨道结构铺设于路基之上，与传统的铁路相同；当线路位于地面以上时，采用高架结构；当线路位于地面以下时，采用地下结构。另外，城市轨道交通线路因在区间和车站的功能不同，所采用的结构形式也不尽相同。下面主要介绍高架区间结构、高架车站结构、地下车站结构、地下区间结构和地面线的路基结构。

1.1 高架区间结构

城市轨道交通高架区间的跨径、结构形式和梁形的选择，不仅影响工程的实施进度及对环境的干扰程度，还直接影响工程的投资和建成后的使用效果以及城市景观，同时还受沿线的区域位置、周边环境、高架区间和地面道路的平面关系等多种因素的制约，因此应综合考虑以上各因素的影响，充分发挥各类结构形式的优点以达到最佳效果。

1.1.1 一般梁式结构

高架区间结构采用箱梁、板梁、T形梁和槽形梁等形式。

1.1.1.1 箱梁

箱梁是目前国内外广泛采用的高架结构形式之一，其建筑高度适中，外观线形流畅、美观，有成熟的设计和施工经验。箱梁动力性能优越，抗扭刚度大，整体性好，适用性强，在区间直线、曲线、折返段及渡线段均可采用。可以选择的断面主要有单箱单室、双箱单室和单箱多室三种。

(1) 单箱单室箱梁(双线)

单箱单室箱梁(双线)(横截面如图1.1所示)，标准跨径为30m，施工方法常采用现场浇筑，也可以采用整体预制吊装施工、后张预应力钢筋混凝土梁。一般梁高1.8m、顶宽8.0m、底宽3.3m(对应3.7m线间距)；跨中顶板和底板厚度均为220mm，腹板厚度为400mm；腹板形式为斜腹板。

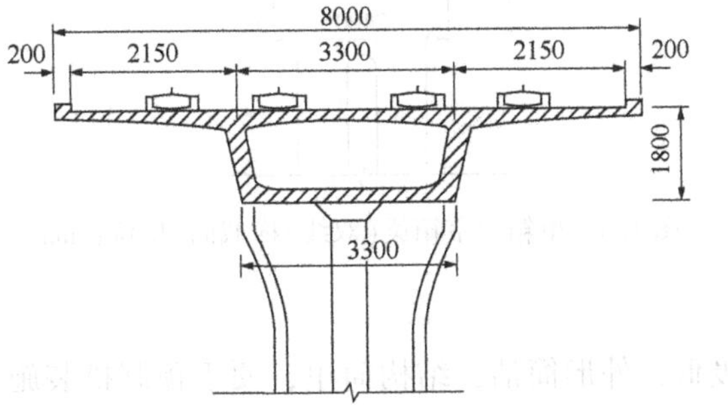

图1.1 单箱单室箱梁(双线)横截面(单位：mm)

(2) 双箱单室箱梁(双线)

双箱单室箱梁(双线)(横截面如图 1.2 所示)，适用于采用预制拼装施工方法的区段，例如线路位于现有地面道路路中。为方便运输及吊装，一般合理跨径为 25m。预制箱梁顶宽 4.0m，底宽 1.8m(对应 5m 线间距)，梁高 1.7m，两片箱梁拼装后顶面宽 8.0m，顶板和底板厚度均为 220mm，横向拼接现浇段宽 920mm，两片箱梁间沿桥纵向每隔 5m 设一道 250mm 宽的横隔板，以增强梁的整体刚度。

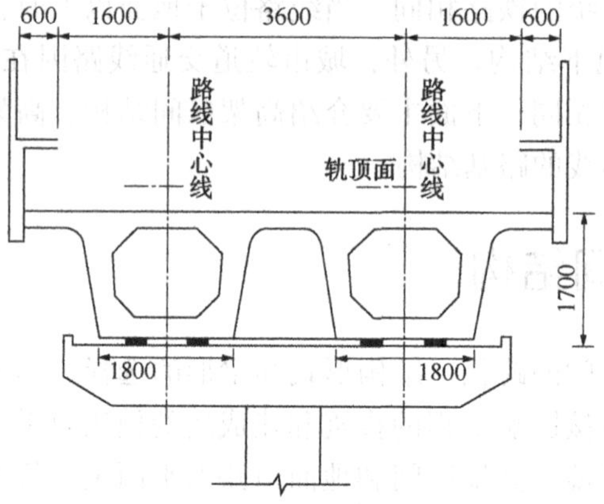

图 1.2　双箱单室箱梁(双线)横截面(单位：mm)

(3) 单箱多室箱梁(双线或多线)

单箱多室箱梁的整体性好，刚度大，能够充分利用材料的力学性能，且能减轻上部结构的重量，能够改善下部结构的受力状况。单箱多室箱梁常用于折返段、渡线段等桥面较宽区段，尤其当箱梁位于较小半径的平曲线段上时。该箱梁可采用后张预应力混凝土或钢筋混凝土结构，施工方法宜采用现浇施工。其中，单箱双室箱梁(双线)(横截面如图 1.3 所示)，箱梁顶宽 8.0m，底宽 2.4m，高 1.8m。

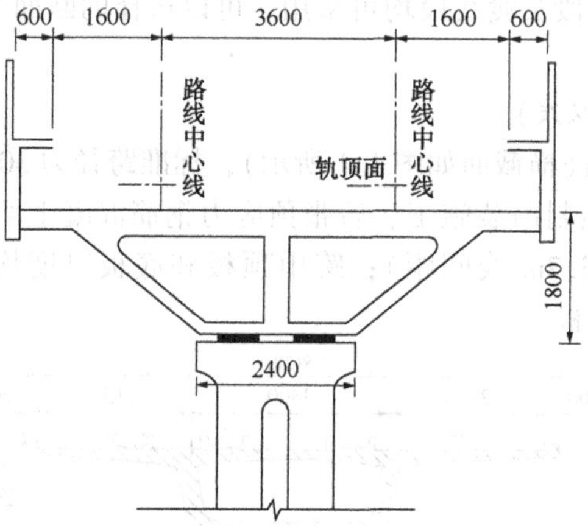

图 1.3　单箱双室箱梁(双线)横截面(单位：mm)

1.1.1.2　板梁

板梁结构建筑高度低，外形简洁，结构简单，便于预制拼装施工。预应力板梁的经济跨度为 16～20m。板梁主要有空心板梁(横截面如图 1.4 所示)和低高度板梁(横截面如

图 1. 5所示）两种形式。空心板梁每跨可根据桥面宽度采用4~8片拼装而成，而低高度板梁通常采用两片拼装组成。

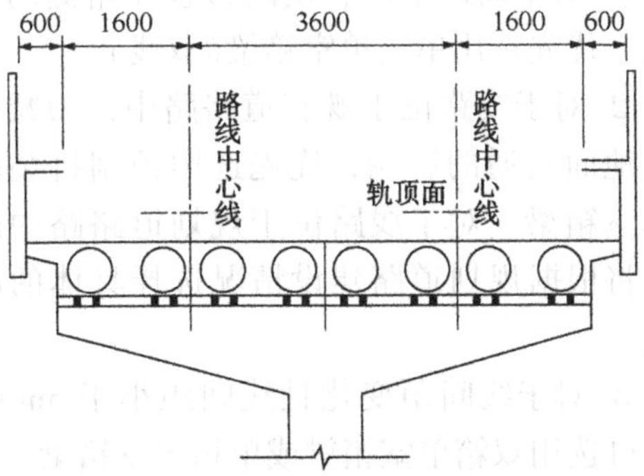

图 1.4 空心板梁横截面（单位：mm）

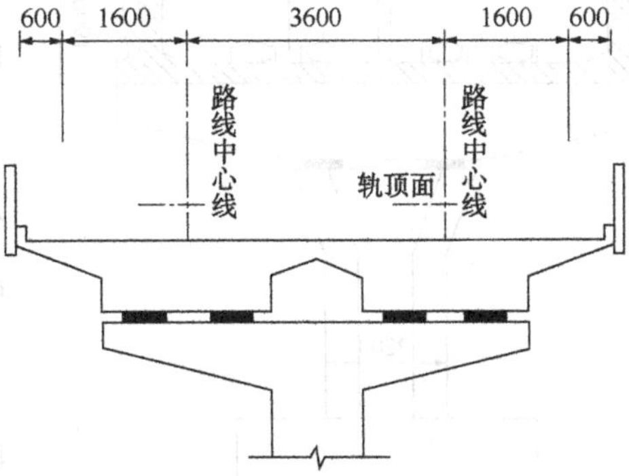

图 1.5 低高度板梁横截面（单位：mm）

1.1.1.3 T形梁

T形梁的设计，施工经验比较成熟，常采用工厂预制，现场吊装，其施工速度快，对既有道路交通干扰少。同时，T形截面又是最经济的桥梁截面形式，该结构与箱梁相比可以减少25%左右的工程数量。T形梁的经济跨度在20~25m，一般T形梁的横截面如图1.6所示，其中梁肋尺寸为0.5m×1.8m，翼缘尺寸为0.5m×0.2m。为了提高拼装T形梁的整体刚度与稳定性，需在两片T形梁间设置一定数量的横隔板。

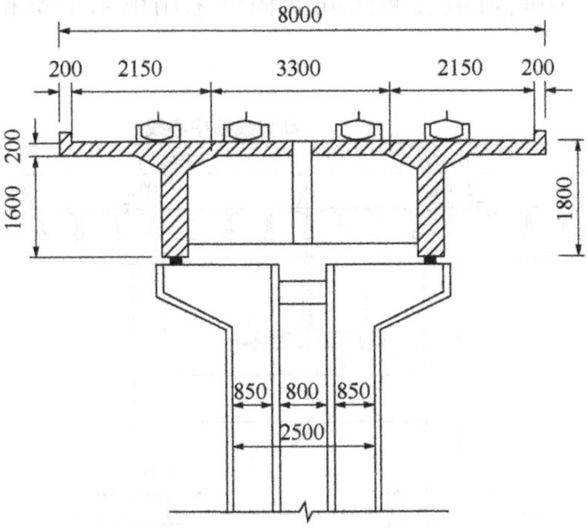

图 1.6 T形梁横截面（单位：mm）

1.1.1.4 槽形梁

槽形梁为下承式结构，其建筑高度低，两侧主梁可兼作隔声屏障和电缆支架，截面综合利用率较高。其缺点是结构受力复杂，需布置多向预应力钢筋；截面形式不十分适宜承受正弯矩的作用，主体结构工程数量指标较高；需要较大的施工及预应力张拉空间。另外槽形梁的造价比等跨径的单箱单室箱梁约高30%。槽形梁主要适用于由地下转入高架及建筑高度受限制的地段。槽形梁横截面如图1.7所示，整个槽形梁宽为9.8m，其中主梁高1.9m。

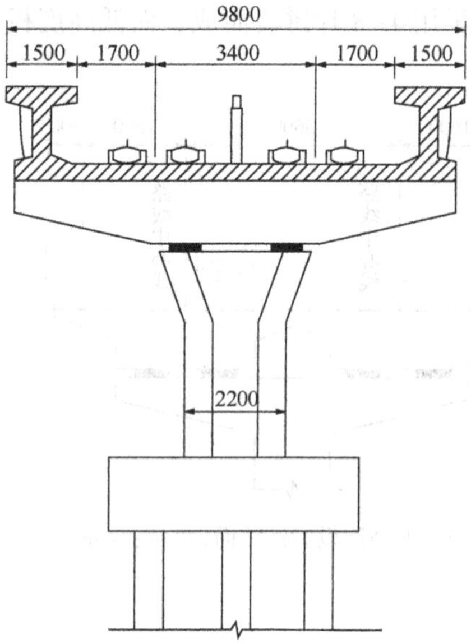

图 1.7　槽形梁横截面(单位：mm)

综上所述，城市轨道交通高架区间梁式结构选择的一般原则如下。

① 对于周边空旷、线路布置在路侧的一般区段，优先选用单箱单室箱梁(双线)。

② 对于线路位于既有道路路中，为减少施工对地面交通的影响，优先选用预制拼装的双箱单室箱梁。对于线路位于规划道路路中的情况，将根据规划道路建设情况选择具体的施工方法。

③ 对于线间距变化且线间距小于 5m 的路段，可选用双箱单室箱梁或单箱多室箱梁。

④ 对于线间距大于 5m 的路段，可选用单箱多室箱梁或单箱单室单线箱梁。

⑤对于高档住宅区和学校等对降低噪声要求较高的区域，推荐采用槽形梁。

1.1.2　一体化高架结构

一体化高架结构是指轨道交通与城市道路高架一体化的高架结构，如图 1.8 所示，中部为轨道交通列车走行结构，上部为高架道路汽车行走结构。上海共和新路高架是国内第一条一体化的高架道路，中间轨道交通区间架构梁采用单箱单室箱梁，上部道路高架区间采用的是 T 形梁。

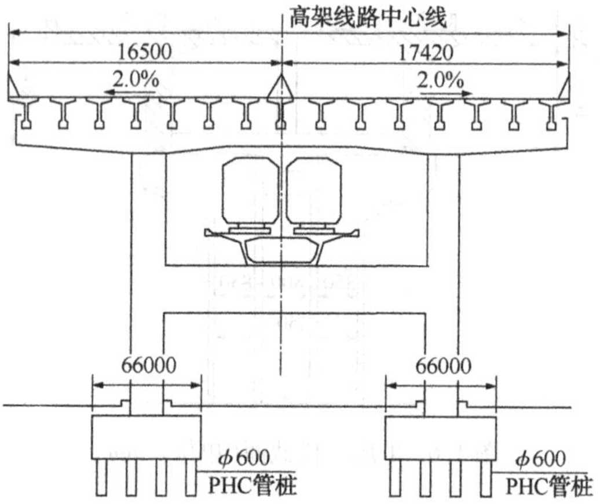

图 1.8　一体化高架结构图(单位：mm)

PHC——Pre-stressed High-strength Concrete，预应力高强度混凝土。

1.1.3　桥墩结构

城市轨道交通高架桥的桥墩，除必须承受上部结构的荷载外，还应考虑美观。适用于城市高架桥的桥墩形式有 T 形墩、双柱墩、Y 形墩等。

1.1.3.1　T 形墩

T 形墩台既能够减轻墩身重量、节约工程材料、减少占地面积，又较为美观，特别适用于高架桥与地面道路斜交的情况，如图 1.9 所示。墩身截面一般为圆形、圆端形、矩形、六角形等。如将 T 形墩与区间 T 形梁、箱形梁、槽形梁等上部结构相结合，则上下结构的轮廓线可平顺过渡、受力合理。

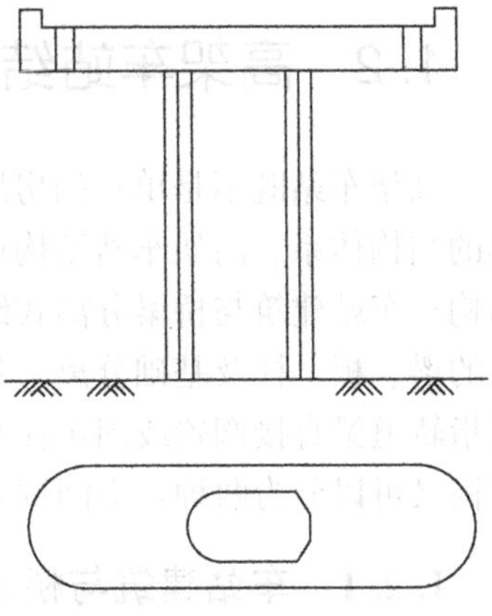

图 1.9　T 形墩示意图

1.1.3.2　双柱墩

双柱墩重量轻、节约工程材料，且承载能力和稳定性均较强，其盖梁的工作条件比 T 形墩有利。常用的结构形式如图 1.10 所示。但双柱墩的美观性较差，透视性不好，占地面积大。

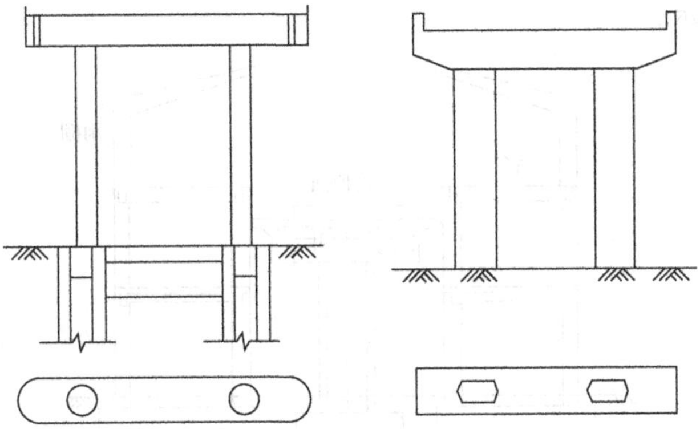

(a)示意图一　　(b)示意图二

图 1.10　双柱墩结构示意图

1.1.3.3　Y 形墩

Y 形墩兼有 T 形墩和双柱墩的优点，重量轻，占地面积少，外表美观简洁，造型轻巧，视野良好，并有利于桥下交通。但其结构相对较复杂，施工也比较麻烦。常见的 Y 形墩结构如图 1.11 所示。

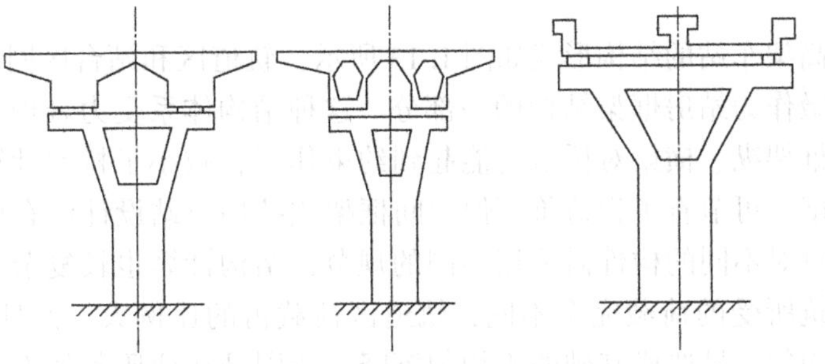

(a)　　(b)　　(c)

图 1.11　Y 形墩结构示意图

1.2 高架车站结构

高架车站既不是单一的房屋结构，也不是单一的桥梁结构，而是桥梁和房屋融合在一起的结构体系。高架车站结构形式：车站建筑与桥梁分离式结构和车站建筑与桥梁联合式结构。车站建筑与桥梁分离式结构是指区间高架桥在车站范围内连续贯通，但与桥台和站厅的梁、板、柱及基础分离，各自形成独立的结构受力体系。车站建筑与桥梁联合式结构是指轨道梁直接搁置或固定在车站横梁上面的一种车站结构形式。车站建筑与桥梁联合式结构又可以分为两种：空间框架式结构和车站建筑与桥梁整体式结构。

1.2.1 车站建筑与桥梁分离式结构

车站建筑与桥梁分离式车站的主体结构分为两个部分，即车站建筑和高架桥。车站建筑设在高架桥之外，高架桥从房屋建筑中穿过，两者在结构上完全分开，受力明确，传力简洁，如图 1.12 所示。

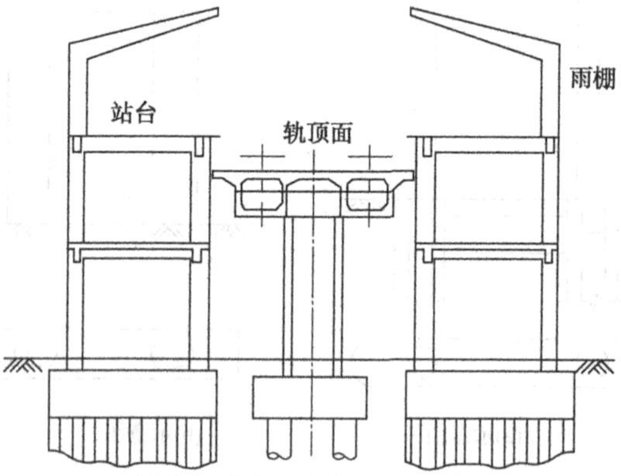

图 1.12 车站建筑与桥梁分离式结构示意图

车站建筑和高架桥受力分别自成系统，可防止列车运行对车站建筑的不利影响，解决了基础的不均匀沉降和车站建筑的振动问题。高架桥和车站建筑可分别依据现行的国家或行业规范进行独立的结构设计和计算。

1.2.2 空间框架式结构

空间框架式高架车站的结构形式如图 1.13 所示，轨道区和站台区同时设置在空间框架结构之上，而桥墩作为站房框架结构的一部分。这种结构体系受力合理，结构整体性和稳定性好。此外，框架纵、横梁对桥墩均能起到约束作用，减小了桥墩计算高度，降低了线路高程和建筑高度，可节省工程造价。但空间框架式结构车站设计没有现行统一的规范和标准可循，设计时对不同的构件需采用不同的规范，结构计算也较复杂。高架轨道区所受的荷载和房屋建筑所受的荷载完全不同，轨道区荷载占的比例大，而且受载点不断变化。框架结构受载不均匀，易造成基础的不均匀沉降，特别是在地质条件不好的地段。一旦发生基础不均匀沉降，将损坏结构，而修复又非常困难。当列车以一定速度通过高架车站时，高架车站产生振动，框架结构的动力稳定性一般比桥梁结构差。因此，高架车站的振动控制已成为结构分析和设计的关键问题之一。

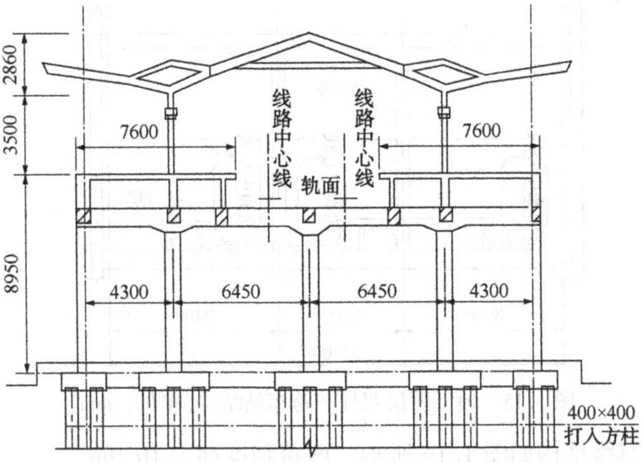

图 1.13　空间框架式高架车站的结构形式(单位：mm)

1.2.3　车站建筑与桥梁整体式结构

车站建筑与桥梁整体式结构如图 1.14 所示，采用这种形式的车站，结构体系的传力途径比较明确，结构的整体性能好。但是，轨道梁与区间的接口不好处理，同时结构施工的难度大，桥道板与其下的结构板不易施工。

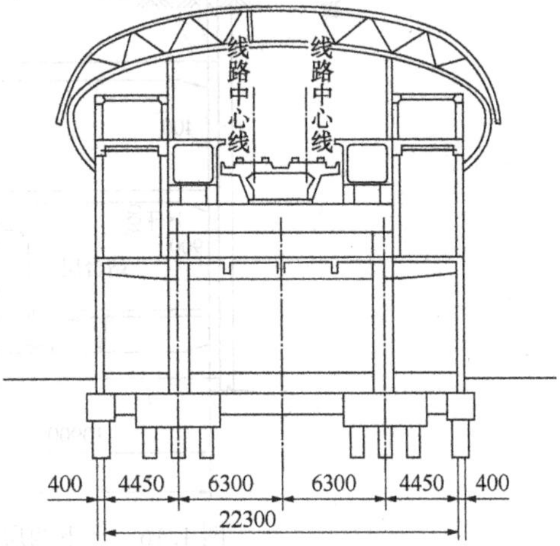

图 1.14　车站建筑与桥梁整体式结构(单位：mm)

1.3　地下车站结构

地下车站通常包含站台区、设备区和客流集散区，建筑空间比较大。一般根据不同的施工方法，地下车站可以采用不同的结构形式。如以围护结构为临时支护主体的明挖法和盖挖法等方法施作的地下车站常采用框架结构；以浅埋暗挖法施工的地下车站常采用拱形结构(单拱或连拱，比如以洞桩法施工的地下车站常采用大跨度或小间距的连拱结构)。

地下车站的结构形式与选择的施工方法密切相关。

1.3.1　框架结构

明挖法施工的地下车站主体结构一般为长条形多层、多跨框架结构，地下两层，地下三层单柱或双柱的框架结构形式，当建筑使用功能上有特殊要求时，车站有时需要局部加宽，采用三柱四跨，甚至四柱五跨结构形式。

地下两层双柱三跨车站结构如图 1.15 所示，总跨度为 25.1m，左侧跨度为 8.9m，中间跨度为 6.8m，右侧跨度为 9.4m。

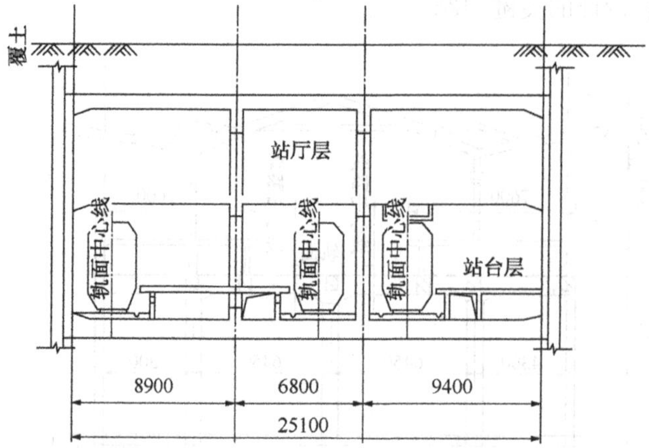

图 1.15　地下两层双柱三跨车站结构(单位：mm)

地下两层单柱双跨结构如图 1.16 所示，两跨跨度都为 10.9m。

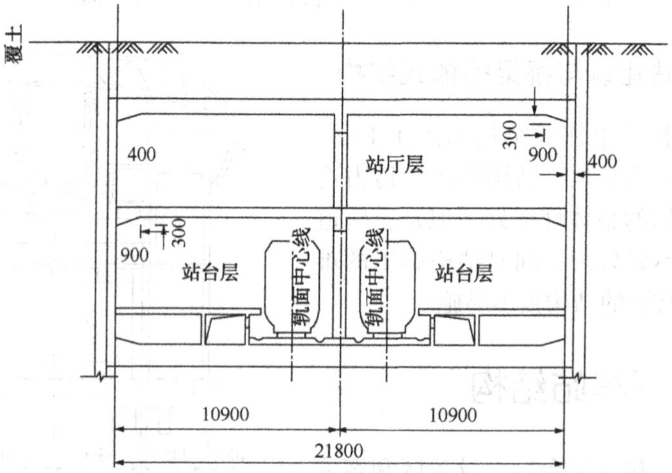

图 1.16　地下两层单柱双跨结构(单位：mm)

站内设置停车线后，车站较宽，为了满足结构受力合理的需要，在车站中心设置四根立柱的四柱五跨结构，如图 1.17 所示，从左向右各跨跨度分别为 4.25m、7.8m、6.2m、6.2m、7.8m 和 4.25m。

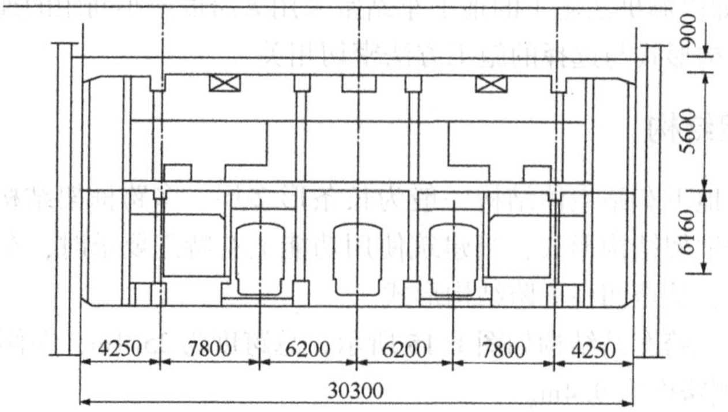

图 1.17　地下两层四柱五跨结构(单位：mm)

1.3.2　拱形结构

拱形地铁车站一般采用暗挖法施工，也有采用盾构法施工的。拱形地铁车站根据线路、建筑使用功能、现场的地质条件和施工方法的不同，可以采用地下单层或者两层的结构，其拱形可以采用单拱式、双拱式或者三拱式结构。单拱多用于单线或双线的区间隧道。双拱式或三拱式结构既可以采用连拱的结构形式，也可以采用小间距拱的结构形式。

根据工程地质条件的不同，国内外暗挖地铁车站主要有以下几种类型。

(1) 大跨度双层单拱结构

此种结构适用于大块状结构完整的花岗岩或侏罗系砂岩等地层，如重庆轻轨交通朝沙线某单拱地下站的初步设计方案，采用了大跨度双层单拱结构(如图 1.18 所示)，北京市蒲黄榆地铁站也采用了双层单拱结构(如图 1.19 所示)。

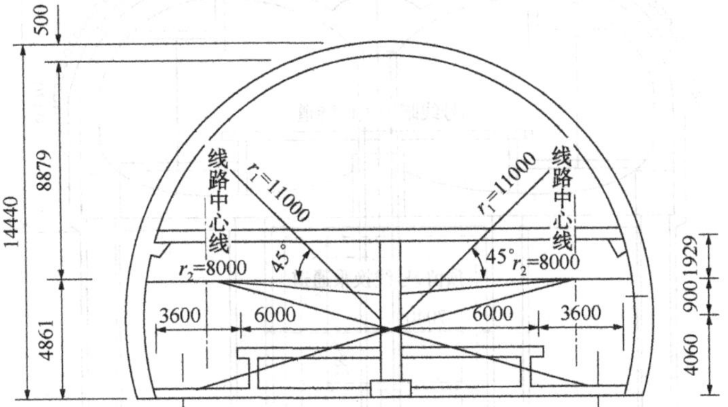

图 1.18　大跨度双层单拱结构(单位：mm)

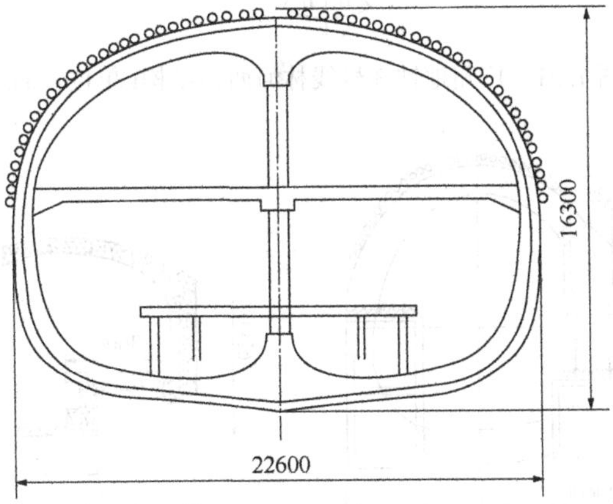

图 1.19　北京市蒲黄榆地铁站结构(单位：mm)

(2) 单层双连拱结构

德国柏林广场地铁站(如图 1.20 所示)、广州地铁 3 号线林河西站(如图 1.21 所示)、北京北新桥地铁站(如图 1.22 所示)、美国纽约地铁站(如图 1.23 所示)等都采用了单层双连拱方案，施工方法均采用浅埋暗挖法。

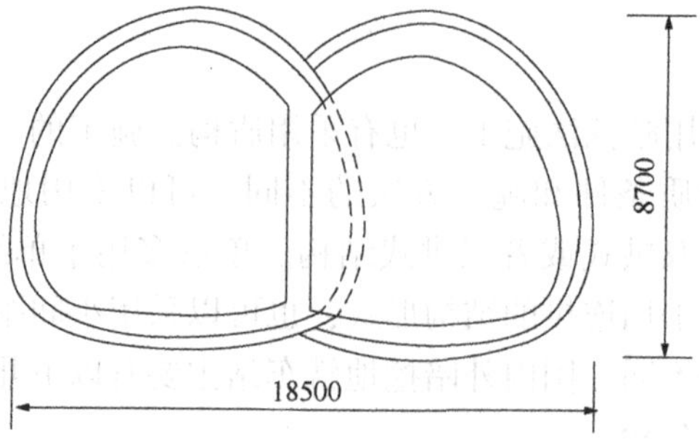

图 1.20　德国柏林广场地铁站结构(单位：mm)

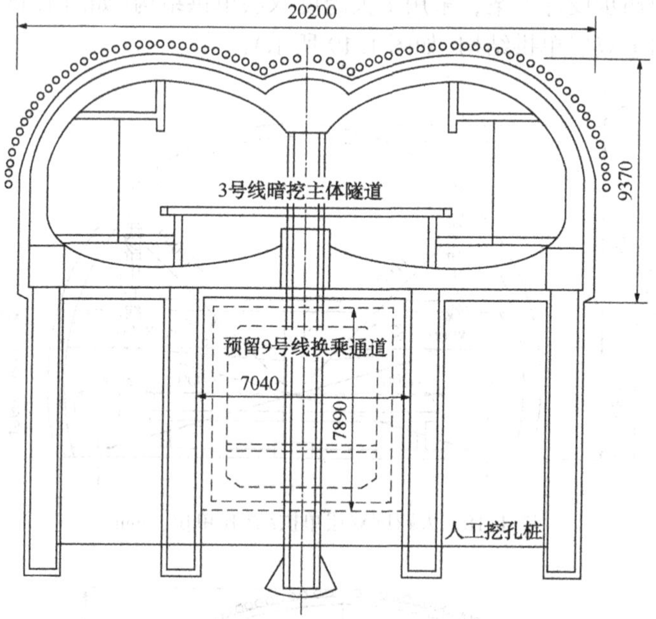

图 1.21　广州地铁 3 号线林河西站结构(单位：mm)

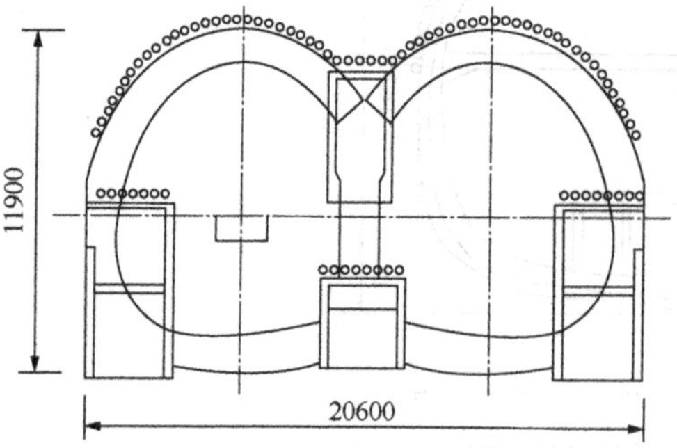

图 1.22　北京北新桥地铁站结构(单位：mm)

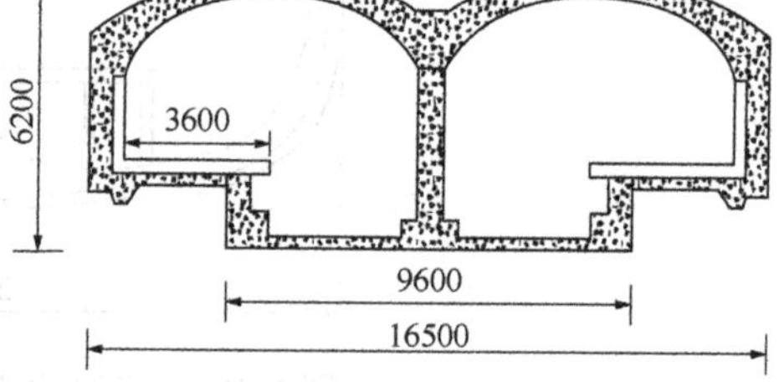

图 1.23　美国纽约地铁站结构(单位：mm)

(3) 单层三连拱结构

哈尔滨轨道交通一期工程中结合既有的“7381”人防车站结构改造的单层三连拱车站结构如图 1.24 所示。

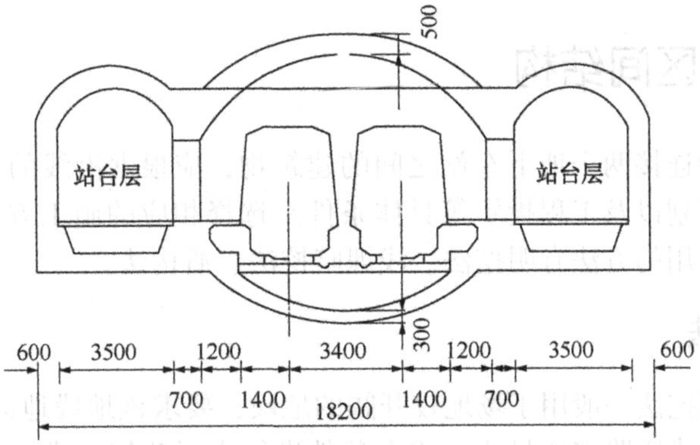

图 1.24　哈尔滨单层三连拱车站结构(单位：mm)

(4) 双层双连拱结构

在深圳地铁设计方案中，部分车站采用了双层双连拱方案，如图 1.25 所示，施工方法采用浅埋暗挖法。

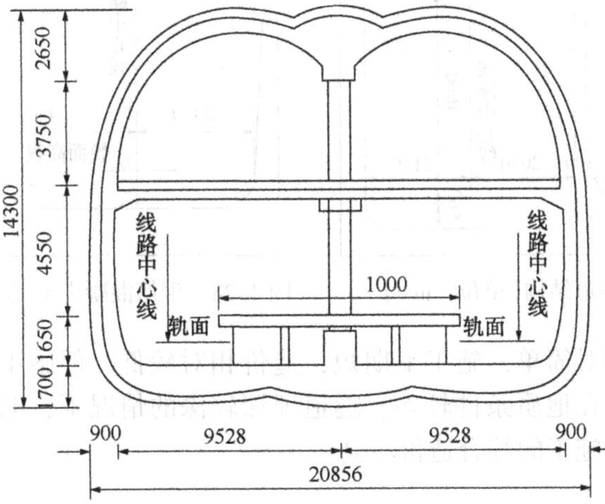

图 1.25　深圳双层双连拱车站结构(单位：mm)

(5) 双层三连拱结构

北京地铁 1 号线的西单、天安门、王府井、东单等站采用的是双层三连拱结构，如图 1.26所示，采用浅埋暗挖法施工。

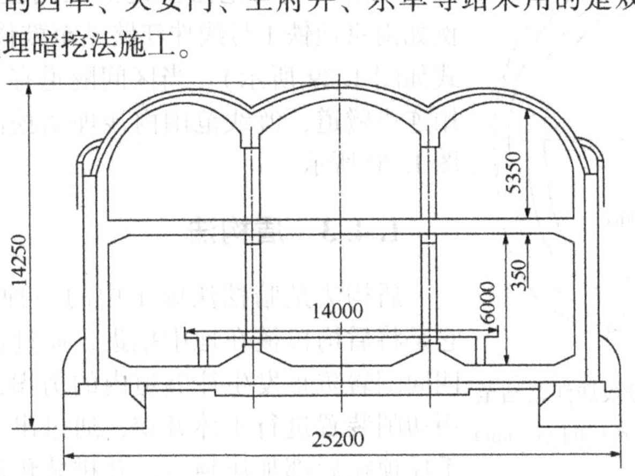

图 1.26　北京地铁 1 号线车站双层三连拱结构(单位：mm)

1.4 地下区间结构

地下区间结构为连接两个地下车站之间的建筑物，应根据沿线的工程地质和水文地质条件、埋深、城市规划以及工程投资等具体条件来选择相应的施工方法和结构形式。修建地下区间结构一般采用的方法有明挖法、浅埋暗挖法、盾构法。

1.4.1 明挖法

地铁区间隧道明挖法一般用于场地较开阔的地段，要求该地段地面建筑和地下管线少，对道路交通影响小，或道路交通量小，或有条件进行交通疏解，或结合市政工程的建设进行明挖施工。结构形式一般为整体浇筑钢筋混凝土矩形框架结构(如图 1.27 所示)，可设中隔墙或根据线路要求采用单跨结构，隧道出地面后为钢筋混凝土 U 形槽结构(如图 1.28 所示)。顶板上可敷设城市地下管网和设施。

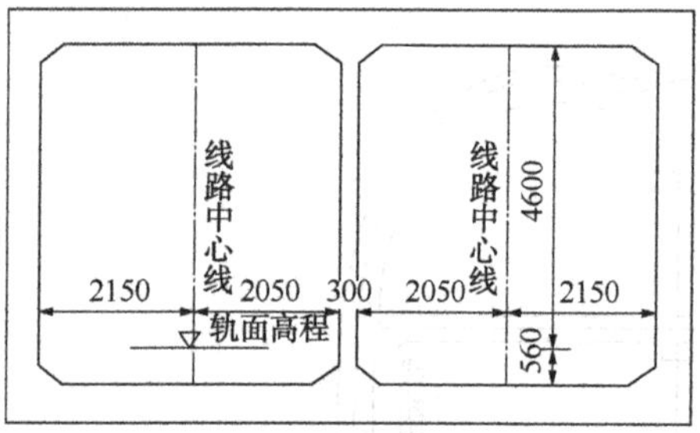

图 1.27　矩形隧道结构(单位：mm)

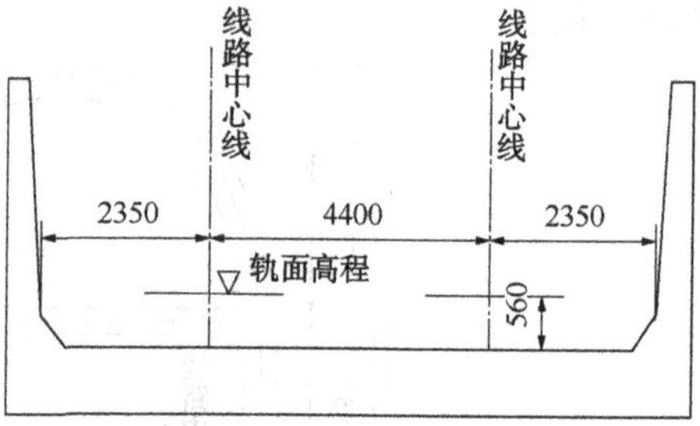

图 1.28　钢筋混凝土 U 形槽结构(单位：mm)

明挖法施工作业相对简单，施工工期短，造价相对较低。但施工对周边环境、地下管线和交通的影响较大。在地质条件较差、隧道埋深较深的情况下，明挖施工时，基坑围护的工程量大，此时明挖施工的综合造价较高。

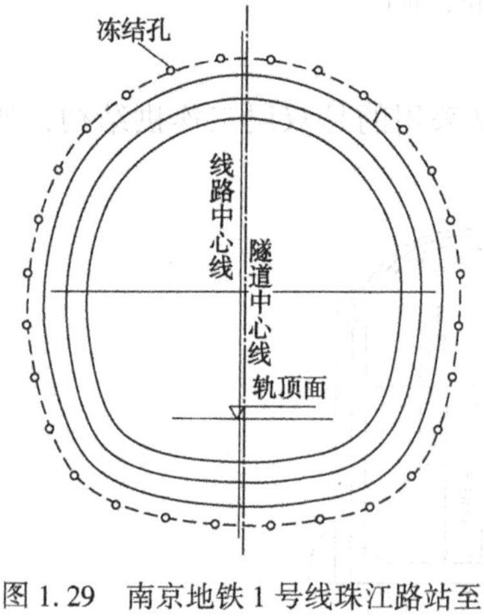

图 1.29　南京地铁 1 号线珠江路站至鼓楼站区间隧道断面形式(单位：mm)

1.4.2 浅埋暗挖法

采用浅埋暗挖法修建的区间隧道一般为单跨拱形，例如南京地铁 1 号线珠江路站至鼓楼站区间隧道(断面形式如图 1.29 所示)。当区间隧道存在渡线时，也可以采用连拱隧道，渡线范围内浅埋暗挖法区间隧道横剖面如图 1.30 所示。

1.4.3 盾构法

盾构法是暗挖法施工中的一种全机械化施工方法。它是将盾构机械在地中推进，通过盾构外壳和管片支承四周围岩防止发生往隧道内的坍塌，同时在开挖面前方用切削装置进行土体开挖，通过出土机械运出洞外，靠千斤顶在后部加压顶进，并拼装预制混凝土管片，形成隧道结构的一种机械化施工方法。

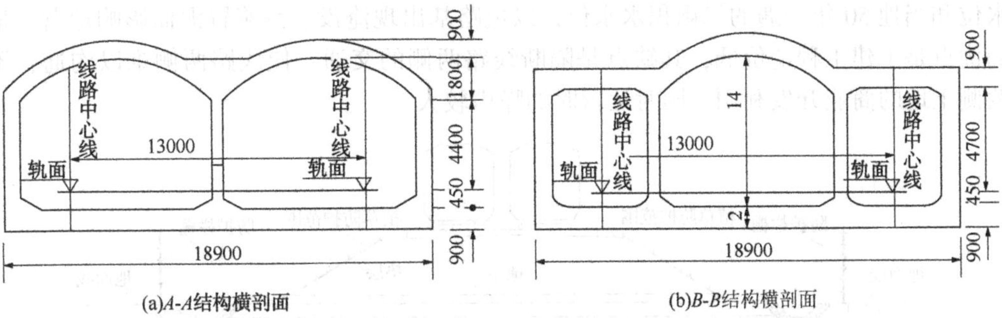

图 1.30　渡线范围内浅埋暗挖法区间隧道横剖面(单位：mm)

盾构机于1847年发明，它是一种带有护罩的专用设备。利用尾部已装好的衬砌块作为支点向前推进，用刀盘切割土体，同时排土和拼装后面的预制混凝土衬砌块。盾构机掘进的出碴方式有机械式和水力式，以水力式居多。水力盾构在工作面处有一个注满膨润土液的密封室。膨润土液既用于平衡土压力和地下水压力，又用作输送排出土体的介质。

盾构机既是一种施工机具，也是一种强有力的临时支撑结构。盾构机外形上看是一个大的钢管机，较隧道部分略大，它是设计用来抵挡外向水压和地层压力的。它包括三部分：前部的切口环、中部的支撑环以及后部的盾尾。

盾构隧道异型断面一般是在原隧道基础上扩挖修建的，扩挖技术成为施工的关键技术。盾构隧道在下述情况下需要进行地中扩挖：①在平行设置的2个隧道之间建造地铁车站等建筑物；②在地中建造组装扩径盾构的空间和各地下设施的收容空间等；③在地中隧道分岔处或某种角度接合处。

采用盾构法修建的隧道一般为单圆隧道(如图1.31所示)或多圆隧道(如图1.32所示)。国内采用较多的是单圆盾构隧道，如上海、广州、南京、深圳等地的地铁区间隧道。

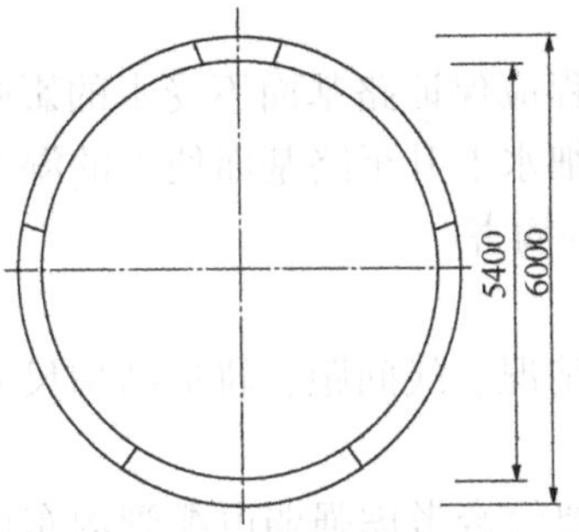

图 1.31　单圆隧道结构(单位：mm)

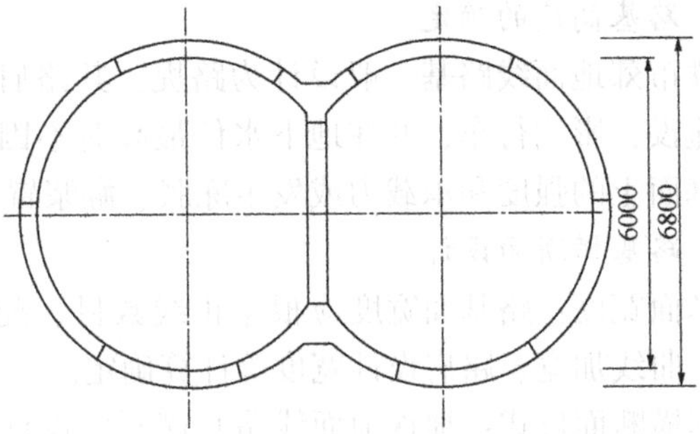

图 1.32　多圆隧道结构(单位：mm)

盾构衬砌类型一般有单层、双层装配式衬砌和挤压式混凝土衬砌等。单层装配式衬砌具有施工工艺单一、操作简单、施工周期短、工程投资小、质量容易保证等特点，同时也能满足刚度、变形控制及防水的要求。因此，根据国内地铁工程施工经验，一般采用钢筋混凝土管片单层装配式衬砌。

1.5　地面线的路基结构

地面线是指在较空旷的地带，道路和建筑物稀少，采用类似普通铁路的路基作为轨道基础的线路形式(横断面如图 1.33 所示)。地面线的路基高度一般要高出通过地段的最高地下水位和当地 50 年一遇的暴雨积水水位，以免路基出现淹没、翻浆冒泥而影响运营。地面线的优点是土建工程造价低，其缺点是隔断线路两侧的交通，使线路两侧难以沟通，不利于两侧土地的商业开发利用，同时运营时的噪声较大。

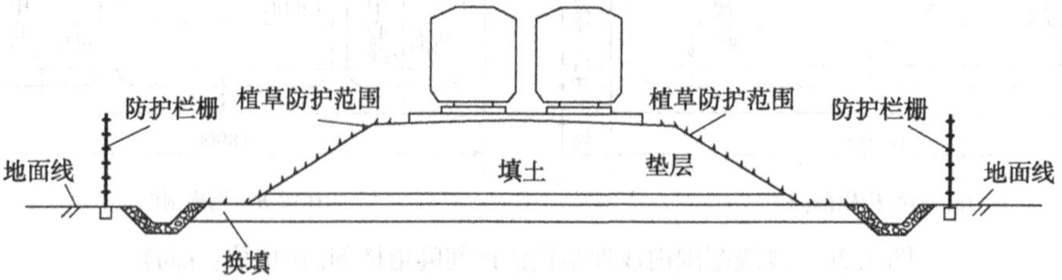

图 1.33　地面线路基横断面

地面线设计时要注意以下几个问题。

① 要结合沿线土体的使用性质从长远的规划上综合慎重考虑是否设置地面线，因城市轨道交通的行车密度大，地面线要防护隔离，这将隔断线路两侧的联系，并带来很大的噪声。

② 在南方地区要充分考虑路基的防淹和排水问题，调查搜集当地的暴雨积水强度来确定最小路面高程，以确保线路的运营安全。如上海轨道交通 9 号线经过一处高压走廊，因受高压线高度控制，局部线路由高架降为地面线，且路基高度根据当地 30 年一遇的暴雨积水高度确定，并采取了一定的排水和保护措施。

在城市轨道交通中，地铁地面线的路基结构设计与常规铁路的一般路基设计不尽相同，它除路基本体工程之外，还需综合考虑动力、照明、通信、信号等电缆管沟(或支架)的布设，又由于有的地铁线路经过城郊，往往还须符合沿线建设规划要求，并充分考虑环境景观，节约用地等因素。地铁地面线的路基结构设计主要包括以下几点。

(1) 路基高度的确定

地铁市郊地面线路基一般设计为路堤，其路肩高程应保证路基面不受水的影响，即不受洪水淹没，影响行车，并在地下水位最高时不因毛细水上升至路基面使土的湿度增加而降低路基面土的强度和承载力或发生冻胀、翻浆冒泥等病害。

(2) 路基横断面设计

路基面宽度：路基面宽度应根据正线数目、配线情况、线间距、轨道结构尺寸、路基面形状、曲线加宽、路肩设计宽度等计算确定。

路基横断面形式：地铁地面线路基横断面设计需要综合考虑强弱电缆管沟布设，同时考虑到本段路基地处低洼，自然地面高程大多与邻近河渠常水位基本等高，局部洼地更低。

路基填筑：路基基床(表层厚度 0.4m，底层厚度 1.1m)及其下部填料标准及压实度等技术要求等均按现行地铁设计规范执行。

(3) 电缆槽布设及排水沟设计

为节省用地，区间地面路基地段强弱电缆槽与路基排水沟采用钢筋混凝土综合管沟联体结构，综合管沟尺寸及敷设方式根据相关专业要求设计，包括强电管沟、弱电管沟、管沟排水等。

第2章　地震与震害概述

2.1　地震与地震动

地震是一种自然现象。地震是地球内部能量的突然释放，是地球的快速震颤。据相关统计，地球每年平均发生500万次左右的地震，其中7级以上的地震全球平均每年18～19次，5～6级地震每年数百次，仅中国平均每年发生的5级以上的地震就有20～30次，5级以下的地震则数以千计，人类时刻在与地震相伴，受到震灾影响。如果强烈地震发生在人类聚居区，就可能造成地震灾害，给人类带来巨大的灾难，造成人类生命财产的巨大损失。为了抵御与减轻地震灾害，有必要进行工程结构的抗震分析与抗震设计。

2.1.1　地震类型与成因

2.1.1.1　地震类型

地震可以划分为天然地震和诱发地震两大类。

天然地震包括构造地震和火山地震，前者由地壳构造运动所产生，后者则由火山爆发所引起。比较而言，构造地震发生数量大(约占地震发生总数的90%)、影响范围广，是地震工程的主要研究对象。

诱发地震主要由于人工爆破、矿山开采及重大工程活动(兴建水库)所引发的地震，诱发地震一般不太强烈，只有个别情况(如水库地震)会造成严重的地震灾害。

2.1.1.2　地震成因

从宏观背景上考察，地球是一个平均半径约6400km的椭圆球体。由外到内可分为三层：最表面的一层是很薄的地壳，平均厚度约为30km；中间很厚的一层是地幔，厚度约为2900km；最里面的为地核，其半径约为3500km。地球构造如图2.1所示。

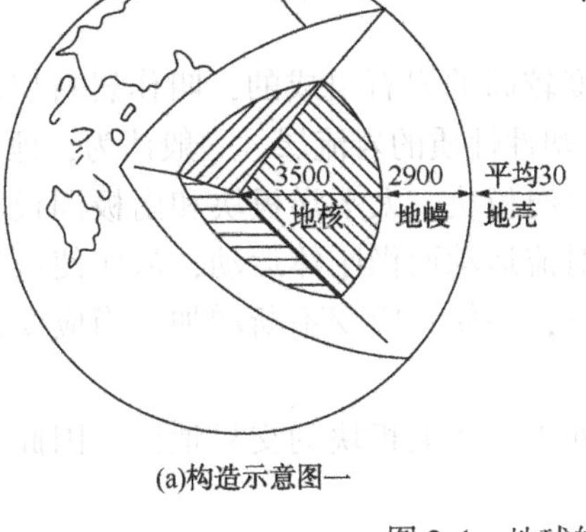

(a)构造示意图一

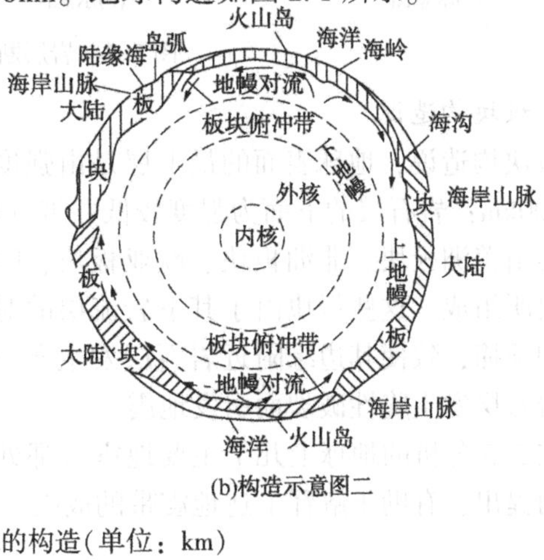

(b)构造示意图二

图2.1　地球的构造(单位：km)

地壳由各种岩层组成。除地面的沉积层外，陆地下面的地壳通常由上部的花岗岩层和下部的玄武岩层构成；海洋下面的地壳一般只有玄武岩层。地壳各处厚薄不一，为5~40km。世界上绝大部分地震都发生在这一薄薄的地壳内。

地幔主要由质地坚硬的橄榄岩组成。由于地球内部放射性物质不断释放热量，地球内部的温度也随深度的增加而升高。从地下20km到地下700km，其温度由大约600℃上升到2000℃。在这一范围内的地幔中存在着一个厚约上百千米的软流层。由于温度分布不均匀，就发生了地幔内部物质的对流。另外，地球内部的压力也是不平衡的，在地幔上部约为900MPa，地幔中间则达37×10^4MPa。地幔内部物质就是在这样的热状态下和不平衡压力作用下缓慢地运动着，这可能是地壳运动的根源。到目前为止，所观察到的最深的地震发生在地下700km左右处，可见地震仅发生在地球的地壳和地幔上部。

地核是地球的核心部分，可分为外核(厚2100km)和内核，其主要构成物质是镍和铁。据推测，外核可能是液态，而内核可能是固态。

对于构造地震，其成因有多种学说，下面主要介绍断层说和板块构造说。

(1) 断层说

按断层说，地壳是由多种岩层构成的，并且不是静止不动的。在它的运动过程中，始终存在着巨大的能量，而组成地壳的岩层在巨大的能量作用下，也在不停地连续变动，产生变形的地应力。当作用力只能使岩层产生变形，但地应力仍然较小时，岩层尚未丧失其连续完整性，仅仅能够发生褶皱。当作用力不断加强，地壳岩层中的应力不断增加，地应力引起的应变超过某处岩层的极限应变时，则使该处的岩层产生断裂和错动(岩层断裂的产生如图2.2所示)，而承受应变的岩层在其自身的弹性应力作用下发生回跳，迅速弹回到新的平衡位置。一般情况下，断层两侧弹性回跳的方向是相反的，岩层中原先构造变动过程中积累起来的应变能，在回弹过程中得以释放，并以弹性波的形式传至地面，从而使地面亦随之产生强烈振动，这就是地震。这是按断层说解释构造地震的成因。

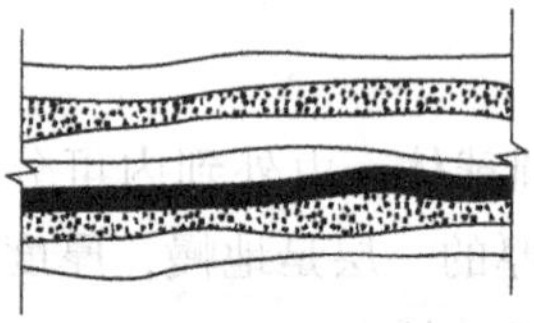
(a)示意图一

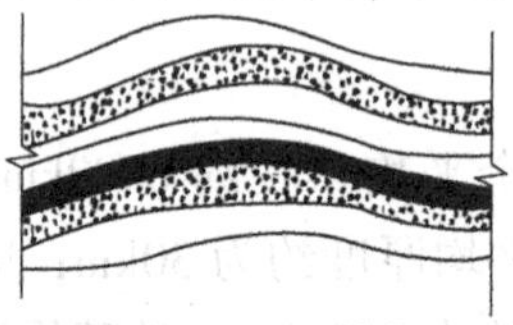
(b)示意图二

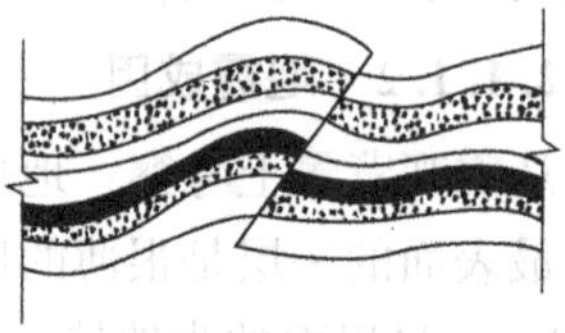
(c)示意图三

图2.2　岩层断裂的产生

(2) 板块构造说

按板块构造说，地球表面的最上层是由强度较高的岩石组成的，叫作岩石层，其厚度为70~100km；岩石层的下面为强度较低并带有塑性性质的岩流层。一般认为，地球表面的岩石层是由美洲板块、非洲板块、欧亚板块、印澳板块、太平洋板块和南极洲板块等若干个大板块所组成。这些板块由于其下岩流层的对流运动而做刚体运动，从而使板块之间相互挤压和顶撞，致使其边缘附近岩石层发生变形，并使其应变不断增加。当应变达到极限值时，岩石层发生脆性破裂而引发地震。

下文2.3分析的地球上几个主要地震带都处于这些大板块的交界地区。因此，板块构造学说的提出，有助于解释上述地震带的成因。

2.1.2 地震波

地震引起的振动以波的形式从震源向各个方向传播并释放能量，这就是地震波。地震波是一种弹性波，它包含在地球内部传播的体波和只限于在地球表面传播的面波。

2.1.2.1 体波

体波中包括纵波和横波两种。体波质点振动形式如图 2.3 所示。

纵波是由震源向外传播的疏密波，其介质质点的振动方向与波的前进方向一致，从而使介质不断地压缩和疏松，故也称为压缩波或疏密波。如在空气中传播的声波就是一种纵波。纵波的特点是周期较短，振幅较小。

横波是由震源向外传播的剪切波，其介质质点的振动方向与波的前进方向相垂直，亦称为剪切波。横波的周期较长，振幅较大。需要注意的是，横波只能在固体内传播，而纵波在固体和液体内都能传播。

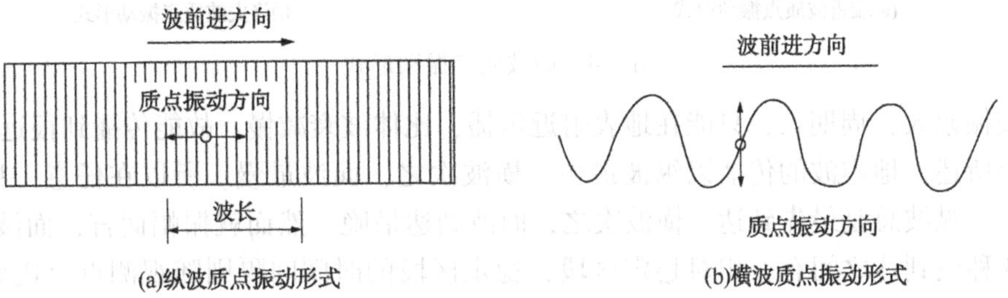

图 2.3 体波质点振动形式

根据弹性理论，纵波传播速度 v_P 与横波的传播速度 v_S 计算如式(2.1)和式(2.2)所示。

$$v_P=\sqrt{\frac{E(1-\mu)}{\rho(1+\mu)(1-2\mu)}} \tag{2.1}$$

$$v_S=\sqrt{\frac{E}{2\rho(1+\mu)}}=\frac{G}{\rho} \tag{2.2}$$

式中 E——介质的弹性模量；

G——介质的剪切模量；

ρ——介质的密度；

μ——介质的泊松比。

在一般情况下，当 $\mu=0.22$ 时，$v_P=1.67v_S$。

由此可见，纵波的传播速度要比横波的传播速度快，所以在仪器的观测记录纸上，纵波一般都先于横波到达。因此，通常又把纵波叫作 P 波(即初波)，把横波叫作 S 波(即次波)。

2.1.2.2 面波

面波是体波从基岩传播到上层土时，经分层地质界面的多次反射和折射，在地表面形成两种次生波，即瑞雷波(R 波)和洛夫波(L 波)。

瑞雷波传播时，质点在竖向平面内(xz 平面)做与波前进方向相反的椭圆形运动，而在与该平面垂直的水平方向(y 方向)没有振动，故瑞雷波在地面上呈滚动形式，如图 2.4(a)

所示。瑞雷波具有随着距地面深度增加其振幅急剧减小的特性，这可能是地震时地下建筑物比地上建筑物受害较轻的一个原因。

洛夫波传播时将使质点在地平面内做与波前进方向相垂直的水平方向(y 方向)的运动，即在地面上呈蛇形运动形式，如图 2.4(b)所示。洛夫波也随深度而衰减。

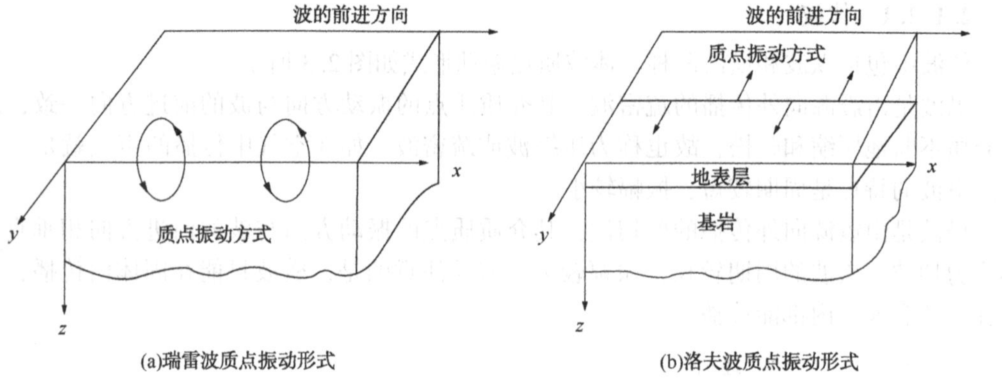

图 2.4　面波质点振动形式

面波振幅大，周期长，只能在地表附近传播，比体波衰减慢，故能传播到很远的地方。

综上所述，地震波的传播以纵波最快，横波次之，面波最慢。所以在任意一地震波的记录图上，纵波总是最先到达，横波次之，面波到达最晚。然而就振幅而言，面波却最大。在上述 3 种波到达之间有一相对稳定区段，稳定区段的时间间隔则随观测点至震源之间距离的减小而缩短。在震中区，由于震源机制和地面扰动的复杂性，3 种波的波列几乎是难以区分的。

地震现象表明，纵波使建筑物产生上下颠簸，横波使建筑物产生水平方向摇晃，而面波则使建筑物既产生上下颠簸又产生左右摇晃，一般是在横波和面波都到达时振动最为激烈。由于面波的能量要比体波的能量大，所以造成建筑物和地表的破坏主要以面波为主。

2.2　地震震级与地震烈度

2.2.1　震级

衡量一次地震释放能量大小的尺度，称为震级。地震的震级一般采用里氏震级，用符号 M 表示，它是由里克特(C. F. Richter)在 1935 年首先提出的，即在离震中 100km 处由 Wood-Anderson 式标准地震仪(摆的自振周期为 0.8s，阻尼系数 0.8，放大倍数为 2800)所记录到的最大水平位移 A[单振幅，单位为微米(1mm=1000μm)]的常用对数。

当震中距不足 100km 时，则需按修正公式进行计算，如式(2.3)所示。

$$M=\lg A-\lg A_0 \tag{2.3}$$

式中　A_0——被选为标准的某一特定地震的最大振幅。

地震震级与地震释放能量经验关系，如式(2.4)所示。

$$\lg E=1.5M+11.8 \tag{2.4}$$

式中　E——地震释放的能量。

当地震震级相差一级时，地面振动振幅相差约 10 倍，而能量相差近 31.6 倍。一次 6 级地震释放的能量相当于一个 2 万吨级的原子弹。

一般来说，$M<2$ 的地震，人们感觉不到，称为无感地震或微震；$2\leqslant M\leqslant 4$ 的地震，称为有感地震；$M>5$ 的地震，对建筑物就会造成不同程度的破坏，统称为破坏性地震；$M>7$ 的地震称为强烈地震或大地震；$M>8$ 级的为特大地震。

2.2.2　地震烈度

地震烈度是指地震时某一地区的地面和各类建筑物遭受到一次地震影响的强弱程度。一次同样大小的地震，若震源深度、离震中的距离和土质条件等因素不同，则对地面和建筑物的破坏也不相同，故各地区所遭受到的地震影响程度也不同。即一次地震对于不同地区有多个地震烈度。

一般来说，离震中愈近，地震影响愈大，地震烈度愈高；离震中愈远，地震烈度就愈低。此外，震中烈度一般可看作地震大小和震源深度两者的函数，但对人们生命财产影响最大且发生最多的地震，其震源深度大多在 10~30km 范围内，因此可近似认为震源深度不变来进行震中烈度 I_0 与震级 M 之间关系的研究。根据全国范围内既有宏观资料，又有仪器测定的 35 次地震资料，《中国地震目录》(1983 年版)给出了根据宏观资料估定震级的经验公式，如式(2.5)所示。

$$M=0.58I_0+1.5 \tag{2.5}$$

必要时可参考地震影响面积的大小做适当调整。当震源深度为 10~30km 时，震级 M 与震中烈度 I_0 的大致对应关系，如表 2.1 所示。

表 2.1　震级 M 与震中烈度 I_0 的对应关系

震级 M	震中烈度 I_0	震级 M	震中烈度 I_0
2	1~2	6	7~8
3	3	7	9~10
4	4~5	8	11
5	6~7	8 以上	12

为评定地震烈度，需要建立一个标准，这个标准就称为地震烈度表。它是以描述震害宏观想象为主的，即根据建筑物的破坏程度、地貌变化特征、地震时人的感觉、家具等物体的反应等方面进行区分。由于对烈度影响轻重的分段不同以及在宏观现象和定量指标确定方面有差异，加上各国建筑情况及地表条件的不同，各国所制定的烈度表也不同。目前，我国采用的是 2020 年公布的《中国地震烈度表》(GB/T 17742—2020)。

2.2.3　地震基本烈度

① 我国 1990 年地震烈度区划图标明的是该地区在 50 年期限内，一般场地条件下，可能遭遇超越概率为 10%的地震烈度。

② 与地震烈度相应的为《中国地震动参数区划图》(GB 18306—2015)提出的与地震动峰值加速度分区对应的烈度值。

2.3 地震的破坏作用

地震具有一定的时空分布规律。从时间上看，地震有活跃期和平静期交替出现的周期性现象。从空间上看，地震的分布呈一定的带状，称为地震带，地球上的地震带主要有环太平洋地震带和欧亚地震带两大地震带。

2.3.1 全球的地震带

(1) 环太平洋地震带

环太平洋地震带是全球规模最大的地震活动带。此带主要位于太平洋边缘地区，包括南美洲的智利、秘鲁，北美洲的危地马拉、墨西哥、美国等国家的西海岸；从阿拉斯加经阿留申至堪察加，转向西南沿千岛群岛至日本，然后分成两支，其中一支向南经马里亚纳群岛至伊里安岛，另一支向西南经琉球群岛、我国台湾省、菲律宾、印度尼西亚至伊里安岛，两支在此会合，经所罗门、汤加至新西兰。全球约80%的浅源地震、90%的中深源地震以及差不多所有深源地震都发生在这一带，所释放的地震能量占全球地震总能量的80%。该带是大多数灾难性地震和全球8级以上巨大地震的主要发震地带。

(2) 欧亚地震带

欧亚地震带是全球第二大地震活动带，横贯欧亚两洲并涉及非洲地区。其中一部分从堪察加开始，越过中亚，另一部分则从印度尼西亚开始，越过喜马拉雅山脉，它们在帕米尔会合，然后向西伸入伊朗、土耳其和地中海地区，再出亚速海。所释放的地震能量占全球地震总能量的15%。我国大部分地区处于此地震带中，此带内也常发生破坏性地震及少数深源地震。

2.3.2 我国的地震带

我国东临环太平洋地震带，南接欧亚地震带，地震分布相当广泛。我国主要的地震带有两条：一是南北地震带，它北起贺兰山，向南经六盘山，穿越秦岭，沿川西至云南省东北，纵贯南北。二是东西地震带，主要的东西构造带有两条：北面的一条沿陕西、山西、河北北部向东延伸，直至辽宁北部的千山一带；南面的一条，自帕米尔高原起，经昆仑山、秦岭直到大别山区。

据此，我国大致可划分为6个地震活动区：①台湾及其附近海域；②喜马拉雅山脉活动区；③南北地震带；④天山地震活动区；⑤华北地震活动区；⑥东南沿海地震活动区。

据统计，我国除个别省份(例如浙江、江西)外，绝大部分地区都发生过较强的破坏性地震，有不少地区现在地震活动还相当强烈，如我国台湾省大地震最多，新疆、西藏次之，西南、西北、华北和东南沿海地区也是破坏性地震较多的地区。

2.3.3 地震的破坏作用

地震灾害作为一种自然灾害，它对社会生活和地区经济发展有着广泛而深远的影响。随着经济的快速发展，城市化进程的加快，人口及物质财富向城市的进一步高度集中，地震所造成的灾害是巨大的。

据不完全统计，20世纪全世界地震死亡人数达170万人，占各类自然灾害死亡人数的54%，直接经济损失达4100亿美元，间接经济损失超过万亿美元。其中，城市地震造成的死亡人数约占61%，经济损失约占85%。同时，瞬间的巨大灾难给人们精神上带来强烈的恐惧。这些大地震不但造成了大量的人员伤亡和巨大的经济损失，还给人类在精神上以重创，因此人类一直在探求防御和减轻地震灾害的有效途径。

在强烈地震发生时，地面受到地震波的冲击产生强烈运动、断层运动及地壳变形等，出现各种破坏现象。地震所导致的灾害可分为直接灾害和次生灾害。

2.3.3.1　地表破坏现象

(1) 地面的断裂错动和地裂缝

强烈地震时，地下断层面直达地表，地貌随之改变。显著的垂直位移造成断崖峭壁；过大的水平位移产生地形、地物的错位；挤压、扭曲造成地面的波状起伏和水平错动。

由于这些断裂错位，使道路中断、铁路扭曲、桥面断裂、房屋破坏，严重的可使河流改道、水坝破坏，直接造成灾害。

地裂缝是地震时最常见的现象，主要有两种类型。一种是强烈地震时由于地下断层错动延伸至地表而形成的裂缝，称为构造地裂缝。这种裂缝与地下断裂带的走向一致，其形成与断裂带的受力性质有关，一般规模较大，形状比较规则，通常呈带状出现(由数条地裂缝组成)，裂缝带长度可达几千米甚至几百千米，裂缝带宽度可达几米甚至几十米。另一种地裂缝是在古河道、湖河岸边、陡坡等土质松软地方产生的地表交错裂缝，其大小形状不一，规模也较前一种小。地裂缝穿过道路、结构时通常会使它们遭受破坏。

(2) 喷砂冒水

地震时出现喷砂冒水现象非常少见。在地下水位较高、砂层埋深较浅的平原地区，地震时地震波的强烈振动使地下水压力急剧升高，地下水经地裂缝或土质较软的地方冒出地面，当地表土层为砂层或粉土层时，则夹带着砂土或粉土一起喷出地表，形成喷砂冒水现象。

喷砂冒水现象一般要持续很长时间，严重的地方可造成房屋不均匀下沉或下部结构开裂。

(3) 地面下沉(震陷)

地震造成的局部地面下陷的事件是多种多样的。在石灰岩分布地区，地下溶洞十分发育，在矿区由于人类的生产活动也会存在空洞，在地震时都可能被震塌，地面的土石层也随之下沉，造成大面积陷落；在喷砂冒水严重的地方，也使地下出现洞穴，造成土地下沉，形成洼地，河岸、陡坡滑坡发生在河岸、陡坡等处，强烈的地震作用往往造成土体失稳，从而形成塌方和滑坡。有时会造成破坏道路、掩埋村庄、堵河成湖、房屋倒塌等严重震害。

2.3.3.2　建筑物的破坏

在强烈地震作用下，各类建筑物发生严重破坏，按其破坏的形态及直接原因，可分为结构构件强度不足而造成的破坏、结构丧失整体性而造成的破坏和地基失效。

(1) 结构构件强度不足而造成的破坏

任何承重构件都有各自的特定功能，以适用于承受一定的外力作用。对于设计时没有考虑抗震设防或抗震设防不足的结构，在强烈地震作用下，不仅构件内力增大很多，而且其受力性质往往也将改变，致使构件强度不足而被破坏。

(2) 结构丧失整体性而造成的破坏

房屋建筑都是由许多构件组成的，在强烈地震作用下，构件连接不牢、支撑长度不够和支撑失效等都会使结构丧失整体性而破坏。

(3) 地基失效

当建筑物地基内含饱和砂层、粉土层时，在强烈的地面运动影响下，土中孔隙水压力急剧增高，致使地基土发生液化，地基承载力下降，甚至完全丧失，从而导致上部结构破坏。

2.3.3.3 基础设施的破坏

地震还会造成公路、铁路、桥梁、水坝、构筑物、地下结构、码头及河岸堤防等设施的破坏。

2.3.3.4 次生灾害造成的破坏

地震的次生灾害是指在强烈地震以后，以地震直接灾害为诱因引起的一系列其他灾害以及虽与震动破坏无直接联系，但与地震的存在有关的灾害，如防震棚火灾，因避震移居室外造成冻害等。地震次生灾害的种类很多，可形成灾害链，表现为持续发生的特点。不同地区发生地震，发生灾害链的重点也不同。在城市及人口稠密、经济发达地区，以建筑物倒塌、人员伤亡、火灾等灾害链为主；在山区，以泥石流、火灾、水灾等次生灾害链突出；当地震发生在沿海及海底时，必须十分注意海啸灾害的影响。

(1) 火灾

在多种次生灾害中，火灾是最常见、造成损失最大的次生灾害。在城市地震灾害中，以火灾为首的次生灾害有时并不亚于直接灾害造成的损失，美国旧金山地震、日本关东地震和智利大地震等都出现城市地震次生灾害的损失超过直接灾害的震例。

(2) 地震滑坡和泥石流灾害

在山区，地震时一般都伴有不同程度的坍塌、滑坡、泥石流灾害。如中国四川汶川地震时引起的唐家山堰塞湖等。

(3) 地震海啸

由于海底或海边地震，以及火山爆发所形成的巨浪，叫作地震海啸。通常在 6.5 级以上的地震，震源深度小于 20~50km 时，才能发生破坏性的地震海啸。地震海啸灾害是沿海地区极为严重的地震次生灾害。

地震是导致海啸的主要原因，但不是所有的大地震都能引发海啸，能引发海啸的地震主要有以下几个特点：震级足够大；震源错动方式以垂直方向为主，能引起海床剧烈的上升或下降；震源深度较浅，能把释放的能量充分转换成海啸运动；有足够的水深存储海啸能量。

特殊情况也时有发生，少数走滑型的地震错动也引起过海啸，可能与当地的地质地理条件有关。

1960 年 5 月智利 8.9 级地震引起世界著名的海啸，浪高 6m，浪头高达 30m，席卷了沿岸的码头、仓库及其他建筑。海浪以 600~700km/h 的速度横渡太平洋，5h 后袭击夏威夷群岛，将护岸的重约 10t 的巨大石块抛到百米以外，扫荡了沿岸的各类建筑物。又过 6h 后，

抵达远离智利 1.7×10^4km 的日本海岸，浪高仍有 3~4m，将1000多所住宅冲走，将一艘巨大的船只推上陆地 40~50m，压在民房之上。海啸波的波高大，波长更长，在广阔的洋面上，不会造成船只的事故，但它临近海岸时，巨浪骤然形成“水墙”，汹涌地冲向海岸，可使堤岸溃决，海水入侵，造成沿海地区的破坏，可摧毁海上建筑物，造成重大损失。

2.4 轨道交通地上结构震害

2.4.1 轨道交通地上结构主体构件震害

相关调查资料显示，强烈地震经常会造成轨道交通结构的严重破坏。轨道交通地上结构的典型震害形式有：地上车站及高架区间等垮塌、落梁，墩柱倾覆或断裂，基础沉塌，支座及连接装置破坏，轨道弯曲失效等。

Mizuno（美津浓）等人统计了日本新干线在 1995 年阪神地震、2004 年新潟地震、2011 年东北大地震主震和大余震中震损情况，如表 2.2 所示。

表 2.2 日本新干线震害

地震	1995 年阪神地震	2004 年新潟地震	2011 年东北地震	
日 期	1995 年 1 月 17 日	2004 年 10 月 23 日	2011 年 3 月 11 日	2011 年 4 月 7 日
震级	7.3	6.8	9	7.1
死亡人数/人	6434	68	19238	4
基础设施损失/RMB 亿元	4950	850	8450	
震损线路及长度/km	山阳线(83)	上越线(65)	东北线(536)	
脱轨/处	0	1	1	0
相关人员伤亡/人	0	0	0	0
垮塌桥梁/座	8	0	0	0
桥梁落梁/座	72	1	2	7
高架桥墩柱损伤/根	708	47	约 100	约 20
隧道损伤/座	4	4	0	0
铁路电杆损伤/根	43	61	约 540	约 240
铁路变压器损伤/个	3	1	约 10	约 10
恢复天数/人	82	67	49	

注：RMB 为人民币。

1995 年日本阪神地震时，铁路系统受灾比较严重。受到影响的有阪急电铁、阪神电铁等。以框架结构为主的铁路高架桥受到了很大的破坏，严重震害区段，如从下食满高架桥处的新大阪站到六甲隧道入口，共有 5 座高架桥（9 联）严重破坏，其中 2 层框架式 3 座（7 联），1 层框架式 2 座（2 联）。大多为剪切破坏，尚未完全破坏的墩柱上下端虽然也出现弯曲损伤，但伴随水平剪切的轴压力的作用明显。下食满高架桥是一座 2 层 3 跨 RC（Reinforced Concrete Structure，钢筋混凝土结构）框架式高架桥；十多米长桩基础跨越冲积层（10~20m），支撑在洪积砂砾层上，强烈地震动破坏墩柱上端而整体下挫 1 层；第一野间高架桥是一座 1 层 3 跨 RC 框架式高架桥，处于台地地质上，桩基础支撑在洪积砂砾层上，因墩柱上端破坏而落梁；时友高架桥是一座 2 层 3 跨 RC 框架式高架桥，桩基础支撑在武库川薄冲积砂层下洪积砂砾层上，因墩柱上端破坏而横向下挫 1 层。阪水高架桥是一座 2 层 3 跨 RC 框架式高架桥，桩基础穿过不足 10m 的冲积黏土层支撑在洪积砂砾层上，因墩柱上端破坏而下挫 1 层。

2011 年日本东北地方太平洋冲地震使得日本东北、关东等地的铁路设施遭到破坏，东北新干线、三陆铁道、仙台市营地下铁等都有震害现象出现。

2008 年 5 月 12 日，我国四川省汶川发生 8.0 级大地震，铁路系统受到较大震害。宝成铁路清江 7 号大桥位于四川省江油市雁门镇，建于 1995 年，采用 32m+(53m+2×88m+53m)+6×32m 桥跨布置，主桥为 PC(Precast Concrete，预制混凝土)连续梁，桥高 50m。连续梁部分的主桥墩采用钢筋混凝土圆形空心墩，墩身为 C30 钢筋混凝土。2008 年 5 月 12 日汶川地震中，引桥矩形实体墩出现贯通水平裂缝(剪断型)。现场调查表明，墩身开裂主要表现为环向裂纹，出现在墩底附近的施工缝位置。墩身开裂较集中出现在 20~30m 墩高的矩形实体墩，其中清江 7 号大桥连续梁(大里程端)附近的简支梁矩形桥墩开裂现象最为严重，空心高墩、圆形墩开裂现象很少。

下行线的清江 2 号特大桥(与清江 7 号特大桥并行)，设计为拱桥，在地震中，拱圈立柱出现裂缝。

广岳铁路 K50+425m 穿心店大桥孔跨布置为：2×20m+3×32m+1×24m。地震造成上部梁体纵向显著错位。后 4 孔梁的活动支座滑脱，呈倾斜状态。6 号桥台梁缝达 40cm 以上，5 号墩梁缝 20cm，0~4 号墩台顶梁缝全部顶死。1~5 号墩身遭到破坏，均有一道或多道贯通的水平裂缝和不同程度的竖向裂缝。阳安铁路桥梁横隔板出现保护层脱落、掉块、露筋，部分横隔板钢件锈蚀开焊，导致两片梁体不能共同工作。

2.4.2 轨道交通桥梁支座震害

桥梁支座是桥梁相对较薄弱的部位，震害极其普遍。常见的主要破坏形式有锚固螺栓拔出或剪断、活动支座拉脱、支座本体构造的破坏、支座垫石开裂等。

1995 年阪神地震前，日本多采用钢支座，地震时边挡块、各部固定螺栓、支座肋板等都有震害现象。与使用钢支座的桥梁比，使用橡胶支座的桥梁震害相对轻一些；在使用钢支座的桥梁中，支承板支座要比其他类型钢支座震害轻。

生田桥位于神户高铁东西线三宫站至元町站之间，上部结构为 3 跨连续钢箱梁，桥长 50m，下部结构两端为 RC 桥墩，中间为钢框架式桥墩，支座在固定点采用铰轴固定支座，可动点采用铰轴滑动支座，中间钢桥墩底采用转动支座。桥梁结构形式及震害位置如图 2.5 所示。P1 桥墩上固定支座锚固螺栓剪断，主梁最大横向位移达 1m；P2 桥墩钢管柱断裂；P4 桥墩上滑动支座边挡块螺栓和支座下部断裂。

六甲山区间桥位于神户新交通六甲线上鱼崎站至南鱼崎站之间，为 20 跨简支钢箱梁桥，采用钢桥墩，每跨支座均为一固定一滑动形式。地震造成部分钢主梁出现屈曲，支座出现破坏。P50 墩上滑动支座上部破损、下部变形，P53 墩上滑动支座锚固螺栓和边挡块螺栓断裂。

2011 年日本东北地方太平洋冲地震对许多铁路设施造成了破坏，支座震害现象更是多见。富久山桥位于东北新干线上郡山和福岛之间，建于 1978 年，为 29.85m×5 组合钢箱梁

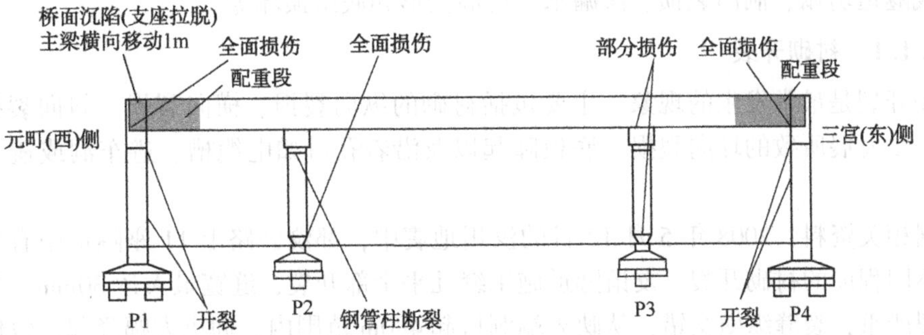

图 2.5 生田桥结构和震害位置

简支梁桥，支座为弧形钢支座(线支座)。其中，T5 梁跨钢支座横向挡块断裂破坏，主梁最大横向位移达 200mm。

八反田川桥位于东北新干线上福岛和白石藏王之间，建于 1979 年，为 28.2m×2 组合钢箱梁简支梁桥，支座为弧形钢支座(线支座)。其中，钢支座横向挡块断裂破坏，主梁最大横向位移达 300mm。

东北新干线花京院跨线桥，位于日本宫城县仙台市，在仙台至古川之间。1981 年建造，为 73m 组合钢箱梁简支梁桥，支座为铰轴式支座。桥上为板式承轨台轨道系统，主梁外侧装有减震隔声壁。在 2011 年日本东北大地震中，固定支座一侧左边支座铰轴错断，右边支座铰轴支挡损坏，而向一侧滑脱，致使主梁横向移动。

北上川桥位于普通铁路气仙沼线，建于 1968 年，为 46.8m×1+3×(183.7m×3)的下承式钢桁架桥，支座形式为固定端铰轴支座，可动端滚轴支座。主要震害表现为锚固螺栓拔出、支座垫石破损、主梁横向最大位移达 40mm 等。

2008 年我国汶川地震也同样对铁路桥梁支座造成了震害。宝成铁路清江 7 号大桥连续梁采用 TPZ-1 型盆式橡胶支座，地震中，连续梁固定支座锚栓完全剪坏，活动支座限位板损坏；简支梁固定支座锚栓剪坏，主梁出现横向位移；桥上轨道温度调节器损坏。部分简支梁横向位移，造成梁缝偏大，梁缝钢盖板跌落，掉砟。

在汶川地震中，陇海铁路线上的桥梁的梁体移位，支座螺栓剪断震害较为普遍，受损桥梁也较多。陇海铁路千河大桥，全长 384.7m，震后支座螺栓被剪切破坏较多，横向预应力钢筋失效，防震落梁支架不同程度受损。陇海线下行码头大桥，全长 501.6m，支座 60 个，类型为摇轴支座。地震后部分支座水平限位板被挤出、变形，板上螺栓被剪断；第十三孔 3 号支座纵向位移 45mm，摇轴整体向宝鸡方向倾斜，倾斜角度超过 7°，南侧水平限位板螺栓剪断 1 根；第十四孔 3 号、第十五孔 2 号等弧形垂直限位板被挤出、变形，板上螺栓被剪断。另外，防震落梁支架松动、脱焊，致使支座垫石及顶帽开裂、破损，此震害较为普遍，受损桥梁也较多，如白塔沟渭河特大桥，地震后部分桥墩防震落梁支架松动，墩台面破损。

2.5 轨道交通地下结构震害

2.5.1 隧道的震害特征

盾构隧道和明挖隧道的震害特征基本一致，主要有：衬砌开裂、衬砌剪切破坏、边坡破坏造成隧道坍塌、洞门裂损、渗漏水、边墙变形和底拱损坏等。

2.5.1.1 衬砌开裂

衬砌开裂是最常发生的现象。主要包括衬砌的纵向裂损、横向裂损、斜向裂损、斜向裂损进一步发展所致的环向裂损、底板隆起以及沿着孔口如电缆槽、避车洞或避人洞发生的裂损。

依据相关资料，2008 年 5 月 12 日的汶川地震中，都汶公路上 11 座隧道中有 8 座隧道出现了不同程度的衬砌开裂。友谊隧道施工缝几乎全部开裂，缝宽最大达 30mm。整个隧道路面开裂严重，裂缝纵横交错；从映秀端洞口起 480m 范围内，仰拱大幅隆起，致使路面呈倒 V 字形，左右幅路面之间缝宽达 20cm 以上，两侧电缆沟盖板大幅向外倾斜。整个隧道二次衬砌几乎无完好地段，破坏部位主要在两侧拱腰与拱顶。总的来说，隧道两端洞口段较轻、洞身段较重，最严重地段位于映秀端进口 180~380m 之间，严重破坏地段长约 140m，表现为拱墙环向钢筋弯曲外凸、混凝土压溃脱落、局部发生垮塌，二次衬砌结构完整性遭到彻底破坏，完全丧失承载能力。中等破坏地段长约 400m，表现为拱墙混凝土保护层脱落、钢筋外露，个别钢筋有轻微压屈现象，二次衬砌结构的完整性遭到重创，承载能力大大减弱；隧道两端洞口段破坏较轻，主要表现为混凝土表面龟状结构性裂缝，缝宽一般小于 2mm，除结构性裂缝纵横交错地段外，对二次衬砌的承载能力影响不大，尤其是孤立的离散性裂缝处理起来较为简单。酒家垭隧道出现二次衬砌施工缝错位及开裂渗水，二次衬砌错段、严重掉块，多段出现大面积破损垮塌(集中于拱顶和拱腰位置)。在素混凝土垮塌区域，表现为二次衬砌混凝土大块垮塌，防水板外露，并局部被撕裂；在钢筋混凝土垮塌区域，表现为二次衬砌内钢筋严重扭曲变形；仰拱及仰拱回填多处开裂、错台、隆起，个别地方与衬砌裂缝形成环向贯通，裂缝宽度 2~20mm；掌子面附近的初支喷混凝土破坏掉落、钢支撑扭曲变形，围岩坍塌。

依据相关资料，1923 年 9 月 1 日的关东地震中，南无谷隧道穿过褶曲破坏的玄武岩，衬砌裂缝遍及全洞，包括大量的横向、斜向和纵向裂缝。1999 年 9 月 21 日的台湾集集地震中，统计的 44 条盾构隧道中有 34 条衬砌开裂严重，其余隧道除两条无衬砌隧道出现落石，也都有轻微裂缝产生。

2.5.1.2 衬砌剪切破坏

对于衬砌剪切破坏，软土地区的盾构隧道主要表现为裂缝、错台，山岭隧道主要表现为衬砌受剪后的断裂、混凝土剥落、钢筋裸露拉脱。

依据相关资料，1906 年 4 月 18 日美国旧金山地震中，两座隧道由于横穿圣安德列斯断裂带而遭到严重剪切破坏。圣安德列斯水坝集水隧道的部分隧道向北移动 2.4m；圣克鲁斯山上的长 1890m 的铁路隧道也发生类似的变形；埋深 214m 的莱特 1 号隧道是木衬砌，其洞顶及两侧坍塌、木料折断、轨道隆起、枕木断裂、断层处水平错位 1.37m；埋深 207m 的莱特 1 号隧道没有穿越断层，也发生了洞顶塌陷、木料折断。1930 年日本北伊豆地震，施工中的丹那隧道在穿越惠那断层处发生水平错位 2.93m，竖向错位 0.6m，主隧道边墙数处产生裂缝。1971 年美国圣佛南都地震，圣佛南都隧道邻近希尔玛断层处衬砌损坏和错位，一处竖向错位达 2.29m，产生挠曲裂缝。1978 年 1 月 4 日日本伊豆尾岛地震中的稻取隧道，由于地震时出现一条横贯隧道的断层，衬砌横断面变形，宽度缩短约 0.5m，底鼓约 0.8m。

近隧道西洞门处钢轨受压翘曲，轨道和轨枕发生错位。隧道两侧发生 0.62m 的水平位移，产生围岩膨胀、断面变形、混凝土挤出。

2008 年 5 月 12 日汶川地震中，龙溪隧道因地层的直接错动而造成隧道上下相对位移达 1m 左右的错动变形和衬砌拱部塌落而丧失功能。白云顶隧道二衬错台近 40cm，环向钢筋完全外凸，混凝土局部垮塌，二次衬砌结构完整性遭到彻底破坏，基底发生沉降，路面裂缝密布，错台达 20cm 以上，损坏段落近 30m，严重影响行车安全。

2.5.1.3 边坡破坏造成隧道坍塌

这种震害特征多发生于山岭隧道。地震中临近边坡面的隧道可能会由于边坡失稳破坏而坍塌。

2.5.1.4 洞门裂损

洞门裂损主要发生在端墙式和柱墙式洞门结构中。

1906 年 4 月 18 日美国旧金山地震中的圣安德列斯水坝集水隧道砖衬砌洞门损坏长达 8.5m，圣克鲁斯山上的铁路隧道也发生类似变形。

2008 年汶川地震中，桃关隧道圆弧形端墙出现开裂与松脱，最大裂缝达 50cm。1999 年台湾集集地震中统计的 44 条隧道中有 11 条出现洞门裂损。

2.5.1.5 渗漏水

大部分地下结构震害都伴随渗漏水的发生。沙土地区盾构隧道多表现为地下水的渗流、隧道内涌入泥沙等现象。

1999 年台湾集集地震中观音 2 号线、3 号线，旧谷关隧道均发生渗漏水现象。

2.5.1.6 边墙变形和底拱损坏

对于地下结构的破坏，当侧压比小于 1 时，破坏主要发生在边墙；当侧压比大于 1 时，破坏主要发生在拱部、底部；当侧压比等于 1 时，洞周围都发生破坏，高跨比很小时，情况例外。边墙变形和底拱损坏示意图如图 2.6 所示。

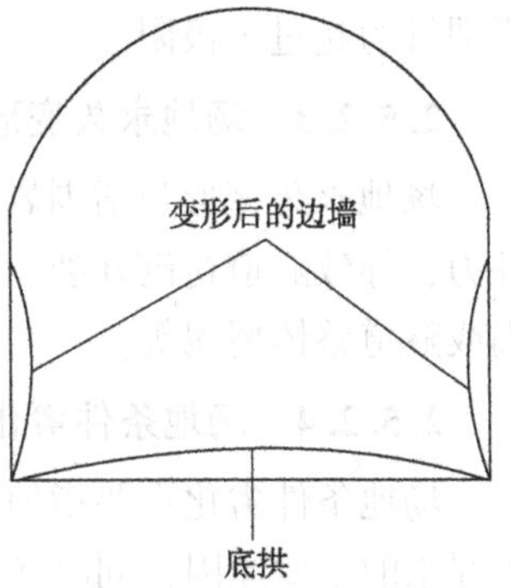

图 2.6 边墙变形和底拱损坏示意图

1906 年美国旧金山地震中的莱特 1 号隧道，在地震中发生洞顶及两侧坍塌。

1923 年日本关东地震中的南无谷隧道，衬砌变形严重，地板基本上均上鼓，最大达 1m 左右，断面收缩最大达 50cm。

1952 年美国克恩郡地震中的 3 号隧道，边墙混凝土被压酥，一处边墙上跳并将扭曲变形的钢轨压在其下。

1971 年美国圣佛南都地震中有一地下水库也发生严重的边墙变形，顶板沉陷，墙板结构角隅处及立柱两端混凝土破碎，钢筋弯曲。

2004 年 10 月 23 日日本中越地震，新干线隧道最大的混凝土落块大约 $2m^3$（重 5t）。其他破坏包括隧道直径缩小、路基混凝土抛出、隧道内部裂缝、衬砌剥落、钢筋裸露。

2.5.2 隧道的破坏机制

隧道的破坏机制主要分为四类：断层错动、结构震动、场地永久变形和场地条件劣化。

2.5.2.1 断层错动

通过断层的隧道在地震中，受到断层错动的强制力作用，在地盘产生上下或水平的相对位移后，造成拱效应的降低或瞬间失去岩压自持力，迫使隧道的线形构造发生剪断变形。活动断层的蠕变量可以达到每年几毫米，隧道衬砌承受剪力，很可能产生剪切破坏，一般为斜裂纹，并有错台。这种剪切变形通常被限制在活动断层周围一个狭小的范围内，但这种突然的变位方式引起的隧道破坏是灾难性的，往往导致隧道整体坍塌破坏。最好的办法是在选线阶段予以避开。在无法避开的情况下，通过加强隧道衬砌强度来约束断层运动是不现实的，一般需要查明断层错动的可能性和可能发生的位移，在设计中予以特殊考虑，并提出检修的办法。

1952 年美国克恩县地震，3 号、4 号、5 号、6 号隧道都横穿白狼断层，衬砌发生严重剪切破坏。1971 年美国圣佛南都地震，邻近西尔马断层的圣佛南都隧道由于断层错动，衬砌严重损坏和错位，一处竖向错位达 2.29m，并产生挠曲裂缝。

2.5.2.2 结构震动

结构震动是结构在地震惯性力作用下而产生的破坏。对于同一程度的大地摇动而言，如果仅考虑结构的惯性力，地下结构要比地面结构安全得多。因为地下结构处于周围地层的约束之中，并与地层一起运动。因而，地下结构在地震运动过程中，仅仅按照其相对于地层的质量密度和刚度分担一部分地震变形和荷载，而不像地面结构那样，承担全部惯性力。但对于处于地层约束较弱的洞口及浅埋地段，破坏发生的概率一般较高。洞身结构之所以有惯性力破坏的现象发生，主要是由于地下结构与地层之间出现了较大的空隙而削弱了地层的约束作用，因而实际上相当于提高了衬砌结构的相对质量密度，造成其分担的地震惯性力超过了极限。

2.5.2.3 场地永久变形

场地永久变形包括围岩变形、洞口滑坡崩塌等。地震中的围岩变形会对地下结构产生外力，导致隧道衬砌开裂、洞门裂损、边墙变形底拱损坏等；滑坡或崩塌可能导致洞口垮塌或隧道整体坍塌等。

2.5.2.4 场地条件劣化

场地条件劣化主要指地震中出现的场地液化、地基沉降等。场地条件劣化是造成隧道渗漏水的主要原因，同时还可能造成隧道上浮、不均匀沉降，从而引起进一步破坏。

2.5.3 地下车站震害影响因素

影响地下地铁车站震害的主要影响因素：地震动的影响、土层的影响以及结构的影响。

2.5.3.1 地震动的影响

地震动对地下地铁车站结构的震害影响主要指地震动的幅值、卓越频率及持时三个因素。地震动三个因素对地下结构的震害影响：地震动幅值越大，地下结构震害越严重；地下结构的地震反应与地震动持时基本呈正相关；地震波中的低频成分比高频成分对隧道的地震反应影响更大。

2.5.3.2 土层的影响

地下地铁结构被周围土体包围，土体在大地震作用下表现出很强的非线性动力特性。刚度较大的土体抗震性能相对更好，在大地震中，能够保护地下结构不受破坏，由于地震中土体本身的破坏是导致地下结构震害的重要原因，地震造成的砂土液化等情况也促进了结构的破坏。地基条件的不同对地下结构的地震反应有较大的影响，随着地基土体刚度的提高，地下结构的变形反应与内力反应均逐渐减小。埋深对地下隧道震害的影响：浅埋隧道比深埋隧道更容易发生地震破坏。地下结构抗震受力存在最不利埋深，当埋深进一步增大时，地下结构的总弯矩、层间位移、地震作用引起的内力及地震作用下的弯矩在总内力中所占的比例均逐渐减小，由于地下结构设计时承载力随埋深的增加而增大，因此当结构的埋深较深时结构相对更加安全。

2.5.3.3 结构的影响

对于地铁车站结构自身特性对其震害的影响，主要包括结构的刚度，截面形式等因素。随着混凝土材料强度等级的提高，地下结构的变形反应减小，内力反应呈现非线性增大。

2.6 轨道交通列车地震脱轨震害

2.6.1 脱轨定义和评价指标

2.6.1.1 脱轨定义

脱轨是列车、轨道和外部因素综合作用的结果，其影响因素众多，导致脱轨机理的研究还不够完善。目前评价列车行车安全性常用的是基于轮轨力的评判准则(脱轨系数以及减载率)。对于地震灾害，基于轮轨力的脱轨准则无法准确判别列车是否脱轨。地震作用下，采用基于轮轨相对位移作为脱轨评价指标已成为一种趋势。车辆在高频与低频激励下，车辆的动力响应与脱轨模式有着明显的区别。以往研究中采用一条或几条特定的地震波进行分析，没有很好地区分地震波的频率成分。因此，有必要系统地分析车辆在不同频率激励下的响应特性，并分析不同频率激励下车辆脱轨的模式。

为了更直接反映轨道强烈振动下车辆的响应，将外部激励直接施加于钢轨底部。激励方向为车体侧滚平面内的横向水平激励，使用 Rayleigh-Ritz(瑞利—里茨法)方法，将每个车轮下面的轨道结构简化为两个自由度的弹簧-阻尼振子，两个自由度分别为横向与竖向。轨道的振动方程如式(2.6)和式(2.7)所示。

$$M_r\ddot{Y}_r+C_r\dot{Y}_r+K_rY_r=F_{rw}+F_{rg} \tag{2.6}$$

$$F_{rg}=K_rY_g+C_r\dot{Y}_g \tag{2.7}$$

式中 M_r、C_r、K_r——轨道的质量、阻尼矩阵和刚度矩阵；

Y_r、$\ddot{Y}_r$、$\dot{Y}_r$——轨道的位移、速度和加速度矢量；

F_{rw}——车辆作用在轨道上的力向量；

F_{rg}——地面运动产生的力；

Y_g、$\dot{Y}_g$——地震动的位移和速度。

车辆-轨道系统受到的地震动激励采用位移输入方法，将地震动位移施加于钢轨底部。

2.6.1.2 脱轨评价指标

国内外评价车辆脱轨的基本指标是基于轮轨力的评判准则(脱轨系数以及减载率)。在地震这种极端灾害下，轮重往往会发生大幅减载，轮轨垂向力较小，此时，轮轨横向力也较小。受到测量误差的影响，脱轨系数难以得到精确值。甚至在强震作用下，车轮会出现轮重减为零，脱轨系数无法得到的情况。近些年，根据轮轨几何状态，车轮竖向抬升量也被作为车辆脱轨判别的指标。一般可采用基于轮轨力的减载率以及基于轮轨相对状态作为列车脱轨判别的指标。

(1) 减载率

轮重减载率定义为单侧车轮垂向力减少量 ΔP 与车轮的静垂向力 P_0 的比值，如式(2.8)所示。

$$\frac{\Delta P}{P_0}=\frac{P_0-P}{P_0} \tag{2.8}$$

式中　P——车轮的动态垂向力。

关于轮重减载率限值，根据国家标准《机车车辆动力学性能评定及试验鉴定规范》(GB 5599—2019)中规定，$\Delta P/P_0<0.65$(车速小于160km/h)；$\Delta P/P_0<0.8$(车速大于160km/h)。

(2) 轮轨几何状态脱轨准则

脱轨在字面上即指车轮失去钢轨的约束，导致车辆不能在钢轨上正常运行。已有大量的仿真分析发现，地震动作用下车辆系统的轮轨会发生频繁分离，但实际没有导致车辆脱轨，此现象超出了现有的基于轮轨力的脱轨准则范畴。采用轮轨几何状态评判车辆是否脱轨也成为一种趋势，根据车辆抗震性能的需求，将基于轮轨相对位移脱轨准则分为三个等级，如图2.7所示。

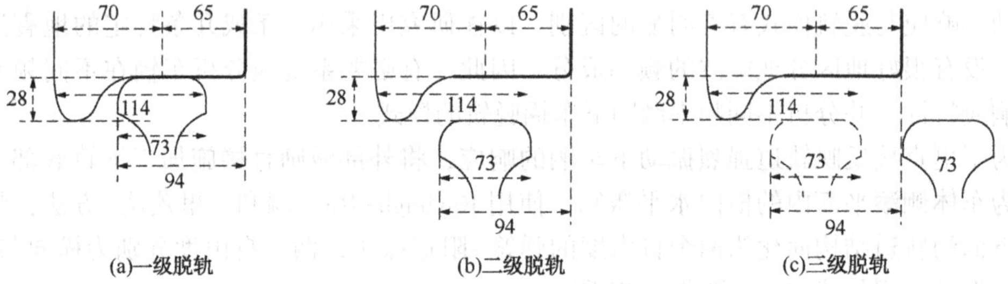

图2.7　基于轮轨相对位移的三级脱轨准则(单位：mm)

轮轨竖向抬升量定义为车轮踏面名义接触点与钢轨踏面最高点的垂向距离。当车轮刚抬起来时，减载率达到1，车轮处于悬浮临界状态，此状态可称为基于轮轨几何状态的一级脱轨准则。达到一级脱轨状态时，此时轮缘最低点低于轨面最高点，车轮仍然受到钢轨约束。当车轮竖向抬升量达到轮缘高度($h_f=28$mm)时，车轮将不再受到钢轨的约束，车辆随时有脱轨的可能，将此状态称为基于轮轨几何状态的二级脱轨准则。基于轮轨几何状态的三级脱轨定义为车轮在竖向的投影与钢轨没有重叠，即在横向平面内，车轮轮廓完全移出钢轨轮廓。可以看出：一级脱轨准则较为保守，它表明车轮已经开始竖向脱离轨道。二级脱轨准则表明，车轮抬升量达到轮缘高度 h_f时，车轮失去了钢轨的约束。当然，车轮抬升量达到 h_f后，并不一定脱轨，车轮还有可能回落至钢轨上。三级脱轨准则表示钢轨上不再有车轮，车轮横向掉落在钢轨轮廓外。

2.6.2 列车脱轨标准

2.6.2.1 基于轮轨相对位移的脱轨准则

一般来说，正常运行状态下，列车的运行安全性可以通过脱轨系数或减载率(基于力的脱轨准则)来评估。然而，在发生地震时，列车的动力响应与正常运行状态下的动力响应有很大的不同。地震下，车体会产生严重的摇晃，车轮可能与钢轨发生分离。下面采用基于位移的脱轨准则进行分析，当车轮的最低点超过钢轨上的最高点时，车轮将不再受到钢轨的约束。在这种情况下，很小的横向扰动就可能造成车辆脱轨。因此，将车轮和钢轨竖向产生 28mm 的相对位移作为车辆脱轨准则。

2.6.2.2 基于桥面横向振动强度指标的脱轨位移

为了评估地震时桥上列车运行的安全性，建议采用强度指标 SI_y评估地震时桥上列车脱轨问题。该指标是对地震时桥面绝对横向振动强度的衡量，其计算步骤如下。

① 根据地震时桥面的绝对横向加速度时程得出其速度反应谱 S_v，计算速度反应谱 S_v时，阻尼比 $\xi=5\%$。

② 将速度反应谱在周期区间 0.1~2.5s 积分，得到谱强度指标 SI_y。如式(2.9)所示。

$$SI_y = \int_{0.1}^{2.5} S_v(\xi,\ T)\,\mathrm{d}T \tag{2.9}$$

式中 T——周期。

在桥梁抗震设计中，为保证桥上车辆运行安全性，桥梁横向振动强度指标 SI_y应小于极限强度 SI_y^L，即为导致车辆脱轨的桥梁横向振动强度的临界值(车轮与钢轨在竖向有 28mm 的相对位移)。

2.6.2.3 车辆脱轨时临界桥面横向振动强度指标

车辆脱轨时的桥面横向振动临界强度 SI_y^L 通过以下计算步骤得到。

(1) 确定车辆脱轨所对应地震动的临界 PGA

将地震动分别输入三个模型，得到每个模型的车辆响应(车轮抬升量)。使用增量动力分析方法增大地震动幅值，直到车轮相对于钢轨抬升量达到 28mm(车辆脱轨发生)。通过这种方法，确定列车脱轨对应的地震动临界 PGA(Peak Ground Acceleration，地震中地面峰值加速度)。

(2) 计算桥面绝对加速度时程的速度反应谱

将幅值为临界 PGA 的地震动输入单自由度系统，单自由度系统的周期取为桥梁等效基本周期 T_{eq}，得出桥面的绝对加速度时程，对桥面的绝对加速度时程计算其速度反应谱 S_V。

(3) 依据速度反应谱计算临界安全限值 SI_y^L

速度反应谱 S_V在 0.1~2.5s 进行积分得到临界安全限值 SI_y^L。

第3章 城市轨道交通结构抗震设计概述

3.1 基本要求

3.1.1 抗震设防要求

城市轨道交通结构应划分为标准设防类、重点设防类、特殊设防类三个抗震设防类别。

(1) 抗震设防类别的划分

抗震设防类别的划分应符合下列规定。

① 标准设防类：除特殊设防类、重点设防类以外的其他轨道交通结构。

② 重点设防类：除特殊设防类以外的高架区间结构、高架车站主体结构、区间隧道结构和地下车站主体结构。

③ 特殊设防类：在城市轨道交通网络中占据关键地位，承担交通量大的大跨度桥梁和车站的主体结构。

抗震设防地震动峰值加速度与抗震设防地震动分档和抗震设防烈度之间对应关系如表3.1所示。

表3.1 抗震设防地震动峰值加速度与抗震设防地震动分档和抗震设防烈度之间对应关系

抗震设防地震动峰值加速度	<0.09g	[0.09，0.14]g	[0.14，0.19]g	[0.19，0.28]g	[0.28，0.38]g	≥0.38g
抗震设防地震动分档	0.05g	0.10g	0.15g	0.20g	0.30g	0.40g
抗震设防烈度/度	6	7		8		9

注：表中的g为重力加速度。

(2) 各抗震设防类别结构的抗震设防标准

各抗震设防类别结构的抗震设防标准应符合下列要求。

① 标准设防类：抗震措施应按本地区抗震设防烈度确定；地震作用应按现行国家标准《中国地震动参数区划图》(GB 18306—2015)规定的本地区抗震设防要求确定。

② 重点设防类：抗震措施应按本地区抗震设防烈度提高一度的要求确定；地震作用应按现行国家标准《中国地震动参数区划图》(GB 18306—2015)规定的本地区抗震设防要求确定；对进行过工程场地地震安全性评价的，应采用经国务院地震工作主管部门批准的建设工程的抗震设防要求确定，但不应低于本地区抗震设防要求确定的地震作用。

③ 特殊设防类：抗震措施应按本地区抗震设防烈度提高一度的要求确定；地震作用应按国务院地震工作主管部门批准的建设工程的抗震设防要求且高于本地区抗震设防要求确定。

3.1.2 抗震性能要求

(1) 城市轨道交通结构的抗震性能要求等级

城市轨道交通结构的抗震性能要求应分成下列三个等级。

① 性能要求Ⅰ：地震后不破坏或轻微破坏，应能保持其正常使用功能；结构处于弹性工作阶段；不应因结构的变形导致轨道的过大变形而影响行车安全。

② 性能要求Ⅱ：地震后可能破坏，经修补，短期内应能恢复其正常使用功能；结构局部进入弹塑性工作阶段。

③ 性能要求Ⅲ：地震后可能产生较大破坏，但不应出现局部或整体倒毁，结构处于弹塑性工作阶段。

(2) 城市轨道交通结构构件、基础和支座的抗震性能等级划分

城市轨道交通结构构件、基础和支座的抗震性能等级宜按下列要求划分。

① 构件宜划分为 3 个抗震性能等级，如表 3. 2 所示。

表 3.2　构件性能等级

构件性能等级	性能描述
1	无须维修，无影响行车安全的位移
2	可修复的损伤
3	更换新构件

② 基础宜划分为 3 个抗震性能等级，如表 3. 3 所示。

表 3.3　基础性能等级

基础性能等级	性能描述
1	震后列车正常行驶
2	震后列车可慢行
3	经维修加固后仍可以继续使用

(3) 构件、基础和支座的性能等级与结构抗震性能的关系

构件、基础和支座的性能等级与结构抗震性能的关系应符合下列规定。

① 性能要求Ⅰ：构件、基础和支座的性能等级要求应为 1。

② 性能要求Ⅱ：构件、基础的性能等级要求不应低于 2。

③ 性能要求Ⅲ：构件、基础的性能等级要求不应低于 3。

④ 对于性能要求Ⅱ或Ⅲ，下部具有较好延性的结构，支座的性能等级(如表 3. 4 所示)要求可为 1；下部延性较差的结构，支座的性能等级要求可为 2。

表 3.4　支座性能等级

支座性能等级	性能描述
1	支座可以保持正常功能、无须更换
2	支座破坏、更换

(4) 城市轨道交通结构的抗震性能要求

城市轨道交通结构的抗震性能要求如表 3. 5 所示。

表 3.5　城市轨道交通结构抗震设防目标

<table>
<tr><th colspan="2">地震动水准</th><th rowspan="2">抗震设防类别</th><th colspan="2">结构抗震性能要求</th></tr>
<tr><th>等级</th><th>重现期/年</th><th>地上结构</th><th>地下结构</th></tr>
<tr><td rowspan="3">E1 地震作用</td><td rowspan="3">100</td><td>特殊设防类</td><td>Ⅰ</td><td>Ⅰ</td></tr>
<tr><td>重点设防类</td><td>Ⅰ</td><td>Ⅰ</td></tr>
<tr><td>标准设防类</td><td>Ⅰ</td><td>Ⅰ</td></tr>
<tr><td rowspan="3">E2 地震作用</td><td rowspan="3">475</td><td>特殊设防类</td><td>Ⅰ</td><td>Ⅰ</td></tr>
<tr><td>重点设防类</td><td>Ⅱ</td><td>Ⅰ</td></tr>
<tr><td>标准设防类</td><td>Ⅱ</td><td>Ⅰ</td></tr>
<tr><td rowspan="3">E3 地震作用</td><td rowspan="3">2450</td><td>特殊设防类</td><td>Ⅱ</td><td>Ⅰ</td></tr>
<tr><td>重点设防类</td><td>Ⅱ</td><td>Ⅱ</td></tr>
<tr><td>标准设防类</td><td>Ⅱ</td><td>Ⅱ</td></tr>
</table>

3.1.3　地震反应计算

(1) 抗震设计中地震反应的计算方法

抗震设计中地震反应的计算方法如表 3.6 所示。

表 3.6　地震反应计算方法

<table>
<tr><th>结构构件</th><th>抗震设防类别</th><th>性能要求</th><th colspan="2">设计计算方法</th></tr>
<tr><td rowspan="5">高架区间结构</td><td rowspan="2">特殊设防类</td><td>Ⅰ</td><td colspan="2">线性反应谱方法</td></tr>
<tr><td>Ⅱ</td><td colspan="2">非线性时程分析方法</td></tr>
<tr><td rowspan="3">重点设防类、
标准设防类</td><td>Ⅰ</td><td colspan="2">线性反应谱方法</td></tr>
<tr><td>Ⅱ</td><td colspan="2" rowspan="2">振动特性简单的结构：弹塑性反应谱方法
振动特性复杂的结构：非线性时程分析方法</td></tr>
<tr><td>Ⅲ</td></tr>
<tr><td rowspan="3">高架车站结构</td><td rowspan="3">重点设防类、
标准设防类</td><td>Ⅰ</td><td colspan="2">线性反应谱方法</td></tr>
<tr><td>Ⅱ</td><td colspan="2" rowspan="2">振动特性简单的结构：弹塑性反应谱方法
振动特性复杂的结构：非线性时程分析方法</td></tr>
<tr><td>Ⅲ</td></tr>
<tr><td rowspan="3">地下车站结构</td><td>特殊设防类</td><td>Ⅰ</td><td>反应位移法
反应加速度法
弹性时程分析方法</td><td rowspan="5">需考虑土层
非线性时应
采用非线性
分析方法</td></tr>
<tr><td rowspan="2">重点设防类、
标准设防类</td><td>Ⅰ</td><td>反应位移法
反应加速度法</td></tr>
<tr><td>Ⅱ</td><td>反应加速度法
非线性时程分析方法</td></tr>
<tr><td rowspan="2">区间隧道结构</td><td rowspan="2">重点设防类</td><td>Ⅰ</td><td>反应位移法
反应加速度法</td></tr>
<tr><td>Ⅱ</td><td>反应加速度法
非线性时程分析方法</td></tr>
</table>

(2) 结构抗震计算的规定

① 计算模型的建立及简化，应反映结构在地震作用下的实际工作状态。

② 计算软件的技术条件应符合本规范及国家现行有关标准的规定，并阐明其特殊处理的内容和依据。

③ 计算机的计算结果，应经分析判断确认其合理、有效后方可用于工程设计。

3.1.4　减震设计

城市轨道交通结构可采用消能减震设计。对采用消能减震设计的轨道交通结构，其抗震设防性能目标不应低于表3.5所示的规定。

3.1.5　地震反应观测

对地震动峰值加速度分区0.20g及以上地区，在轨道交通结构系统中宜设置地震反应观测系统。当设置地震反应观测系统时，结构设计中应留有放置观测设备的位置。

3.2　场地、地基与基础

3.2.1　一般规定

城市轨道交通结构的场地与地基应考虑下列宏观震害或地震反应。

① 强烈地震动造成场地、地基的失稳或失效，包括土层液化、震陷，地裂缝，滑坡等。

② 地表断裂错动，包括地表基岩断裂及构造性地裂造成的破坏。

③ 局部地形、地貌、地层结构的变异引起地震动异常造成的特殊破坏。

城市轨道交通结构的场地与地基的勘察和评价应至少包括下列内容。

① 确定场地土的类型和场地类别。

② 对可能产生滑坡、塌陷、崩塌和采空区等的岩土体，进行地震作用下的地基稳定性评价。

③ 对判别为液化的土层，根据液化等级提出处理方案；当不进行抗液化处理时，应计入液化效应的影响对土层的设计参数进行修正。

④ 划分场地抗震地段类别。

3.2.2　场地

(1) 场地抗震地段类别划分

场地抗震地段类别划分如表3.7所示。

表3.7　场地抗震地段类别划分

场地抗震地段类别	地质、地形、地貌
有利地段	稳定基岩；坚硬土；开阔、平坦、密实、均匀的中硬土等
一般地段	不属于有利、不利和危险的地段

续表

场地抗震地段类别	地质、地形、地貌
不利地段	软弱土，液化土，条状突出的山嘴，高耸孤立的山丘，陡坡，河岸和边坡的边缘，平面分布上成因、岩性、状态明显不均匀的土层(如故河道、疏松的断层破碎带、暗埋的塘浜沟谷和半填半挖地基)，高含水量的可塑黄土，地表存在结构性裂缝等
危险地段	地震时可能发生滑坡、崩塌、地陷、地裂、泥石流等及发震断裂带上可能发生地表位错的部位

(2) 工程场地抗震地段的选择

工程场地抗震地段的选择宜规避抗震不利和危险地段；当不能规避时，应对抗震不利和危险地段的工程结构采取适宜的安全措施。

(3) 岩土的类型划分

岩土的类型划分规定如表 3.8 所示。

表 3.8　岩土的类型划分和剪切波速范围

岩土的类型	岩土的名称和性状	土层剪切波速范围/(m/s)
岩石	坚硬和较坚硬的稳定岩石	$V_s>800$
坚硬土或软质岩石	破碎和较破碎的岩石或软和较软的岩石，密实的碎石土	$800\geq V_s>500$
中硬土	中密、稍密的碎石土，密实、中密的砾、粗、中砂，$f_{ak}>250$kPa 的黏性土和粉土，坚硬黄土	$500\geq V_s>250$
中软土	稍密的砾、粗、中砂，除松散外的细、粉砂，$f_{ak}\leq250$kPa 的黏性土和粉土，$f_{ak}>140$kPa 的填土，可塑黄土	$250\geq V_s>150$
软弱土	淤泥和淤泥质土，松散的砂，新近沉积的黏性土和粉土，$f_{ak}\leq$ 140kPa 的填土，流塑黄土	$V_s\leq150$

注：f_{ak}——由荷载试验等方法得到的地基承载力特征值；V_s——岩土等效剪切波速。

(4) 剪切波速的确定

对特殊设防类、重点设防类结构物，工程场地土层剪切波速应由现场实测给出；标准设防类结构物，当无实测剪切波时，可根据岩土的名称和性状按岩土的类型，并结合当地的经验，在如表 3.8 所示范围内估计各土层的剪切波速。

(5) 工程场地覆盖层厚度的确定

① 应按地面至剪切波速大于 500m/s 且其下卧各岩土的剪切波速均不小于 500m/s 的土层顶面的距离确定。

② 当地面 5m 以下存在剪切波速大于相邻上层土剪切波速 2.5 倍的土层，且其下卧岩土的剪切波速均不小于 400m/s 时，可按地面至该土层顶面的距离确定。

③ 对剪切波速大于 500m/s 的孤石、透镜体，应视同周围土层。

④ 对土层中的火山岩硬夹层，应视为刚体，其厚度应从覆盖土层中扣除。

(6) 工程场地类别

工程场地类别，应根据土层等效剪切波速和场地覆盖层厚度划分为四类，并应符合如表 3.9 所示的规定。当土层等效剪切波速和覆盖层厚度处于场地类别分界线的界限值附近时，宜按插值方法确定地震作用计算所用的场地特征周期。

表 3.9　工程场地类别与场地土层剪切波速和场地覆盖土层厚度对应

土层等效剪切波速/(m/s)	场地类别				
	I		II	III	IV
	I_0	I_1			
$V_s>800$	$d=0$		—	—	—
$800\geqslant V_s>500$	—	$d=0$	—	—	—
$500\geqslant V_s>250$	—	$d<5$	$d\geqslant5$	—	—
$250\geqslant V_s>150$	—	$d<3$	$3\leqslant d<50$	$d>50$	—
$V_s\leqslant150$	—	$d<3$	$3\leqslant d<15$	$15\leqslant d<80$	$d>80$

注：V_s——场地土层等效剪切波速，m/s；d——场地覆盖层厚度，m。

(7) 土层等效剪切波速计算

土层等效剪切波速计算如式(3.1)所示。

$$v_s=\frac{d_0}{t} \tag{3.1}$$

式中　d_0——计算深度，取覆盖厚度和20m二者的较小值，m；

t——剪切波在地面至计算深度之间的传播时间，s。

(8) 剪切波在地面至计算深度之间的传播时间计算

剪切波在地面至计算深度之间的传播时间 t 计算如式(3.2)所示。

$$t=\sum_{i=1}^{n}\left(\frac{d_i}{v_{si}}\right) \tag{3.2}$$

式中　d_i——计算深度范围内第 i 层土的厚度，m；

v_{si}——计算深度范围内第 i 层土的剪切波速，m/s；

n——计算深度范围内土层的分层数。

3.2.3　地基与基础

(1) 天然地基抗震承载力计算

天然地基抗震承载力计算如式(3.3)所示。

$$f_{aE}=\xi_a f_a \tag{3.3}$$

式中　f_{aE}——调整后的地基承载力，kPa；

ξ_a——地基抗震承载力调整系数，取值如表3.10所示；

f_a——深宽修正后的地基承载力特征值，kPa。

表 3.10　地基抗震承载力调整系数

岩土名称和性状	ζ_a
岩石，密实的碎石土，密实的砾、粗、中砂，$f_{ak}\geqslant300$kPa 的黏性土和粉土	1.5
中密、稍密的碎石土，中密的砾、粗、中砂，密实和中密的细、粉砂，300kPa>$f_{ak}\geqslant150$kPa 的黏性土和粉土，坚硬黄土	1.3
稍密的细、粉砂，150kPa>$f_{ak}\geqslant100$kPa 的黏性土和粉土，可塑黄土	1.1
淤泥和淤泥质土，松散的砂，杂填土，新近堆积黄土及流塑黄土	1.0

(2) 天然地基地震作用下的竖向承载力验算

当验算天然地基地震作用下的竖向承载力时，基础底面平均压力和边缘最大压力应符合的要求如式(3.4)和式(3.5)所示。

$$p \leqslant f_{aE} \tag{3.4}$$

$$p_{max} \leqslant 1.2 f_{aE} \tag{3.5}$$

式中 p——地震作用效应标准组合的基础底面平均压力，kPa；

p_{max}——地震作用效应标准组合的基础边缘最大压力，kPa；

f_{aE}——调整后的地基承载力，kPa。

3.3 地震作用

3.3.1 一般规定

① 城市轨道交通结构抗震设计地震作用的确定应符合《城市轨道交通结构抗震设计规范》(GB 50909—2014)的规定。

② 重点设防类或标准设防类结构应采用《城市轨道交通结构抗震设计规范》(GB 50909—2014)规定的抗震结构。

③ 当工程场地表层工程地质特性变化显著、地形变化较大，或轨道结构的一个结构振动单位的跨度超过600m时，宜计入地震作用的空间变化。

④ 当工程场址及外延5km范围内存在可能发生震级6.5级及以上地震的活断层时，必须进行场地地震安全性评价。

3.3.2 水平向设计地震动参数

① Ⅱ类场地设计地震动峰值加速度 $a_{max\,II}$ 应按现行国家标准《中国地震动参数区划图》(GB 18306—2015)中地震动峰值加速度分区值和如表3.11所示的值采用；场地设计地震动加速度反应谱特征周期 T_g 应根据场地类别和现行国家标准《中国地震动参数区划图》(GB 18306—2015)中地震动反应谱特征周期分区按如表3.12所示的内容采用；场地设计地震动加速度反应谱动力放大系数最大值 β_m 应取2.5。

表3.11 Ⅱ类场地设计地震动峰值加速度 $a_{max\,II}$

地震动峰值加速度分区 g	E1 地震作用 g	E2 地震作用 g	E3 地震作用 g
0.05	0.03	0.05	0.12
0.10	0.05	0.10	0.22
0.15	0.08	0.15	0.31
0.20	0.10	0.20	0.40
0.30	0.15	0.30	0.51
0.40	0.20	0.40	0.62

表 3.12　设计地震动加速度反应谱特征周期 T_g　　s

反应谱特征周期分区	场地类别				
	I_0	I_1	Ⅱ	Ⅲ	Ⅳ
0.35s 区	0.20	0.25	0.35	0.45	0.65
0.40s 区	0.25	0.30	0.40	0.55	0.75
0.45s 区	0.30	0.35	0.45	0.65	0.90

② 除Ⅱ类外的其他类别工程场地地表水平向设计地震动峰值加速度 a_{max} 应取Ⅱ类场地设计地震动峰值加速度 $a_{max\,Ⅱ}$ 乘以场地地震动峰值加速度调整系数 T_a。场地地震动峰值加速度调整系数 T_a 应根据场地类别和Ⅱ类场地设计地震动峰值加速度 $a_{max\,Ⅱ}$ 按如表 3.13 所示的内容采用。

表 3.13　场地地震动峰值加速度调整系数 T_a

场地类别	Ⅱ类场地设计地震动峰值加速度 $a_{mx\,Ⅱ}$					
	≤0.05g	0.10g	0.15g	0.20g	0.30g	≥0.40g
I_0	0.72	0.74	0.75	0.76	0.85	0.90
I_1	0.80	0.82	0.83	0.85	0.95	1.00
Ⅱ	1.00	1.00	1.00	1.00	1.00	1.00
Ⅲ	1.30	1.25	1.15	1.00	1.00	1.00
Ⅳ	1.25	1.20	1.10	1.00	0.95	0.90

注：场地地震动峰值加速度调整系数 T_a 可按表中所给值分段线性插值确定。

③ 当结构自振周期小于 6.0s 时，场地地表水平向设计地震动加速度反应谱应符合下列规定。

a. 当结构阻尼比 ξ 为 0.05 时，下降段的衰减系数 γ 和阻尼调整系数 η 取值 1.0。

b. 当阻尼比不等于 0.05 时，加速度反应谱曲线的下降段的衰减系数 γ 和阻尼调整系数 η 计算如式(3.6)和式(3.7)所示，且当计算值小于 0.55 时应取值 0.55。

$$\gamma=1.0+\frac{0.05-\xi}{0.3+6\xi} \tag{3.6}$$

$$\eta=1.0+\frac{0.05-\xi}{0.08+1.6\xi} \tag{3.7}$$

④ Ⅱ类场地设计地震动峰值位移 $u_{max\,Ⅱ}$ 如表 3.14 所示，其他类别工程场地地表水平向设计地震动峰值位移 u_{max} 应取Ⅱ类场地设计地震动峰值位移 $u_{max\,Ⅱ}$ 乘以场地地震动峰值位移调整系数 T_u 的值；场地地震动峰值位移调整系数 T_u 应根据场地类别和Ⅱ类场地设计地震动峰值位移 $u_{max\,Ⅱ}$ 按如表 3.15 所示的内容采用。

表 3.14　Ⅱ类场地设计地震动峰值位移 $u_{max\,Ⅱ}$　　m

地震动峰值加速度分区 g	E1 地震作用 g	E2 地震作用 g	E3 地震作用 g
0.05	0.02	0.03	0.08
0.10	0.04	0.07	0.15
0.15	0.05	0.10	0.21

续表

地震动峰值加速度分区 g	E1 地震作用 g	E2 地震作用 g	E3 地震作用 g
0.20	0.07	0.13	0.27
0.30	0.10	0.20	0.35
0.40	0.14	0.27	0.41

表 3.15 场地地震动峰值位移调整系数 T_u

场地类别	Ⅱ类场地设计地震动峰值位移 $u_{max\,Ⅱ}$/m					
	≤0.03	0.07	0.10	0.13	0.20	≥0.27
$Ⅰ_0$	0.75	0.75	0.80	0.85	0.90	1.00
$Ⅰ_1$	0.75	0.75	0.80	0.85	0.90	1.00
Ⅱ	1.00	1.00	1.00	1.00	1.00	1.00
Ⅲ	1.20	1.20	1.25	1.40	1.40	1.40
Ⅳ	1.45	1.50	1.55	1.70	1.70	1.70

注：场地地震动峰值位移调整系数 T_u 可按表中所给值分段线性插值确定。

3.3.3 竖向设计地震动参数

场地地表竖向设计地震动峰值加速度取值不应小于水平向峰值加速度的 0.65 倍。竖向地震动峰值加速度与水平向峰值加速度的比值如表 3.16 所示。在活动断裂带附近，竖向峰值加速度宜采用水平向峰值加速度值。

表 3.16 竖向地震动峰值加速度与水平向峰值加速度比值 K_v

水平向峰值加速度	K_v
0.05g	0.65
0.10g	0.70
0.15g	0.70
0.20g	0.75
0.30g	0.85
0.40g	1.00

3.3.4 设计地震动加速度时程

① 设计地震动加速度时程可人工生成，其加速度反应谱曲线与设计地震动加速度反应谱曲线的误差应小于 5%。

② 宜利用地震和场地环境相近的实际强震记录作为初始时间过程，合成适合工程场地的设计地震动时间过程。

③ 当采用时程分析法进行结构动力分析时，应采用不少于 3 组设计地震动时程；当设计地震动时间过程少于 7 组时，宜取时程法计算结果和反应谱法计算结果中的较大值；当设计地震动时间过程为 7 组及以上时，可采用计算结果的平均值。

第 4 章　城市轨道交通地上结构抗震计算

4.1　地上结构构造及抗震建模概述

4.1.1　高架区间与高架车站整体构造

高架区间与高架车站整体构造相关内容已在上文列出，此处不作赘述。

4.1.2　道床结构形式

城市轨道交通的道床结构多采用无砟道床形式，常见的有板式结构、支承块-承轨台结构、弹性支承块-承轨台结构等。上述三种典型的道床构造形式如图 4.1 所示。

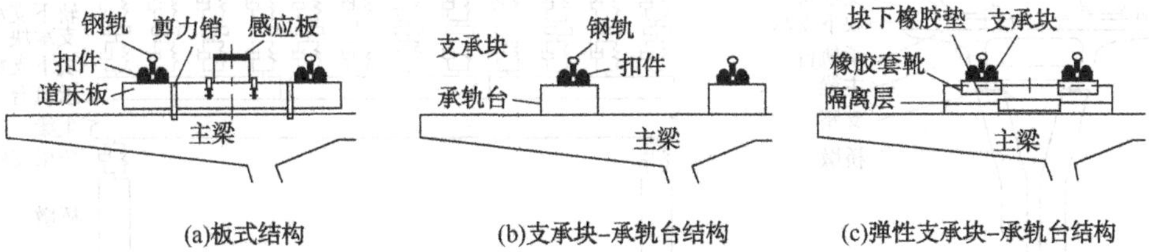

图 4.1　典型的道床构造形式

需要特别说明的是支承块-承轨台道床和弹性支承块-承轨台道床。

支承块-承轨台道床在梁顶板之上设置钢筋混凝土支承块，承轨台则为一种与桥主梁连成一体的沿纵向铺设在每股钢轨下面的条形钢筋混凝土结构。自上海轨道交通 3 号线(我国第 1 条城市轨道高架线)采用该道床形式后，在国内大多数城市的高架区间上也广为应用。

对于弹性支承块-承轨台道床，弹性支承块嵌固在道床板中，弹性支承块由橡胶套靴包裹的钢筋混凝土支承块及块下橡胶垫板组成。

4.1.3　抗震建模概要

城市轨道交通地上结构主要包括站台、轨道车辆、道床、轨道梁、支座、墩柱、基础、地基。道床以外的部分可以按桥梁或建筑结构的方法进行抗震建模。支承块-承轨台结构道床和弹性支承块-承轨台结构道床的抗震动力分析模型如图 4.2 和图 4.3 所示。

从已有的研究和应用成果来看，车辆一般采用刚体-弹簧进行建模；道床根据具体情况采用刚体、弹性体或较为复杂的耦联模型；轨道梁、墩柱、桩等一般采用梁单元进行建模，但对于短粗桥墩、壁式桥墩、块式构件或需要(如节点)进行详细分析时，需要采用实体或板壳单元进行建模；扣件、支座一般采用力学特征复杂程度不同的弹簧单元建模；地基的抗震建模有多种形式，如宏弹簧单元、平面土单元，必要且计算能力满足时也可采用实体单元。

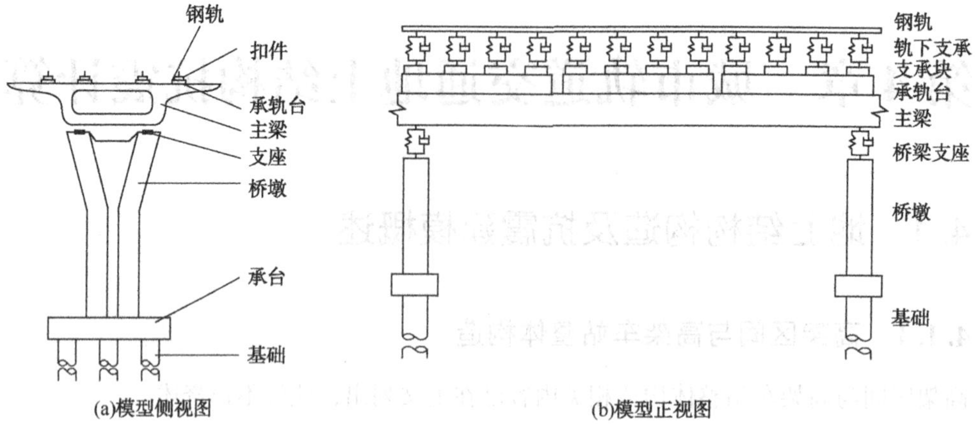

图 4.2　支承块-承轨台结构道床抗震动力分析模型

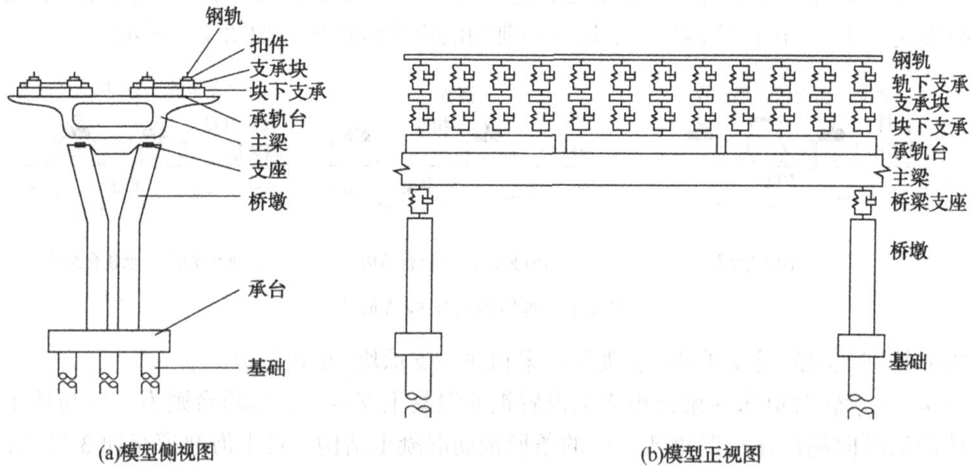

图 4.3　弹性支承块-承轨台结构道床抗震动力分析模型

4.2　弹性反应谱方法与弹塑性反应谱方法

作为结构抗震设计的重要理论基础之一，反应谱的概念是由美国学者在 20 世纪 40 年代首先提出的。结构设计人员利用反应谱计算建筑物的地震作用，简单快捷，而且具有令人满意的精度。基于弹性反应谱理论的振型分解反应谱法，是目前世界各国建筑抗震规范中进行建筑结构抗震计算的主要方法。随着基于性能的抗震设计思想的出现和发展，静力弹塑性分析法与能力谱法相结合，能够简单有效地对结构的抗震性能进行评估，因而近年来受到了广泛关注，而这种方法的关键问题——目标位移的确定，一般采用弹塑性反应谱中的等延性强度需求谱法。

所谓反应谱，即单质点体系在给定地震动作用下的最大反应随其自振周期变化的曲线。按照质点体系是否进入塑性变形阶段，反应谱可以分为弹性谱和弹塑性谱两类。

4.2.1 弹性反应谱方法

4.2.1.1 单质点体系在地震动作用下的基本方程

根据达朗贝尔原理，可以建立有阻尼弹性单质点体系在地震动作用下的微分方程，如式(4.1)所示。

$$m\ddot{x}(t)+c\dot{x}(t)+Kx(t)=-m\ddot{x}_g(t) \tag{4.1}$$

式中　m——该质点质量；

c——该质点体系的黏滞阻尼系数；

t——时间；

K——抗侧移刚度；

$x(t)$、$\dot{x}(t)$和$\ddot{x}(t)$——质点体系相对于地面的位移、速度和加速度；

$\ddot{x}_g(t)$——地面运动加速度。

令单质点体系的自振频率(角频率)$\omega^2=\frac{K}{m}$，体系的阻尼比$\xi=\frac{c}{2\omega m}$，由杜哈梅积分给出$x(t)$的计算式如式(4.2)所示。

$$x(t)=\frac{1}{\omega}\int_0^t\ddot{x}_g(\tau)e^{-\xi\omega(t-\tau)}\sin\omega'(t-\tau)d\tau \tag{4.2}$$

式中　ω'——体系的有阻尼自振频率，通常情况下，结构的阻尼比很小，可近似用ω来代替ω'；

τ——时间。

结构在地震作用下的位移反应是时间、频率和阻尼比的函数。由于在进行结构设计时，一般只对结构在地震作用下的最大反应感兴趣，而忽略其时间因素，因此地震反应只取决于ω和ξ。

以S_a表示单质点体系的绝对运动加速度的反应谱，由反应谱的定义和两次微分的结果如式(4.3)所示。

$$S_a=\left|\omega\int_0^t\ddot{x}_g(\tau)e^{-\xi\omega(t-\tau)}\sin\omega'(t-\tau)d\tau\right| \tag{4.3}$$

令$S_a=\beta|\ddot{x}_g(t)|_{max}$，$|\ddot{x}_g(t)|_{max}=k_a\times g$，($\beta$为动力系数，反映结构将地面运动加速度最大值放大的倍数；k_a为地震系数，表示地面运动加速度的最大值与重力加速度g的比值)，则作用于质点m上的总惯性力$F(t)$如式(4.4)所示。

$$F(t)=mS_a=\beta k_a gm \tag{4.4}$$

令重力载荷代表值$G=mg$，地震影响系数$\alpha=\beta k_u$，则$F(t)$如式(4.5)所示。

$$F(t)=\alpha\times G \tag{4.5}$$

地震影响系数α与结构自振周期T的关系曲线，即通常所说的抗震设计用反应谱，如图4.4所示。

4.2.1.2 基本假定

弹性反应谱理论采用的基本假定：结构的地震反应是在弹性范围内，地基是不转动的，地震活动过程是平稳过程。

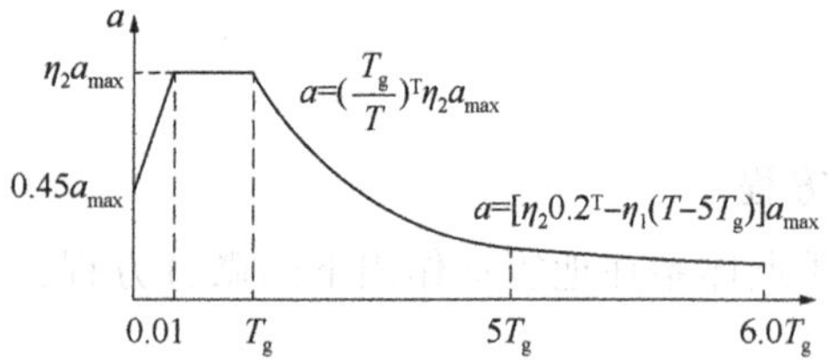

图 4.4　抗震设计用反应谱

注：α_{max}——地震影响系数最大值；

η_1——直线下降段的下降斜率调整系数；

η_2——阻尼调整系数；T_g——特征周期。

4.2.1.3　弹性反应谱的特点

它将动力设计简化为静力设计，使计算方便、快捷。随着强震观测技术的发展，应用反应谱理论计算所得的建筑物的地震反应与实际地震观测的地震反应相差较小。它具有一定的局限性：弹性反应谱理论只适宜材料在弹性范围内应用，不适于非弹性的情况；它只考虑了地震的平动分量，而无法考虑扭转分量；它只反映了地震作用最大的部分，不能反映地震持时的影响。

4.2.2　弹塑性反应谱方法

由于弹性反应谱理论不适于非弹性的情况，而地震作用又具有极大的不确定性，因此在强烈地面运动或罕遇地震作用下，一般结构都可能达到屈服而进入弹塑性工作阶段。当设防目标在第二或第三水准时，允许结构进入弹塑性工作阶段。结构的弹塑性反应谱理论及应用在国内外都受到广泛重视，并取得了多方面的成果。

弹塑性反应谱可以类似弹性反应谱直接从统计获得，但目前多采用弹性反应谱折减得到，其中的一项工作是统计折减系数。地震作用下，单自由度体系运动方程如式(4.6)所示。

$$m\ddot{u}+c\dot{u}+f(\dot{u},\ u)=-m\ddot{u}_g(t) \tag{4.6}$$

式中　m——单自由度体系的质量；

$\ddot{u}$——相对加速度；

$\dot{u}$——相对速度；

c——阻尼系数；

$f(\dot{u},\ u)$——恢复力；

$\ddot{u}_g(t)$——地震动加速度时间过程值；

t——时间。

弹塑性体系恢复力 $f(\dot{u},\ u)$ 计算如式(4.7)所示。

$$f(\dot{u},\ u)=k(\dot{u},\ u)u \tag{4.7}$$

式中　u——单自由度体系的位移；

$k(\dot{u},\ u)$——位移对应的割线刚度。

据弹性反应谱理论，单自由度体系最大弹性地震力 $F_{e,max}$ 计算如式(4.8)所示。

$$F_{e,max}=m\beta\ddot{u}_{g,max} \tag{4.8}$$

式中　β——标准化地震加速度反应谱(放大系数)；

$\ddot{u}_{g,max}$——$\ddot{u}_g(t)$的最大值的绝对值。

弹塑性单自由度振子折减系数 R 的计算如式(4.9)所示。

$$R=\frac{F_{e,max}}{F_y}=\frac{m\beta\ddot{u}_{g,max}}{k_y u_y} \tag{4.9}$$

式中　u_y——单自由度振子的屈服位移；

F_y——屈服力；

k_y——单自由度振子等效屈服点对应的等效刚度。

位移延性系数 μ 的计算如式(4.10)所示。

$$\dot{\mu}=\frac{u_{max}}{u_y} \tag{4.10}$$

式中　u_{max}——单自由度体系的位移的最大值。

可以通过样本统计，建立 R-μ-T 之间的关系，折减系数 $R(\mu)$ 采用的经验形式如式(4.11)所示。

$$R(\mu)=\begin{cases}(\mu-1)\dfrac{T}{T_0}+1, & T\leqslant T_0\\ \mu, & T>T_0\end{cases} \tag{4.11}$$

式中　R——强度折减系数；

T——周期；

T_0——场地相关特征周期参数，取值如表 4.1 所示；

μ——反应延性系数。

表 4.1　场地相关特征周期参数 T_0 的取值

延性系数	Ⅰ₀、Ⅰ₁类场地			Ⅱ类场地		
	反应谱特征周期 0.35s 区	反应谱特征周期 0.40s 区	反应谱特征周期 0.45s 区	反应谱特征周期 0.35s 区	反应谱特征周期 0.40s 区	反应谱特征周期 0.45s 区
$\mu=2$	0.12	0.14	0.26	0.13	0.20	0.23
$\mu=3$	0.14	0.21	0.28	0.17	0.26	0.33
$\mu=4$	0.15	0.23	0.34	0.19	0.34	0.37
$\mu=5$	0.16	0.26	0.37	0.21	0.37	0.44
$\mu=6$	0.17	0.28	0.38	0.22	0.40	0.51
延性系数	Ⅲ类场地			Ⅳ类场地		
	反应谱特征周期 0.35s 区	反应谱特征周期 0.40s 区	反应谱特征周期 0.45s 区	反应谱特征周期 0.35s 区	反应谱特征周期 0.40s 区	反应谱特征周期 0.45s 区
$\mu=2$	0.14	0.21	0.27	0.25	0.43	0.55
$\mu=3$	0.19	0.29	0.39	0.35	0.57	0.76
$\mu=4$	0.22	0.35	0.44	0.38	0.73	1.06
$\mu=5$	0.27	0.38	0.63	0.42	0.75	1.11
$\mu=6$	0.29	0.41	0.76	0.46	0.80	1.18

参考《城市轨道交通结构抗震设计规范》(GB 50909—2014)，拟合曲线与平均曲线的比较如图 4.5 所示，其中延性系数 $\mu=1$ 的曲线亦为该地震动水平下的弹性反应谱。

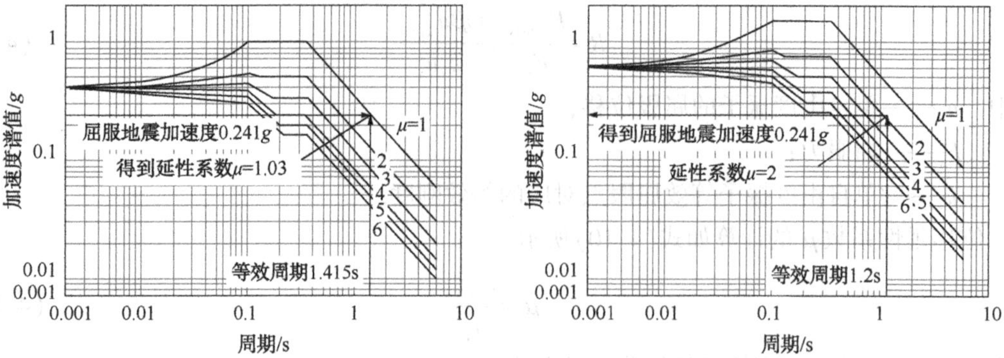

(a)求延性系数　　(b)求屈服强度

图 4.5　地震弹塑性反应谱及反应延性系数或屈服强度求取过程

基于弹塑性反应谱法的抗震设计流程，如图 4.6 所示。T_{eq} 为结构等效周期，计算如式(4.12)所示。

$$T_{eq}=2\pi\sqrt{\frac{M_{eq}}{K_{eq}}} \tag{4.12}$$

式中　M_{eq}——等效质量，kg；

K_{eq}——等效刚度，N/m。

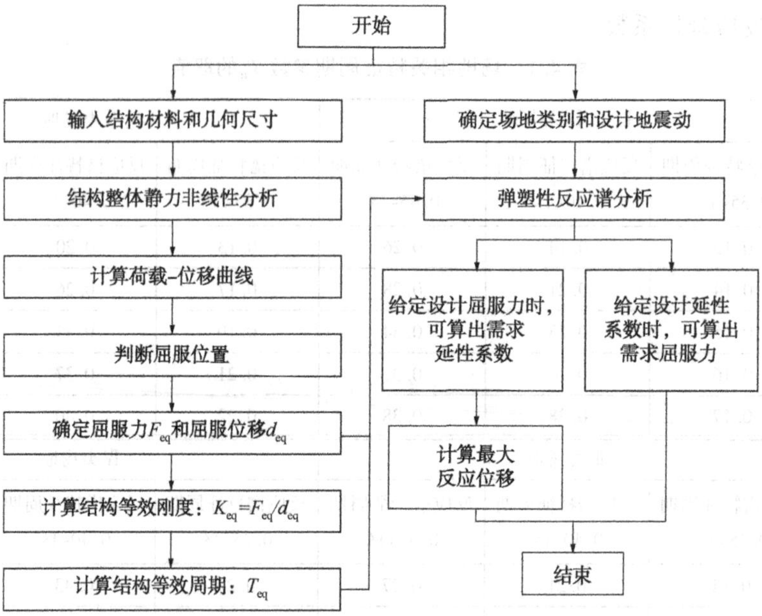

图 4.6　弹塑性反应谱法抗震设计流程

采用弹塑性反应谱方法，需要进行结构的非线性静力分析，以得到等效屈服力-等效屈服位移曲线，进而确定等效刚度和等效周期。静力非线性分析的荷载分布模式按结构的第 1 振型确定。对一般高架区间的桥墩，水平惯性力主要由上部结构梁体和承台产生，因而静力非线性分析中，在上部结构惯性力作用位置和承台质心节点实施两点加载，两点处力的比例为两点处的质量比。非线性状态下，叠加原理不适用，因而非线性分析应同时考虑结构自重、二期恒载、列车重量、土压力等。分析得到上部结构惯性力作用位置的力-位移曲线，在结构整体屈服点取割线刚度，作为桥墩第1阶振型的等效刚度。

弹塑性反应谱方法中，根据所考虑结构和地基非线性特性的静力非线性分析所得荷载(F)-变形(d)曲线，连接原点与结构等效屈服点所得割线斜率确定结构等效刚度，如图4.7所示。结构等效屈服点，取桥墩屈服点与基础屈服点最先达到的状态点。得到结构整体屈服力 F_{eq}，除以相应的质量，即可得到屈服地震加速度。

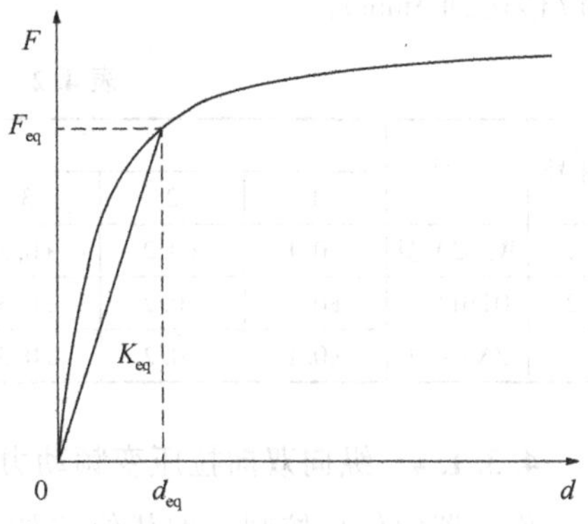

图4.7　结构等效刚度

静力非线性分析以墩顶位移作为控制指标，因而可采用该指标为自变量，建立所关心的其他反应指标与墩顶位移的对应关系，从而在地震反应分析中，以该位移指标作为中间环节，即可查询所关心反应指标的状态，实际相当于建立各指标和“加载步”之间的关系。弹塑性反应谱分析后，根据该对应关系，提取各指标反应值进行抗震验算。

4.3　轨道扣件、道床、支座系统建模

4.3.1　轨道扣件加载试验

4.3.1.1　概述

在无砟轨道结构中，纵桥向梁轨相互作用是通过扣件阻力来实现的。扣件的纵向阻力由橡胶垫层的剪切变形和扣压件的弹性变形共同提供。当梁轨相对位移超过扣件总的弹性变形(临界滑动位移)时，钢轨与扣件之间将发生相对滑动。

相关震害调查显示，轨道高架结构的破坏与轨道-扣件-轨道梁之间的耦合作用有关。合理地描述轨道扣件在地震中的力学行为对准确地计算高架区间结构的地震反应有重要意义。王君杰等人对常用的三种(WJ-2A型、DTIII2型和ZX-3型)扣件进行试验研究后发现，WJ-2A型扣件在高架区间中常用、DTIII2型和ZX-3型扣件在地下结构中常用。

4.3.1.2　纵向单向静力拉伸试验

试验采用50t静态作动器(最大位移±250mm；最大出力45t；最大速度500mm/s；可采用力控制或位移控制)。动力试验采用50t动态作动器(最大工作频率2~10Hz，最大位移±250mm，最大出力45t，最大速度500mm/s，采用位移控制)。

扣件将一段钢轨(1.29m长的60钢轨，质量78.23kg)固定在轨枕上，利用作动器对钢轨施加纵向拉力，记录纵向力和钢轨相对轨枕的纵向位移；当钢轨滑移时卸载，得到纵向力-位移曲线和钢轨临界纵向阻力；试验加载速率在0.3mm/s以下，每增加0.3mm的位移，保持30s；当位移达到3mm时卸载，并继续测定2min，直至钢轨充分回行。重复3次，每次加卸载间隔不少于3min，取平均值。力作动器精度为±0.5kN，采用拉线位移计测量轨顶与轨枕间相对位移，精度为±0.1mm。

4.3.1.3　纵向双向拉压拟静力循环加载试验

纵向双向拉压拟静力循环加载试验与纵向单向拉伸试验步骤基本相同，但前者改变为

每步往复加载。加载步如表 4.2 所示，每个加载位移往复 3 次，加载速率为 0.2mm/s。在位移达到 2.1mm 后，以±0.3mm 为步距加载，直至钢轨完全从轨枕上脱离或扣件完全失效（位移达到 3mm）。

表 4.2 纵向双向拉压分布加载位移

序号	型号	分步加载位移/mm								
		1	2	3	4	5	6	7	8	9
1	WJ-2A 型	±0.1	±0.2	±0.3	±0.6	±0.9	±1.2	±1.5	±1.8	±2.1
2	DTIII2 型	±0.1	±0.2	±0.3	±0.6	±0.9	±1.2	±1.5	±1.8	±2.1
3	ZX-3 型	±0.1	±0.2	±0.3	±0.6	±0.9	±1.2	±1.5	±1.8	±2.1

4.3.1.4 纵向双向拉压变频动力加载试验

作动器由位移控制，加载位移如表 4.3 所示。加载频率按照 0.1Hz、0.5Hz、1Hz 分别加载，每次做 11 个循环，中间间隔 10s 以上。

表 4.3 纵向双向拉压变频动力加载试验加载位移

序号	型号	分步加载位移/mm					
		1	2	3	4	5	6
1	WJ-2A 型	±0.3	±0.5	±0.75	±1	±1.5	±2
2	DTIII2 型	±0.3	±0.5	±0.75	±1	±1.5	±2
3	ZX-3 型	±0.3	±0.5	±0.75	±1	±1.5	±2

4.3.2 道床系统建模

4.3.2.1 板式整体道床

板式整体道床的结构组成主要包括混凝土底座或轨道板、CA（Cement Asphalt Mortar，水泥沥青）砂浆调整层、凸形挡台及扣件系统。其建模示意如图 4.8 所示。

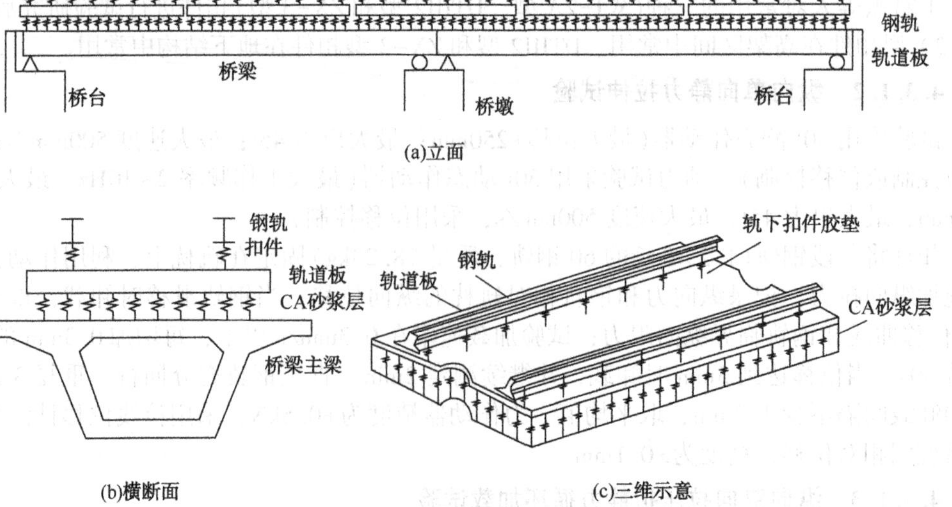

图 4.8 板式整体道床建模示意图

4.3.2.2　支承块–承轨台道床

支承块–承轨台道床由弹性扣件、混凝土支承块、混凝土道板、隔离层(混凝土底座)等组成，是把支承块和承轨台结合在一起的结构形式，即将预制的每块钢筋混凝土支承块顶面预留一个锚固螺栓孔，在相邻两股钢轨下各垫一块钢垫板，用锚固螺栓及扣件将钢轨与支承块连在一起，并将预制好的支承块置入混凝土道床中。其建模示意图如图 4.9 所示。

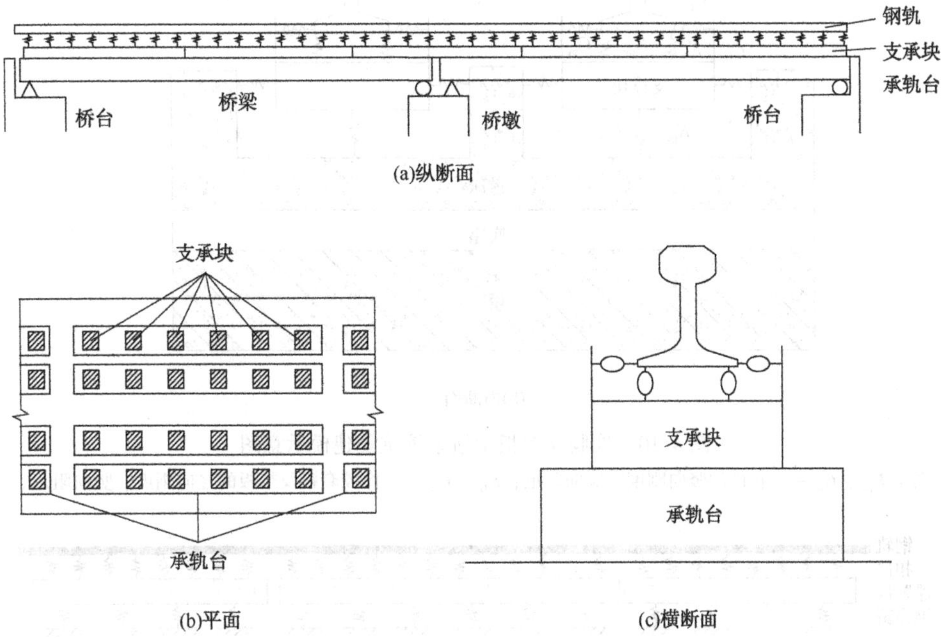

图 4.9　支承块–承轨台道床建模示意图

4.3.2.3　弹性支承块–承轨台道床

弹性支承块式无砟轨道由弹性扣件、混凝土支承块、块下弹性垫层、套靴、混凝土道板、隔离层(混凝土底座)等组成，依据道床所用弹性材料的不同，分为橡胶浮置板和钢弹簧浮置板。

橡胶浮置板在广州地铁 2 号线中应用较多，其减振效果主要通过橡胶套靴及垫板来实现。其建模示意图如图 4. 10 所示。

钢弹簧浮置板无砟轨道由钢轨、扣件、浮置板、钢弹簧、底座等组成。钢弹簧浮置板道床是德国 GERB(隔而固)公司研制的弹簧隔振器浮置板轨道，它采用螺旋弹簧支承浮置板道床，在减振消能方面，弹簧隔振器浮置板轨道比橡胶支承式浮置板轨道的效果还要好。钢弹簧浮置板减振轨道自首次在北京地铁 13 号线试用以来，已陆续在上海地铁、广州地铁中得到采用，并逐步延伸到深圳地铁、南京地铁、杭州地铁及成都地铁。钢弹簧浮置板承轨系统建模示意图如图 4. 11 所示。

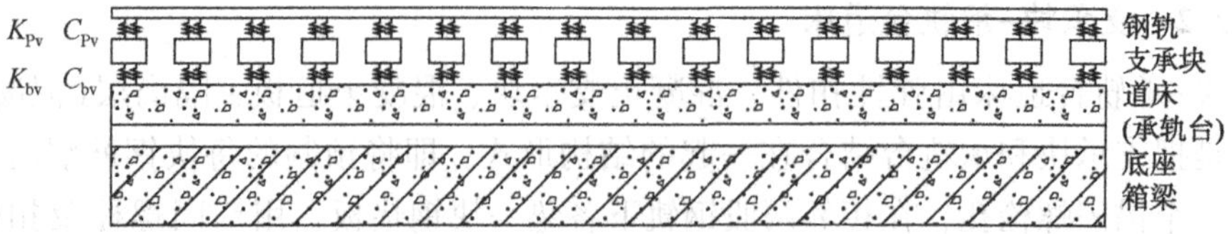

(a)纵断面

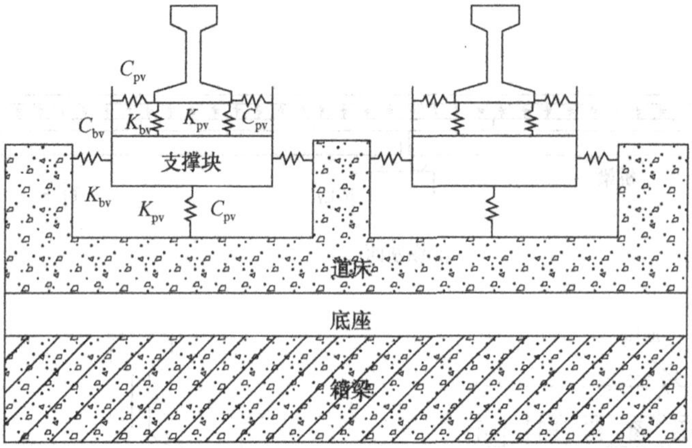

(b)横断面

图 4.10　橡胶浮置板承轨系统抗震建模示意图

注：K_{pv}、C_{pv}——扣件的竖向刚度、竖向阻尼；K_{bv}、C_{bv}——橡胶套靴及垫板的竖向刚度、竖向阻尼。

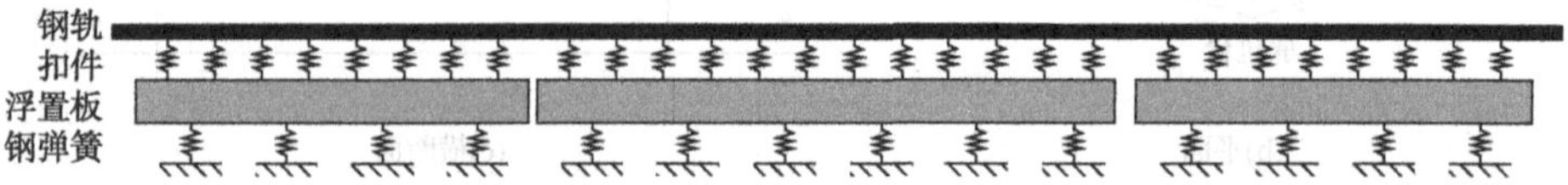

(a)示意图一

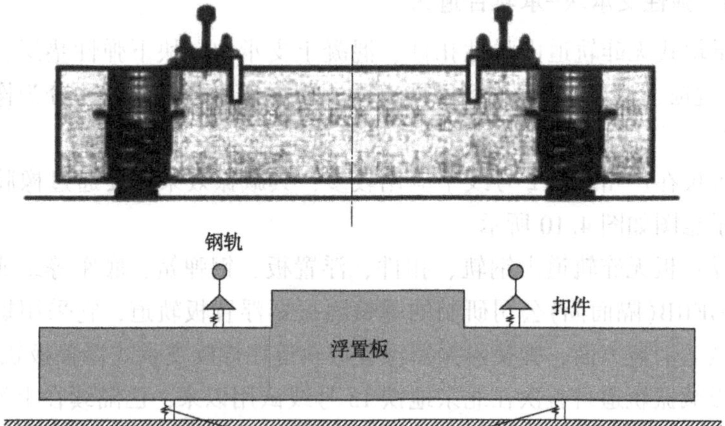

(b)示意图二

图 4.11　钢弹簧浮置板承轨系统建模示意图

4.3.3 支座系统建模

4.3.3.1 概述

城市轨道交通结构常采用的支座包括板式橡胶支座、盆式橡胶支座、球形钢支座以及摩擦摆隔震支座等。

板式橡胶支座构造如图4.12所示。板式橡胶支座可分为普通板式橡胶支座和聚四氟乙烯滑板式橡胶支座，常用形状有矩形和圆形。板式橡胶支座根据加劲程度还可细分为简易橡胶垫、层叠橡胶垫、钢板夹层橡胶垫等。该类支座竖向承压、水平受剪，且可以承受一定程度的多向转动，可作为固定支座、活动支座和水平力分散支座使用。固定支座一般厚度相对较薄，能满足梁体竖向支承反力和梁端自由转动即可；活动支座通过橡胶剪切变形和聚四氟乙烯的滑动完成梁体的水平位移，橡胶层厚度取决于所需位移量；水平力分散支座的橡胶厚度相同，共同分担水平力、完成水平位移。

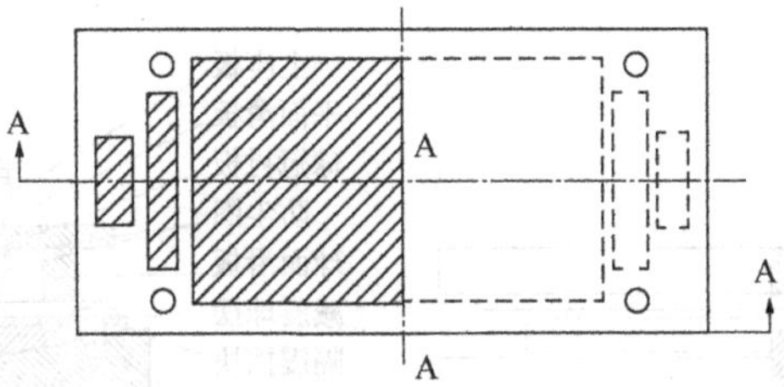

(a)A—A截面

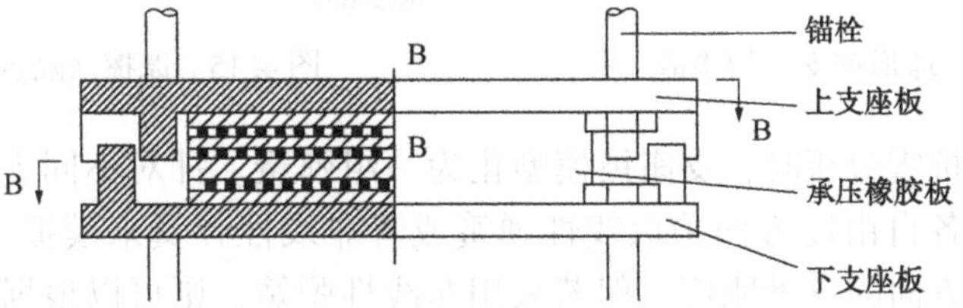

(b)B—B截面

图4.12　板式橡胶支座构造

盆式支座利用设置在钢盆中的橡胶板承压并实现转动，利用聚四氟乙烯板与不锈钢板之间的滑动来满足梁体水平位移，可将其归为钢支座的一种。典型盆式支座的构造如图4.13所示。固定支座由上支座板、密封圈、橡胶承压板等构件组成；自由滑动支座(双向或多向活动支座)和导向滑动支座(单向活动支座)则包括上支座板(包括顶板和不锈钢滑板)、聚四氟乙烯滑板、中间钢衬板、密封圈、橡胶承压板、底盆等。底盆主要用来约束橡胶板的变形，橡胶承压板则用来传递支座反力。由于橡胶弹性体具有一定的变形能力，因此在任何的水平方向都能进行倾斜位移。密封圈有效地密封了盆环和中间钢衬板之间的缝隙，不仅可防止因弹性块倾斜位移产生的磨蚀，而且可以帮助调节各种变形。聚四氟乙烯板与不锈

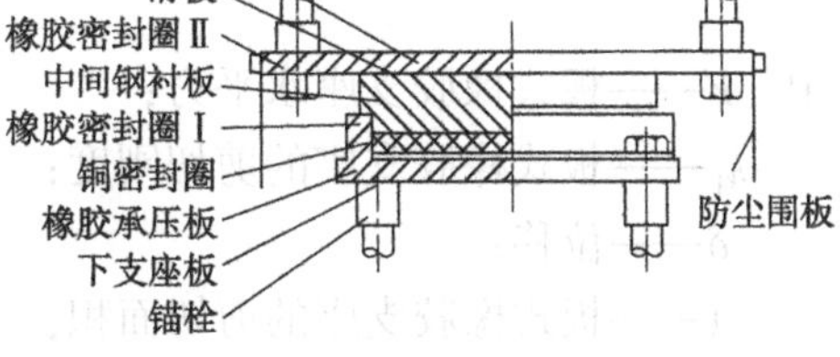

图4.13　盆式支座的构造

钢板之间的相对滑动可以满足活动支座水平位移的要求。中间钢衬板位于橡胶板与聚四氟乙烯板之间，其下面凸出嵌入底盆凹槽内，可灵活转动，上顶面留有镶嵌聚四氟乙烯板的凹槽。这种支座在城市轨道交通中使用最为广泛。

球形钢支座通过支座板与平面聚四氟乙烯滑板间及球冠衬板与球面聚四氟乙烯滑板间的滑动实现水平移动和转动；球形钢支座由上支座板(含不锈钢板)、球冠衬板、下支座板、平面聚四氟乙烯板、球面聚四氟乙烯板和防尘结构等组成。

球形钢支座通过上下两部分相吻合的球形部件适应构件产生的转动，同时将竖向力传给下部结构。下支座板主要起着固定球面聚四氟乙烯板的作用，并传递支座反力于下部结构；支座的转动是通过球冠衬板与球面聚四氟乙烯板之间的滑动来实现的；支座的水平位移是通过平面聚四氟乙烯板与上支座板的不锈钢板之间滑动来实现的；上支座板上设置不同的导向构造可约束支座的单向或多向的位移。其构造示意如图 4.14 所示。

摩擦摆隔震支座是通过结构在曲面上滑动时，其自重提供的自复位能力帮助上部结构回到原来的位置，并利用钟摆机理延长了结构的自振周期。其构造示意如图 4.15 所示。

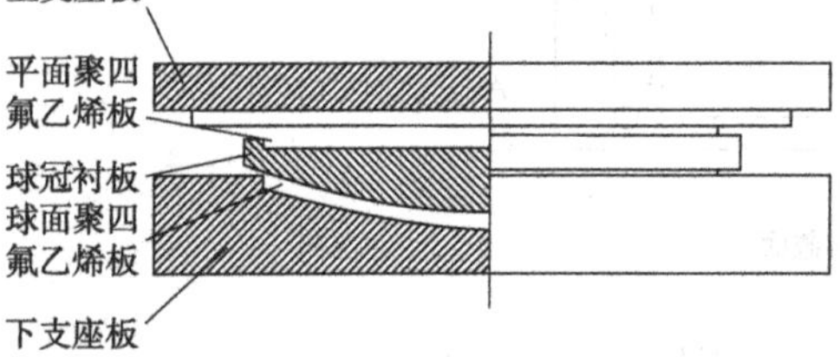

图 4.14　球形钢支座的构造

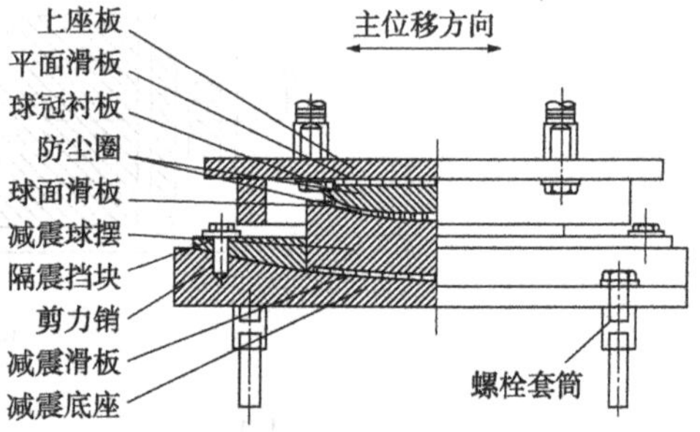

图 4.15　摩擦摆隔震支座的构造

一般情况下，抗震分析时，支座被模型化为一组弹簧。针对不同支座类型及分析的精细程度，可以考虑各自由度方向采取线性弹簧或者非线性弹簧来模拟。采用线性弹簧时，只需考虑各自由度方向的支承刚度。但若采用非线性弹簧，则可以根据情况考虑利用图中右侧各个元件的串并联组合来建立模型，以考虑各种非线性因素的影响。建模的关键有两点：第一是对力学现象的抽象和模型化；第二是确定出合理的力学参数。

4.3.3.2　支座的力-位移关系模型

常用到的最简单的力-位移关系是线弹性关系，如图 4.16(a)所示。

板式橡胶支座水平力(F)和剪切刚度(k_h)计算如式(4.13)和式(4.14)所示。

$$F=k_h\times\delta \tag{4.13}$$

$$k_h=\frac{A\times G}{T} \tag{4.14}$$

式中　F——板式橡胶支座水平力；

k_h——板式橡胶支座的剪切刚度；

δ——位移；

A——板式橡胶支座的剪切面积；

G——板式橡胶支座的动剪切模量；

T——橡胶层的总厚度。

支座表面的可滑动方向可模型化为如图4.16(b)所示的非线性力-位移关系(刚塑性本构模型)。该力-位移关系中只有一个需要确定的力学参数，即屈服力 F_y，如式(4.15)所示。

$$F_y=\mu\times N \tag{4.15}$$

式中　F_y——屈服力；

μ——动摩擦系数；

N——支座承受的垂直于支座表面的压力。

一些支座(如铅芯橡胶支座和高阻尼橡胶支座等)，其水平力-位移关系可以模型化为简单的双线性力学模型，如图4.16(c)所示。其中，k_1 和 k_2 是支座的初始刚度和二次刚度，一般由产品供应商在产品的参数说明中提供。

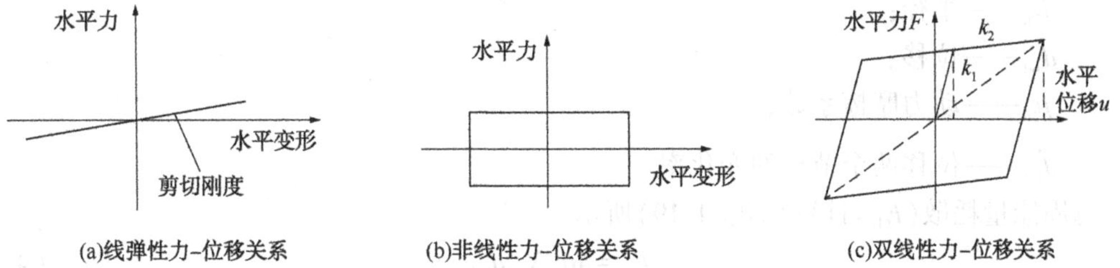

图4.16　支座的力-位移关系模型

球形钢支座简化模型可参考板式橡胶支座进行抗震建模。在固定方向可简化为约束或根据产品力学特性确定线性刚度；在可滑动方向，可采用刚塑性模型。摩擦摆隔震支座可采用双线性模型。

上述提及的力-位移关系模型即滞回模型，作为一种简化模型，一般无须提供加卸载准则信息。当需要详细考虑支座的一些非线性特性时，可以采用确定骨架曲线和加卸载准则来建立。需要注意的是某些支座建模方法，无须骨架曲线和加卸载准则，只需调整模型参数即可。

图4.17所示为单轴塑性模型的基本模拟图。

该滞回系统的力与位移关系可采用的计算式如式(4.16)所示。

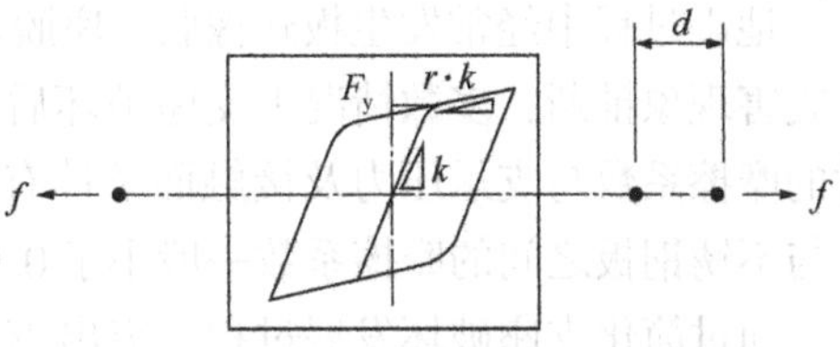

图4.17　单轴塑性模型的基本模拟图

注：f——水平力；r——屈服后刚度折减率；k——初始刚度；d——两节点的相对变形；F_y——屈服力。

$$f=r\times k\times d+(1-r)\times F_y\times z \tag{4.16}$$

式中　z——滞回响应内部参数。

z 可采用的微分方程如式(4.17)所示。

$$\dot{z}=\frac{k}{F_y}\{1-|z|^s[\alpha\text{sgn}(\dot{d}z)+\beta]\}\times\dot{d} \tag{4.17}$$

式中　$\dot{z}$——滞回响应内部参数微分值；

α、β——决定滞回曲线形状的参数；

s——决定屈服点的转移区域大小的常数；

$\dot{d}$——两节点间变形的变化率。

α 和 β 决定了屈服后的响应特性，当 $\alpha+\beta>0$ 时为软化系统；当 $\alpha+\beta<0$ 时为硬化系统。

滞回系统中的耗能能力由滞回环的面积决定，面积越大耗能能力越强。

s 值决定了弹性阶段和塑性阶段之间的变化区域，即发生屈服的区段形状的常数，该值越大屈服点越明显，滞回曲线越接近于理想双折线弹塑性系统。s 值一般小于 30。

此外，还可以根据支座力学特点建立对应的力学模型。带有半径为 R_b 球面的滑动装置在位移 d_{bd} 时，恢复力为 $N_{Sd}d_{bd}/R_b$，其中 N_{Sd} 为竖向压力，力与位移的关系如式(4.18)所示。

$$F_{max}=\frac{N_{Sd}}{R_b}d_{bd}+\mu_d N_{sd}\text{sgn}(\dot{d}_{bd}) \tag{4.18}$$

式中 F_{max}——最大水平力；

N_{Sd}——竖向压力；

R_b——半径；

d_{bd}——位移；

μ_d——动力摩擦系数；

$\dot{d}_{bd}$——位移两个节点的变化率。

每周能量耗散(E_D)计算如式(4.19)所示。

$$E_D=4\mu_d N_{Sd}d_{bd} \tag{4.19}$$

动力摩擦系数 μ_d 主要取决于滑动表面的构成、是否使用润滑、地震状态下滑动面上的支座压力和滑动速度。

4.3.3.3 支座破坏后的力学模型

一些情况下(比如定量判断落梁等)，需要定量考虑支座破坏后的力学行为。震害调查显示，地震过程中经常发生板式橡胶支座脱落情形，上下部结构直接接触，处于滑动摩擦状态。从震害现象推断，多数情况下支座破坏后的摩擦阻力要大于正常使用状况下的摩擦阻力。此时的摩擦系数与支承压力及接触面条件有关。例如，聚四氟乙烯板橡胶支座中，聚四氟乙烯板与不锈钢板之间的摩擦系数一般小于 0.08，而混凝土之间的平面摩擦系数可能高达 0.55 左右。通过简化支座破坏发展过程，突出震害中常遇的破坏模式，考虑破坏后力学特征的简化模型如图 4.18 所示。假定侧向力达到临界滑动摩擦力时，上下部结构进入滑动状态。

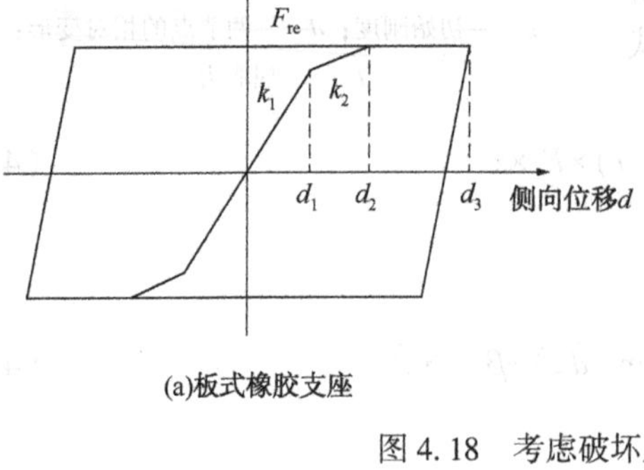

(a)板式橡胶支座

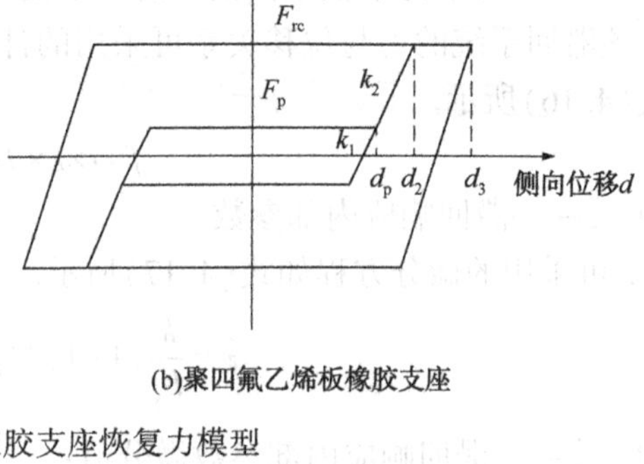

(b)聚四氟乙烯板橡胶支座

图 4.18 考虑破坏后橡胶支座恢复力模型

注：k_1——橡胶支座剪切刚度，k_1 段是正常使用功能阶段；k_2——支座显著破坏后刚度，k_2 段为支座超出正常使用位移范围，进入上下部直接摩擦之前的刚度变化阶段；d_1——支座的极限剪切位移；d_2——支座的完全失效位移(需要试验确定)；d_3——上下部结构间可能滑动的最大位移，在无其他限位装置条件下，可取梁的搁置长度(从 d_2 到 d_3 为上下部直接摩擦阶段)；F_p——聚四氟乙烯滑板橡胶支座临界滑动摩擦力；F_{rc}——支座失效后上下部结构间临界滑动摩擦力；d_p——滑动支座容许位移。

盆式支座上下扣板锚固于上下部结构上，其震害现象要比板式橡胶支座复杂，可将其破坏分为损伤后进入干摩擦状态和损伤后进入咬合状态两种类型。考虑损伤后进入干摩擦状态的盆式固定支座和活动支座的恢复力模型如图 4.19 所示。假定力达到临界滑动摩擦力时，上下部结构进入滑动状态。

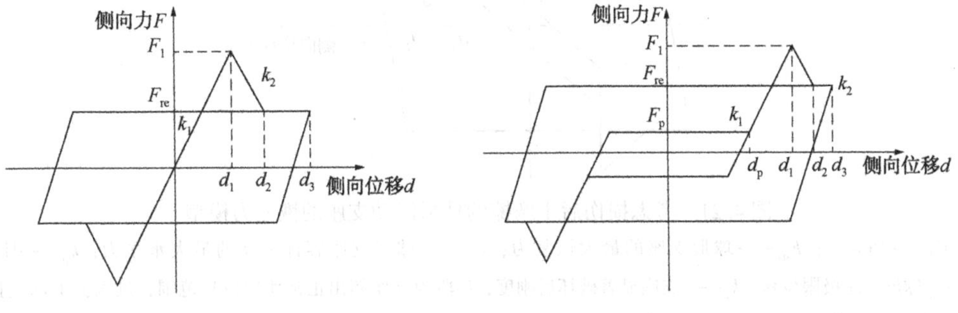

图 4.19　盆式支座破坏-干摩擦力-位移关系模型

注：F_1——盆式支座容许承受的最大水平力；其余符号意义同前。

破坏后进入咬合状态的盆式支座的恢复力模型如图 4.20 所示。因这种损伤情况复杂，极端处理方法为支座破坏后即被卡死，上下部结构相对位移为 0。

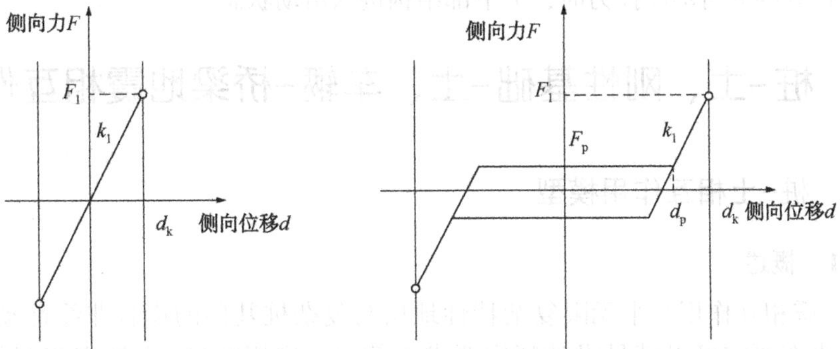

图 4.20　盆式支座破坏-咬合力-位移关系模型

注：d_k——支座的破坏后咬合极限剪切位移；其余符号意义同前。

球形钢支座的震害实例并不多，但在阪神地震中出现过支座破坏伴随落梁的现象。这种支座的破坏也应分为损伤后进入干摩擦状态和损伤后进入咬合状态两种类型。损伤后进入咬合状态的球形固定支座和滑动支座的模型可按照盆式支座同样处理，但损伤后进入干摩擦状态的球形活动钢支座则略有不同。考虑损伤后干摩擦的一种球形滑动支座的恢复力模型如图 4.21 所示。

刚度 k_p 计算如式(4.20)所示。

$$k_p = \frac{N_{sd}}{R_b} \tag{4.20}$$

式中　R_b——球形支座的球面半径；

N_{Sd}——竖向压力。

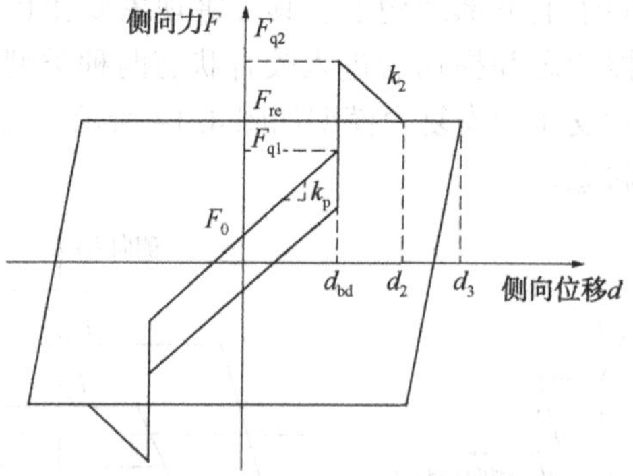

图 4.21　考虑损伤后干摩擦的球形滑动支座的恢复力模型

注：F_0——屈服力；F_{q1}——球形支座的最大恢复力；F_{q2}——球形支座容许承受的最大水平力；k_p——刚度；d_{bd}——球形支座极限位移；k_2——支座显著破坏后刚度，k_2段为支座超出正常使用位移范围，进入上下部直接摩擦之前的刚度变化阶段；F_{re}——支座失效后上下部结构间临界滑动摩擦力；d_2——支座的完全失效位移；d_3——上下部结构间可能滑动的最大位移。

球形支座的最大恢复力 F_{q1} 计算如式(4.21)所示。

$$F_{q1}=\frac{N_{sd}}{R_b}\times d_{bd}+\mu_d N_{sd}\times \mathrm{sgn}(\dot{d}_{bd}) \tag{4.21}$$

假定力达到临界滑动摩擦力时，上下部结构进入滑动状态。

4.4　桩-土、刚性基础-土、车辆-桥梁地震相互作用模型

4.4.1　桩-土相互作用模型

4.4.1.1　概述

桩-土地震相互作用是半无限复杂特性地层与复杂桩基础的耦合非线性动力学问题。相关学者一直在研究可以满足设计精度要求的简化、实用的桩-土地震相互作用的建模方法。

集中参数建模方法最早由彭津(Penzien)于1964年提出，用于解决软土场地桩基础桥梁抗震计算问题，之后不断得到发展和完善，成为土木工程抗震计算中考虑桩-土地震相互作用的实用方法，如图4.22所示。从有限元方法的角度来看，集中参数建模方法将地层半空间模型化为一个无几何尺度的抽象的力学单元，可称为宏单元。

宏单元的技术思路：首先定义一些特性简单的力学元件，用于描述复杂力学现象的某一特征；然后按一定规则将简单的元件进行集成，构造出宏单元(组合单元)，实现对桩-土地震相互作用复杂力学现象的描述。

建立宏单元的技术基础是对桩-土地震相互作用机理的深入理解，如图4.23所示。基本力学现象为：①桩的主动面和被动面受到土压力，土可能进入强的非线性状态；②桩-土界面相对滑动引起摩擦；③桩-土之间可能重复发生脱离-接触。桩-土地震相互作用宏单元构造的第一步是针对上述力学特征构造出相应的力学元件。

桩-土地震相互作用的宏单元有复杂程度不同的模型，典型的模型如图4.24所示。其

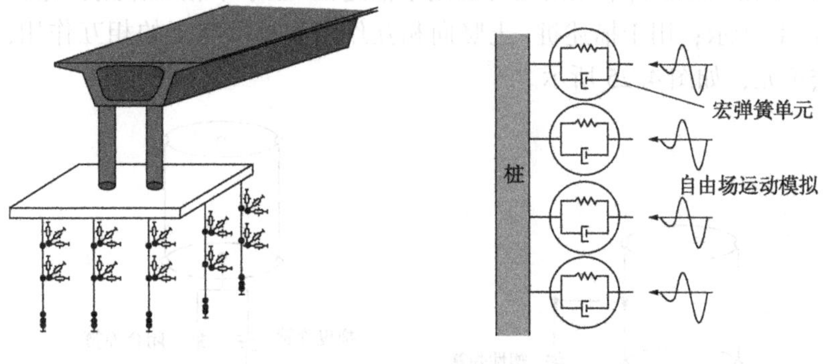

(a)土宏单元　　(b)地震动输入

图 4.22　桩-土地震相互作用集中参数建模

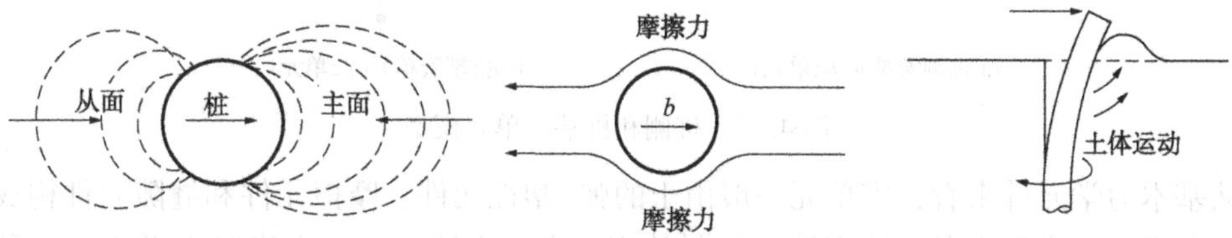

(a)主、被动土压力　　(b)桩侧土摩擦力　　(c)桩变形和脱离示意

图 4.23　桩-土地震相互作用机理

中单一弹簧模型、弹簧+阻尼器模型两种宏单元简单，在工程抗震设计中有较多应用。Boulanger(布朗格)和 Tacirogl u(塔吉尔奥卢)提出的模型可以更好地考虑土的非线性力学行为、桩-土之间的分离和桩-土之间的摩擦，即可以较好地反映桩-土地震相互作用机理，因而得到越来越多的研究和应用。

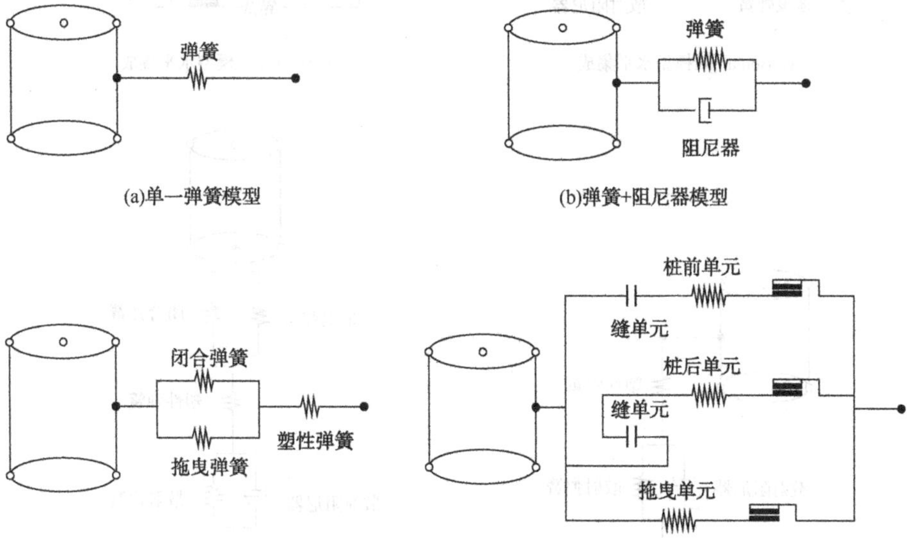

(a)单一弹簧模型　　(b)弹簧+阻尼器模型

(c)Boulanger模型　　(d)Tacirogl u模型

图 4.24　桩-土地震相互作用的宏单元典型的模型

Boulanger 和 Taciroglu 宏单元模型可以用于描述桩-土水平相互作用，称为 $p-y$ 宏单元，如图 4.24(c)(d)所示；用于描述桩-土竖向相互作用和桩端与土的相互作用，称为 $t-z$ 宏单元和 $q-z$ 宏单元，如图 4.25 所示。

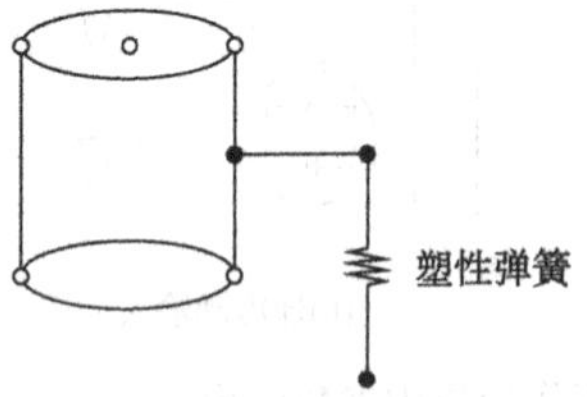

(a)桩侧宏单元(t-z单元)

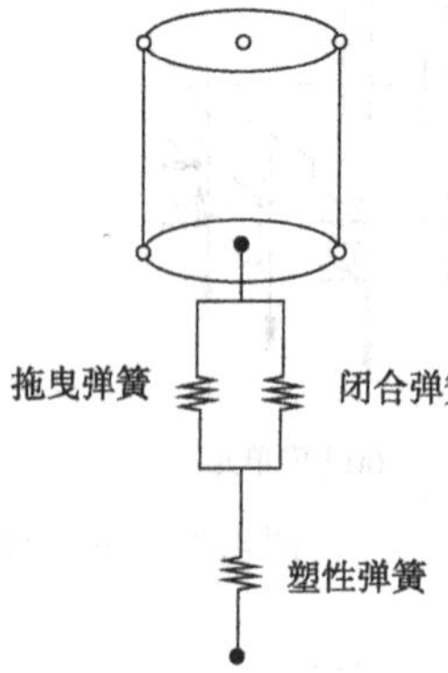

(b)桩端宏单元(q-z单元)

图 4.25　桩侧和桩端宏单元模型

从基本力学元件来看，宏单元一般由土的弹-塑性元件、摩擦元件和缝隙元件构成。若要在以上宏单元模型中考虑地震波的辐射效应，则在上述宏单元上串联水平或竖向黏弹性边界元件即可，如图 4.26 所示。

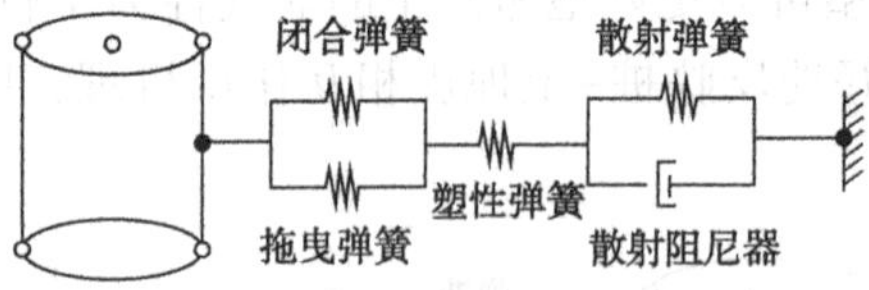

(a)Boulanger模型水平集成

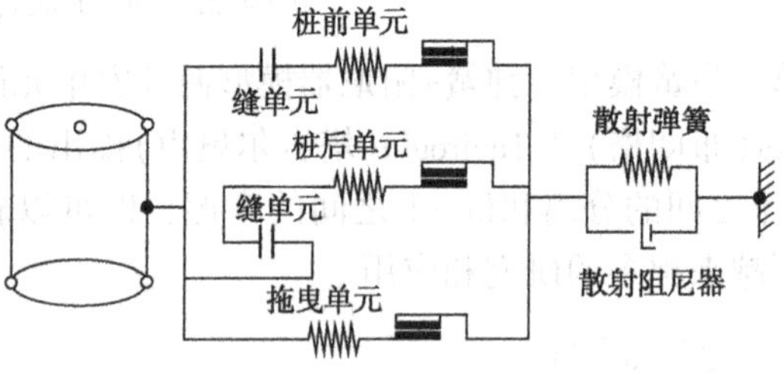

(b)Taciroglu模型水平集成

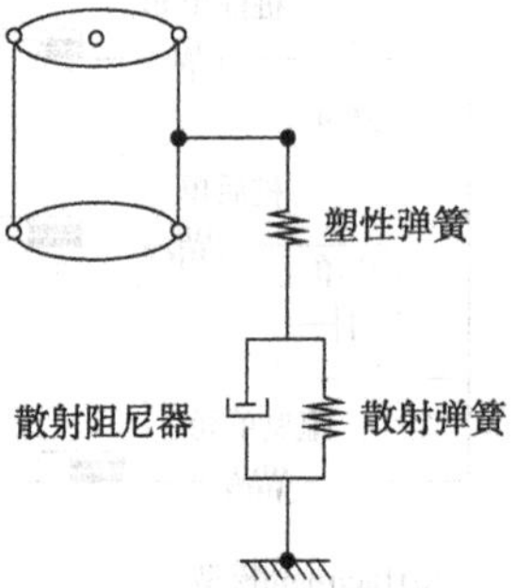

(c)桩底侧向宏单元竖向集成

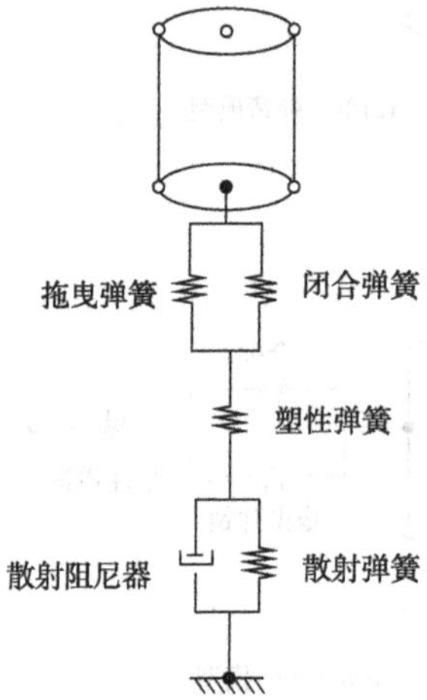

(d)桩端宏单元竖向集成

图 4.26　集成宏单元

可见，桩-土地震相互作用宏单元是一系列简单力学元件(简单弹簧)的复合串、并联，实现对桩-土地震相互作用复杂非线性力学现象的描述，意图以简单的力学模型解决桩基础桥梁的抗震计算问题。

4.4.1.2 拖曳元件

拖曳元件描述桩侧与土之间的侧向摩阻力，是一个非线性弹簧。

依据 Boulanger 等人的相关研究，拖曳元件的本构关系如式(4.22)所示。

$$\frac{p_d}{C_d \times p_{ult}}=1-\left(1-\frac{p_{d0}}{C_d \times p_{ult}}\right)\times\frac{y_{50}}{y_{50}+2\,|\,y_g-y_{g0}\,|} \tag{4.22}$$

式中 C_d——最大的桩侧向摩阻力与动力 p-y 单元中土的极限承载力的比值；

p_{d0}——当前荷载方向上拖曳元件的初始摩阻力；

y_{g0}——当前荷载方向上拖曳元件的初始位移；

y_{50}——桩周土达到极限土抗力一半时桩的挠曲变形；

y_g——当前荷载方向上拖曳元件所对应的位移。

Tacirogłu 等人建议用理想弹-塑性关系描述拖曳元件的力学行为。卸载段与加载段具有相同的刚度，即遵循随动强化法则。

4.4.1.3 缝隙元件

缝隙元件的作用相当于一个开关，控制着桩-土缝隙的闭合。缝隙元件力学行为数学函数如式(4.23)所示。

$$\frac{p_c}{1.8p_{ult}}=\frac{y_{50}}{y_{50}+50(y_{0+}-y_g)}-\frac{y_{50}}{y_{50}-50(y_{0-}-y_g)} \tag{4.23}$$

式中 y_{0+} 和 y_{0-}——本阶段荷载作用前桩-土界面的最大正方向间隙和最大负方向间隙；

y_{50}——桩周土达到极限土抗力一半时桩的挠曲变形；

y_g——当前荷载方向上缝隙元件所对应的位移。

循环荷载下，由于土的非线性变形，桩-土之间发生频繁的脱离-接触现象；在桩-土界面处，缝隙随振动的持续而变大。一个稳定的宏单元模型应可以使脱离-接触行为的数值计算收敛。严格强制满足脱离-接触条件通常会导致在平衡迭代中发生数值振荡；而在闭合和张开阶段进行平滑过渡，则可以避免数值计算的收敛问题。而且，实际情况下桩-土之间的接触和脱离往往是不均匀的(在一个单元尺度范围内，并不是理想化的瞬时实现完全脱离或完全接触)，平滑过渡也可以更准确地表达实际的脱离-接触行为。可采用一个投影算子 g(p)来实现平滑过渡，如式(4.24)所示。

$$\begin{cases}\lim\limits_{\sigma\to+\infty} g(p)=p_L\\ \lim\limits_{\sigma\to+\infty} g(p)=p+p_L\end{cases} \tag{4.24}$$

式中 p——通过投影算子传递的应力；

p_L——一个限制脱离应力，表达了平滑过渡相对于理想脱离-接触行为的偏离程度(对于理想脱离接触行为，限制脱离应力则为 0，接触应力则等于 p)。

缝隙单元投影一个与其相连的一般的力学元件的应力，如图 4.27 所示。用户定义的强度参数 P_L决定缝隙的方向。当 $p_L>0$ 时，将在此元件中产生一个极限拉反应；当 $p_L\leq 0$ 时，将在此元件中产生一个极限压反应。应当注意到，投影算子可以串联方式连接到缝隙元件

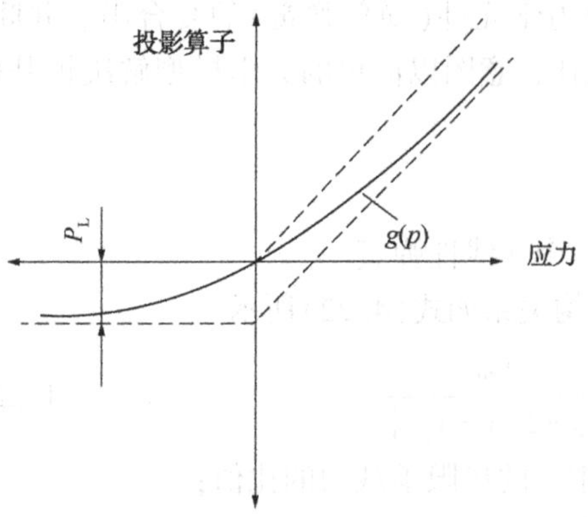

图 4.27 缝隙单元力学曲线

的其他类型元件提供切线刚度。

4.4.1.4 土材料元件

土的材料非线性行为分为垂直于桩轴线方向的 p-y 元件、顺桩轴方向的 t-z 元件和桩端的 q-z 元件。其本构曲线初始为一刚性段，刚性段土体抗力的范围介于 $-C_r p_{ult}<p<C_r p_{ult}$（$C_r$ 表示在初始加载阶段当塑性屈服刚发生时的 p/p_{ult} 的值，一般可取为 0.2）。

一些情况下，将土处理为线弹性介质，或采用等效线性化方法考虑土的非线性压缩也可以满足工程计算的精度要求。此种情况下，土的剪切模量 G 和阻尼比 ξ 可以取为某个适当的代表值（等效线性化分析中，根据一维非线性剪切土层的等效线性分析方法确定）。土-桩之间的相互作用可以采用等效线性压缩土弹簧 k_i 表达。

m 法是一种常规荷载下进行桩基础计算的方法。因其简单，也经常被用于抗震计算。对竖直桩，可在桩身模型的单元节点设置顺桥向、横桥向和竖向弹簧，弹簧系数计算如式(4.25)所示。

$$k_i = b_1 \times l \times m \times z \tag{4.25}$$

式中 k_i——第 i 层土桩土的水平弹簧的刚度系数；

b_1——桩的计算宽度；

l——桩节点弹簧的所辖桩段长度，可取节点位置上下两个单元长度之和的 1/2；

m——非岩石地基水平抗力系数的比例系数；

z——节点位置计算深度。

需要说明的是，m 法只适于结构在地面处位移较小的情况，即适用于结构在地面处位移最大值不超过 6mm 的情况。

4.4.1.5 群桩效应

群桩基础的地震效应主要包括遮拦效应(Shadowing Effect)和边缘效应(Edge Effects)两个方面。遮拦效应(Shadowing Effect)反映的是同一列桩效应之间的重叠。边缘效应(Edge Effects)反映的是同一行桩效应之间的重叠。

群桩效应的结果是减小了群桩基础中每一个单桩的土抗力，即在相同的桩头位移条件下，群桩中各桩的土体抗力小于对应的独立单桩，侧向位移则比独立单桩大。如果各桩的平均荷载（剪力）与独立单桩相等，则群桩将比单桩产生更大的侧向变形，某试验示例如图 4.28所示。

影响群桩力学行为的因素很多，如土的力学性质、桩间距、桩顶约束程度、水平加载模式等。1987 年 Brown（布朗）等人提出了群桩修正因子，即对桩群中的每一桩的 p-y 曲线分别乘以不同的修正因子 p 以近似考虑群桩效应。

4.4.1.6 桩-土地震相互作用集中参数模型的规范化考虑

土与桩基础静力相互作用建模可采用集中参数法。桩基础的地基反力假定为弹塑性体，如图 4.29 所示。桩尖竖向地基反力的初始斜率（桩尖设计竖向弹簧刚度系数）k_v 为桩尖土达

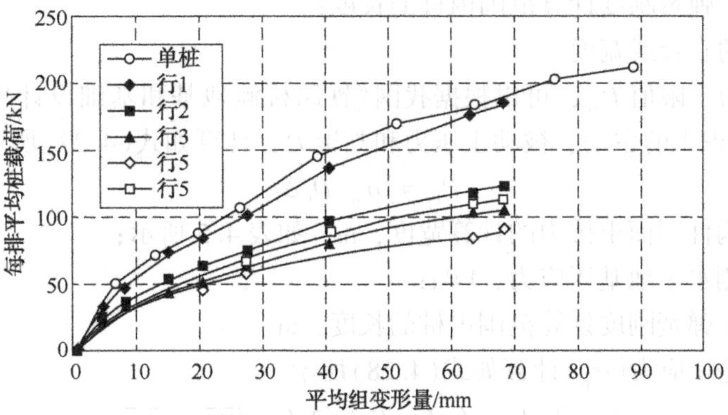

图 4.28　平均桩荷载与侧向变形的关系

到规定的竖向承载力强度 P_{vy}时的值，不考虑桩尖受拉地基反力；桩侧竖向地基反力的初始斜率(桩侧设计剪切弹簧刚度系数)k_{sv}为桩侧土达到计算范围内规定的最大桩周摩阻力值；桩侧水平地基反力的初始斜率(桩侧设计水平抗压弹簧刚度系数)k_h为桩侧土达到计算范围内规定的有效土抗力时的值。

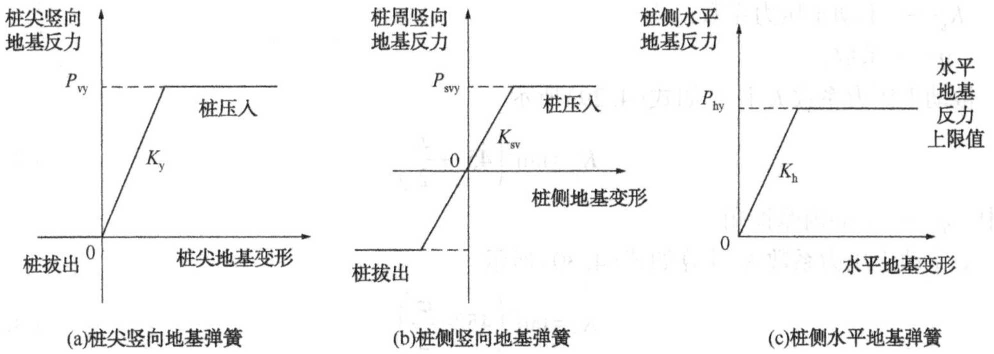

图 4.29　桩-土相互作用地基弹簧模型

地基反力种类和上限值的确定方法如表 4.4 所示。地基反力达到上限值则变为塑性。

表 4.4　地基反力的上限值

地基反力的种类	地基反力的上限值
桩尖竖向地基反力	单桩桩尖地基竖向极限承载力
桩周竖向地基反力	桩周地基极限摩阻力
桩侧水平地基反力	桩侧地基水平极限承载力

弹簧刚度和反力上限值的计算方法可参考《城市轨道交通结构抗震设计规范》(GB 50909—2014)。k_v、k_{sv}和 k_h这几个地基弹簧刚度需要根据桩基类型、地基变形模量、桩尖直径等参数来确定。

桩侧水平地基弹簧初始刚度 k_h计算如式(4.26)所示。

$$k_h = K_h D \Delta l \tag{4.26}$$

式中　K_h——计算位置桩侧土水平基床系数，根据我国《城市轨道交通岩土工程勘察规范》(GB 50307—2012)可以得到；

Δl——水平弹簧刚度计算范围内桩的长度；

D——桩的直径或宽度。

水平地基反力上限值 P_{hy}，可以根据我国《铁路桥涵地基和基础设计规范》(TB 10093—2017)的规定，考虑土的主动、被动土压力和黏聚力，计算如式(4.27)所示。

$$P_{hy}=[\sigma_p]D_0\Delta L \tag{4.27}$$

式中 D_0——桩构件侧面土抗力的计算宽度，m，如表4.5所示；

$[\sigma_p]$——桩侧水平地基压应力，kPa；

Δl——水平弹簧刚度计算范围内桩的长度，m。

桩侧水平地基压应力$[\sigma_p]$计算如式(4.28)所示。

$$[\sigma_p]=k\lfloor \gamma z(\eta K_p-K_a)+2c(\eta\sqrt{K_p}+\sqrt{K_a}\rfloor \tag{4.28}$$

式中 k——桩构件相互影响系数；

z——计算位置的深度，m；

γ——土的重度(有水时考虑水浮力)，kN/m^3；

c——土的黏聚力，kPa；

K_p——被动土压力系数；

K_a——主动土压力系数；

η——系数。

被动土压力系数 K_p 计算如式(4.29)所示。

$$K_p=\tan^2\left(45°+\frac{\varphi}{2}\right) \tag{4.29}$$

式中 φ——土的内摩擦角。

K_a主动土压力系数 K_a 计算如式(4.30)所示。

$$K_a=\tan^2\left(45°-\frac{\varphi}{2}\right) \tag{4.30}$$

表4.5 桩构件侧面土抗力的计算宽度 D_0

基础截面形状	计算宽度 D_0
矩形(宽度为 b)	$b\geqslant1$m：$b+1$；$b<1$m：$1.5b+0.5$
圆形(直径为 d)	$d\geqslant1$m：$0.9(d+1)$；$d<1$m：$0.9(1.5d+0.5)$

桩尖竖向地基弹簧初始刚度 k_v 计算如式(4.31)所示。

$$k_v=K_v\times A_v \tag{4.31}$$

式中 K_v——桩尖计算位置竖向基床系数，kN/m^3；

A_v——桩尖面积，m^2。

桩周竖向地基弹簧初始刚度 k_{sv} 按式(4.32)计算。

$$k_{sv}=K_{sv}\times U\times\Delta l \tag{4.32}$$

式中 K_{sv}——桩周竖向基床系数，kN/m^3；

Δl——计算范围内桩的长度，m；

U——桩截面周长，m。

地表以下部分长度在地震时会发生桩-土之间的脱离，计算时不考虑此段的土压力，即不设置土弹簧，该段长度 h_s 计算如式(4.33)所示。

$$h_s=\sqrt[4]{\frac{4EI}{K_h D}} \tag{4.33}$$

式中　EI——桩的抗弯刚度；

K_h——计算位置桩侧土水平基床系数；

D——桩的直径或宽度。

承台侧面的水平地基弹簧初始刚度 k_{hf} 计算如式(4.34)所示。

$$k_{hf}=k_h\times A_f \tag{4.34}$$

式中　A_f——承台正面的面积，m^2；

k_h——桩侧水平地基弹簧初始刚度。

桩尖承载力上限值 P_{vy} 和桩周承载力上限值 P_{svy} 可按照《铁路桥涵地基和基础设计规范》(TB 10093—2017)的单桩轴向容许承载力的规定来计算。

钻孔灌注桩桩尖承载力上限值 P_{vy} 计算如式(4.35)所示。

$$P_{vy}=m_0\times[\sigma]\times A_v \tag{4.35}$$

式中　m_0——桩底支承力折减系数；

$[\sigma]$——桩底地基土的容许承载力，kPa；

A_v——桩底支承面积，m^2，按设计桩径计算。

桩底地基土的容许承载力 $[\sigma]$ 计算如式(4.36)所示，

$$[\sigma]=\begin{cases}\sigma_0+k_2\gamma_2(h-3),\ h\leqslant 4d\\ \sigma_0+k_2\gamma_2(4d-3)+k_2'\gamma_2(h-4d),\ 4d<h\leqslant 10d\\ \sigma_0+k_2\gamma_2(4d-3)+k_2'\gamma_2(6d),\ h>10d\end{cases} \tag{4.36}$$

式中　σ_0——地基的基本承载力，kPa；

k_2——深度修正系数；

k_2'——对于黏性土、粉土和黄土取值为1.0，对于其他土取值为深度修正系数 k_2 的一半；

γ_2——基底以上土的天然重度的平均值，kN/m^3；

h——基础底面的埋置深度，m；

d——桩径或桩的宽度 m。

钻孔灌注桩桩周承载力上限值 P_{svy} 可参考《铁路桥涵地基和基础设计规范》(TB 10093—2017)和《建筑桩基技术规范》(JGJ 94—2008)。在地震作用下，应考虑桩侧土的实际摩阻行为，直接取桩周摩阻力标准值作为桩周承载力上限值，如式(4.37)所示。

$$P_{svy}=U\sum l_i f_i \tag{4.37}$$

式中　U——桩身截面周长，m；

l_i——各层土的厚度，m；

f_i——各层土的极限摩阻力，kPa。

采用上述非线性土弹簧描述桩基础-地基地震相互作用关系后，桥梁结构整体动力学分析集中参数建模方法如图4.30所示。

应当注意，上述简化参数的确定方法原则上适用于静力非线性分析。对于动力问题，

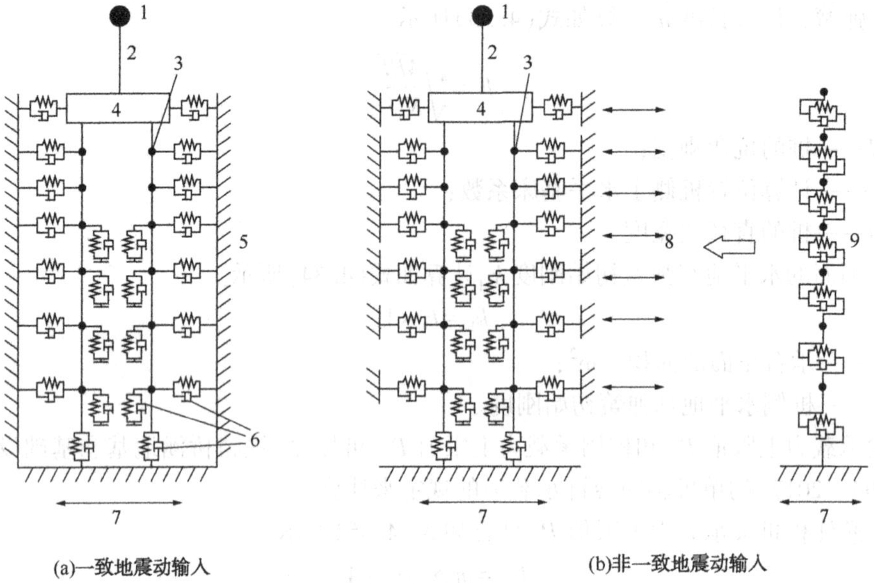

图 4.30 桩-土地震相互作用集中参数模型

1——上部结构；2——桥墩；3——柱节点；4——承台；5——单点输入边界；6——柱土相互作用弹簧与阻尼器；7——地震动输入；8——多点输入边界；9——自由场土体

刚度系数等与振动频率有关。在设计实践中，一般以结构第一振型频率确定刚度等参数，不考虑高频振动的影响，因此仍采用上述静力模型参数。循环荷载下，上述土弹簧滞回规则的选择可参考一般土动力学的研究结果。

对于群桩效应，可采用一个群桩水平地基反力修正系数 e_g 来获得群桩的设计水平地基反力系数 k_{hg}，如式(4.38)所示。

$$k_{hg}=e_g \times k_h \tag{4.38}$$

式中 k_h——单桩的设计水平地基反力系数。

群桩的有效单位土抗力考虑对应各桩列的地基抗力分配率及桩间距等影响，修正如式(4.39)所示。

$$p_{eg}(z)=\eta_m \eta_n p_e(z) \leqslant p_e(z) \tag{4.39}$$

式中 $p_{eg}(z)$——深度 z 处群桩单位有效土抗力；

$p_e(z)$——深度 z 处的单桩有效土抗力；

η_m——群桩桩列的抗力分担系数，取值如表 4.6 所示；

η_n——群桩根数的抗力修正系数，取值如表 4.6 所示。

表 4.6 群桩系数的取值

土的类型	η_m		η_n	
砂土	第一列	1.0	所有列	$\eta_m=(d/3)^{0.42}\cdot n^{-0.09}$
	第二列	0.5		
	第三列	0.4		
黏土	所有列	1.0	所有列	1.0

注：n——水平载荷下垂直方向的桩数；d——桩间距系数。

群桩效应修正系数取值如表 4.7 所示。

表 4.7　群桩效应修正系数

群桩构形	桩中心距	特殊要求	修正系数 ρ
单列	$2D$		0.9
	$3D$ 或以上		1.0
多列	$2.5D$		0.67
	$3D$		0.80
	$4D$ 或以上		1.0
单列或多列	$2D$ 或以上	桩帽与地基密切接触，地基为中密或比较密实的土，并且预期桩帽下不会发生冲刷	1.0
单列或多列	$2D$ 或以上	桩侧采用水泥压浆，使安装过程产生的应力丢失得到恢复，并且压浆达到桩尖	1.0

注：D——桩的直径或宽度。

当水平地震作用方向所在竖直面内有 n 根桩时，桩构件相互影响系数 k 计算如式(4.40)所示。

$$k=\begin{cases}1.0 & (L_0\geqslant 0.6h_0)\\ x_n+\dfrac{1-x_n}{0.6}\times\dfrac{L_0}{h_0} & (L_0<0.6h_0)\end{cases}\tag{4.40}$$

式中　L_0——桩在水平地震作用方向所在竖直面内的净距，m；

h_0——桩埋入地面或局部冲刷线以下的计算深度，m；

x_n——与桩构件数目有关的水平地基刚度调整系数，如表 4.8 所示。

表 4.8　水平地基刚度调整系数 x_n

桩数 n	调整系数 x_n
1	1.0
2	0.6
3	0.5
≥4	0.45

4.4.2　刚性基础-土地震相互作用模型

一些土木工程结构的基础在几何上接近于整体板或整体块体，如桥梁结构的扩大基础(浅基础)和沉井基础等。出于抗震分析和抗震设计的需求，需要建立此类基础与土体地震相互作用的建模方法。

4.4.2.1　刚性基础集中参数模型

为建立简化分析模型，将刚性基础与土的地震相互作用分解为运动相互作用和惯性相互作用两部分，如图 4.31 所示。

运动相互作用是指假定上部结构质量为 0，地震波与刚性基础运动的相互影响。考虑运动相互作用的结果是基础输入运动与自由场土运动不同，而且还产生附加转动输入运动。惯性相互作用是指土-基础-结构系统在基础输入运动下的动力相互作用。在计算惯性相互

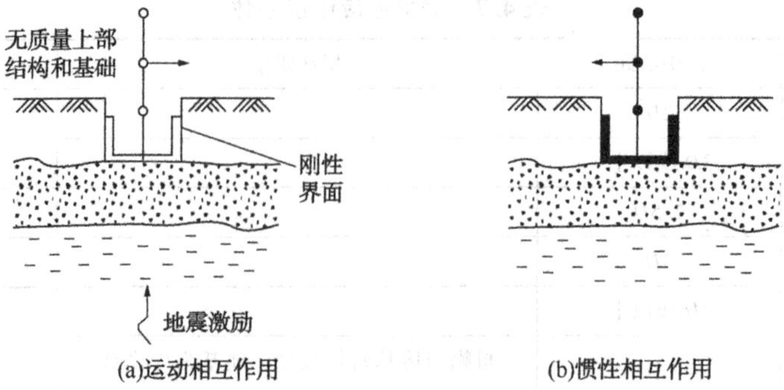

图 4.31　刚性基础与土的地震相互作用示意图

作用时，以土弹簧描述土的变形性质。刚性基础与土相互作用的这种简化建模方法需要解决两个问题：其一是合理地确定与刚性基础关联的弹簧刚度和阻尼系数；其二是合理确定考虑运动相互作用后的等效地震动输入。

4.4.2.2　刚性基础集中参数模型的等效地震动输入

对于简化的刚性基础-土地震相互作用的集中参数模型，集中弹簧和集中阻尼附加在基础的底面形心点，需要配合此点对应的地震动，作为结构反应(第二步的惯性相互作用)计算的等效输入，可称此为“等效地震动”。可采用随机方法分析矩形刚性基础的多分量等效地震动输入问题，如图 4.32 所示。由于基础的刚性作用，其运动将不同于自由场的运动。假定基础与地基之间紧密接触，且考虑工程中最常用的矩形基础。

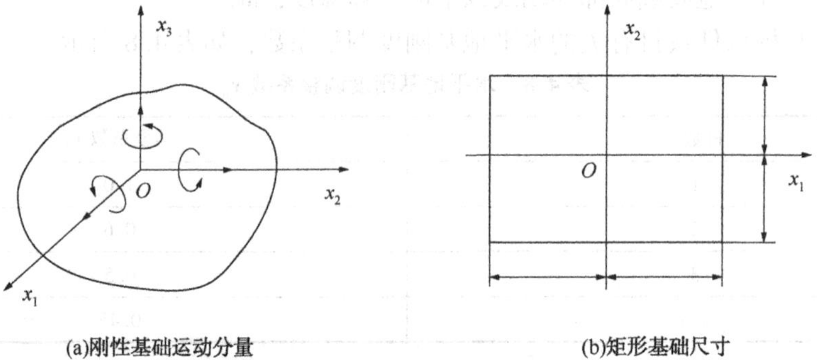

图 4.32　矩形刚性基础

注：x_1、x_2、x_3——地震波三个运动方向

假设地震波沿 x_1 方向传播，地震动三个平动分量相位相同，则相关计算如式(4.41)所示。

$$S_{11}(\omega)=S_{11}^{f}(\omega)\times\rho_{11}(\omega;\ \Delta_{11}^{0})k^2 \tag{4.41}$$

式中　$S_{11}(\omega)$——刚性基础 x_1 方向运动的功率谱密度函数；

S_{11}^{f}——x_1 方向自由场运动的功率谱密度函数；

$\rho_{11}(\omega;\ \Delta_{11}^{0})$——$x_1$ 方向自由场运动的空间相干函数；

Δ_{11}^{0}——一个等效空间距离；

k——动态刚度系数；

ω——地震动频率。

4.4.3　车辆-桥梁地震相互作用模型

4.4.3.1　概述

地震作用下，车-轨道-桥梁-基础-地基耦合系统的相互作用是一个非线性动力学问题。由于车辆通过轮-轨之间的接触发生运动和动力相互运动作用，使得这一问题变得十分复杂。从工程抗震设计角度来看，对于车-轨道-桥梁-基础-地基耦合系统，工程师关心两类问题：①桥梁结构的安全问题；②车辆在地震作用下安全运行问题。关于第一类问题，已经进行了长期和深入的研究；比较而言，第二类问题的研究工作则相对缺乏和不够深入。

20世纪80年代末期，部分日本学者已开始关注地震时车辆的运行安全。Tanabe(塔纳贝)等人开发了DIASTARS软件的第一个版本，用于模拟地震时轮轨之间的相互作用，分别在2003年和2008年对软件进行了更新，增加了地震时桥墩的非线性行为和在接触模型中轮、轨的实际几何尺寸定义，并根据Miyamoto(宫本)、Sogabe(索加贝)等人的试验数据对软件的可靠性进行了校验。

1995年日本阪神地震发生了列车出轨的震害，地震时轨道车辆的行车安全问题得到了重视和研究。1996年，Miura(米乌拉)研究了地震引起的轨道位移；1997年，Miyamoto等人研究了侧向和竖向地面运动的影响，采用不同频率的正弦波作为激励。2002年，相关学者分析了地震作用下桥上静止和运行车辆的稳定性，得到的结论是：车辆在桥上静止时，竖向激励对车辆的稳定性影响较小，但当车辆运行时，近断层竖向地震动对车辆的运行稳定性影响很大，导致保证车辆运行安全的最大允许速度降低。Miyamoto等人面向设计规范开发了一个评价车辆地震行车安全的程序。该程序采用简化模型评估了几个典型的铁路车辆的动力行为，观察到车辆反应强烈依赖于地面运动的频率成分；基于能量平衡的概念，提出采用谱强度作为行车安全的评价指标。伴随高速铁路建设和城市轨道交通结构的大规模建造，轨道车辆地震时的行车安全问题凸显出来，并引起相关学者的高度重视。

概括地说，轨道交通地震行车安全问题可以划分为两个方面：①在小、中地震下，城市轨道交通结构并未发生严重损伤(甚至基本处于弹性范围)，但轨道伴随结构产生的变形可能导致正在运行车辆的出轨；②在大地震后，轨道交通结构将有残余变形，需要进行震后行车安全性评估。因此需要针对轨道交通在地震时的行车安全问题，建立适当的计算理论与方法。

4.4.3.2　车辆-轨道-桥梁-基础-地基耦合系统地震相互作用全局分析模型

城市轨道车辆和高铁车辆一般都是定型化产品，采用适当的方法可以建立与产品对应的抗震计算模型。参考相关学者的分析，地震时车辆-轨道-桥梁-基础-地基动力相互作用模型如图4.33所示。

对于车辆，采用多刚体力学及有限元相结合的方式，将车体、构架、轮对视为刚体，车体与构架、构架与轮对之间的连接以线性弹簧阻尼模拟，车辆模型采用整车模型，车体和前后构架各具有6个自由度，分别是纵移、横移、沉浮、侧滚、点头和摇头；每个轮对具有5个自由度，分别是纵移、横移、沉浮、侧滚和摇头，即每辆四轴车有38个自由度，建立动车/拖车空间振动模型。以扣件支点为基元，轨下结构纵向被离散，钢轨扣件和CA(Cement Asphalt，水泥沥青)砂浆层用周期性离散的黏弹性单元模拟，建立无砟轨道空间振

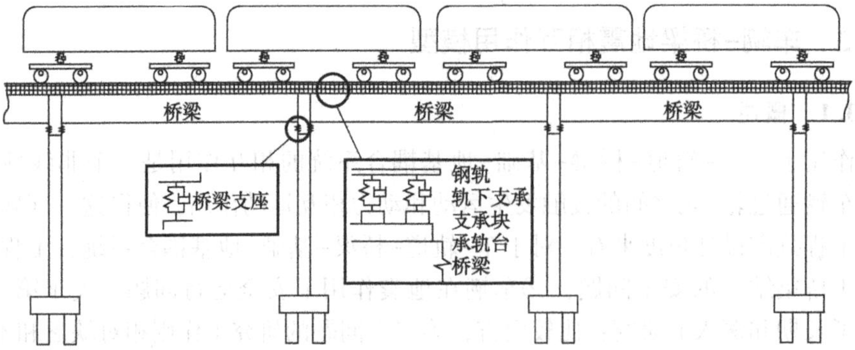

图 4.33　地震时车辆-轨道-桥梁-基础-地基动力相互作用模型

动模型，将无砟轨道的三层(轨道、轨道板和底座)结构动力特性纳入车-桥耦合动力模型。基于 Hertz(赫芝)非线性弹性接触理论和修正 Kalker(卡尔克)线性蠕滑理论，给出了轮轨垂向力及轮轨切向力计算方法，可以描述地震状态下高速列车动态脱轨机理。

计算采用 Imperial Valley(因皮里尔河谷)1979 年地震 El-Centro(埃尔森特罗)13 号波，横桥向+竖向地震组合作为地震激励，如图 4.34 所示。

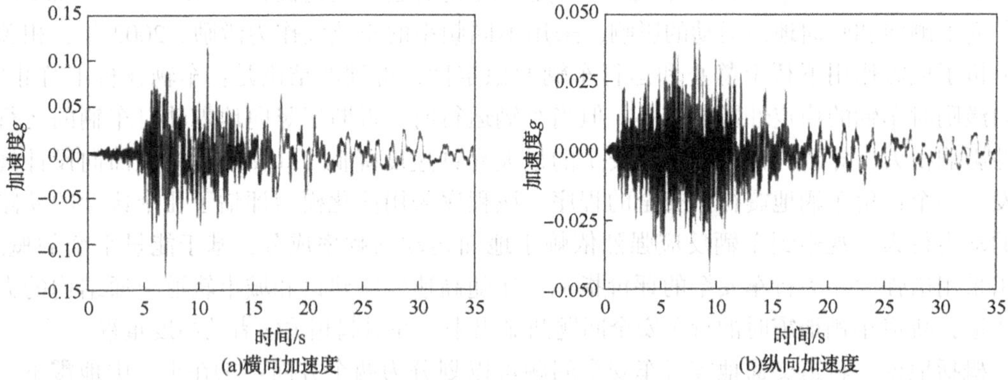

图 4.34　横桥向+竖向地震组合地震激励

对于轨面不平顺，采用的德国低干扰谱转换的时域样本序列，不平顺全长 3000m，不平顺测点间距为 0.5m，高低不平顺幅值为 3.08mm，水平不平顺幅值为 5.98mm。传统脱轨指标的相关计算结果如图 4.35 所示。

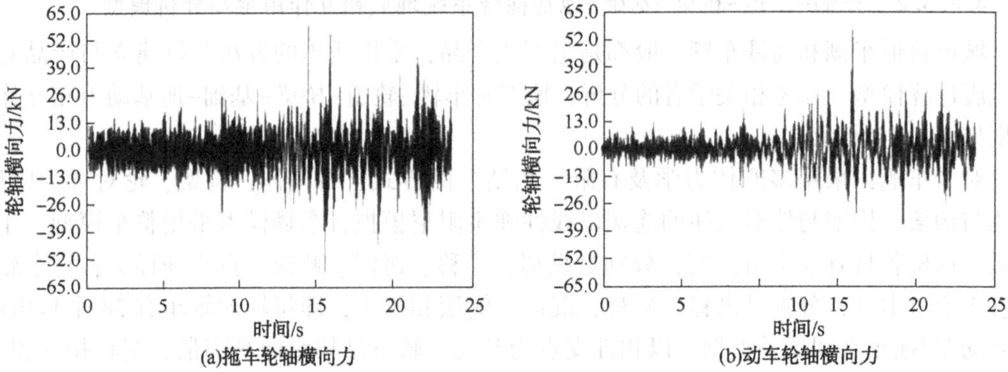

图 4.35　传统脱轨指标的相关计算结果

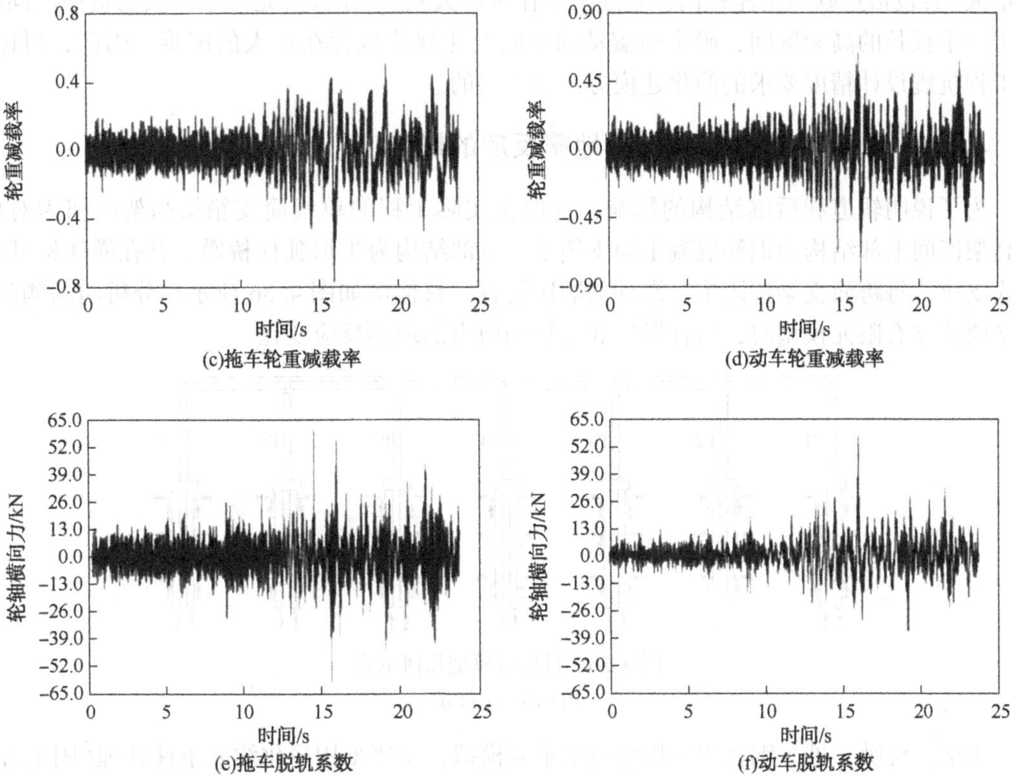

图 4.35　传统脱轨指标的相关计算结果(续图)

地震作用下高速列车的动力响应与在正常运行状态下的动态响应有很大的不同，轮轨之间强烈接触振动使车轮频繁地跳离钢轨，一旦车轮与钢轨发生瞬时分离，轮轨力就难以确定，也就难以运用基于轮轨力的传统评价准则对列车的脱轨行为进行准确的判断。

关于地震下的列车行走安全指标研究，基于兵库县南部地震，日本学者得出了将车轮与钢轨之间水平位移最大 70mm 作为目标值的正弦波激励所对应的列车运行安全性极限曲线。在地震下日本的列车走行安全指标：车轮和钢轨的左右相对位移最大值为 70mm、车轮和钢轨的上下相对位移最大值为 30mm、压力最大值为 98kN 以及轮重的最大值为 490kN 时，由行驶模拟试验求得的数据。

因此，在采用基于轮轨力、脱轨系数和轮重减载率的传统脱轨判断准则的同时，还应该采用轮轨横向位移和车轮抬升量两种脱轨判断准则来评判地震下轻轨列车的动态脱轨行为。现有基于轮轨接触几何状态来判断脱轨的分析还处于初级阶段，有待深入。

4.5　轨道-扣件-梁简化耦合建模

城市轨道高架区间的主体结构多采用简支梁或连续梁形式，而且多采用整体道床和无缝钢轨。简支梁的跨度一般在 20~30m，两个车站之间的距离一般在 1~2km。以广州地铁 4 号线为例，高架区间总长 28.8km，全线高架桥 30m 标准跨简支梁共 677 孔，25m 跨 133 孔，简支梁占全线总联数的 97%。若对车站之间的整条线路采用全有限元方法建模，则工作量大(若包括基础和土体在内，则建模工作量巨大)，对于计算是一个巨大的负担。同时，对于一个很长的高架区间，确定地震动的空间变化规律也存在很大的困难。因此，讨论满足工程抗震设计精度要求的简化建模方法是必要的。

4.5.1 轨道约束对高架区间地震反应的影响

为了说明轨道和后继结构的影响，选取某实际工程的单线简支箱梁高架区间为对象。该高架区间上部结构为钢筋混凝土简支箱梁，下部结构为T形独柱桥墩，钻孔灌注桩基础，盆式支座，每跨简支梁按固定、滑动的顺序设置。目标墩如图4.36所示，分析向两侧延拓1~7跨建立有限元模型时，目标墩墩底弯矩和剪力的地震反应变化。

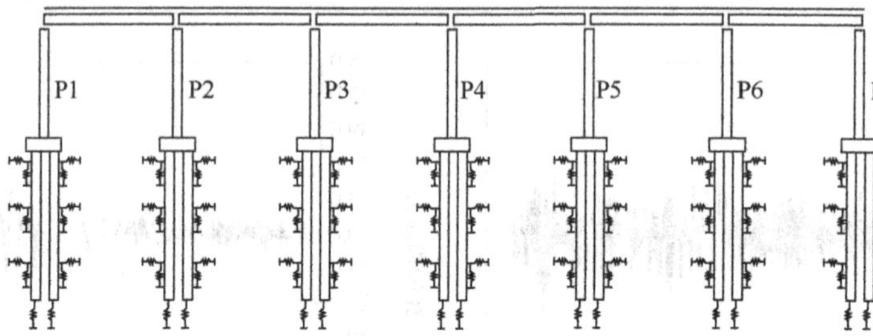

图4.36　目标墩模型几何示意

P1~P7—桥跨数

主梁、桥墩、桩、钢轨均采用空间梁单元模拟，支座采用简化约束条件处理(固定方向取大刚度，滑动方向刚度取0)。整体道床、轨枕(或承轨台)由于与主梁浇筑成一体，故将其与主梁作为整体来考虑。按照《城市轨道交通结构抗震设计规范》(GB 50909—2014)的规定考虑桩-土相互作用，扣件采用两节点弹簧模拟。按要求扣件顺轨向间距应在0.625m以下，为了便于计算、建模，进行了适当集中，扣件间距直接按梁单元长度进行选取，30m跨径时分别为2.05m、3.0m、2.45m、2.5m(4个)、2.45m、3.0m和2.05m；27m跨径时分别为2.05m、3.0m、2.45m、2.5m(4个)、2.0m、2.5m(2个)、2.45m、3.0m和2.05m；25m跨径时去掉27m时中间的2.0m。1处连接基本相当于4套扣件，每处扣件线弹性模型的刚度为28.4kN/mm。考虑扣件非线性时，采用Hardin-Drnevich(哈丁-德涅维奇)模型。

选取两组地震动：①汶川地震中PGA最大且硬土场地的卧龙台站的三向地震动记录；②唐山地震中具有软土场地特点的天津宾馆的三向地震动记录。地震动时间过程及反应谱分别如图4.37和图4.38所示。

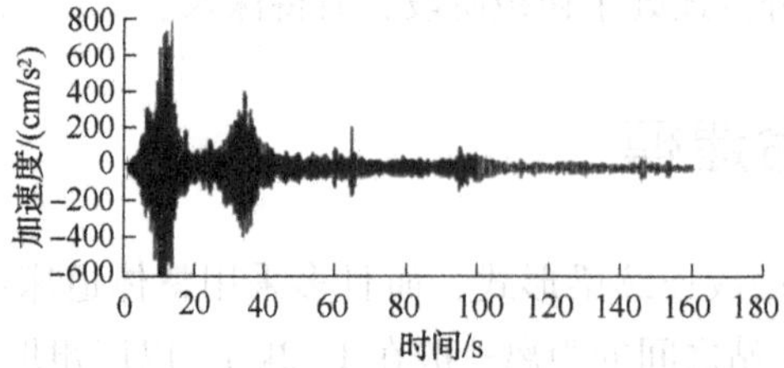

(a)卧龙东西向地震动

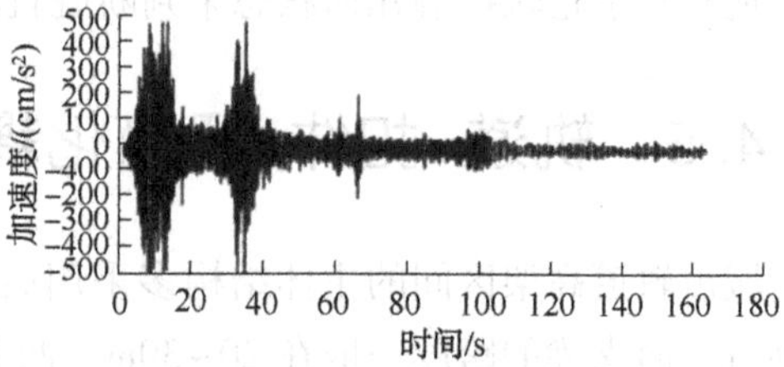

(b)卧龙北南向地震动

图4.37　输入地震动时程

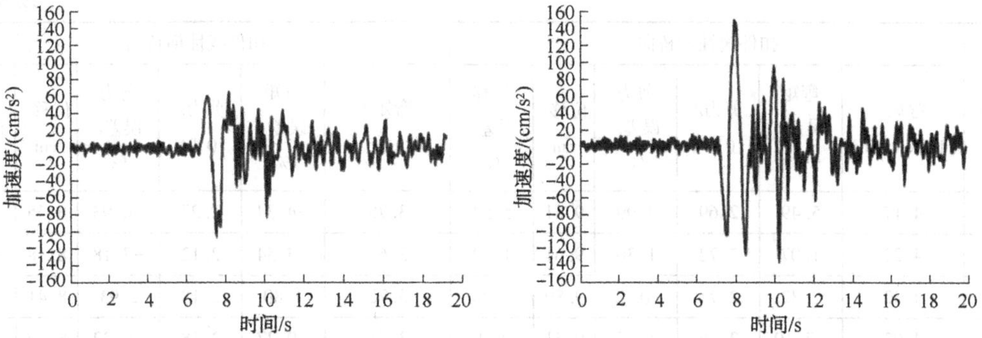

(c)天津东西向地震动　　(d)天津北南向地震动

图 4.37　输入地震动时程(续图)

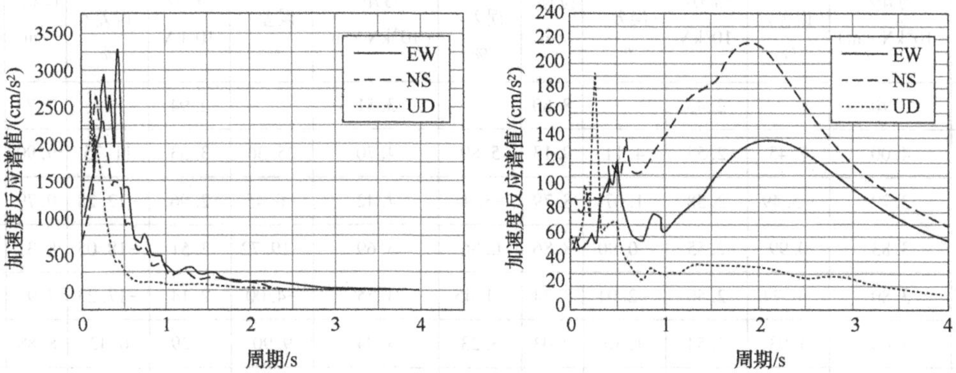

(a)卧龙地震动　　(b)天津地震动

图 4.38　输入地震动的反应谱

EW——东西向；NS——北南向；UD——垂直向

以目标墩的墩底弯矩、墩底剪力最大值为测试指标，分别针对 2 跨结构、4 跨结构、6 跨结构，……，20 跨结构，扣件考虑线性和非线性两种情况。为考察扣件非线性的影响，地震动幅值取实测记录的 10 倍，得到目标墩的计算结果、延拓跨数相对误差、扣件线性与非线性本构相对误差，如表 4.9 和表 4.10 所示。

表 4.9　卧龙地震动作用下墩底弯矩、剪力及位移最大值比较

跨数	扣件线性顺桥向						扣件线性横桥向					
	弯矩/(10^4kN·m)	弯矩误差/%	剪力/10^3kN	剪力误差/%	位移/cm	位移误差/%	弯矩/(10^4kN·m)	弯矩误差/%	剪力/10^3kN	剪力误差/%	位移/cm	位移误差/%
2	3.66		2.37		8.51		3.52		2.93		7.75	
4	4.00	8.65	2.57	7.64	9.18	7.36	4.71	25.30	3.33	12.00	10.44	25.78
6	3.77	-6.29	2.60	1.50	8.74	-5.08	4.44	-6.06	2.99	-11.66	9.84	-6.13
8	3.85	2.11	2.61	0.27	8.92	2.01	3.70	-19.92	2.52	-18.45	8.32	-18.26
10	3.80	-1.18	2.50	-4.36	8.71	-2.33	3.55	-4.37	2.15	-17.48	7.97	-4.34
12	3.94	3.60	2.55	2.00	8.98	2.97	3.94	9.95	2.29	6.37%	8.88	10.23

续表

跨数	扣件线性顺桥向						扣件线性横桥向					
	弯矩/(10^4kN·m)	弯矩误差/%	剪力/10^3kN	剪力误差/%	位移/cm	位移误差/%	弯矩/(10^4kN·m)	弯矩误差/%	剪力/10^3kN	剪力误差/%	位移/cm	位移误差/%
14	4.17	5.49	2.69	4.99	9.51	5.53	3.78	-4.34	2.27	-0.93	8.55	-3.90
16	4.22	1.07	2.72	1.36	9.61	1.12	3.65	-3.54	2.12	-7.18	8.18	-4.45
18	4.32	2.32	2.71	-0.52	9.89	2.78	3.72	1.80	2.18	2.93	8.41	2.70
20	4.03	-7.10	2.76	1.85	9.31	-6.17	3.71	-0.27	2.18	-0.32	8.39	-0.24

跨数	扣件线性顺桥向						扣件线性横桥向					
	弯矩/(10^4kN·m)	弯矩误差/%	剪力/10^3kN	剪力误差/%	位移/cm	位移误差/%	弯矩/(10^4kN·m)	弯矩误差/%	剪力/10^3kN	剪力误差/%	位移/cm	位移误差/%
2	3.70		2.43		8.60		3.51		2.94		7.73	
4	4.00	7.43	2.53	4.11	9.13	5.89	4.70	25.36	3.33	11.75	9.90	21.91
6	3.79	-5.49	2.58	1.67	8.79	-3.94	4.42	-6.45	2.96	-12.28	9.79	-1.14
8	3.83	0.99	2.55	-0.90	8.86	0.86	3.69	-19.72	2.51	-18.05	8.31	-17.74
10	3.80	-0.74	2.50	-2.04	8.74	-1.45	3.55	-4.00	2.14	-17.23	7.97	-4.26
12	4.00	4.93	2.54	1.50	9.03	3.23	3.94	9.90	2.29	6.42	8.88	10.16
14	4.14	3.48	2.64	3.97	9.46	4.58	3.77	-4.40	2.27	-0.97	8.54	-3.96
16	4.14	0.00	2.65	0.26	9.47	0.06	3.64	-3.65	2.11	-7.24	8.17	-4.53
18	4.23	2.08	2.64	-0.61	9.68	2.23	3.71	1.94	2.18	2.90	8.41	2.83
20	3.87	-9.22	2.57	-2.65	8.95	-8.21	3.70	-0.27	2.17	-0.18	8.38	-0.26

跨数	扣件线性与非线性顺桥向误差			扣件线性与非线性横桥向误差		
	弯矩误差/%	剪力误差/%	位移误差/%	弯矩误差/%	剪力误差/%	位移误差/%
2	-1.16	-2.43	-1.06	0.23	-0.10	0.23
4	0.15	1.30	0.51	0.15	0.18	5.45
6	-0.61	1.13	-0.58	0.52	0.74	0.50
8	0.52	2.31	0.59	0.35	0.40	0.06
10	0.08	0.04	-0.27	0.00	0.19	-0.01
12	-1.30	0.55	-0.54	0.05	0.13	0.06
14	0.80	1.63	0.47	0.11	0.18	0.12
16	1.88	2.75	1.54	0.22	0.24	0.20
18	2.13	2.85	2.12	0.08	0.28	0.06
20	4.16	7.56	4.08	0.08	0.14	0.08

表 4.10　天津地震动作用下墩底弯矩、剪力及位移最大值比较

跨数	扣件线性顺桥向						扣件线性横桥向					
	弯矩/(10^4kN·m)	弯矩误差/%	剪力/10^3kN	剪力误差/%	位移/cm	位移误差/%	弯矩/(10^4kN·m)	弯矩误差/%	剪力/10^3kN	剪力误差/%	位移/cm	位移误差/%
2	1.07		7.47		25.13		1.96		1.35		44.06	
4	1.13	5.31	7.85	4.84	26.64	5.67	2.21	11.31	1.44	6.25	49.89	11.69
6	1.08	-4.63	7.49	-4.81	25.35	-5.09	2.26	2.21	1.49	3.36	51.27	2.69
8	1.08	0.00	7.50	0.13	25.47	0.47	2.22	-1.80	1.42	-4.93	50.41	-1.71
10	1.09	0.92	7.54	0.53	25.58	0.43	2.13	-4.23	1.35	-5.19	48.4	-4.15
12	1.09	0.00	7.54	0.00	25.62	0.16	2.11	-0.95	1.35	0.00	48.11	-0.60
14	1.09	0.00	7.55	0.13	25.72	0.39	2.12	0.47	1.36	0.74	48.33	0.46
16	1.09	0.00	7.56	0.13	25.66	-0.23	2.12	0.00	1.36	0.00	48.28	-0.10
18	1.09	0.00	7.57	0.13	25.72	0.23	2.13	0.47	1.36	0.00	48.37	0.19
	1.07	-1.87	7.45	-1.61	25.24	-1.90	2.13	0.00	1.36	0.00	48.36	-0.02
跨数	扣件线性顺桥向						扣件线性横桥向					
	弯矩/(10^4kN·m)	弯矩误差/%	剪力/10^3kN	剪力误差/%	位移/cm	位移误差/%	弯矩/(10^4kN·m)	弯矩误差/%	剪力/10^3kN	剪力误差/%	位移/cm	位移误差/%
2	1.02		7.27		23.64		1.90		1.37		41.84	
4	1.07	4.22	7.54	3.67	24.70	4.27	2.13	10.71	1.45	5.67	47.30	11.54
6	1.03	-3.42	7.32	-3.11	23.88	-3.45	2.10	-1.37	1.39	-4.61	46.90	-0.85
8	1.04	0.52	7.35	0.45	24.00	0.52	2.05	-2.33	1.35	-2.88	45.89	-2.20
10	1.04	0.01	7.35	-0.03	24.00	0.01	2.04	-0.54	1.34	-0.33	45.64	-0.56
12	1.04	0.24	7.36	0.19	24.06	0.24	2.04	-0.11	1.34	-0.04	45.58	-0.12
14	1.04	0.20	7.37	0.17	24.11	0.20	2.04	0.07	1.35	0.07	45.62	0.07
16	1.04	0.02	7.38	0.02	24.11	0.02	2.04	0.10	1.35	0.17	45.66	0.10
18	1.04	-0.49	7.34	-0.46	24.00	-0.48	2.04	0.01	1.35	-0.03	45.66	0.00
20	1.03	-1.02	7.29	-0.76	23.75	-1.04	2.04	0.08	1.35	0.13	45.70	0.07

跨数	扣件线性与非线性顺桥向误差			扣件线性与非线性横桥向误差		
	弯矩误差/%	剪力误差/%	位移误差/%	弯矩误差/%	剪力误差/%	位移误差/%
2	4.82	2.79	6.28	3.29	-1.44	5.31
4	6.03	4.05	7.86	3.99	-0.84	5.48
6	4.80	2.37	6.18	7.81	7.33	9.32
8	4.26	2.05	6.12	8.37	5.24	9.85
10	5.22	2.62	6.57	4.54	0.38	6.06
12	4.98	2.43	6.48	3.67	0.42	5.55
14	4.76	2.38	6.67	4.09	1.09	5.95
16	4.74	2.50	6.41	3.98	0.92	5.73
18	5.25	3.11	7.17	4.47	0.95	5.93
20	4.37	2.25	6.27	4.38	0.82	5.83

若以 20 跨为基准，算例弯矩、剪力、位移的误差如图 4. 39 所示。

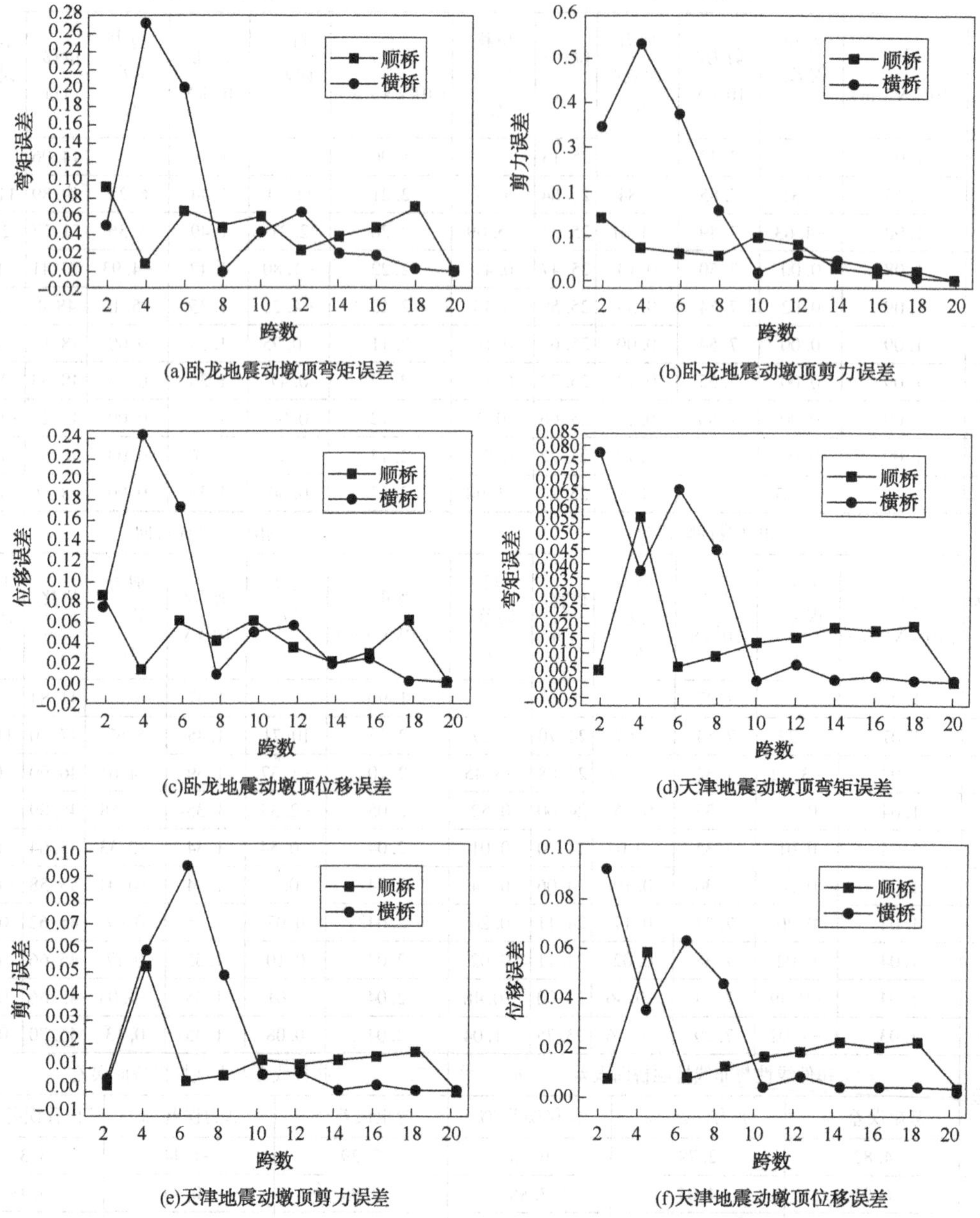

图 4. 39　以 20 跨为基准目标墩的墩底弯矩、剪力及墩顶位移误差

可以看出，随延拓跨数增加，目标跨的地震反应的误差在减小；当延拓跨超过 10 跨后，误差已小于 10%；之后误差呈现复杂变化，这与结构特性和地震波特性有关。

为考察轨道对高架区间地震反应的影响，以 14 跨简支梁高架结构为例建立了有轨和无轨两种情况下的计算模型，目标跨地震反应的计算结果如表 4. 11 所示。可得出两点结论：①轨道对纵向地震反应的影响大于横向；②地震波特性影响轨道的效应。对墩底弯矩而言，卧龙波的影响为 15. 7%，而天津波的影响为 6. 6%。

表 4.11 14 跨目标墩底弯矩及剪力最大值在无轨和有轨情况下的比较

地震动	不计轨道约束 A					
	墩底弯矩/(10^4kN·m)		墩底剪力/10^3kN		墩顶位移/cm	
	顺桥向	横桥向	顺桥向	横桥向	顺桥向	横桥向
卧龙	3.52	3.70	2.35	2.32	8.14	8.36
天津	1.02	2.07	0.72	1.33	2.40	4.72
地震动	考虑轨道约束 B					
	墩底弯矩/(10^4kN·m)		墩底剪力/10^3kN		墩顶位移/cm	
	顺桥向	横桥向	顺桥向	横桥向	顺桥向	横桥向
卧龙	4.17	3.78	2.69	2.27	9.51	8.55
天津	1.09	2.12	0.76	1.36	2.57	4.83
地震动	误差[(A-B)/B]/%					
	墩底弯矩		墩底剪力		墩顶位移	
	顺桥向	横桥向	顺桥向	横桥向	顺桥向	横桥向
卧龙	15.70	2.17	12.54	2.11	14.38	2.20
天津	6.60	2.36	4.88	2.14	6.61	2.38

验算地震行车安全时，需要计算高架区间的水平(即横桥向)和竖向的错位(错位是指目标墩上两梁端的地震反应中最大的相对位移)、平行转角(平行转角是指目标墩左边一跨梁两端的地震反应中最大的相对位移除以梁长得到的夹角)和折转角。折转角采用目标墩及前后墩墩顶梁上轨道面的位移值计算。转折角如图 4.40 所示，计算如式(4.42)所示。

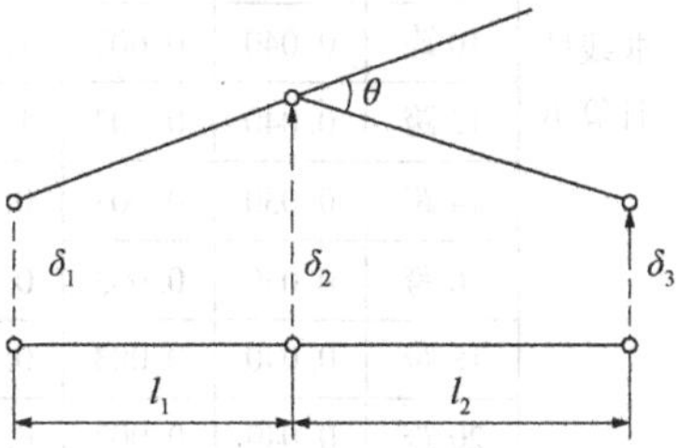

图 4.40 转折角示意图

注：θ——折转角；l_1、l_2——桥墩处两侧跨径；
δ_1——第 1 个墩顶处轨顶面位移；
δ_2——第 2 个墩顶处轨顶面位移；
δ_3——第 3 个墩顶处轨顶面位移

$$\theta=\frac{\delta_2-\delta_1}{l_1}\frac{\delta_3-\delta_2}{l_2} \tag{4.42}$$

卧龙地震波和天津地震波错位、平行转角和折转角最大值比较如表 4.12 所示。可以看出，在地震动作用下水平和竖向的错位、平行转角和折转角没有超过规范规定的限值要求，这与城市轨道交通速度较低有关。扣件本构关系对水平平行转角和折转角有一定影响，而对竖向参数影响较小。

表 4.12 卧龙地震波和天津地震波错位、平行转角和折转角最大值比较

限值		卧龙波						天津波					
		错位/mm		平行转角/‰		折转角/‰		错位/mm		平行转角/‰		折转角/‰	
		水平	竖直	水平	竖直	水平	竖直	水平	竖直	水平	竖直	水平	竖直
		15.31	104.67	20.63	72.67	12.78	33.75	15.31	104.67	20.63	72.67	12.78	33.75
线性计算 A	2 跨	0.100	0.004	1.93	0.01	3.95	0.14	0.600	0.007	6.83	0.01	15.08	0.52
	4 跨	0.100	0.004	1.50	0.00	3.40	0.13	0.700	0.007	4.40	0.00	8.97	0.35
	6 跨	0.100	0.004	1.63	0.00	3.91	0.14	0.700	0.007	5.03	0.00	11.39	0.41

续表

限值		卧龙波						天津波					
		错位/mm		平行转角/%		折转角/%		错位/mm		平行转角/%		折转角/%	
		水平	竖直	水平	竖直	水平	竖直	水平	竖直	水平	竖直	水平	竖直
		15.31	104.67	20.63	72.67	12.78	33.75	15.31	104.67	20.63	72.67	12.78	33.75
线性计算 A	8 跨	0.100	0.004	1.30	0.00	2.75	0.10	0.600	0.007	4.80	0.00	10.13	0.39
	10 跨	0.100	0.003	1.27	0.00	2.16	0.08	0.600	0.007	5.83	0.00	8.86	0.35
	12 跨	0.100	0.005	1.13	0.00	1.55	0.06	0.600	0.007	5.10	0.00	6.49	0.25
	14 跨	0.100	0.004	0.80	0.00	1.14	0.04	0.600	0.007	3.47	0.00	4.20	0.16
	16 跨	0.100	0.004	0.57	0.00	1.34	0.05	0.600	0.007	2.37	0.00	3.87	0.14
	18 跨	0.100	0.004	0.70	0.00	0.75	0.03	0.600	0.007	2.43	0.00	2.26	0.10
	20 跨	0.100	0.004	0.67	0.00	0.79	0.03	0.600	0.007	2.27	0.00	2.35	0.09
非线性计算 B	2 跨	0.010	0.003	1.60	0.01	3.49	0.12	0.050	0.005	6.00	0.01	13.17	0.49
	4 跨	0.030	0.003	1.30	0.00	2.94	0.12	0.120	0.005	3.77	0.00	8.51	0.32
	6 跨	0.030	0.003	1.33	0.00	3.42	0.13	0.140	0.005	4.40	0.00	11.35	0.45
	8 跨	0.040	0.003	1.17	0.00	2.28	0.09	0.120	0.005	3.93	0.00	8.73	0.35
	10 跨	0.040	0.002	1.20	0.00	2.03	0.08	0.120	0.005	5.00	0.00	8.53	0.34
	12 跨	0.040	0.003	1.07	0.00	1.31	0.05	0.150	0.005	4.53	0.00	5.95	0.24
	14 跨	0.030	0.003	0.67	0.00	1.12	0.04	0.150	0.005	3.17	0.00	3.17	0.12
	16 跨	0.030	0.003	0.37	0.00	0.69	0.03	0.130	0.005	1.83	0.00	2.08	0.09
	18 跨	0.040	0.003	0.43	0.00	0.73	0.03	0.170	0.005	2.20	0.00	2.20	0.09
	20 跨	0.040	0.002	0.53	0.00	0.77	0.03	0.170	0.005	2.13	0.00	2.62	0.11
线性非线性之差绝对值	2 跨	0	0	0.33	0.00	0.46	0.02	1	0	0.83	0.00	1.91	0.03
	4 跨	0	0	0.20	0.00	0.46	0.01	1	0	0.63	0.00	0.46	0.03
	6 跨	0	0	0.30	0.00	0.49	0.01	1	0	0.63	0.00	0.04	0.04
	8 跨	0	0	0.13	0.00	0.47	0.01	0	0	0.87	0.00	1.40	0.04
	10 跨	0	0	0.07	0.00	0.15	0.00	0	0	0.83	0.00	0.33	0.01
	12 跨	0	0	0.06	0.00	0.24	0.01	0	0	0.57	0.00	0.54	0.01
	14 跨	0	0	0.13	0.00	0.02	0.00	0	0	0.30	0.00	1.03	0.04
	16 跨	0	0	0.20	0.00	0.65	0.02	0	0	0.54	0.00	1.79	0.05
	18 跨	0	0	0.27	0.00	0.02	0.00	0	0	0.23	0.00	0.06	0.01
	20 跨	0	0	0.14	0.00	0.02	0.00	0	0	0.14	0.00	0.27	0.02

4.5.2 考虑轨道约束影响的简化建模方法

为简化计算，可采用多弹簧-质量模型。该模型的要点是，目标跨和钢轨采用一般的有限元方法进行建模；扣件、支座和桥墩刚度按前述简化有限元方法确定；在扣件弹簧与支座弹簧之间设置一个质量，等于一跨桥梁上部结构的一半质量，在支座弹簧与桥墩水平抗推弹簧之间加上 1/3 的桥墩质量。

选取目标墩左侧一跨(墩高皆为 16.5m，跨径 30m)作为目标跨段，假定边跨结构与目标跨结构形式、跨径、地基条件等基本一致。目标跨及其两侧边跨模型如图 4.41 所示。为了方便计算，将两根轨道简化为 1 根梁单元考虑。扣件顺轨向间距为 0.625m，每 1 处连接相当于 4 套扣件。每处扣件线弹性模型的顺桥向刚度取 28.4kN/mm。

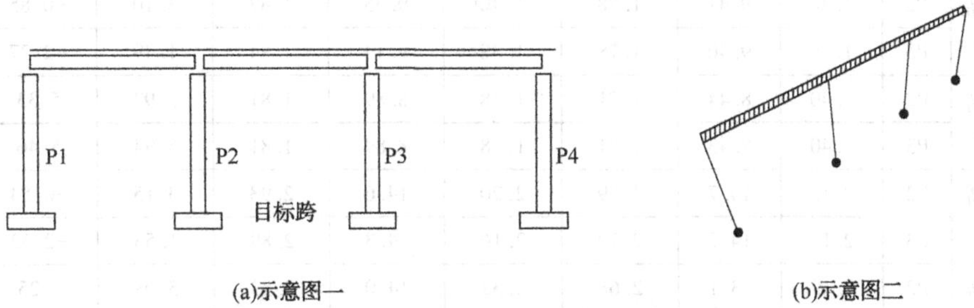

图 4.41　目标跨及其两侧边跨模型

注：P1、P2、P3、P4——跨数

考虑我国常用的高架区间的跨径与墩高：跨径 30m、墩高 16m；考虑四类工程场地类别，墩底按固结考虑。经过试算，两侧分别计入 24 跨的附加部分，目标部分(目标跨)的地震反应计算精度已足够精确。然后以此为基准，计算附加部分取不同跨数时目标跨地震反应的相对误差。

地震动输入按照《城市轨道交通结构抗震设计规范》(GB 50909—2014)的规定，采用《中国地震动参数区划图》(GB 18306—2015)中 0.2g、0.4s 分区的Ⅰ、Ⅱ、Ⅲ和Ⅳ类场地的反应谱，如图 4.42 所示。顺桥向、横桥向分别输入地震动。

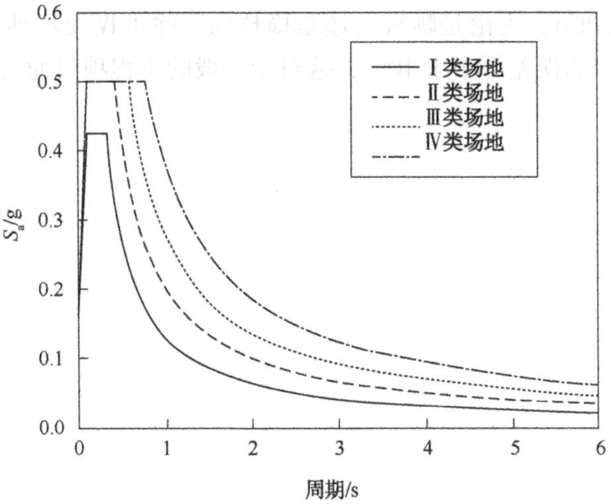

图 4.42　设计地震加速度反应谱曲线

注：S_a——单质点体系的绝对运动加速度的反应谱

对于这个算例，附加跨均为简支梁结构，每跨梁重量为 279kN，桥墩重量为 199kN；扣件总刚度为 7.1×10^5kN/m；桥墩抗推刚度顺桥向为 5.01×10^4kN/m，横桥向为 5.47×10^4kN/m；盆式支座固定方向刚度假定为无限大。考虑轨道约束影响的简化模型计算的结果如表 4.13 所示。

表 4.13 简化方法用于目标结构时的误差计算结果

(弯矩，kN·m；剪力，kN；位移：cm)

项目			原结构(*A*)			多弹簧-质量法(*B*)			误差(*B*-*A*)/*A*/%		
			墩底弯矩	墩底剪力	墩顶位移	墩底弯矩	墩底剪力	墩顶位移	墩底弯矩	数底前力	墩顶位移
Ⅰ类场地	顺桥向	P2	1.36	9.41	1.78	1.40	9.33	1.87	3.10	-0.85	4.94
		P3	1.36	9.40	1.78	1.38	9.14	1.84	1.49	-2.77	3.54
	横桥向	P2	1.40	8.44	1.71	1.48	8.89	1.81	5.92	5.33	5.49
		P3	1.40	8.43	1.71	1.48	8.89	1.81	5.94	5.46	5.56
Ⅱ类场地	顺桥向	P2	2.13	14.7	2.79	2.20	14.6	2.93	3.15	-0.54	5.02
		P3	2.13	14.7	2.79	2.16	14.3	2.89	1.53	-2.52	3.59
	横桥向	P2	2.19	13.1	2.68	2.32	14.0	2.83	5.98	6.25	5.52
		P3	2.19	13.1	2.68	2.32	14.0	2.83	6.00	6.25	5.52
Ⅲ类场地	顺桥向	P2	2.82	19.5	3.70	3.01	20.0	4.01	6.54	2.82	8.46
		P3	2.82	19.5	3.70	2.96	19.6	3.95	4.77	0.77	6.84
	横桥向	P2	3.01	18.0	3.69	3.19	19.2	3.89	6.07	6.73	5.53
		P3	3.01	18.0	3.69	3.19	19.2	3.89	6.08	6.79	5.56
Ⅳ类场地	顺桥向	P2	2.82	19.5	3.70	3.20	21.3	4.26	13.19	9.24	15.22
		P3	2.82	19.5	3.70	3.14	20.8	4.20	11.29	7.04	13.50
	横桥向	P2	3.17	18.9	3.89	3.37	20.3	4.11	6.25	7.03	5.73
		P3	3.17	18.9	3.89	3.37	20.3	4.11	6.26	7.03	5.73

从计算结果可以知道，无论是顺桥向还是横桥向，除了Ⅳ类场地地震动输入的顺桥向反应外，多弹簧-质量的误差都小于10%，这对于一般的工程项目而言是可以接受的。

第5章 城市轨道交通地下结构抗震计算

5.1 地下结构构造及抗震建模概述

城市轨道交通地下结构主要包括区间隧道、地下车站等。区间隧道和地下车站的横断面形式、连接构造等与施工方法密切相关，对其抗震计算模型的建立有影响。区间隧道和地下车站的横断面形式相关内容在前面第1章已有阐述，下面仅简要介绍其连接构造和抗震建模。

5.1.1 连接构造

5.1.1.1 暗挖法接头

矿山法一般为复合式衬砌，二次衬砌和初期支护之间设置防水层。在不同结构刚度结合部和可能产生较大差异沉降处要设置沉降缝，伸缩缝要根据温度变化酌情设置，如图5.1所示。

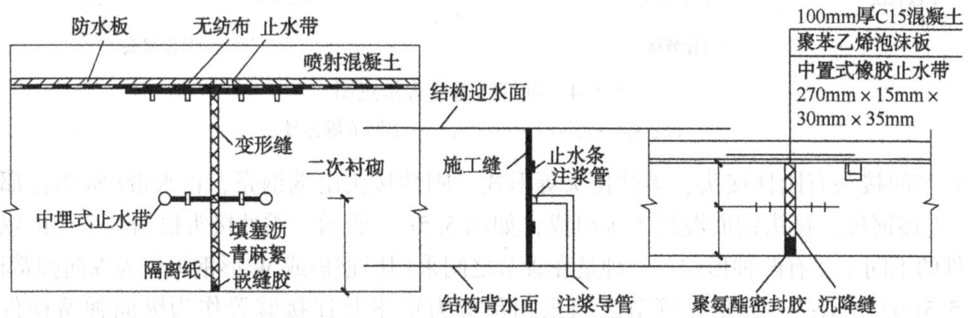

图5.1 矿山法隧道接头形式

盾构法接头较多，有环向接头和纵向接头(管片接头)，如图5.2(a)所示。纵向接头有通缝拼装和错缝拼装两种，如图5.2(b)(c)所示。

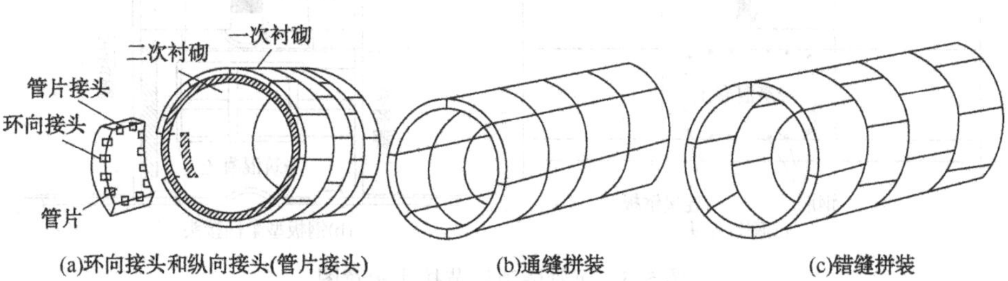

(a)环向接头和纵向接头(管片接头)　　(b)通缝拼装　　(c)错缝拼装

图5.2 盾构法隧道接头形式

常见接头构造包括几部分：连接件、榫槽、传力衬垫、弹性密封垫和嵌缝，如图 5.3(a)所示；有的是平面连接，不包括榫槽。接头一般可分为柔性接头和刚性接头，形式有螺栓结构、铰接头结构、销式插入接头结构、铰形接头结构、榫接头结构等，国内使用螺栓结构较多。螺栓结构接头分为弯螺栓和直螺栓，如图 5.3(b)、5.3(c)所示。

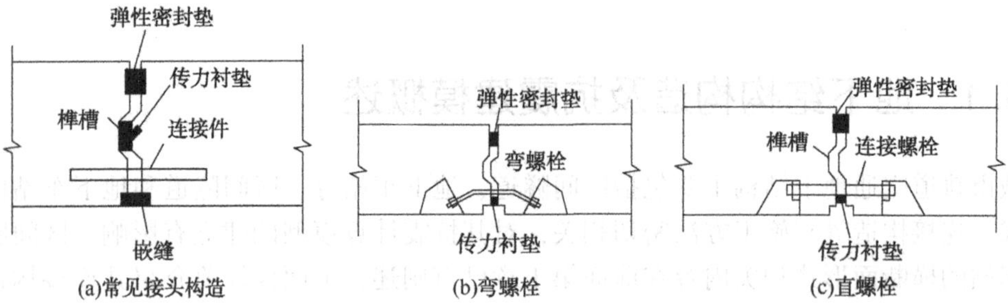

图 5.3　盾构法接头构造

5.1.1.2　沉管法接头

沉管隧道分为管节接头和节段接头，如图 5.4 所示。

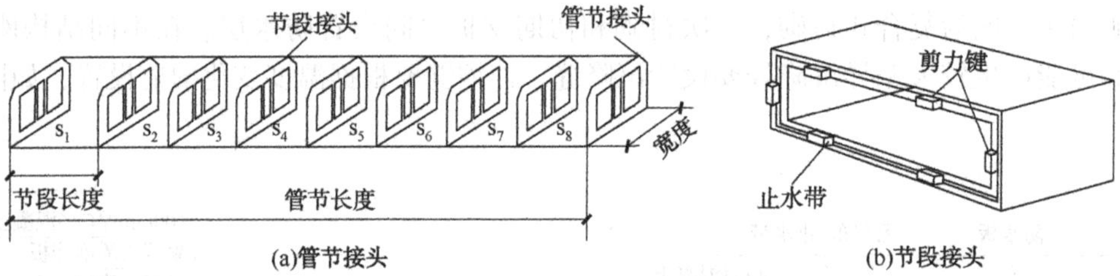

图 5.4　沉管隧道接头示意图

注：s_1、s_2、s_3、……、s_8——不同节段标号

管节间接头有刚性接头、柔性接头等形式。刚性接头由端钢壳、止水带(常用吉那止水带)、连接钢板、接头钢筋混凝土等组成，如图 5.5(a)所示。柔性接头根据其采用的纵向弹簧构件的不同主要有两种形式：一种是在管节之间采用形钢板或 W 形钢板作为纵向弹簧构件，如图 5.5(b)所示；一种是在管节之间采用预应力钢索及连接装置作为纵向弹簧构件，如图 5.5(c)所示；沉管法接头一般采用吉那止水带和欧米茄止水带，如图 5.5(d)所示。

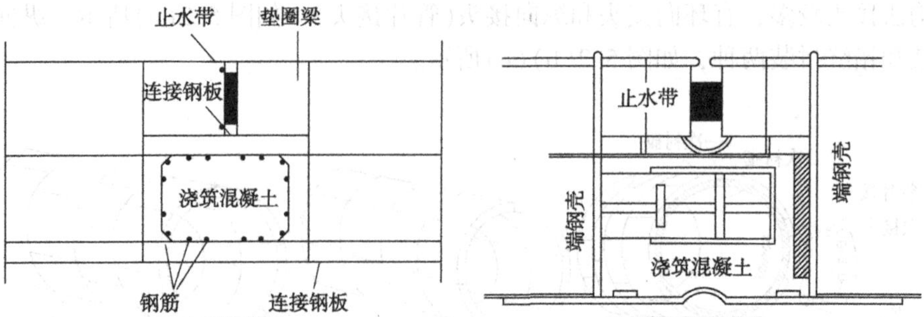

图 5.5　沉管隧道管节接头示意图

注：$R70$——半径为 70mm

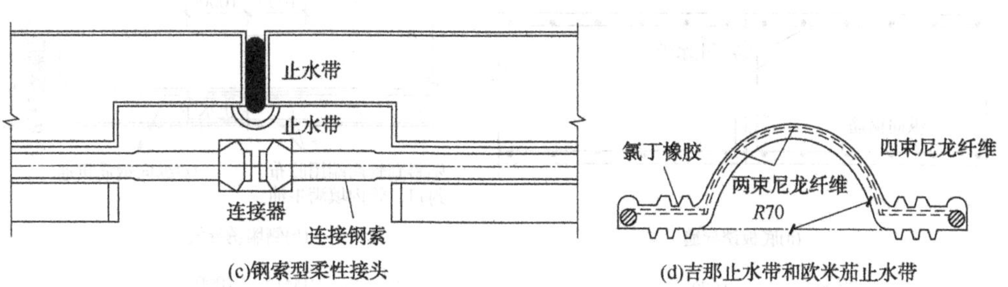

(c)钢索型柔性接头　　(d)吉那止水带和欧米茄止水带

图 5.5　沉管隧道管节接头示意图(续图)

注：$R70$——半径为 70mm

沉管隧道管节长度一般较大，因此需要分段浇筑，节段之间需要接头，接头也分为刚性接头和柔性接头。刚性接头的纵向钢筋全部贯通，或者断开，但通过预应力筋连接。柔性接头包括剪力键、防水体系、接头预应力筋，有的还有抗震限位拉杆，如图 5.6 所示。

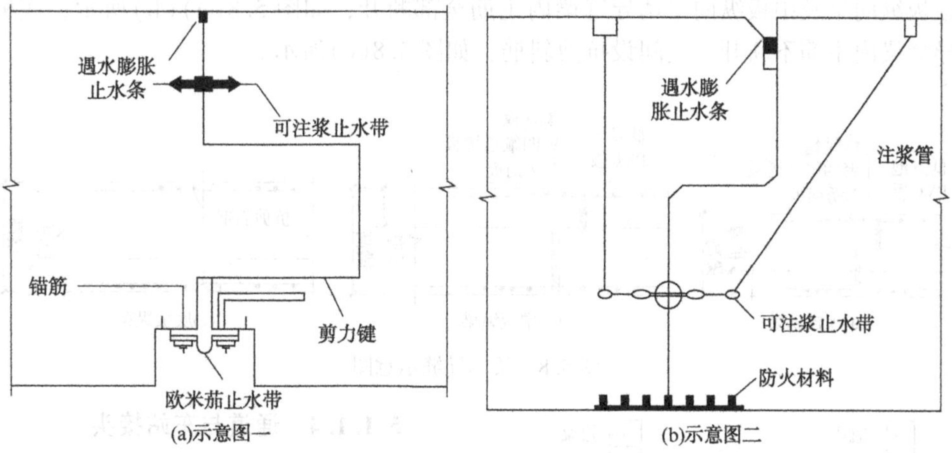

(a)示意图一　　(b)示意图二

图 5.6　沉管隧道节段接头示意图

5.1.1.3　明挖法接头

明挖法结构伸缩缝一般有两种设置方法：一种是沿纵向每隔一定距离设置贯通整个结构横断面的断缝，适用于结构底部有较为稳定的地层，北京地铁中使用较多；一种是沿纵向每隔一定距离设置诱导缝，当结构受到纵向力时，可释放混凝土纵向拉应力，但又具有一定刚度，保证道床所需的平直度，多在软弱地层中设置，如上海地铁。诱导缝有双柱式诱导缝和梁板式诱导缝，双柱式诱导缝沿车站立柱的横向轴线设置，梁板式诱导缝一般设在纵梁跨距的 1/4~1/3 处；双柱式诱导缝在构造上双柱分开，施工复杂，梁板式诱导缝构造简单，施工简单。板诱导缝底板分布钢筋全部贯通，设置为企口状，如图 5.7(a)所示；顶、中板和侧墙的纵向钢筋或者断开(诱导缝设在柱体中心时)，或者通过 1/3(诱导缝设在跨度 1/3 时)；诱导缝两侧的顶板及边墙内设置可以滑移的剪力筋，如图 5.7(b)(c)(d)所示。

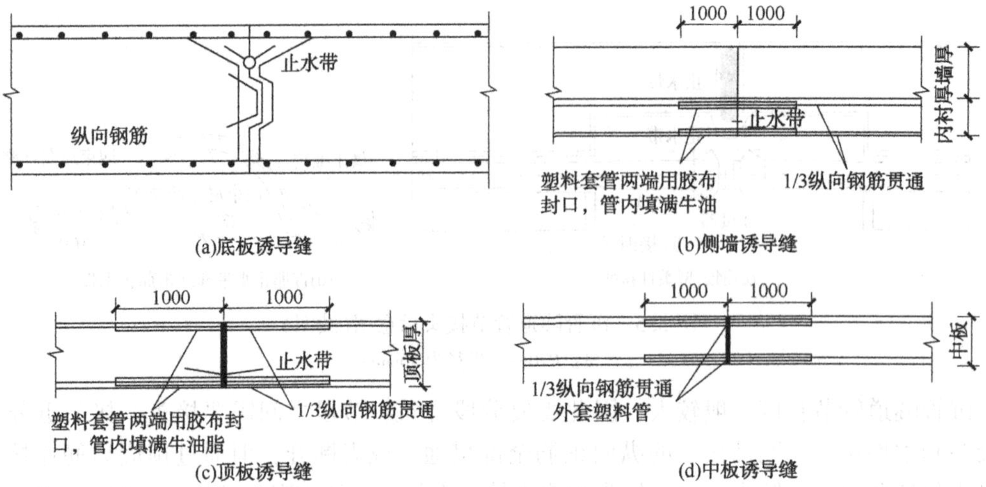

图 5.7　板诱导缝示意图(单位：mm)

顶板纵向梁及中板纵向梁诱导缝梁内主筋全部断开，如图 5.8(a)(b)所示；底板纵向梁诱导缝梁内主筋不断开，缝间设抗剪斜筋，如图 5.8(c)所示。

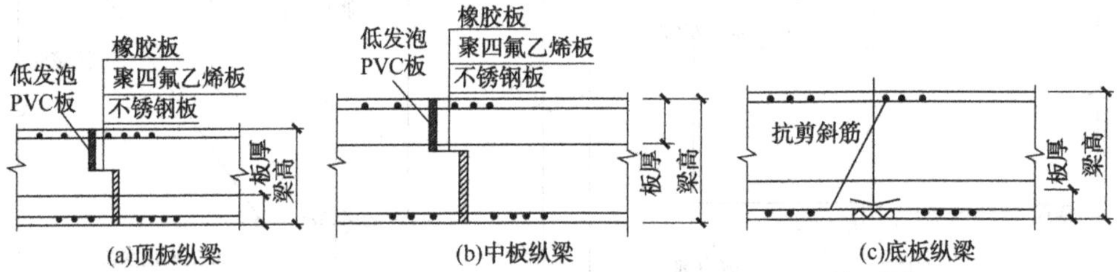

图 5.8　梁诱导缝示意图

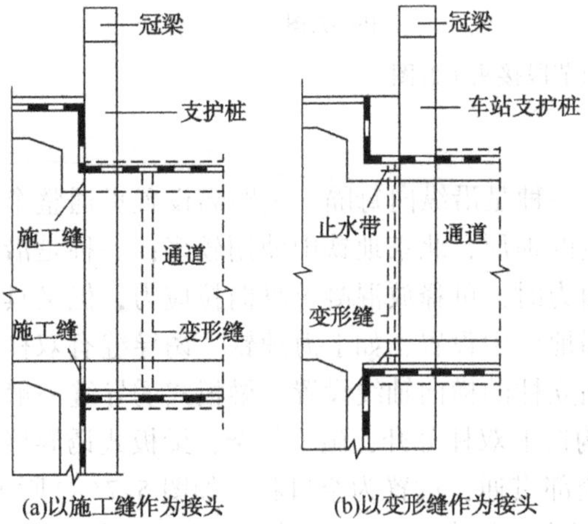

图 5.9　通道与车站接头示意图

5.1.1.4　通道与车站接头

为消除通道(包括区间隧道、出入口通道)与车站的剪切错动，一般车站结构外做柔性接头，缝内设剪切钢筋，在变形缝内侧预留沟槽，设止水带。如果是桩支护，则典型的通道与车站接头如图 5.9 所示。通道与车站以施工缝作为接头，如图 5.9(a)所示，并在施工缝约 0.8～1.2m 的位置设置变形缝，变形缝与施工缝之间单独浇筑；车站与通道以变形缝作为接头，如图 5.9(b)所示。

上海地铁某车站明挖法出入口变形缝的顶板、底板、侧墙纵向钢筋全部断开，侧墙设有剪力钢筋，如图 5.10(a)所示；风井顶板的施工缝和沉降缝如图 5.10(b)(c)所示；出入口顶板施工缝和沉降缝如图 5.10(d)所示；沉降缝处的顶板、底板、侧墙钢筋全部断开。

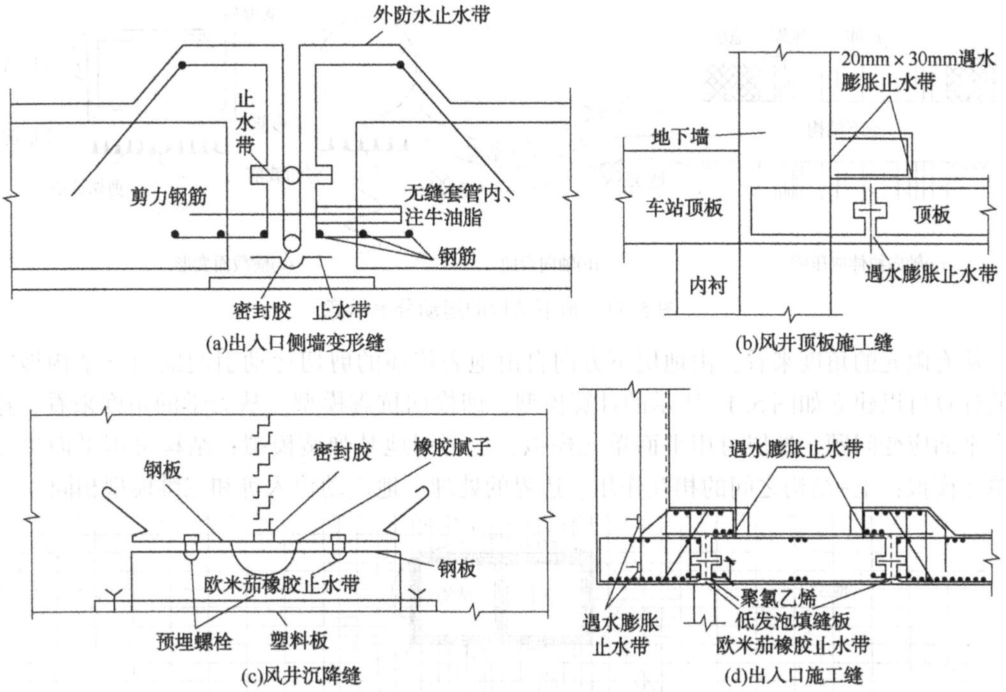

图 5.10　上海地铁通道与车站接头示意图

5.1.2　抗震建模概述

地下结构的主体一般是钢筋混凝土板、柱，可以采用有限元方法中的实体单元、板壳单元或各种一维单元进行建模。土与结构之间的相互作用可以简单地耦合，或采用各种接触单元模型表达其力学上的相互作用；地下结构中的各种连接构造可以采用实体单元模拟，也可以采用各种非线性弹簧单元模型。

区间隧道和地下车站结构按三维空间问题考虑时，地下车站取整体结构计算；区间隧道由于纵向较长，因此可根据地形地质条件、结构形式等在纵向取出一段长度，例如应满足模型总长度不小于土层变形波长的要求，模型纵向截断后，还需要考虑边界的影响，可以在纵向两侧延伸以保证目标段的计算准确。小半径平曲线段，隧道纵向容易产生较大的内力；分叉部分易产生较大变形，并且是复杂应力状态；竖井结合部和附近一定范围的隧道易产生较大的变形；隧道断面变化的地方，变形会重分布。这些部位都需要详细的模型。

虽然三维建模在理论上是精确的，但由于其中没有解决的问题很多，使用该法也需要很好的力学和有限元知识以及专业软件的使用技巧，不是一般的设计工程师所易于掌握和使用的，因此三维建模方法主要用于专门研究。对于地下结构，工程设计中较多采用二维计算模型。

根据相关学者的分析，地下结构在地震中结构自身的惯性效应不明显，主要跟随周围地层一起运动。地层介质中的地震波具有一定的传播速度和波长，引起地层三个主要方向的运动，即沿隧道轴向传播的拉压运动、沿隧道轴向传播的剪切运动(垂直于隧道轴向)和由地层下方向自由地表传播的剪切运动(垂直于隧道轴向)，这种定性的运动分解如图 5.11 所示。工程设计中常根据上述的运动分解建立简化的计算模型。

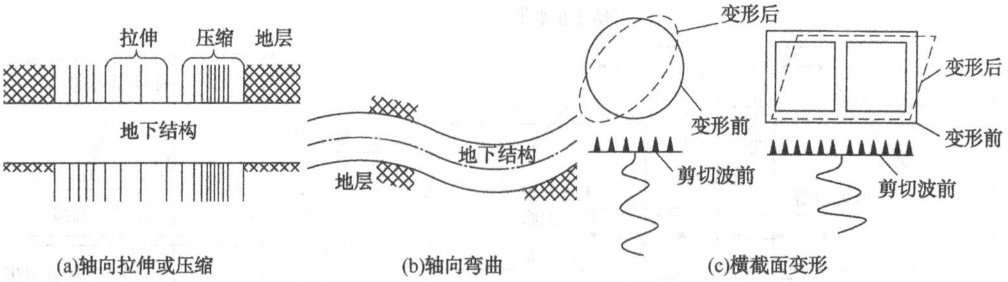

图 5.11　地下结构的运动分解示意

从有限元的角度来看，由地层下方向自由地表传播的剪切运动引起的地下结构地震反应的计算可以建立如图 5.12 所示的计算模型，即横向抗震模型。从力学的角度来看，这是一个平面应变问题。地层可用平面单元模拟，也可用地基弹簧模拟；结构可用平面单元或梁单元模拟；土-结构之间的相互作用、边界的处理、地震动输入等和三维模型相同。

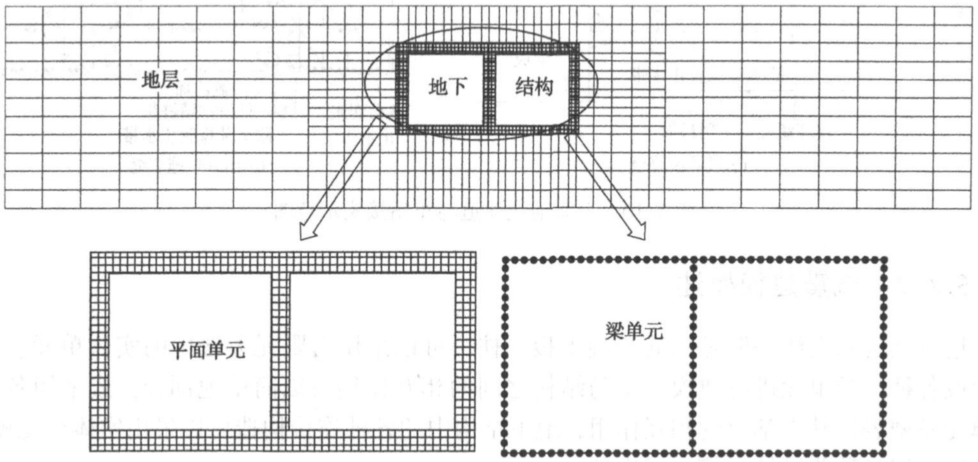

图 5.12　二维横向抗震模型

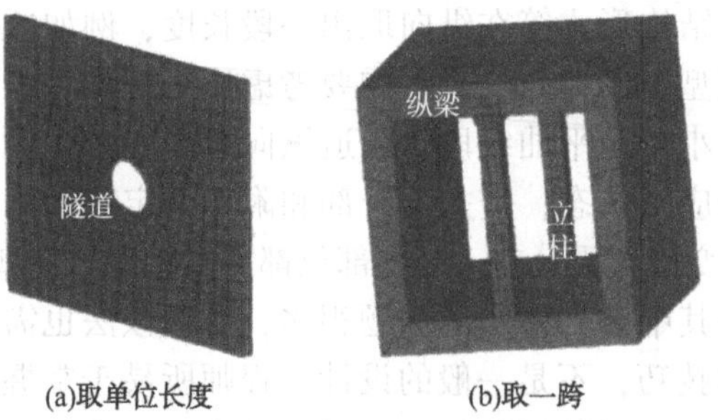

图 5.13　纵向厚度取值

由于区间隧道横断面构造简单，在隧道纵向少有变化，横向抗震建模时在隧道纵向可以取单位长度(如 1m)，如图 5.13(a)所示。对于地下车站，纵向和横向会有一些纵横梁和立柱；为了考虑车站立柱的实际尺寸，可以取车站纵梁的一个跨度长，如图 5.13(b)所示。地下结构侧墙当作梁柱构件，这样处理相当于把地下结构本身纵向的相互作用用约束来代替。对于地下车站的立柱，模型纵向取单位厚度时，需要等效为平面模型厚度的柱子，一般可以把两根相邻的中柱等效为两柱之间的连续墙体，然后再取单位厚度即可；如果取一跨长，则立柱按实际尺寸。

对于轴向传播引起的拉压运动可以采用纵向抗震模型(如图 5.14 所示)，地层与结构相互作用采用地基弹簧(弹簧一端连接在结构上，一端固结)，地下结构采用梁单元。弹簧端点土体的拉压运动主要由地震动的传播特性、地基的特性等产生，需要考虑地震波的斜入射和地基特性沿轴向分布的非均匀性。该模型还可以处理沿隧道轴向传播的剪切运动(垂直与隧道轴向)。

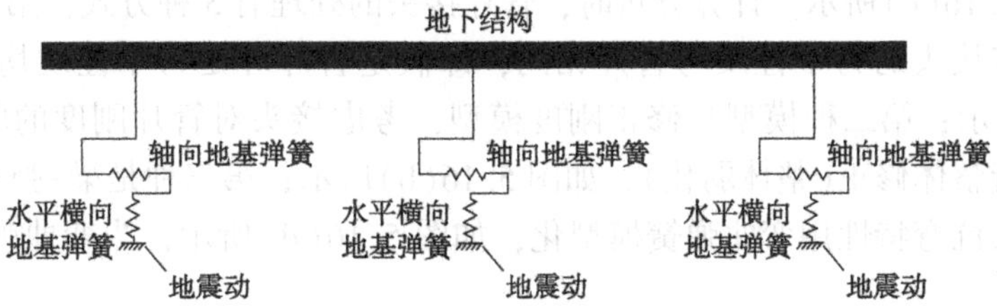

图 5.14　二维纵向抗震模型

对于纵向模型，盾构法隧道衬砌环之间相对薄弱，可将结构梁单元取为一盾构环的长度。沉管和明挖法隧道，结构连续性较强，可按隧道自然节段确定；但为了保证计算精度，梁单元长度不能太大，例如不大于 10m。

5.2　地下结构连接部位抗震建模

城市轨道交通地下结构存在各式各样的接缝，接缝与地下结构在强度、刚度等方面存在差异，因此需要采用不同的模型进行模拟；并且地下结构的变形会集中到接缝处，因此接缝的变形和受力最不利，是抗震的关键部位。盾构法和沉管法地下结构的接缝较多，需要详细考虑，并且现有分析主要针对上述两种结构形式，因此下面主要介绍盾构法和沉管法的接头抗震建模。

5.2.1　盾构法隧道接头抗震建模

盾构接头的连接件主要作用是抗拉、抗剪、抗弯。其中，榫槽提供抗剪；传力衬垫和嵌缝主要是防水。盾构法隧道主要是通过螺栓进行连接。螺栓对结构影响的模拟方法有很多，一种方法就是管片和结构都采用实体单元，如图 5.15 所示。管片和螺栓之间可以直接耦合或采用接触处理，但这种方法需要对螺栓及其附近区域详细划分网格，局部分析还可接受，全局分析时模型过大，因此实际使用时经常采用简化方法考虑接头影响。

(a)管片局部　　(b)螺栓

图 5.15　管片局部及螺栓模型示意图

5.2.1.1 管片接头力学模型

常用的一环6个管片的结构有6个管片接头，接头的抗弯刚度一般小于管片主体的抗弯刚度，如图5.16(c)所示。计算分析时，管片接头的处理有3种方式：第一种为等刚度模型，该模型假定接头的力学性质与管片相同，即假定管片环是力学性质均匀的等截面环，如图5.16(a)所示；第二种模型是修正刚度模型，考虑接头对管片刚度的弱化影响，对管片抗弯刚度进行整体修正(整体弱化)，如图5.16(b)所示；第三种是梁-弹簧模型，即将管片当作梁，接头抗弯特性用弯曲弹簧模型化，如图5.16(d)所示，当弯曲弹簧刚度取为0，即为铰接。

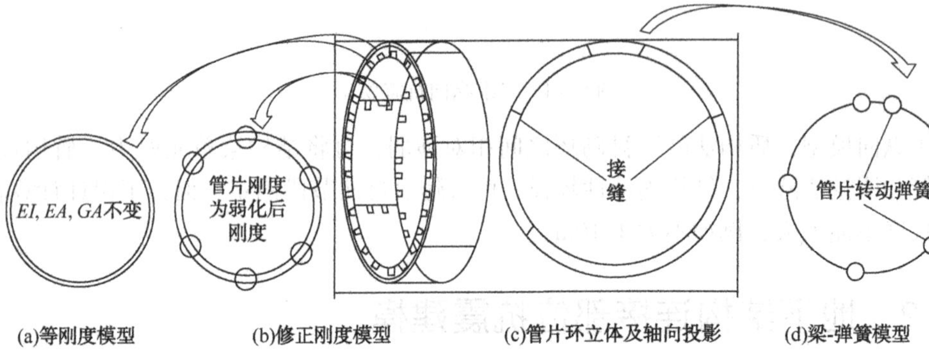

图5.16 管片接头力学模型

注：EI、EA、GA——抗弯刚度、抗拉刚度、抗剪刚度

等刚度模型不考虑接头的影响，虽然模型最简单，但高估了隧道衬砌的刚度，造成结果与实际可能有出入。修正刚度模型一般引入两个参数进行修正，一个是接头影响刚度下降的“抗弯刚度有效率η”，一个是错缝拼装影响的“弯矩的增加率ξ”(通缝拼装ξ为0)。对修正刚度模型求出其管片最大弯矩M，乘以$(1+\xi)$得到管片实际弯矩，乘以$(1-\xi)$得到接头处弯矩。

梁-弹簧模型中，接头主要影响管片的抗弯，因此管片接头抗压刚度可以设为无穷大，保证接头两端在受压时位移的一致性；抗拉刚度取接头等效抗拉刚度；抗剪刚度近似设为无穷大；抗弯刚度取转动弹簧刚度。转动弹簧的刚度计算有解析方法和试验方法。解析方法中最常用的是村上-小泉方法，如图5.17所示。

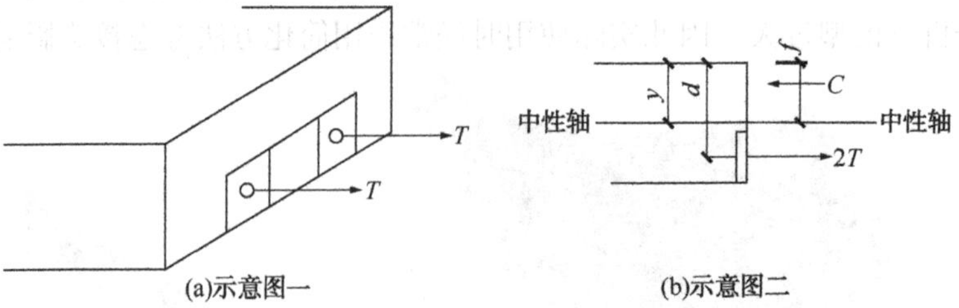

图5.17 管片转动弹簧推导示意图

注：C——作用在接头面上的压力；d——螺栓中心到管片受压边缘的距离；f——压力中心到管片受压边缘的距离；T——作用在一个螺栓上的拉力；y——中性轴到管片受压边缘的距离

根据作用在管片上的力K_θ的平衡计算如式(5.1)所示。

$$K_\theta=\frac{(d-f)(d-y)T}{\delta} \tag{5.1}$$

式中 δ——接头板在螺栓位置的挠度。

5.2.1.2 环间接头力学模型

常用的有两种建模方法，第一种等效均质梁模型，假定管片仍然是均质的，不特别考虑接头的建模，但考虑接头对梁等效刚度的影响，如图5.18(a)所示；第二种是梁-弹簧模型，将管片模型化为梁，接头模型化为弹簧，如图5.18(b)所示。

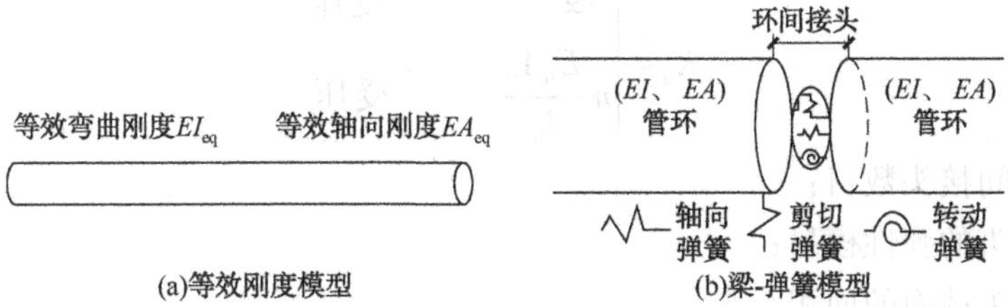

图5.18 环间接头

注：EI、EA——抗弯刚度、抗拉刚度

纵向等效刚度模型需要确定下列等效刚度：等效抗压刚度 EA_{eq}^{C}，如式(5.2)所示；等效抗拉刚度 EA_{eq}^{T}，如式(5.3)所示；两个方向的等效抗弯刚度 EI_{eq}，如式(5.4)所示。管片纵向受力变形如图5.19所示。

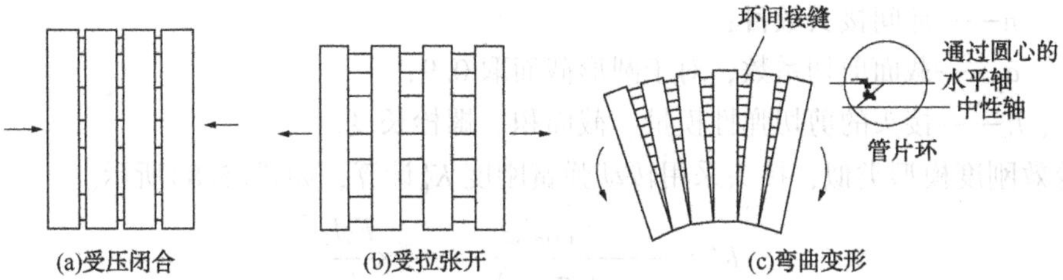

图5.19 管片纵向受力变形

纵向受压时，采用管片的轴向刚度；纵向受拉时，考虑管片和接头串联，并伸长，可推得等效抗拉刚度。纵向受到弯矩 M 作用时，根据力的平衡和变形协调条件，可推得等效抗弯刚度，如式(5.5)所示。

$$EA_{eq}^{C}=E_sA_s \tag{5.2}$$

$$EA_{eq}^{T}=\frac{E_sA_s}{1+\dfrac{E_sA_s}{K_jl}} \tag{5.3}$$

$$EI_{eq}=\frac{\cos^3\varphi E_sI_s}{\cos\varphi+(\varphi+\pi/2)\sin\varphi} \tag{5.4}$$

$$\varphi+\cot\varphi=\pi\left(0.5+\frac{K_j}{\dfrac{E_sA_s}{l}}\right) \tag{5.5}$$

式中 E_s——管片的弹性模量；

I_s——管片截面的惯性矩；

A_s——管片截面的面积；

l——管片宽度；

K_j——环向接头的总抗拉刚度，等于所有环向接头抗拉刚度之和；

φ——中性轴与圆环交点以及通过圆心水平轴与圆环的交点之间的夹角。

梁-弹簧模型中，环间接头采用转动弹簧刚度 K'_θ、轴向弹簧刚度 K_u、剪切弹簧刚度 K_s 来表示。轴向弹簧刚度 K_u 计算如式(5.6)所示。

$$K_u=\begin{cases}-\infty & \text{受压}\\ n\dfrac{E_bA_b}{l_b} & \text{受压}\end{cases} \tag{5.6}$$

式中 n——环间接头数目；

E_b——接头的弹性模量；

A_b——接头截面的面积；

l_b——接头长度。

不考虑衬砌环间的摩擦力，剪切弹簧刚度系数 K_s 近似用接头的抗剪刚度代替，计算如式(5.7)所示。

$$K_s=n\frac{G_bA_b}{\alpha\times l_b} \tag{5.7}$$

式中 n——环间接头数目；

α——截面剪切系数，对于圆形截面取0.9；

G_b、A_b、l_b——接头的剪切弹性模量、截面积、螺栓长度。

和等效刚度模型类似，接头采用转动弹簧刚度 K'_θ 计算，如式(5.8)所示。

$$K'_\theta=\frac{\cos^3\varphi}{\cos\varphi+\left(\dfrac{\pi}{2}+\varphi\right)-\cos^3\varphi}\times\frac{E_sI_s}{l_b} \tag{5.8}$$

式中 E_s——管片的弹性模量；

I_s——管片截面的惯性矩；

l_b——螺栓长度；

φ——中性轴与圆环交点以及通过圆心水平轴与圆环的交点之间的夹角。

5.2.2 沉管法隧道接头抗震建模

沉管隧道节段接头的剪力键接触面密贴较好，接触面之间也可设置支座或垫层，因此剪力键可限制接头的竖向和水平横向平动位移，主要表现为纵向弯曲和扭转变形；如果接头有预应力束，则节段接头的变形会进一步减小，变形会转移到管节接头。此时管节接头的吉那止水带承受拉压变形，剪力键承受竖向和水平横向力作用。另外，接头连接之间还存在摩擦力，包括剪力键接触面间摩擦力、止水材料接触面间摩擦力、预应力束或限位装置内摩擦力以及管节与地层的摩擦力等。因此，接头的抗震建模要反映以上的受力机理。

5.2.2.1　三维实体模型

接头各部件可采用实体单元模拟，如图5.20所示；相应的沉管隧道管段也要实体建模，管段上凸出的剪力键和管段同样处理，剪力键和键槽可以直接耦合或采用接触处理；止水带一端和管段直接连接，另一端和管段可以直接耦合或采用接触处理；预应力束、Ω或W形钢板实体建模，两端和管段连接。剪力键是混凝土材料，吉那止水带是橡胶材料，欧米茄止水带是合金钢，预应力束、Ω形或W形钢板是钢材。

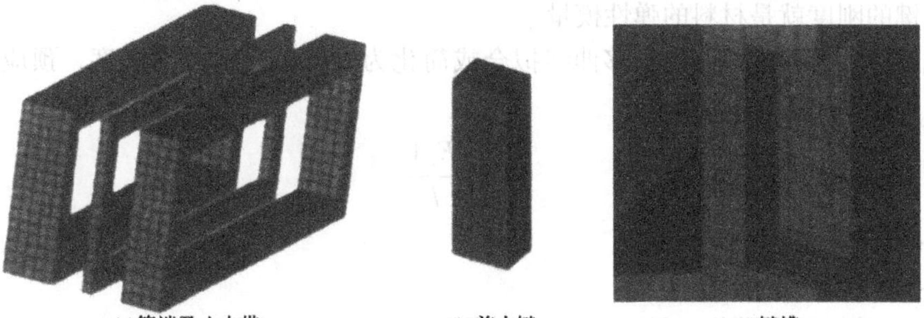

(a)管端及止水带　(b)剪力键　(c)键槽

图5.20　接头三维模型示意图

5.2.2.2　分布弹簧模型

接头各部件也可采用弹簧模拟。吉那止水带简化为只受压不受拉的弹簧；欧米茄止水带简化为拉压弹簧和剪切弹簧；剪力键简化为拉压弹簧和剪切弹簧，剪力键和槽之间会有缝隙，因此剪力键的弹簧也可设置阈值(例如Δ_n、Δ_q)，来控制剪力键和槽接触前后的性质；吉那止水带与管片之间的摩擦力、剪力键与槽之间的摩擦力通过摩擦系数μ'和μ表示。对于有预应力束、Ω或W形钢板的情况，也可简化为弹簧，其中，预应力束只有抗拉刚度。接头可分为有剪力键区和无剪力键区，力学示意图如图5.21所示。隧道管段实体建模，简化的分布弹簧和管段在相应节点处连接。

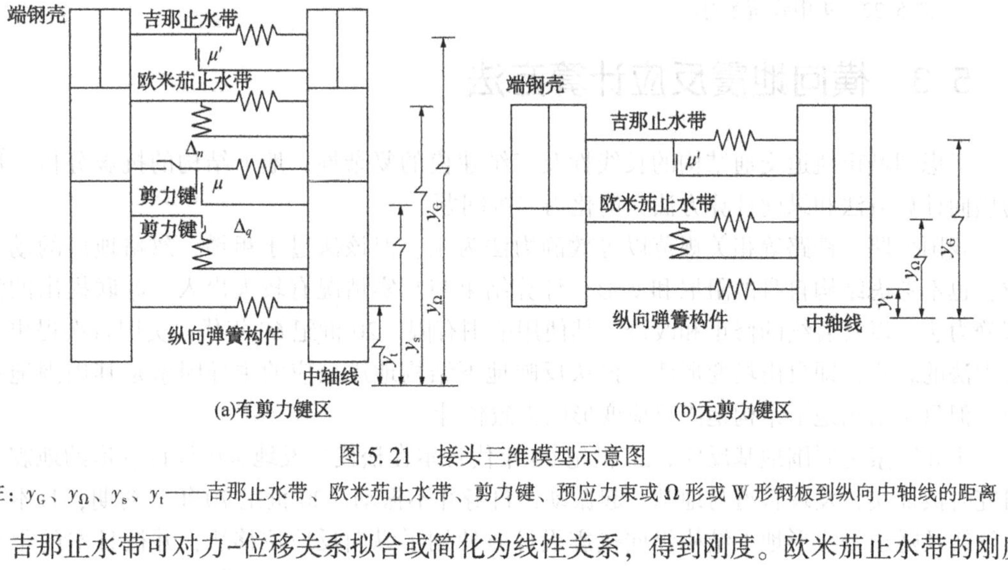

(a)有剪力键区　(b)无剪力键区

图5.21　接头三维模型示意图

注：y_G、y_Ω、y_s、y_t——吉那止水带、欧米茄止水带、剪力键、预应力束或Ω形或W形钢板到纵向中轴线的距离

吉那止水带可对力-位移关系拟合或简化为线性关系，得到刚度。欧米茄止水带的刚度计算如式(5.9)所示。

$$
\begin{cases}
K_{n\Omega} = \sum E_{\Omega} B_i r_{ui}^2 \\
K_{q\Omega} = \sum E_{\Omega} B_i r_{vi}^2
\end{cases}
\tag{5.9}
$$

式中　$K_{n\Omega}$、$K_{q\Omega}$——欧米茄止水带的拉压刚度和剪切刚度；

K_{Ω}——欧米茄止水带材料的弹性模量；

B_i——欧米茄止水带第 i 部分的宽度；

r_{ui}、r_{vi}——欧米茄止水带总形心与每块欧米茄止水带的距离在纵向和横向的投影。

剪力键的刚度就是材料的弹性模量。

Ω 或 W 形钢板可通过力-位移曲线拟合或简化为线性关系，得到刚度。预应力束的抗拉刚度 K_y 计算如式(5.10)所示。

$$
K_y = \frac{nE_y A_y}{l}
\tag{5.10}
$$

式中　n——钢索根数；

E_y——钢索弹性模量；

A_y——单根钢索横截面积；

l——钢索自由长度。

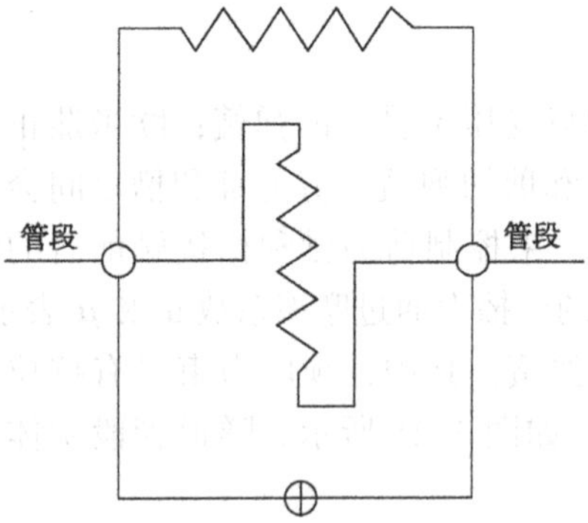

图 5.22　集中弹簧示意图

5.2.2.3　集中弹簧模型

进一步简化，可以把接头处的分布弹簧合并，如图 5.22 所示。剪切弹簧有竖向和水平横向两个方向；弯曲弹簧包括横截面内的两个弯曲和绕纵向的扭转。关于弹簧刚度的取值可以通过经验估计、数值模拟、模型试验、理论推导等得到，但都处于研究阶段。更粗略地考虑接头可以用铰接代替，此时管段可采用梁杆单元，集中弹簧和管段在节点处连接。

5.3　横向地震反应计算方法

考虑到城市轨道交通结构的长线性及三维建模的复杂性，地下结构的抗震分析一般分为横向计算方法和纵向计算方法，简化为二维问题。

我国公路、铁路等相关规范以等效静力法为主，但该法过于粗糙，忽略地震的动力性质，也不考虑结构自身的阻尼和变形，计算结果与真实情况有较大出入。苏联提出的波动拟静力法，以及后续的修正和改进，其使用范围有限。20 世纪 60 年代，美国首次提出了拟静力法的思想，即自由场变形法，该法反映地下结构地震反应的主导因素是其周围地基反应，但只是给出地下结构地震反应变形的大致估计。

主导因素是周围地基反应，20 世纪 60 年代日本在松代群发地震中埋设管道的地震观测研究时被证实，发现管道与地基一起振动，自身并不振动。20 世纪 70 年代初期，日本在地下管线及隧道等线形地下结构纵向抗震设计时使用了纵向反应位移法，并被日本的很多规范采用。20 世纪 80 年代中期，横向反应位移法开始用于地下结构横断面方向的抗震计算。

几乎同时，日本提出有限元静态分析法，就是把结构周围的土体也用有限元来模拟的方法。立石彰提出的地层响应法、片山等人提出的地层反应加速度法，也称为震度响应法。以立石彰和片山等人的研究工作为基础发展的一类方法又称为反应加速度法。

5.3.1　横向反应位移法

5.3.1.1　概述

横向反应位移法是将地下结构的横断面模型化为框架式结构，周围施加地基弹簧。这种模型最早在日本的沉管隧道中使用，但地震作用只考虑土层位移差。随后有的模型除了土层位移差外，还考虑顶部土层与衬砌之间的剪应力，但忽略结构顶部地基弹簧。后来相关理论证明应该包括土层位移差、剪应力和惯性力三部分。

横向反应位移法的基本原理可以从土-结构动力相互作用方程导出。由于是拟静力计算，因此忽略阻尼影响，人工边界采用地基弹簧模拟。将人工边界上输入的地震作用分解为两个等效地震动荷载：自由场地震动引起的对应于人工边界处的应力场；使人工边界上的弹簧阻尼器达到人工边界处的自由场位移所需要的力，即将人工边界的弹簧阻尼器强制拉到人工边界处的自由场位移时所需的力。

5.3.1.2　计算细节

可以对计算模型做如下规定：结构模拟为框架，周围施加土体弹簧；将结构顶点与底点的土层一维反应的最大位移差时刻的沿深度方向的位移分布作为地震作用施加在弹簧上；把此时刻的土体与结构接触面位置的土层的剪应力施加在结构节点上；假设结构和相同深度土层的加速度一致，把此时刻的加速度施加在结构上。

(1) 相对位移引起的等效荷载

根据地下结构顶、底部位置处自由土层发生最大相对位移时刻的土层位移分布确定土层相对位移，并施加于结构的地基弹簧远离结构的端部。相对位移计算如式(5.11)所示。

$$\Delta u(z)=u(z)-u(z_B) \tag{5.11}$$

式中　$\Delta u(z)$——深度 z 处相对于结构底部的自由土层相对位移，如图5.23所示；

$u(z)$——深度 z 处自由土层地震反应位移；

$u(z_B)$——结构底部深度 z 处的自由土层地震反应位移。

由于现有有限元软件中实现在弹簧远离结构的一端施加强制位移有时存在困难，也可将施加强制位移按式(5.12)转换为直接在结构上施加的等效荷载。

$$p(z)=k\Delta u(z) \tag{5.12}$$

式中　$p(z)$——直接施加在结构上的等效荷载；

k——上述各种地基弹簧刚度；

$\Delta u(z)$——深度 z 处相对于结构底部的自由土层相对位移。

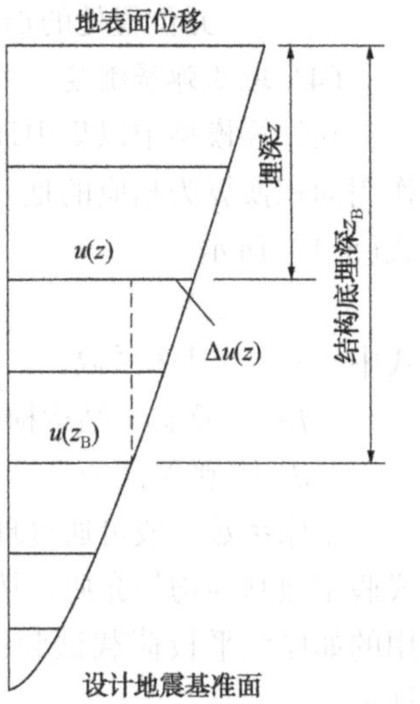

图5.23　相对位移计算示意图

(2) 结构周边剪力

通过地下结构顶、底部位置处自由土层发生最大相对位移时刻的结构周围土层的剪应力乘以作用面积来求解剪力，并施加在结构上，不同结构形式施加的方式不同。

矩形结构侧壁剪力作用 τ_S 计算如式(5.13)所示。

$$\tau_S=\frac{(\tau_u+\tau_B)}{2} \tag{5.13}$$

式中 τ_u——结构顶板单位面积上作用的剪力；

τ_B——结构底板单位面积上作用的剪力。

圆形结构周围剪力作用相关计算如式(5.14)和式(5.15)所示。

$$F_{AX}=\tau_A Ld\sin\theta \tag{5.14}$$

$$F_{AY}=\tau_A Ld\cos\theta \tag{5.15}$$

式中 F_{AX}——作用于A点水平向的节点力；

τ_A——点A处的剪应力；

L——纵向计算长度；

d——地基弹簧影响程度；

θ——土与结构的界面A点处的法向与水平向的夹角；

F_{AY}——作用于A点竖直向的节点力。

(3) 惯性力

结构自身的惯性力可将结构物的质量乘以最大加速度来计算，作为集中力可以作用在结构形心上；为提高计算精度，也可以按照各部位的最大加速度计算结构的水平惯性力并施加在相应的结构部位上，如式(5.16)所示。

$$f_i=m_i\ddot{u}_i \tag{5.16}$$

式中 f_i——结构 i 单元上作用的惯性力；

m_i——结构 i 单元的质量；

$\ddot{u}_i$——结构顶、底部位置处自由土层发生最大相对位移时刻自由土层对应于结构 i 单元位置处的加速度。

(4) 地基弹簧刚度

在计算模型中以集中地基弹簧来反映一定面积的土层作用，因此需要将基床系数乘以作用面积换算为相应的地基弹簧刚度 k，地基弹簧影响长度一般为集中地基弹簧间距，如式(5.17)所示。

$$k=KLd \tag{5.17}$$

式中 K——基床系数；

L——垂直于结构横向的计算长度；

d——弹簧间距。

基床系数一般可通过理论公式、试验、经验公式、有限元计算等求解。其中，理论公式假定地基为均匀介质，按弹性理论推导得到，不能考虑复杂情况；试验方法有多种，常用的如原位平板荷载试验；经验公式根据工程实践给出的经验取值，常见于一些规范的规定。

基床系数采用静力有限元法进行计算。取一定宽度和深度的土层有限元模型，去掉结构位置处的土体；将模型侧面和底面边界固定；土层的弹性模量取为根据土层一维地震反应分析或场地试验确定的有效弹性模量，不同的地震动水平下，土层的有效弹性模量一般是不同的。在孔洞的各个方向施加均布荷载 q，然后分别计算各种荷载条件下的变形 δ，得到基床系数 $K=q/\delta$。

为简化考虑，假设结构同一个面上的弹簧相同，即弹簧刚度一致，因此结构在均布荷载 q 作用下某一面的变形 δ 应为该面各节点变形的平均值。其中，对于矩形结构而言，顶、底板位置处基床系数不同，应分别进行计算。也可以在孔洞的各个方向施加强制位移 δ，然后分别计算各种位移条件下的荷载 q，得到基床系数 $K=q/\delta$。

如果不是通过静力有限元的方法求解基床系数，一般都得不到剪切基床系数，实践中一般把剪切基床系数取为法向基床系数的 β 倍，β 一般取值 1/3。

5.3.2 反应加速度法

反应加速度法出现过许多模型，如图 5.24(a)所示可把侧向边界竖向约束，在模型上施加地层加速度，地层加速度是由自由场反应计算得到；如图 5.24(b)所示可对两侧边界和底部边界上施加地层剪应力，地层剪应力是由自由场计算得到；如图 5.24(c)所示模型的顶部边界不再取在地表，可以取在地表以下某个深度，并施加地层剪应力，地层剪应力是由自由场计算得到。

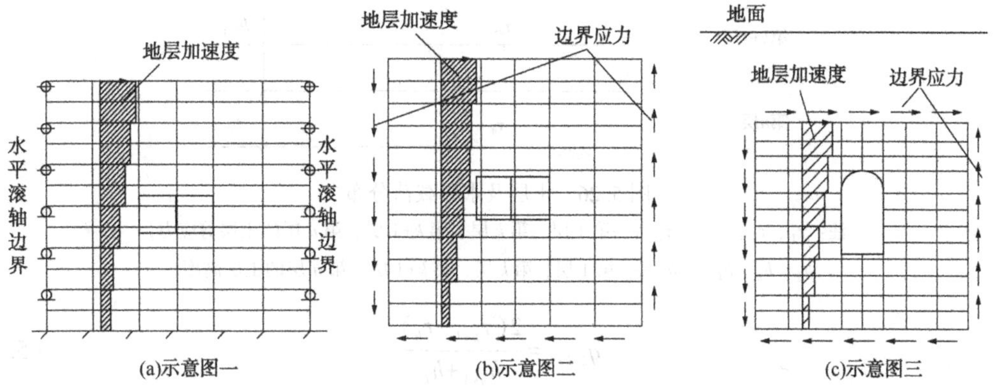

图 5.24 反应加速度法模型示意图

近年来，国内逐渐接受并推广反应加速度法。国内的研究者对该方法的荷载模式、精度等方面做了研究。杨林德等针对上海市软土地区圆形和矩形地下结构，通过数值计算统计，直接给出了地层加速度的分布，不用再计算自由场反应，称为等代地震荷载法，如图 5.25所示。

刘如山等人认识到在反应加速度法中忽略阻尼项可能带来不可忽略的误差。为了考虑阻尼力的影响，刘如山通过自由场一维地震动反应计算得到地震时结构顶、底板位置自由土层发生的最大相对水平位移差，把土层剪应力差在深度方向进行平均，得到沿深度方向上的分布应力，然后再使其离散到有限元模型各个节点上作为水平节点荷载，如图 5.26 所示，其中第 k 层土中心到 $k+1$ 层土中心深度范围内平均的分布应力 $q_{k,k+1}$ 计算如式(5.18)所示。

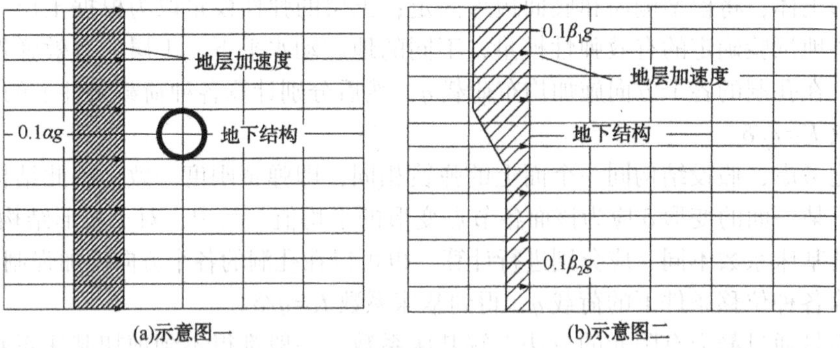

图 5.25　等代地震荷载法示意图

注：α——圆形地下结构的等代地震荷载系数；β_1、β_2——矩形地下结构的等代地震荷载系数；g——重力加速度

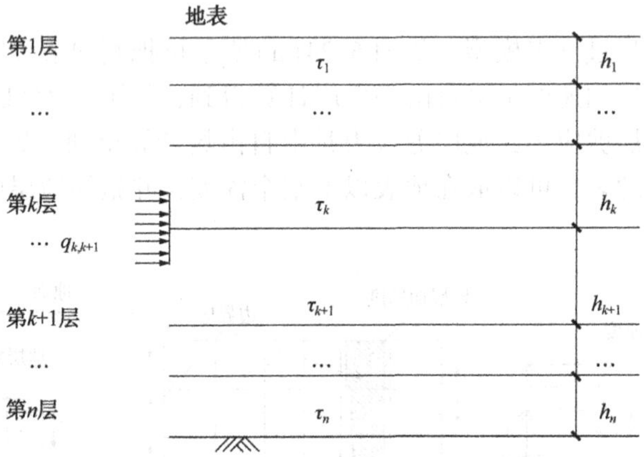

图 5.26　土层及水平载荷分布

注：τ_1、τ_k、τ_{k+1}、τ_n——第 1 层、第 k 层、第 k+1 层、第 n 层的土层剪应力；

h_1、h_k、h_{k+1}、h_n——第 1 层、第 k 层、第 k+1 层、第 n 层的土层高度

$$q_{k,k+1}=\frac{2(\tau_{k+1}-\tau_k)}{h_{k+1}+h_k} \tag{5.18}$$

求出各层的水平荷载后，将其离散到有限元模型上，有限元模型节点 E 上的荷载 Q_E 计算如式(5.19)所示。

$$Q_E=q_E\sum_{i=1}^{k}\frac{A_i d}{N_i} \tag{5.19}$$

式中　Q_E——节点 E 上的水平地震荷载；

q_E——节点 E 处单位土体的水平荷载；

A_i——包含节点 E 的第 i 个单元的面积；

N_i——第 i 个单元的节点数；

k——包含节点 E 的单元总数；

d——单元厚度。

第 k 层和第 k+1 层平均厚度 $\overline{h}_k=\frac{h_k+h_{k+1}}{2}$，第 k 层和第 k+1 层平均加速度 $\overline{a}_k$(隐含了阻尼

的影响，比直接取用土层的加速度要精确）计算如式（5.20）所示。

$$\overline{a}_k=\frac{\tau_{k+1}-\tau_k}{\rho_k\times h_k} \tag{5.20}$$

式中 ρ_k——第 k 层和第 $k+1$ 层平均密度。

平均的分布应力 $q_{k,k+1}$ 计算如式（5.21）所示。

$$q_{k,k+1}=\rho_k\times\overline{a}_k \tag{5.21}$$

对考虑阻尼影响的反应加速度法做进一步说明：把 $q_{k,k+1}$，$\overline{h}_k$ 这两个力当作一个等效惯性力，如图 5.27 所示。

以子结构的方法对有限元静态方法进行了理论推导，可做三个假定：一是子结构（包括地下结构与近场）的边界设置得比较远，地下结构不影响边界位移；二是忽略阻尼力；三是结构的加速度认为等于相同位置的自由场加速度。

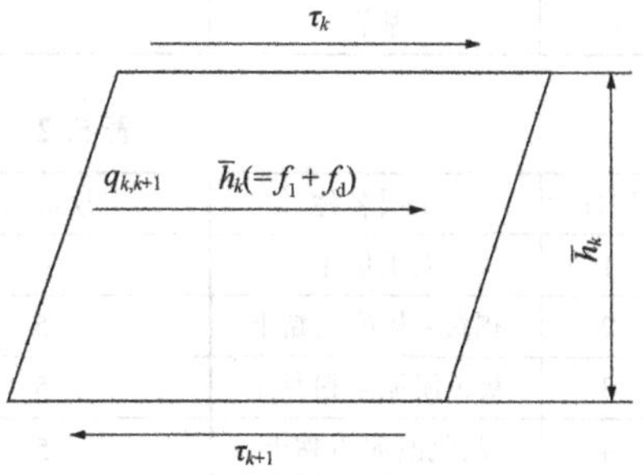

图 5.27 水平有效惯性加速度求解示意

5.3.3 精度比较

除了反应位移法和反应加速度法，时程分析法（即时程法）也是一种地震反应计算方法。时程法是对结构动力方程直接进行逐步积分求解的一种动力分析方法；能给出结构地震反应的全过程，能给出地震过程中各构件进入弹塑性变形阶段的内力和变形状态，因而能找出结构的薄弱环节。

下面从反应位移法（包括修正反应位移法）、反应加速度法和时程法误差比较分析出发，对地震反应精度进行阐述。

选取某一矩形混凝土框架地下车站，如图 5.28 所示；土层厚度分别为 25m 和 80m（如表 5.1 和表 5.2 所示）；土层判断为Ⅳ类场地。地震动参数如图 5.29 所示。

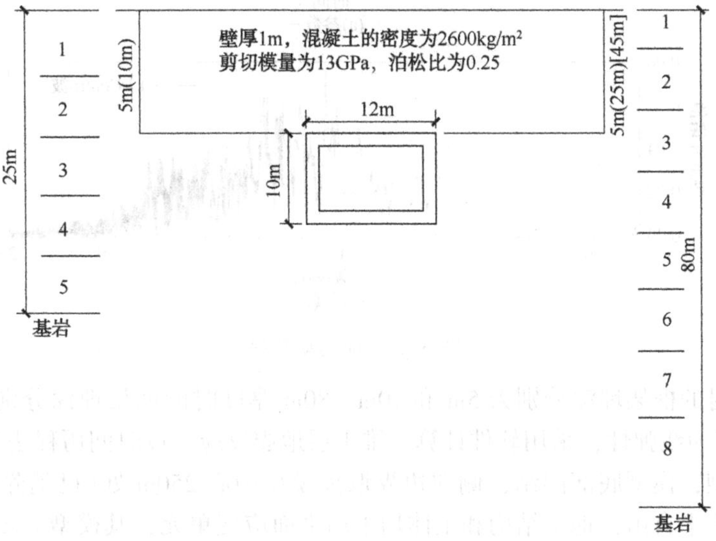

图 5.28 某矩形地下车站横截面和土层参数

表 5.1　某矩形地下车站 25mm 土层参数

层序	土层名称	层高/m	泊松比	天然重度(kN/m^3)	地震波速/(m/s)
1	粉质黏土	5	0.30	190	170
2	粉土	5	0.30	19.1	210
3	粉细砂	5	0.26	19.8	230
4	灰色黏土	5	0.25	20.0	240
5	灰色粉砂	5	0.25	20.5	340
—	基岩	—	0.22	25.0	1000

表 5.2　某矩形地下车站 80mm 土层参数

层序	土层名称	层高/m	泊松比	天然重度/(kN/m^3)	地震波速/(m/s)
1	人工填土	2	0.40	8.0(17.0)	160(130)
2	褐黄~灰黄色黏土	5	0.38	18.2(17.2)	210(140)
3	灰色淤泥质粉黏土	5	0.36	17.5(17.5)	190(145)
4	灰色淤泥质黏土	5	0.35	17.0(17.0)	180(150)
5	灰色黏土	5	0.30	17.6(17.6)	240(180)
6	灰色粉砂	5	0.28	19.2(19.2)	300(250)
7	灰色粉砂	5	0.28	19.2(19.2)	340(300)
8	灰色粉砂	48	0.25	20.5(20.5)	360(320)
—	基岩	—	0.22	25.0	1000

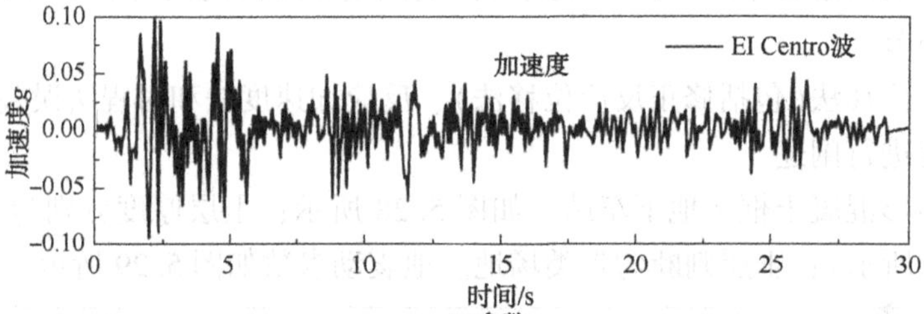

(a)参数一

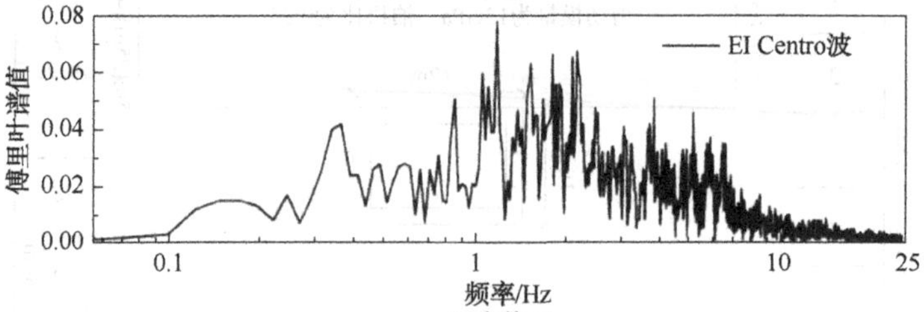

(b)参数二

图 5.29　地震动参数

25m 厚度时的框架埋深分别为 5m 和 10m，80m 厚度时的框架埋深分别为 5m、25m 和 45m。假设土层为线弹性，采用软件计算一维土层地震反应。以时间历程法为基准，采用二维平面应变模型，模型底部固结，侧向边界取离模型中心 250m 处(已消除边界影响)，边界竖向约束，水平自由；地下结构和土体均采用平面应变单元，其模型如图 5.30 所示。选用 El-Centro(埃尔森特罗)波，峰值加速度调整为 0.097g，基底垂直输入；采用振型叠加法，取模型前300阶振型，振型阻尼比取为0.05。反应加速度法和修正的反应位移法模型宽度取为120m，其中修正反应位移法的侧向边界固定。

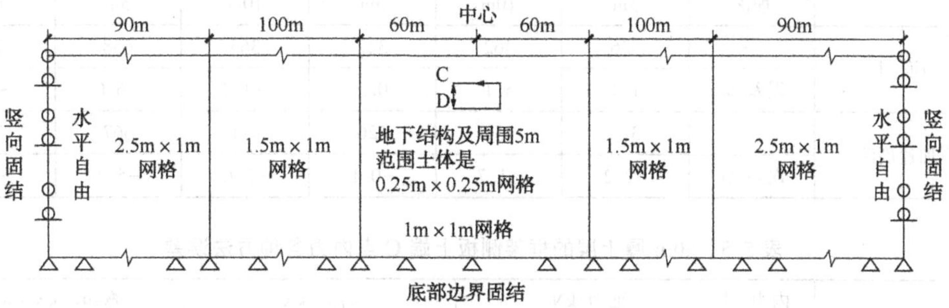

图5.30 时间历程法模型

注：D、C——土层框架侧板上下端点

各种方法相对时程法的相对误差如表5.3~表5.6所示，其中，轴力和弯矩由平面单元的节点正应力计算得到，剪力由平面单元的节点剪应力计算得到。

场地类别、土层厚度、结构埋深都会影响方法的精度。整体上看，修正的反应位移法、反应加速度法的精度比反应位移法高(Ⅳ类场地80m土层5m埋深时侧板下端弯矩反应位移法精度高)。

反应位移法精度的变化规律：内力整体偏小。埋深小时精度比埋深大时高，埋深小时相对误差较小(例如2.0%)，埋深大时的相对误差近68%。在土层厚度较小(例如25m)时，结构内力相对误差随埋深增加(5~10m)变大(11.0%~55.0%)。

在土层较厚(例如80m)时，内力相对误差随埋深增加(5~45m)时变大(2.0%~68.0%)，但侧板下端内力最大相对误差可能出现在中等埋深时(25m)。

表5.3 25m厚土层的框架侧板上端C点内力各种方法误差

方法	内力	轴力/kN		剪力/kN		弯矩/(kN·m)	
	埋深	5m	10m	5m	10m	5m	10m
时程法	—	171	220	235	302	606	670
反应位移法	—	95	99	174	207	538	548
	误差/%	-44.0	-55.0	-26.0	-31.0	-11.0	-18.0
修正反应位移法	—	182	217	236	297	592	647
	误差/%	6.2	-1.4	0.4	-1.7	-2.3	-3.4
反应加速度法	—	178	211	233	293	602	652
	误差/%	4.1	-4.0	-0.8	-3.0	-0.7	-2.7

表5.4 25m厚土层的框架侧板下端D点内力各种方法误差

方法	内力	轴力/kN		剪力/kN		弯矩/(kN·m)	
	埋深	5m	10m	5m	10m	5m	10m
时程法	—	323	440	326	381	704	766
反应位移法	—	175	263	197	199	602	644
	误差/%	-46.0	-40.0	-40.0	-48.0	-15.0	-16.0

续表

方法	内力	轴力/kN		剪力/kN		弯矩/(kN·m)	
	埋深	5m	10m	5m	10m	5m	10m
修正反应位移法	—	326	462	327	365	658	741
	误差/%	1.1	5.1	0.3	-4.2	-6.6	-3.3
反应加速度法	—	316	432	326	371	667	746
	误差/%	-2.2	-1.7	-0.1	-2.6	-5.3	-2.6

表 5.5 80m 厚土层的框架侧板上端 C 点内力各种方法误差

方法		内力	轴力/kN			剪力/kN			弯矩/(kN·m)		
		埋深	5m	25m	45m	5m	25m	45m	5m	25m	45m
Ⅳ类场地	时程法	—	246	454	632	282	644	618	1009	1062	988
	反应位移法	—	175	204	232	263	354	321	972	850	791
		误差/%	-29.0	-55.0	-63.0	-7.0	-45.0	-48.0	-4.0	-20.0	-20.0
	修正反应位移法	—	256	456	653	297	640	640	1061	1052	1032
		误差/%	3.9	0.5	3.3	5.4	-0.6	3.5	5.2	-1.0	4.4
	反应加速度法	—	248	456	648	290	640	634	1025	1050	1011
		误差/%	0.8	0.4	2.5	3.0	-0.6	2.5	1.6	-1.2	2.4

表 5.6 80m 厚土层的框架侧板下端 D 点内力各种方法误差

方法		内力	轴力/kN			剪力/kN			弯矩/(kN·m)		
		埋深	5m	25m	45m	5m	25m	45m	5m	25m	45m
Ⅳ类场地	时程法	—	256	732	658	450	611	638	1160	1117	1050
	反应位移法	—	212	253	268	364	301	337	1109	916	873
		误差/%	-17.0	-65.0	-59.0	-19.0	-51.0	-47.0	-4.0	-18.0	-17.0
	修正反应位移法	—	272	713	677	478	604	664	1172	1052	1047
		误差/%	6.2	-2.6	2.9	6.3	-1.2	4.1	1.0	-5.8	-0.3
	反应加速度法	—	264	718	671	456	601	649	1126	1048	1021
		误差/%	3.1	-2.0	2.0	1.3	-1.7	1.8	-2.9	-6.2	-2.7

修正反应位移法和反应加速度法的误差都不大(最大为 7.9%)，场地类别、土层厚度、结构埋深对其精度的影响没有明显的规律。

反应位移法在埋深较小、土层较软时精度尚可接受，而反应加速度法和修正的反应位移法在不同埋深和土层时精度都较高，但反应加速度法比其他两个方法更容易操作。

5.4 纵向地震反应计算方法

使地下结构纵向发生变形的原因主要是地震产生的相位差，包括两方面：一是地震波在地下结构纵向传播造成的相位差，即行波效应；二是沿地下结构纵向的地基条件或者地下结构自身发生变化产生的相位差，例如地基软硬交界处或地下结构分叉处等。

5.4.1　纵向解析方法

5.4.1.1　不考虑土-结构相互作用

不同的地震波(P 波、S 波和 R 波)相对于隧道轴线以不同的入射角(φ)入射时所引起的隧道轴向应变、剪应变以及轴线弯曲曲率的幅值，如表 5.7 所示。

表 5.7　沿隧道传播的地震波轴向应变 ε、剪应变 γ 以及轴线弯曲曲率 $\frac{1}{\rho}$

波形		轴向应变	剪应变	曲率
P 波		$\varepsilon=\frac{V_P}{C_P}\cos^2\varphi$	$\gamma=\frac{V_P}{C_P}\sin\varphi\cos\varphi$	$\frac{1}{\rho}=\frac{a_P}{C_P{}^2}\sin\varphi\cos^2\varphi$
		$\varepsilon_{max}=\frac{V_P}{C_P}(\varphi=0°)$	$\gamma_{max}=\frac{V_P}{2C_P}(\varphi=45°)$	$\frac{1}{\rho_{max}}=0.385\frac{a_P}{C_P{}^2}(\varphi=35.27°)$
S 波		$\varepsilon=\frac{V_S}{C_S}\sin\varphi\cos\varphi$	$\gamma=\frac{V_S}{C_S}\cos^2\varphi$	$\frac{1}{\rho}=\frac{a_S}{C_S{}^2}\cos^3\varphi$
		$\varepsilon_{max}=\frac{V_S}{2C_S}(\varphi=45°)$	$\gamma_{max}=\frac{V_S}{C_S}(\varphi=0°)$	$\frac{1}{\rho_{max}}=\frac{a_S}{C_S{}^2}(\varphi=0°)$
R 波	压缩分量	$\varepsilon=\frac{V_R}{C_R}\cos^2\varphi$	$\gamma=\frac{V_R}{C_R}\sin\varphi\cos\varphi$	$\frac{1}{\rho}=\frac{a_R}{C_R{}^2}\sin\varphi\cos^2\varphi$
		$\varepsilon=\frac{V_R}{C_R}(\varphi=0°)$	$\gamma_{max}=\frac{V_R}{2C_R}(\varphi=45°)$	$\frac{1}{\rho}=0.385\frac{a_R}{C_R{}^2}(\varphi=35.27°)$
	剪切分量		$\gamma=\frac{V_R}{2C_R}\cos\varphi$	$\frac{1}{\rho}=\frac{a_R}{2C_R}\cos^2\varphi$
			$\gamma_{max}=\frac{V_R}{C_R}(\varphi=0°)$	$\frac{1}{\rho_{max}}=\frac{a_R}{C_R{}^2}(\varphi=0°)$

注：ε_{max}、γ_{max}、$\frac{1}{\rho}$——轴向应变、剪应变以及轴线弯曲曲率的最大值；V_P、V_S、V_R——P 波、S 波、R 波的波场中质点速度峰值；C_P、C_S、C_R——P 波、S 波、R 波的波速；a_P、a_S、a_R——P 波、S 波、R 波的波场中质点加速度峰值。

5.4.1.2　考虑土-结构相互作用

地下结构在地震中，随着周围地基一起运动，因此衬砌结构产生纵向拉压变形和挠曲变形，受力分析时可将衬砌视为四周都受土层约束的空心截面长梁，沿长梁纵向施加静态强迫位移，然后按弹性地基梁理论计算(下面以纵向拉压变形为例进行阐述)。

① 当定沿长梁纵向的强迫位移为波长为 L 的正弦波，沿入射角 45°时，地下结构纵向的抗压变形 X_i 最大，如式(5.22)所示。

$$X_i=\alpha_1 u_c \tag{5.22}$$

式中　α_1——土层纵向变形传递系数，计算如式(5.23)所示；

u_c——微段相连弹簧固定端受到的强迫位移。

$$\alpha_1=\frac{1}{1+\left(\frac{2\pi}{\sqrt{\frac{K_1}{EA}}L'}\right)^2} \tag{5.23}$$

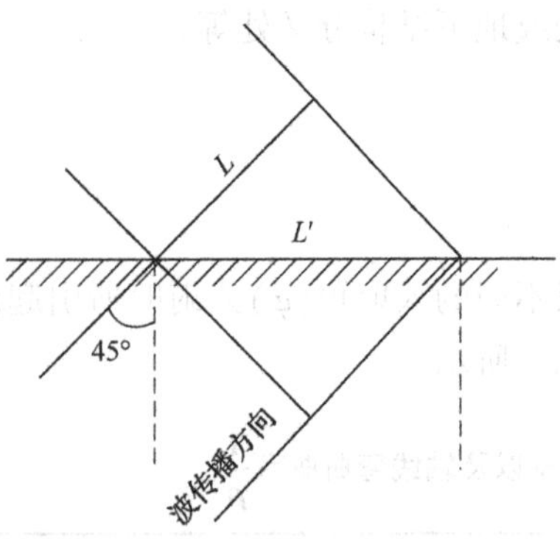

图 5.31　视波长 L'示意图

式中　EA——地下结构衬砌的纵向刚度；

L'——视波长，$L'=\sqrt{2}=L$，如图 5.31 所示；

K_1——土层的纵向弹性抗力系数，计算如式(5.24)所示。

$$K_1=DK_n \tag{5.24}$$

式中　D——衬砌结构的直径或宽度；

K_n——沿地下结构纵向单位长度地基弹簧刚度。

此时的地下结构轴向的最大轴力 N_{max} 计算如式(5.25)所示。

$$N_{max}=2\pi X_i EA/L \tag{5.25}$$

② 按同样方法推导，当波长为 L 的正弦波沿与地下结构纵向夹角 0°时，地下结构纵向的水平弯曲变形 Y_i最大，计算如式(5.26)所示。

$$Y_i=\alpha_2 u_c \tag{5.26}$$

式中　α_2——土层弯曲变形传递系数，计算如式(5.27)所示；

u_c——微段相连弹簧固定端受到的强迫位移。

$$\alpha_2=\frac{1}{1+\left(\frac{2\pi}{\sqrt{\frac{K_2}{4EI_2}}}L\right)^4} \tag{5.27}$$

式中　K_2——土层横向弹性抗力系数，计算如式(5.28)所示；

EI_2——地下结构衬砌的纵向弯曲刚度；

L——波长。

$$K_2=DK_t \tag{5.28}$$

式中　K_t——沿地下结构横向单位长度地基弹簧刚度；

D——衬砌结构的直径或宽度。

此时隧道纵向弯矩最大轴值 M_{max} 计算如式(5.29)所示。

$$M_{max}=4\pi^2\gamma_i EA/L^2 \tag{5.29}$$

所以地下结构衬砌的纵向拉压应力 σ_L、纵向弯曲应力 σ_B 和合成应力 σ_X 的计算如式(5.30)~式(5.32)所示。

$$\sigma_L=\frac{2\pi X_i}{L}E \tag{5.30}$$

$$\sigma_B=\frac{2\pi DY_i}{L^2}E \tag{5.31}$$

$$\sigma_X=\sqrt{\gamma\sigma_L^2+\sigma_B^2} \tag{5.32}$$

式中　X_i——地下结构纵向的抗压变形；

Y_i——地下结构纵向的水平弯曲变形；

E——地下结构衬砌材料的弹性模量；

D——衬砌结构的直径或宽度；

L——波长；

γ——考虑不同波动成分的组合系数。

5.4.2 纵向多质点-弹簧方法

多质点-弹簧方法假定基岩上的地层做剪切振动，地层分成多个垂直于隧道轴线的条块，如图 5.32 所示，每个条块用等效质量-弹簧系统表示。

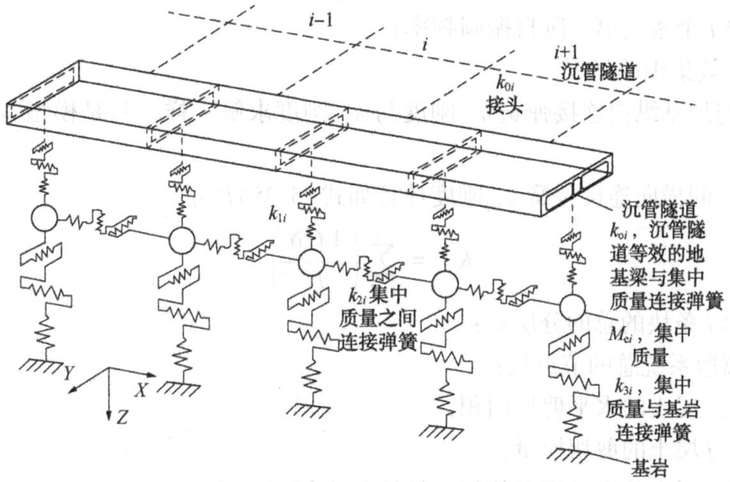

图 5.32 多质点-弹簧方法示意

注：k_{0i}、k_{1i}、k_{2i}、k_{3i}——弹簧位置；X、Y、Z——纵向、横向、竖向；

$i-1$、i、$i+1$——地层条块数；M_{ei}——等效集中质量

地基的振动特性并不受沉管隧道存在的影响，仅考虑剪切振动这一基本模型；不考虑隧道本身的惯性力；隧道是放在弹性基础上的一根梁。

地层切割为若干条块，第 i 条块质量用等效集中质量 M_{ei}表示；集中质量通过弹簧 k_{3i}跟基岩连接；集中质量之间用弹簧 k_{2i}连接；沉管隧道等效的地基梁与集中质量之间通过弹簧 k_{1i}连接；沉管隧道接头间用弹簧 k_{0i}连接。但隧道纵向一般不考虑竖向振动影响，竖向振动有关的参数可以不考虑，比如竖向弹簧刚度可取为无穷大。

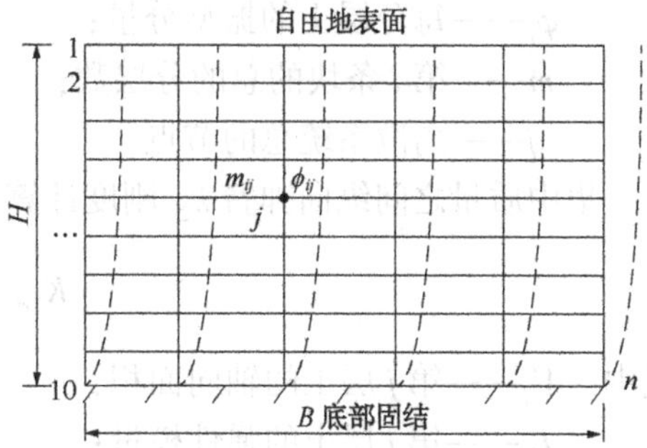

图 5.33 第 i 个条块的二维有限元模型

等效集中质量 M_{ei} 可从地层单元 i 的基本振动模型的等价质量得到，一般可采用平面应变模型得到第一阶振型和频率，如图 5.33 所示。

模型厚度 H 为土层总厚度，模型宽度 B 取较大值，一般取 $5H$ 即可；等效质量 M_{ei}计算如式(5.33)所示。

$$M_{ei}=\frac{l_i\left(\sum_{j=1}^{n}m_{ij}\phi_{ij}\right)^2}{\sum_{j=1}^{n}m_{ij}\phi_{ij}^2} \tag{5.33}$$

式中　l_i——第 i 条块纵向长度；

n、j——离散系统总的节点数；

ϕ_{ij}——第 j 节点的振型分量；

m_{ij}——第 j 节点的集中质量。

集中质量与地基横向连接弹簧 k_{3yi} 刚度计算如式(5.34)所示

$$k_{3yi}=M_{ei}\omega_i^2 \tag{5.34}$$

式中　ω——第 i 个条块第一阶自振圆频率；

M_{ei}——等效集中质量。

集中质量与地基纵向连接弹簧 k_{3xi} 刚度与 k_{3yi} 刚度求解一样，只是模型宽度 B 取条块纵向长度。

集中质量之间横向连接弹簧 k_{2yi} 刚度计算如式(5.35)所示。

$$K_{2yi}=\sum_{j=1}^{m}\left(\frac{A_jG_j\delta_j}{l_{ij}}\right) \tag{5.35}$$

式中　m——第 i 条块的总的分层数；

j——离散系统总的节点数；

A_j——第 j 层土的水平剪切面积；

G_j——第 j 层土的剪切模量；

δ_j——第 j 层土的水平横向位移，计算如式(5.36)所示；

l_{ij}——第 j 层土的纵向长度。

$$\delta_j=\frac{\sum_{j=1}^{m}m_j}{\sum_{j=1}^{m}m_j\varphi_j}\times\varphi_j \tag{5.36}$$

式中　m_j——每分层土的集中质量；

φ_j——每分层土的振型分量；

m——第 i 条块的总的分层数；

j——离散系统总的节点。

集中质量之间纵向弹簧 k_{2xi} 刚度计算如式(5.37)所示。

$$K_{2xi}=\sum_{j=1}^{m}\left(\frac{A'_jE_j\delta'_j}{l_{ij}}\right) \tag{5.37}$$

式中　A'_j——第 j 层土的轴向面积；

E_j——第 j 层土的弹性模量；

δ'_j——第 j 层土的纵向位移；

m——第 i 条块的总的分层数；

j——离散系统总的节点数；

l_{ij}——第 j 层土的纵向长度。

沉管隧道等效的地基梁与集中质量之间的弹簧 k_{1i} 即土-结构之间的相互作用弹簧，可按纵向反应位移法中的方法确定。

5.4.3 纵向反应位移法

考虑土-结构相互作用的解析方法要求地层是均匀单一土层，且地下结构只能按等效刚度的均匀梁模型，并且假定地震动为简谐波；多质点-弹簧方法可以考虑不均匀土层，且可考虑实际地震动，但模型参数的确定较复杂。因此，以考虑土-结构相互作用的解析方法为基础，给出了用有限元方法求解的纵向反应位移法，将结构周围土体作为支撑结构的地基弹簧，结构采用梁单元进行建模，接头采用弹簧模拟。土层强迫位移施加于地基弹簧的非结构连接端，如图5.34(a)所示。地基弹簧刚度可按静力有限元方法计算，如图5.34(b)(c)所示，根据土层一维地震反应分析，求出与地震动最大应变幅度相应的土层参数，对土层建立有限元模型，在模型的结构部位分别沿隧道纵向和横向施加均布荷载，由静力法算出结构位置的平均变形，从而求得基床系数 K($K=\dfrac{q}{\delta}$)(包括纵向基床系数和横向基床系数)；也可以在计算模型结构处施加单位强制位移，然后根据反力求出基床系数。

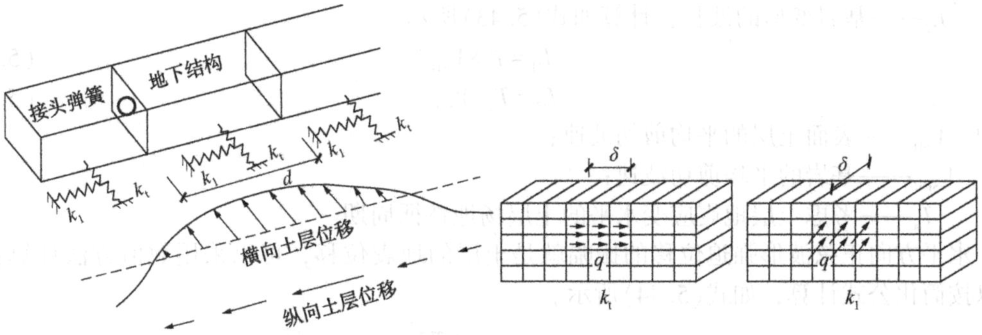

(a)计算模型　(b)计算基床系数分布一　(c)计算基床系数分布二

图5.34　纵向反应位移法

注：k_1——沿地下结构纵向侧壁剪切地基弹簧刚度；k_t——沿地下结构纵向侧壁拉压地基弹簧刚度；q——均布荷载；δ——结构位置的平均变形；k_t——纵向基床系数；k_1——横向基床系数

沿地下结构纵向侧壁拉压地基弹簧刚度 k_t，沿地下结构纵向侧壁剪切地基弹簧刚度 k_1 计算如式(5.38)和式(5.39)所示。

$$k_t=kDd \tag{5.38}$$

$$k_1=\frac{1}{1}k_t \tag{5.39}$$

式中　d——地下结构集中弹簧间距；

D——隧道横向宽度或直径。

根据修正的横向反应位移法的思路，纵向反应位移法也可建立土-结构有限元模型(与三维时间历程方法相同，但底部和侧边界固定)，避免地基弹簧的刚度的求解；在挖去地下结构的地层有限元模型上，在地下结构和地层交界面施加地层变形，得到此处节点的反力，作为等效荷载；然后再将等效荷载施加在包括地下结构的土-结构有限元模型上。

关于沿地下结构纵向轴线处施加的强迫位移，施加横向水平强迫位移时，接头可采用弯曲非线性弹簧；施加纵向强迫位移时，接头可采用非对称拉压非线性弹簧。

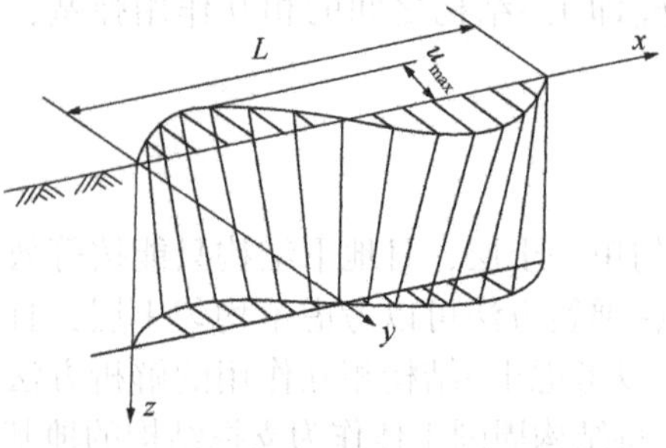

图 5.35　土层位移沿水平和深度变化

注：x、y、z——横向、纵向、竖向；

L——土层变形的波长；

u_{max}——地表面水平位移幅度

如果施加的强迫位移假定为正弦波，如图 5.35所示，相关计算如式(5.40)所示。

$$u(x,\ z)=u_{max}(z)\times\sin\frac{2\pi}{L} \tag{5.40}$$

式中　$u(x,\ z)$——坐标$(x,\ z)$处地震时的土层水平位移；

$u_{max}(z)$——地震时深度 z 处土层的水平峰值位移；

L——土层变形的波长，即强迫位移的波长，计算如式(5.41)所示；

x——土层变形。

$$L=\frac{2L_1L_2}{L_1+L_2} \tag{5.41}$$

式中　L_1——表面土层变形的波长，计算如式(5.42)所示；

L_2——基岩变形的波长，计算如式(5.43)所示。

$$L_1=T_s\times V_{SD} \tag{5.42}$$

$$L_2=T_s\times V_{SDB} \tag{5.43}$$

式中　V_{SD}——表面土层的平均剪切波速；

V_{SDB}——基岩的平均剪切波速；

T_s——考虑土层地震应变水平的土层场地特征周期。

水平方向正弦波形强迫位移的振幅就是土层的地震位移，可以采用数值方法计算；也可以按简化公式计算，如式(5.44)所示。

$$u_c=u_{max}\cos\left(\frac{\pi z}{2H}\right) \tag{5.44}$$

式中　u_c——地下结构纵向轴线处的土层位移；

u_{max}——地表面水平位移幅度；

H——地震作用面的埋深；

z——地下结构轴线至地表面的距离。

依据《城市轨道交通结构抗震设计规范》(GB 50909—2014)，场地深度 50m 处的水平位移幅度取值为地表面水平位移幅度的 1/2，场地水平位移幅度随土层深度增加而线性减小，但考虑最大减小值为地表面水平位移幅度的 1/2，场地深度超过 50m 处的水平位移幅度均取为地表面水平位移幅度的 1/2。

强迫位移的波长还可按两种方法确定：取地表层厚度的 4 倍；取地震波传播速度与周期的乘积。竖直面的位移幅值约为水平方向的 1/3～1/2。

5.5　断层效应

5.5.1　断层及其效应

按断层上、下盘相对运动的方向，将断层分为正断层、逆断层和平推断层，如图 5.36

所示。由于区间隧道的长线性及功能性要求，使得区间隧道穿越断层现象越来越多。断层的活动会对地下结构产生严重影响，断层对隧道的影响有两方面：断层错动破坏和断层带破碎岩体在地震作用下的塌落、松动和涌水问题。其中，震害实例表明，断层错动危害最大。

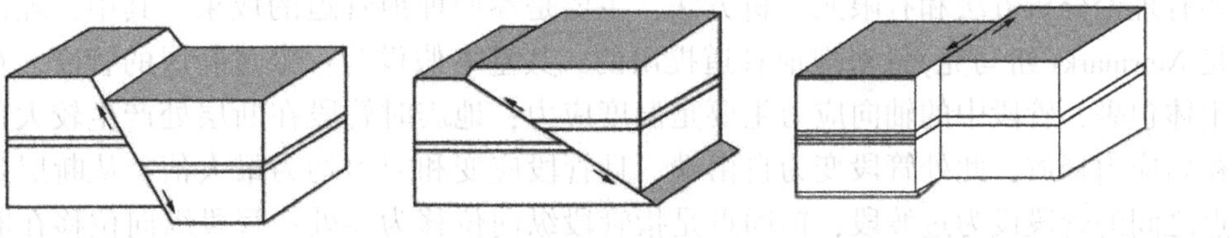

图 5.36　断层分类

1978 年日本伊豆大岛地震中，906m 长的单线稻取隧道因穿越大峰山断层而发生严重破坏，隧道中部产生约 0.5m 的隆起，在断层错动处隧道横向变形受到的影响最大，最大水平位移达 0.7m，混凝土衬砌剥落变形，仰拱出现严重裂缝并被掀起，钢筋被拉断。1995 年日本阪神地震，穿越多条断层的六甲隧道破坏严重，拱肩衬砌出现多条裂缝，洞口开裂破损，如图 5.37 所示。1999 年我国台湾集集地震，此次地震是由车笼埔断层发生逆冲作用造成，在地表产生的破裂长度达到 80km，震后对 57 座隧道进行调查，发现有 86%的隧道出现了混凝土剥落及钢筋弯曲等不同程度的破损。

由于城市轨道交通结构的功能性和城市用地的紧张，使得区间隧道不可避免穿过断层，这就要考虑断层的效应。

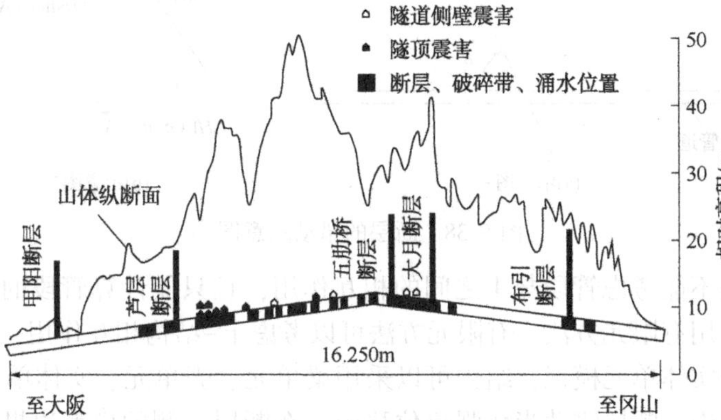

图 5.37　六甲隧道震害分布

5.5.2　断层效应的计算方法

断层的错动包括非地震时的缓慢错动和地震时的突发错动，这些错动都会引起隧道的变形和内力。另外，近断层地震动跟远场地震动存在较大差异，例如近断层地震动具有长周期速度大脉冲、破裂的方向性效应、强地震的集中性、上盘效应、地表破裂和永久位移等。这些特点使得断层效应的计算有别于一般的抗震计算，断层效应包括错动以及地震的动力效应，实现方法无非是错动和动力效应是否同时考虑。断层的地震的动力效应计算一般需要采用动力时程法，其和普通场地的动力时程法基本相同，区别有两点：一是模型中要考虑断层破碎带；二是地震动输入要采用近断层地震动。因此，下面主要讨论错动的计算。

5.5.2.1　分开考虑时错动的计算

先计算断层错动，然后在此基础上计算地震的动力效应。断层错动效应的计算方法主要有理论分析方法和有限元分析方法，主要是参照埋地管道的成果。其中，理论分析方法是 Newmark(纽马克)针对埋地管道提出的。其基本假设为：穿过断层的管段，在地震前被土体包裹，管段中的轴向应力主要是温度应力；地震时管段在断层处产生较大位移，管段初始应力释放，此处管段变为自由端，且管段应变和应力均为最大值；从断层到两侧锚固点之间的管段设为过渡段，锚固点是指管段纵向位移为零处；管段纵向位移在断层处取最大值，在锚固点取零；忽略断层的宽度，断层运动近似为两个平面的错动。设断层的错动如图 5.38 所示，管段与断层夹角为 β，断层的水平错动总位移为 ΔH，其平行管段分量为 ΔX，垂直管段分量为 ΔY，则过渡段管段总的平均轴向应变 ε 计算如式(5.45)所示。

$$\varepsilon=\frac{\Delta X}{2L_{\mathrm{A}}}+\frac{1}{2}\left(\frac{\Delta Y}{2L_{\mathrm{A}}}\right) \tag{5.45}$$

式中　L_{A}——断层一侧过渡段的管长。

由断层错动引起的管段的长度变化 ΔL 计算如式(5.46)所示。

$$\Delta L=\varepsilon\times 2L_{\mathrm{A}}=\Delta X+\frac{\Delta Y^2}{4L_{\mathrm{A}}} \tag{5.46}$$

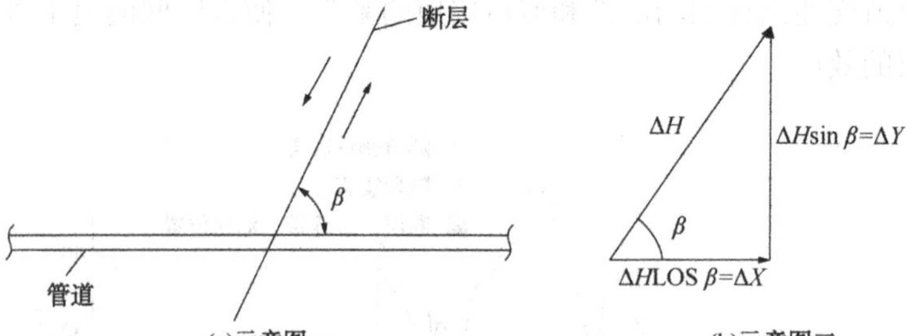

(a)示意图一　　(b)示意图二

图 5.38　断层的错动示意图

理论分析方法不能考虑管段与土之间的相互作用，且只能计算管段的轴向变形。需要详细考虑时，需采用有限元方法。有限元方法可以考虑土-结构相互作用，土体可以考虑为弹簧，也可以采用实体单元模拟；结构可以采用梁单元、壳单元、实体单元等，如图 5.39 所示。有限元方法中，断层错动当作强迫位移施加在断层一侧的模型边界上。土体采用弹簧模拟时，其中三个方向土弹簧即沿结构轴向、水平、竖向。埋地管道规范有土弹簧刚度计算公式，但隧道的土弹簧建议采用前几节的土弹簧计算方法。等效非线性弹簧是为了考虑管段没有取到锚固点而截断的效应。采用三维实体单元时，上边界为地表自由边界，底边界固结，在主动盘底边界施加断层错动，在被动盘底边界竖向约束；左右侧面水平约束；前后边界固定。

假定断层错动只沿一个方向进行，不考虑往复错动和错动速率等因素的影响，将断层错动逐步施加，求得地下结构的反应。

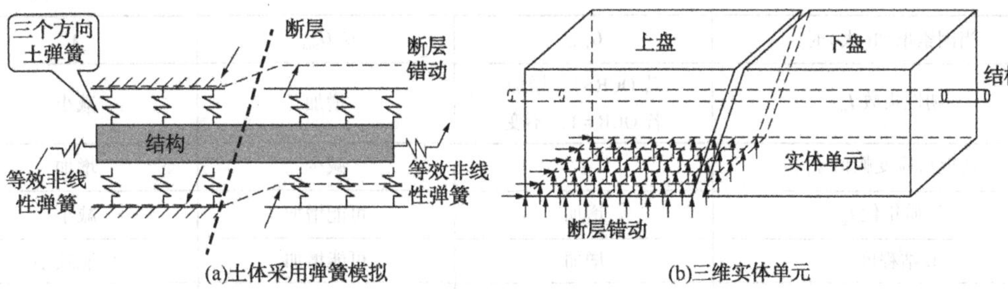

图 5.39　有限元方法示意

5.5.2.2　同时考虑时错动的计算

关键问题是错动在时程计算中如何考虑，如果认为错动在计算过程中匀速变形，就是把错动等效为一个速度时程，施加在上、下两个盘上，例如如果时程计算时间是40s，断层错动是30cm，则施加在上、下两个盘上的速度时程的值为0.00375m/s。

5.6　重力的影响

5.6.1　重力对土体性质的影响

土体的围岩压力主要受自重影响，深度大则围岩压力大；岩石围岩压力除了受自重影响外，还受地质构造运动影响，比较复杂，数值一般也比较大。

岩石的力学特性受围岩压力的影响：一般认为围岩压力的增大有助于岩石内部裂隙及孔隙的闭合，增大岩石刚度；围岩压力对均质致密岩样的弹性模量没有影响；弹性模量随围岩压力的增大而增大，但增大趋势逐步变缓，弹性模量有一个极限值。

土体的力学特性受围岩压力的影响：在自重荷载和附加荷载下，土体表现为压硬性和剪胀性；采用黏弹性或等效线性等的本构关系时，一般会有最大剪切模量 G_{max}(或初始剪切模量 G_0)、阻尼比 λ 等，对于剪切模量 G_0 和阻尼比 λ，围岩压力对其有显著影响。有关上海深厚场地的地震反应分析表明：在设防烈度地震作用时，围岩压力的影响很小，可不予考虑(上海市设防烈度为7度)；但在大震作用时，围岩压力对地表傅里叶幅值谱和反应谱有较明显的影响，宜考虑围岩压力影响。

对于剪切模量比(G/G_{max})、阻尼比随剪应变的经验曲线，其影响因素是很多的，具体如表5.8所示。

表 5.8　影响因素及影响程度

当因素增加(大)时	G_{max}	G/G_{max}	λ
初始有效固结应力 σ_c' 或上覆压力 σ_v'	增加	不变或增加不大	不变或减小
孔隙比 e	减小	增加或不变	减小或不变
相对密度 D_r	增加	减小或不变	增加或不变
超固结比 OCR	增加	没影响	没影响

续表

当因素增加(大)时	G_{max}	G/G_{max}	λ
朔性指数 I_p	若 OCR>1，增加 若 OCR=1，不变	增加	减小
往返剪应变幅值 γ_a	—	减少	增加
地质年代 t_g	增加	可能增加	减小
胶结程度 c	增加	可能增加	可能减小
应变率 γ	增加	可能没影响	可能增加
荷载往返作用次数(饱和土)	减小，但可逐步恢复	减小	不明显

根据 Mashing 法则构造的 Davidenkov 模型的剪切模量比(G/G_{max})数学表达如式(5.47)所示。

$$G/G_{max}=1-\left\{\frac{(\gamma/\gamma_0)^{2B}}{1+(\gamma/\gamma_0)^{2B}}\right\}^A \tag{5.47}$$

式中 A、B、γ_0——与土体性质有关的拟合参数，γ_0是需要随深度修正的，A、B受深度的影响较小。

因此，重力因素主要通过围岩压力的形式影响土体的性质。最大剪切模量受围岩压力影响较大，围岩压力越大，剪切模量增加。剪切模量比，随围岩压力增加不变或增加不大，其中砂土受到的影响较小，黏土较大。阻尼比随围岩压力增加，不变或减小。

5.6.2 重力对地震反应影响的计算方法

5.6.2.1 重力与地震相互影响

地下结构的地震反应主要受土体变形影响，而土体受到的自重和地震作用都会影响土体的变形，因此实际中，重力和地震对地下结构的影响是不能分开来考虑的，自重和地震是相互影响的。重力产生正应变，如图 5.40(a)所示；垂直输入剪切波产生剪应变，如图 5.40(b)所示。对于三维和二维问题，为便于分析，经常采用一些特殊的应力，例如采用八面体应力和应变。

在三维坐标系中，八面体正应变 ε 计算如式(5.48)所示。

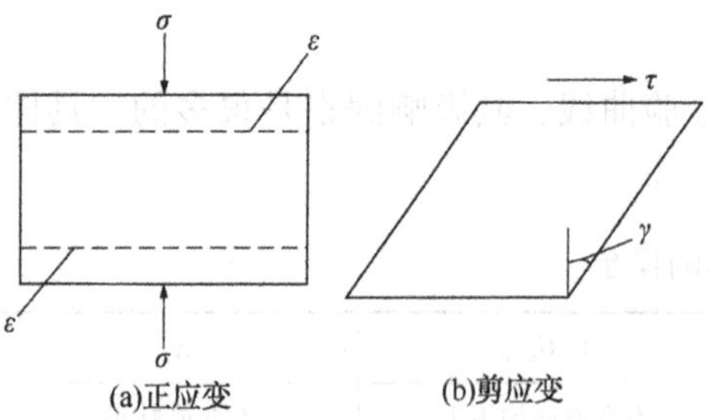

图 5.40　应变图

注：σ——正应力；τ——剪应力；ε——正应变；γ——剪应变

$$\varepsilon=\frac{1}{3}(\varepsilon_x+\varepsilon_y+\varepsilon_z) \tag{5.48}$$

式中 ε_x、ε_y、ε_z——沿 x、y、z 方向的正应变。

八面体剪应变 γ 计算如式(5.49)所示。

$$\gamma=\frac{2}{3}\sqrt{(\varepsilon_x-\varepsilon_y)^2+(\varepsilon_y-\varepsilon_z)^2+(\varepsilon_z-\varepsilon_x)^2+6\gamma_{xy}^2+6\gamma_{yz}^2+6\gamma_{zx}^2} \tag{5.49}$$

式中 ε_x、ε_y、ε_z——沿 x、y、z 方向的正应变；

γ_{xy}——沿 x、y 方向的剪应变；

γ_{yz}——沿 y、z 方向的剪应变；

γ_{zx}——沿 z、x 方向的剪应变。

对于平面应变问题，式(5.49)可以简化为式(5.50)。

$$\gamma=\frac{2}{3}\sqrt{(\varepsilon_x-\varepsilon_y)^2+\varepsilon_y^2+\varepsilon_x^2+6\gamma_{xy}^2} \tag{5.50}$$

可以看出，剪应变和正应变有关，并且对于非线性问题，地震会改变土体刚度，进而会影响自重的正应变。

5.6.2.2　初始应力的处理

土体在自重作用下的固结变形在历史上已经完成，这个变形称为先期固结变形。因为固结完成前的土体尺寸是不知道的，因此有限元计算中模型尺寸是根据实际土体的尺寸而定的，如果直接在这个模型上施加重力，将产生一个附加的固结变形，特别是对于深厚土层，这个附加变形将很大，从而将改变模型的几何尺寸，不利于后续的分析，甚至导致不合理的计算结果。

因此，模型中需要施加初始地应力，在实际工程中，由于测试条件、工程投资等方面的限制，只能对为数不多的点进行应力测量，因此常常通过分析计算得到地应力。分析方法有多种，如侧压力系数法、应力函数法、试算法、反分析法等。

如果不考虑构造地应力的影响，土体内的应力场和自重应力场处于相互平衡状态。自重应力场常利用数值计算得到。假定弹性材料体内存在初始正应力 σ_0或初始正应变 ε_0，则施加外荷载后的总正应力如式(5.51)所示。

$$\boldsymbol{\sigma}=\begin{cases}\boldsymbol{D}\varepsilon+\varepsilon_0\\ \boldsymbol{D}\varepsilon+\boldsymbol{D}\varepsilon_0=\boldsymbol{D}(\varepsilon+\varepsilon_0)\end{cases} \tag{5.51}$$

式中　$\boldsymbol{\sigma}$——总应力列向量；

$\boldsymbol{D}$——弹性本构矩阵；

ε——加载产生的正应变。

可以用虚位移原理推导平面问题的单元节点力与单元应力的关系，如式(5.52)所示。

$$\boldsymbol{p}^e=\begin{cases}\boldsymbol{K}^e\boldsymbol{\delta}^e+\iint_e \boldsymbol{B}^T\sigma_0\mathrm{d}x\mathrm{d}y\\ (\boldsymbol{K}^e+\overline{\boldsymbol{K}^e})\delta^e\end{cases} \tag{5.52}$$

式中　$\boldsymbol{K}^e$——单元刚度矩阵；

$\boldsymbol{p}^e$——单元内力的等效节点力向量；

$\boldsymbol{\delta}^e$——单元节点位移向量；

$\boldsymbol{B}^T$——应变转换矩阵；

$\overline{\boldsymbol{K}^e}$——与初始应力有关的刚度矩阵；

x、y——位移。

第6章　城市轨道交通结构抗震性能验算

6.1　混凝土构件抗震性能验算(钢筋、型钢、钢管、墙式)

6.1.1　钢筋混凝土柱式构件抗震性能验算

6.1.1.1　抗剪能力

混凝土构件的抗剪能力 V_{cd} 一般表达如式(6.1)所示。

$$V_{cd}=V_c+V_s \tag{6.1}$$

式中　V_c——混凝土对抗剪能力的贡献；

V_s——钢筋对抗剪能力的贡献。

混凝土对抗剪能力的贡献 V_c 一般表达如式(6.2)所示。

$$V_c=v_c \times A_e=v_c \times 0.8A_g \tag{6.2}$$

式中　A_g——构件横截面的毛截面积，m^2；

A_e——构件横截面的等效截面积，m^2；

v_c——横截面单位面积混凝土提供的抗剪能力，kPa，计算如式(6.3)所示。

$$v_c=\begin{cases}1000\times c_1 c_2\sqrt{f'_c}\leqslant 330\sqrt{f'_c}\text{，塑性铰区内}\\250\times c_2\sqrt{f'_c}\leqslant 330\sqrt{f'_c}\text{，塑性铰区外}\end{cases} \tag{6.3}$$

式中　c_1——系数，$0.025\leqslant c_1\leqslant 0.25$，计算如式(6.4)所示；

c_2——轴向压力对抗剪能力的贡献，计算如式(6.5)所示；

f'_c——混凝土抗压强度标准值，kPa。

$$c_1=\begin{cases}\dfrac{\rho_s f_{yh}}{12.5}+0.305-0.083\mu_d\text{，圆形断面}\\\dfrac{2\rho_w f_{sd}}{12.5}+0.305-0.083\mu_d\text{，矩形断面}\end{cases} \tag{6.4}$$

$$c_2=\begin{cases}1+\dfrac{P_c}{13.8A_g}\text{，}P_c>0\\0\text{，}P_c\leqslant 0\end{cases} \tag{6.5}$$

式中　ρ_s——螺旋或环形箍筋体积配箍率，计算如式(6.6)所示；

f_{sd}、f_{yh}——箍筋的抗拉强度设计值；

μ_d——需求延性系数；

ρ_w——矩形箍筋在计算方向的体积配箍率，计算如式(6.7)所示；

P_c——轴压力。

$$\rho_s=\frac{4A_{sp}}{sD'} \tag{6.6}$$

式中　A_{sp}——螺旋或环形箍筋的横截面积，m²

s——螺旋或环形箍筋的横截面积，m²；

D'——自箍筋环中心线量取的箍筋环直径，m。

$$\rho_w = \frac{A_v}{bs} \tag{6.7}$$

式中　A_v——计算方向箍筋的总截面积，m²，计算如式(6.8)所示；

b——矩形构件截面宽度，m；

s——箍筋间距，mm。

$$A_v = n \times A_{sp} \tag{6.8}$$

式中　n——计算方向箍筋的总数量；

A_{sp}——螺旋或环形箍筋的横截面积，m²。

在塑性铰区外($\mu_d = 1$)，对于常规的配箍率，$c_1 > 0.25$，取其上限值；当轴压为拉力时，轴向压力对抗剪能力的贡献c_2为0。出于保守考虑，当轴压力$P_c > 0$时，c_2取为1.0，则横截面单位面积混凝土提供的抗剪能力v_c计算如式(6.9)所示。

$$v_c = \begin{cases} 1000 \times c \times \sqrt{f'_c}，组合轴力为压 \\ 0，组合轴力为拉 \end{cases} \tag{6.9}$$

式中　c——混凝土抗剪能力系数，计算如式(6.10)所示；

f'_c——混凝土抗压强度标准值，kPa。

$$c = \begin{cases} \dfrac{\rho_s f_{yh}}{12.5} + 0.305 - 0.083\mu_\theta，圆形断面 \\ \dfrac{2\rho_w f_{sd}}{12.5} + 0.305 - 0.083\mu_\theta，矩形断面 \end{cases} \tag{6.10}$$

式中　ρ_s——螺旋或环形箍筋体积配箍率；

ρ_w——矩形箍筋在计算方向的体积配箍率；

f_{sd}、f_{yh}——箍筋的抗拉强度设计值；

μ_θ——转角延性系数，计算如式(6.11)所示。

$$\mu_\theta = \frac{\theta}{\theta_y} \tag{6.11}$$

式中　θ——构件的需求转角，rad；

θ_y——构件的屈服转角，rad，计算如式(6.12)所示。

$$\theta_y = \varphi_y \times L_p \times \left(1 - \frac{L_p}{2L}\right) \tag{6.12}$$

式中　L——塑性铰区构件端部截面至相邻构件反弯点之间的距离，m；

φ_y——塑性铰区屈服曲率；

L_p——塑性铰区长度，m。

抗剪螺旋或环形箍筋提供的剪切抗力V_s计算如式(6.13)所示。

$$V_s \begin{cases} \dfrac{\pi}{2}\left(\dfrac{nA_{sp} f_{yh} D'}{s}\right) \times 1000 \\ \dfrac{A_v f_{yh} d}{s} \times 1000 \end{cases} \tag{6.13}$$

式中　n——独立的箍筋环数量；

A_{sp}——螺旋或环形箍筋的横截面积；

f_{yh}——箍筋的抗拉强度设计值；

D'——自箍筋环中心线量取的箍筋环直径；

A_v——计算方向箍筋的总截面积；

d——矩形箍筋计算方向上截面有效剪切高度，为受压区边缘到受拉钢筋合力作用点的距离；

s——螺旋或环形箍筋的横截面积。

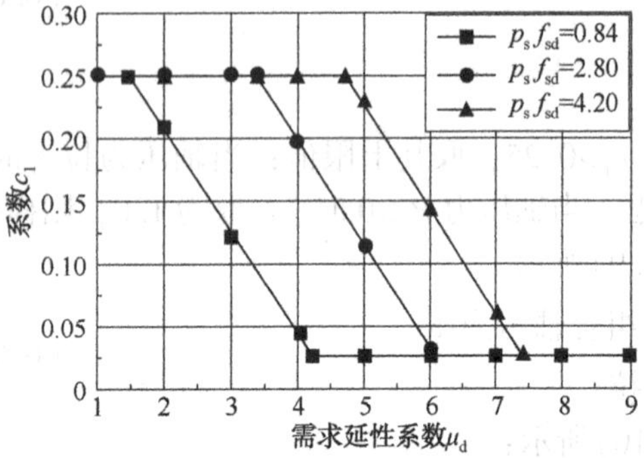

图 6.1　系数 c_1 与需求延性系数 μ_d 关系示例

为了进一步说明抗剪能力计算公式，假定城市轨道交通柱式构件定为二级以上框架，则加密区体积配箍率至少 0.6%，非加密区 0.3%，钢筋采用 HRB335 钢，强度设计值 280MPa，体积配箍率取 0.3%、1.0%和 1.5%，对应 $p_s f_{sd}$ = 0.84、2.80 和 4.20。系数 c_1 与需求延性系数 μ_d 之间关系如图 6.1 所示。

对非塑性铰区，将位移延性系数取 1.0，则系数 c 取上限这一要求可自动满足，且由于将局部转角延性系数直接在公式中代换位移延性系数，因而对构件非塑性铰区，将构件的需求转角延性系数取 1.0，已隐含了混凝土抗剪能力系数 c 取上限的要求。

上述非塑性铰区抗剪能力计算的方法，仅适用于与包含地震效应相关的计算中，对其他情况，应按照通用设计规范来计算构件的抗剪能力。

6.1.1.2　抗弯性能

理论上，对于悬臂构件，弯矩 M 是线性分布的，在构件屈服之前，曲率 φ 也是线性分布的。构件进入非线性状态后，M 仍然是线性分布，但 φ 则偏离线性分布，随着非线性程度的发展，φ 的分布偏离线性分布越远、越复杂。为了抓住非线性的主要特征，且便于抗震设计应用，广泛采用工程师熟悉的有限长度塑性铰概念。对于悬臂墩，假设非线性集中发生在墩底一个有限长度区域 l_p 内，而在 l_p 区域以外，构件保持线弹性。在塑性铰区域 l_p 内，可以对曲率的分布做多种假定，最简单的是假定在该区域内的塑性曲率为常数。

混凝土构件的广义力-位移关系可以采用多折线力-位移关系模型表达。对于悬臂构件可采用构件弯矩-转角关系的四折线模型化构件的弯曲性能，四个特征点分别为开裂点 C（弯曲裂缝点）、屈服点 Y（钢筋拉伸屈服点）、最大弯矩点 M（混凝土压缩应变为 0.0035 时的点）和设计极限点 N（峰值点后弯矩等于屈服点弯矩时的点），以考虑混凝土的开裂、钢筋屈服等材料的非线性特性及混凝土保护层的脱落、轴向钢材的压屈等损伤状态，如图 6.2 所示。损伤等级和分界点转角如表 6.1 所示。采用构件转角进行性能等级的划分和抗震验算如式(6.14)所示。

$$\frac{\gamma_i \times \theta}{\theta_d} \leqslant 1.0 \tag{6.14}$$

式中　γ_i——结构物系数；

θ——地震需求转角；

θ_d——构件损伤状态分界点的转角。

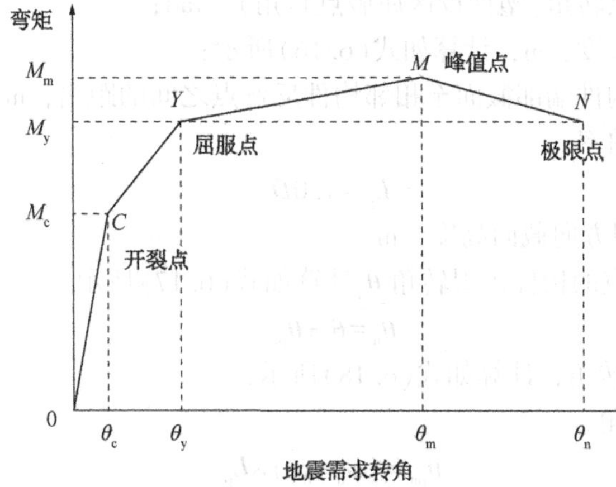

图 6.2　构件弯矩-转角关系的四折线模型

注：M_c、M_y、M_m——开裂点 C、屈服点 Y、最大弯矩点 M(设计极限点 N)的弯矩；

θ_c、θ_y、θ_m、θ_n——开裂点 C、屈服点 Y、最大弯矩点 M、设计极限点 N 的地震需求转角

表 6.1　损伤等级和分界点转角

损伤等级	符号	分界点转角	
		定义	说明
损伤状态 1	$\theta_{yd}=\theta_y/\gamma_b$	屈服转角	从开始到 Y 点的范围，其分界点转角，即屈服时设计构件角
损伤状态 2	$\theta_{md}=\theta_m/\gamma_b$	最大弯矩对应转角	Y 到 M 的范围，其分界点转角，即维持最大水平抵抗荷载最大位移时设计构件角
损伤状态 3	$\theta_{nd}=\theta_n/\gamma_b$	弯矩下降到屈服矩处的转角	M 到 N 的范围，其分界点转角，即构件接合部轴向钢筋拔出时设计构件端部角
损伤状态 4	$\theta_{ud}=\theta_u/\gamma_b$	极限转角	N 以后，其分界点转角，即为了限制轴向位移显著增大的限制转角 G_u，由设计者适当确定

注：θ_y、θ_m、θ_n、θ_u——分界点转角；γ_b——构件系数，一般取 1.0。

大多数主要抗震设计采用二折线理想弹塑性模型。等效弹性段应通过实际 M-θ 曲线上表示第一根钢筋屈服的点；在该屈服点之后，按两个阴影面积相等的原则确定等效屈服弯矩 M_y 和等效屈服曲率 φ_y。

实际的曲率分布十分复杂，若采用如图 6.3 所示的线性曲率分布假定，截面等效屈服点对应的构件塑性铰区转角可以由塑性铰区曲率沿塑性铰区长度积分得出，如式(6.15)所示。

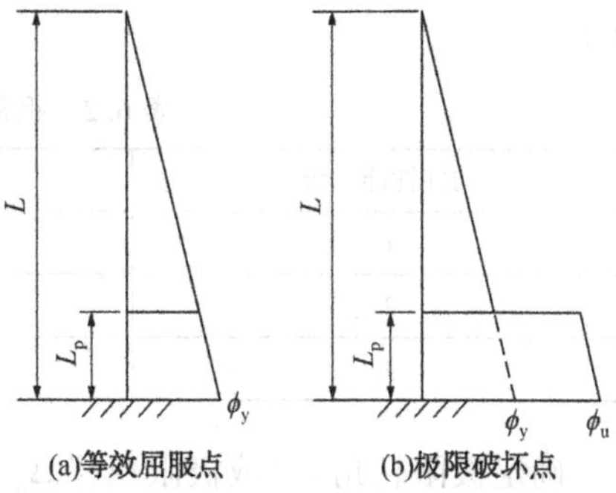

图 6.3　钢筋混凝土构件简化曲率分布

$$\theta_y=\left(1-\frac{L_p}{2L}\right)\times\varphi_y\times L_p \tag{6.15}$$

式中　θ_y——构件屈服点转角（塑性铰区屈服点转角），rad；
L_p——塑性铰区长度，m，计算如式（6.16）所示；
L——塑性铰区构件端部截面至相邻构件反弯点之间的距离，m；
φ_y——等效屈服曲率。

$$L_p=1.0D \tag{6.16}$$

式中　D——水平力作用方向截面高度，m。

截面极限变形点对应的构件极限转角 θ_u 计算如式（6.17）所示。

$$\theta_u=\theta_y+\theta_{pu} \tag{6.17}$$

式中　θ_{pu}——极限塑性转角，计算如式（6.18）所示；
θ_y——分界点转角。

$$\theta_{pu}=(\varphi_u-\varphi_y)\times L_p \tag{6.18}$$

式中　φ_u——极限曲率。

构件悬臂端极限位移 Δ_u 如式（6.19）所示。

$$\Delta_u=\Delta_y+(\varphi_u-\varphi_y)\times L_p\times\left(L-\frac{1}{2}2L_p\right)=\Delta_y+\left(L-\frac{1}{2}2L_p\right)\times\theta_{pu} \tag{6.19}$$

式中　Δ_y——钢筋混凝土桥墩屈服变形。

悬臂构件自由端位移延性系数 μ_Δ 如式所示（6.20）。

$$\mu_\Delta=1+\frac{\Delta_u-\Delta_y}{\Delta_y} \tag{6.20}$$

采用构件变形和塑性铰区局部转角描述构件延性时，对应同一性能等级，其构件安全系数 α 取值相同。以塑性铰区转角表达的延性系数界限值 μ_θ 如式（6.21）所示。

$$\mu_\theta=1+\alpha\frac{\theta_u-\theta_y}{\theta_y} \tag{6.21}$$

为保证构件具备足够的塑性变形冗余，设计中一般采用安全系数 K 对塑性铰区极限塑性转角作折减，塑性铰区设计转角 θ_d 如式（6.22）所示。

$$\theta_d=\theta_y+\alpha\frac{\theta_u-\theta_y}{K}=\theta_y+\alpha\frac{\theta_{pu}}{K} \tag{6.22}$$

对轴压比小于0.5且剪跨比为1.5以上的钢筋混凝土柱式构件，各系数的取值如表6.2所示。

表6.2　钢筋混凝土柱构件的性能等级系数

构件性能等级	α 限值	K
1	0	1.5
2	0.4	
3	0.6	

确定极限转角 θ_u（或极限位移 Δ_u 或极限曲率 φ_u）是一个关键问题。已经提出了多种确定的准则，如关键断面受压区混凝土边缘压应变达到极限值 ε_{cu} 时对应的位移，荷载位移曲

线下降到峰值荷载某一比例(如 0.85)时对应的位移等，比较常采用的是后者。

6.1.2　型钢混凝土柱式构件抗震验算

6.1.2.1　一般规定

型钢混凝土结构是指在型钢周围配置构造钢筋并浇筑混凝土的钢混凝土组合结构形式，在建筑结构和交通结构领域得到广泛应用。在我国，型钢混凝土结构主要应用于大跨度悬索桥和斜拉桥的桥塔、拱桥的拱圈等。

型钢混凝土柱内埋置的型钢，宜采用实腹式焊接型钢；对于型钢混凝土巨型柱，其型钢宜采用多个焊接型钢通过钢板连接成整体的实腹式焊接型钢，如图 6.4 所示。

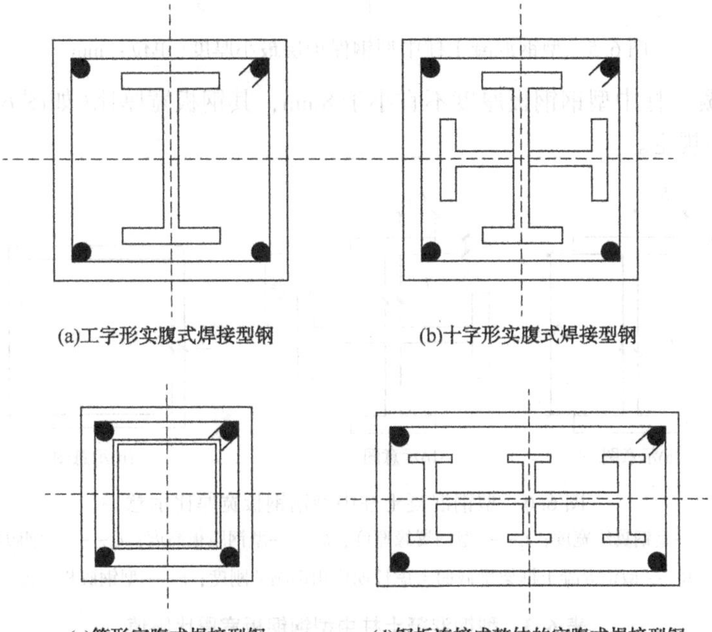

(a)工字形实腹式焊接型钢　(b)十字形实腹式焊接型钢

(c)箱形实腹式焊接型钢　(d)钢板连接成整体的实腹式焊接型钢

图 6.4　型钢混凝土柱的型钢截面配筋形式

《组合结构设计规范》(JGJ 138—2016)中对型钢混凝土框架柱和转换柱的一般规定如下。

① 型钢混凝土框架柱和转换柱受力型钢的含钢率不宜小于 4%，且不宜大于 15%。当含钢率大于 15%时，应增加箍筋、纵向钢筋的配筋量，并宜通过试验进行专门研究。

② 型钢混凝土框架柱和转换柱纵向受力钢筋的直径不宜小于 16mm，其全部纵向受力钢筋的总配筋率不宜小于 0.8%，每一侧的配筋百分率不宜小于 0.2%；纵向受力钢筋与型钢的最小净距不宜小于 30mm；柱内纵向钢筋的净距不宜小于 50mm 且不宜大于 250mm。纵向受力钢筋的最小锚固长度、搭接长度应符合现行国家标准《混凝土结构设计规范(2015 年版)》(GB 50010—2010)的规定。

③ 型钢混凝土框架柱和转换柱最外层纵向受力钢筋的混凝土保护层最小厚度应符合现行国家标准《混凝土结构设计规范(2015 年版)》(GB 50010—2010)的规定。型钢的混凝土保护层最小厚度(如图 6.5 所示)不宜小于 200mm。

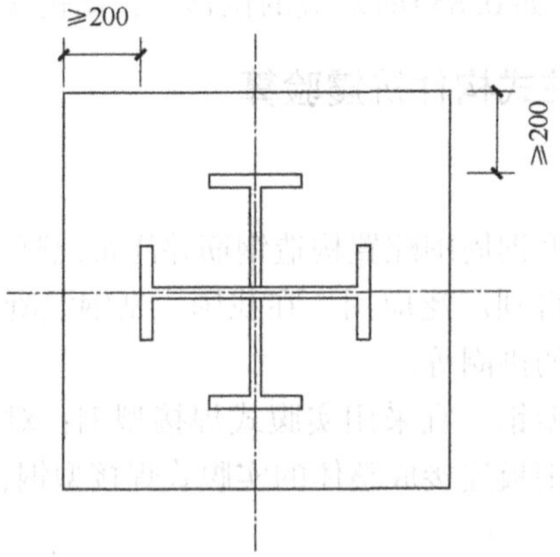

图 6.5　型钢混凝土柱中型钢保护层最小厚度(单位：mm)

④ 型钢混凝土柱中型钢钢板厚度不宜小于 8mm，其钢板宽厚比(如图 6.6 所示)应符合如表 6.3 所示的规定。

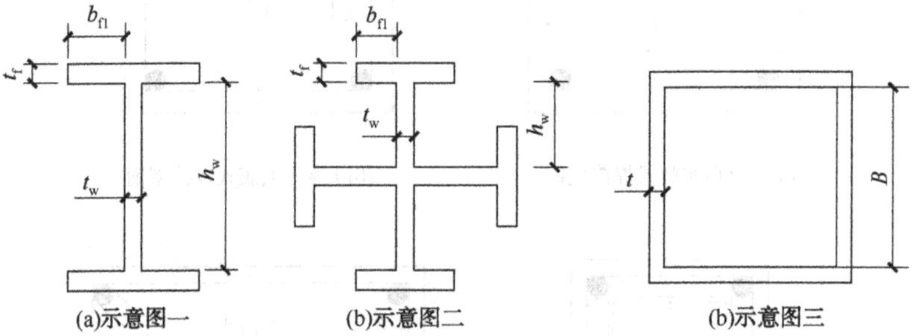

图 6.6　型钢混凝土柱中型钢钢板宽厚比示意

注：b_{f1}——型钢翼缘宽度；t_f——型钢翼缘厚度；h_w——型钢腹板高度；t_w——型钢腹板厚度；B——型钢混凝土框架梁截面考虑长期作用影响的刚度；t——型钢腹板厚度

表 6.3　型钢混凝土柱中型钢钢板宽厚比限值

钢号	柱		
	b_{f1}/t_f	h_w/t_w	B/t
Q235	≤23	≤96	≤72
Q345、Q345GJ	≤19	≤81	≤61
Q390	≤18	≤75	≤56
Q420	≤17	≤71	≤54

6.1.2.2　承载力计算

型钢混凝土轴心受压柱的正截面受压承载力(持久、短暂设计状况和地震设计状况)如式(6.23)和式(6.24)所示。

持久、短暂设计状况：$$N \leqslant 0.9\varphi(f_c A_c + f'_y A'_a + f'_a A'_a) \tag{6.23}$$

地震设计状况：$$N \leqslant \frac{1}{\gamma_{RE}}[0.9\varphi(f_c A_c + f'_y + A'_a + f'_a A'_a) \tag{6.24}$$

式中　N——轴向压力设计值；

A_c、A'_s、A'_a——混凝土、钢筋、型钢的截面面积；

f_c、f'_s、f'_s——混凝土、钢筋、型钢的抗压强度设计值；

φ——轴心受压柱稳定系数，取值如表 6.4 所示；

γ_{RE}——承载力抗震调整系数，取值如表 6.5 所示。

表 6.4　轴心受压柱稳定系数 φ

l_0/i	≤28	35	42	48	55	62	69	76	83	90	97	104
φ	1.00	0.98	0.95	0.92	0.87	0.81	0.75	0.70	0.65	0.60	0.56	0.52

注：l_0——构件的计算长度；i——截面的最小回转半径。

表 6.5　组合结构构件承载力抗震调整系数 γ_{RE}

构件类型	梁	柱、支撑				剪力墙	各类构件	
受力特性	受弯	偏压轴压比小于 0.15	偏压轴压比不小于 0.15	轴压	受拉、轴拉	偏压、偏拉	局压	受剪
γ_{RE}	0.75	0.75	0.8	0.8	0.85	0.85	1	0.85

型钢截面为充满型实腹型钢的型钢混凝土偏心受压框架柱和转换柱，其正截面受压承载力（持久、短暂设计状况和地震设计状况）如式(6.25)和式(6.26)所示。

持久、短暂设计状况：

$$\begin{cases} N \leqslant \alpha_1 f_c bx + f'_y A'_s + f'_a A'_{af} - \sigma_a A_{af} + N_{aw} \\ Ne \leqslant \alpha_1 f_c bx\left(h_0 - \dfrac{x}{2}\right) + f'_y A'_s(h_0 - a'_s) + f'_a A'_{af}(h_0 - a'_a) + M_{aw} \end{cases} \tag{6.25}$$

地震设计状况：

$$\begin{cases} N \leqslant \dfrac{1}{\gamma_{RE}}(\alpha_1 f_c bx + f'_y A'_s + f'_a A'_{af} - \sigma_s A_s - \sigma_a A_{af} + N_{aw}) \\ N \leqslant \dfrac{1}{\gamma_{RE}}\left[\alpha_1 f_c bx\left(h_0 - \dfrac{x}{2}\right) + f'_y A'_s(h_0 - a'_s) + f'_a A'_{af}(h_0 - a'_a) + M_{aw}\right] \end{cases} \tag{6.26}$$

式中　N——轴向压力设计值；

e——轴向力作用点至纵向受拉钢筋和型钢受拉翼缘的合力点之间的距离；

α_1——受压区混凝土压应力影响系数；

b——混凝土矩形截面宽度；

A_s、A'_s、A_{af}、A'_{af}——型钢受拉钢筋总截面的面积、型钢受拉钢筋总截面的面积、型钢受拉翼缘截面的面积、型钢受压翼缘截面的面积；

f_c、f'_y、f'_a——混凝土、钢筋、型钢的抗压强度设计值；

x——混凝土受压区高度；

h_0——截面有效高度，计算如式(6.27)所示；

a_a、a'_a——型钢翼缘合力点至截面受拉边缘的距离、型钢翼缘合力点至截面受压边缘的距离；

N_{aw}、M_{aw}——型钢腹板承受的轴向合力、型钢腹板承受的轴向合力对受拉或受压较小边型钢翼缘和纵向钢筋合力点的力矩；

σ_s、σ_a——正截面承载力计算中纵向钢筋的受拉应力、正截面承载力计算中型钢翼缘的受拉应力。

$$h_0=h-a \tag{6.27}$$

式中 a——型钢受拉翼缘与受拉钢筋合力点至截面受拉边缘的距离；

h——截面高度。

轴向力作用点至纵向受拉钢筋和型钢受拉翼缘的合力点之间的距离 e、初始偏心矩 e_i、轴向力对截面重心的偏心矩 e_0计算分别如式(6.28)~式(6.30)所示。

$$e=e_i+\frac{1}{2}-a \tag{6.28}$$

$$e_i=e_0+e_a \tag{6.29}$$

$$e_0=\frac{M}{N} \tag{6.30}$$

式中 a——型钢受拉翼缘与受拉钢筋合力点至截面受拉边缘的距离；

h——截面高度；

e_a——附加偏心矩；

M——柱端较大弯矩设计值，当需要考虑挠曲产生的二阶效应时，柱端弯矩 M 应按现行国家标准《混凝土结构设计规范(2015 年版)》(GB 50010—2010)的规定确定；

N——与弯矩设计值 M 相对应的轴向压力设计值。

当 $\delta_1 h_0$(型钢腹板上端至截面上边的距离)$<x/\beta_1$，$\delta_2 h_0$(型钢腹板下端至截面上边的距离)$>x/\beta_1$ 时，N_{aw}、M_{aw}计算如式(6.31)和式(6.32)所示。

$$N_{aw}=\left[\frac{2x}{\beta_1 h_0}-(\delta_1+\delta_2)\right]t_w h_0 f_a \tag{6.31}$$

$$M_{aw}=\left[0.5(\delta_1^2+\delta_2^2)-(\delta_1+\delta_2)+\frac{2x}{\beta_1 h_0}+\left(\frac{x}{\beta_1 h_0}\right)^2\right]t_w h_0^2 f_a \tag{6.32}$$

当 $\delta_1 h_0>x/\beta_1$，$\delta_2 h_0<x/\beta_1$时，N_{aw}、M_{aw}计算如式(6.33)和式(6.34)所示。

$$N_{aw}=(\delta_2-\delta_1)t_w h_0 f_a \tag{6.33}$$

$$M_{aw}=[0.5(\delta_1^2-\delta_2^2)+(\delta_2-\delta_1)]t_w h_0^2 f_a \tag{6.34}$$

式中 δ_1、δ_2——型钢腹板上端至截面上边的距离与 h_0的比值、型钢腹板下端至截面上边的距离与 h_0的比值；

β_1——受压区混凝土应力图形影响系数；

f_a——型钢抗拉强度设计值；

t_w——型钢腹板厚度。

当型钢混凝土框架柱和转换柱偏心受压时，斜截面抗剪承载力 V_c计算如式(6.35)所示。

$$V_c=\frac{1}{\gamma_{RE}}\left(\frac{1.05}{\lambda+1}f_t b h_0+f_{yv}\frac{A_{sv}}{s}h_0+0.58\frac{f_a t_w h_w}{\lambda}+0.056N\right) \tag{6.35}$$

式中 γ_{RE}——承载力抗震调整系数；

γ——框架柱的计算剪跨比，其值取上、下端较大弯矩设计值 M 与对应的剪力设计值 V 和柱截面有效高度 h_0的比值，即 M/Vh_0(当框架结构中框架柱的反弯点在柱层高范围内时，柱剪跨比也可采用 1/2 柱净高与柱截面有效高度 h_0的比值；当 $\gamma\leqslant1$ 时，取 $\gamma=1$，当 $\gamma>3$ 时，取 $\gamma=3$)；

f_t——混凝土轴心抗剪强度设计值；

b——混凝土矩形截面宽度；

h_0——柱截面有效高度；

f_{yv}——横向钢筋抗剪强度设计值；

A_{sv}——配置在同一截面内箍筋各肢的全部截面面积；

f_a——型钢抗剪强度设计值；

t_w——型钢腹板厚度；

h_w——型钢腹板高度；

N——考虑地震作用组合的框架柱的轴向压力设计值，当 $N>0.3f_cA_c$ 时，取 $N=0.3f_cA_c$。

型钢混凝土框架柱和转换柱偏心受拉时，斜截面抗剪承载力 V_c 计算如式(6.36)所示。

$$V_c=\frac{1}{\gamma_{RE}}\left(\frac{1.05}{\lambda+1}f_tbh_0+f_{yv}\frac{A_{sv}}{s}h_0+0.58\frac{f_at_wh_w}{\lambda}-0.2N\right)\geqslant\frac{1}{\gamma_{RE}}\left(f_{yv}\frac{A_{sv}}{s}h_0+0.58\frac{f_at_wh_w}{\lambda}\right) \tag{6.36}$$

6.1.2.3 抗弯能力

在配置一定构造钢筋的条件下，型钢混凝土构件的钢骨和外包混凝土可以共同工作，保持应变协调，无局部屈曲，直到达到极限承载力。因此，型钢混凝土构件正截面压弯承载力计算可以借鉴钢筋混凝土构件，基本假定为：①截面应变分布符合平截面假定；②不考虑混凝土的抗拉强度；③钢骨不发生局部屈曲。根据这些假定，采用一般的柱式断面分析方法，可以得到型钢混凝土构件的弯矩-曲率关系。

一组典型型钢混凝土柱的力-位移骨架曲线如图6.7所示；通过该骨架曲线可以看出，型钢混凝土柱的骨架曲线与钢筋混凝土柱力-位移骨架曲线较为接近，可采用多折线模型描述。

对于型钢混凝土构件，可采用四折线模型，与钢筋混凝土构件相同。参考《城市轨道交通结构抗震设计规范》(GB 50909—2014)，也可采用与钢筋混凝土构件相同的简化模型，验算方法也相同。

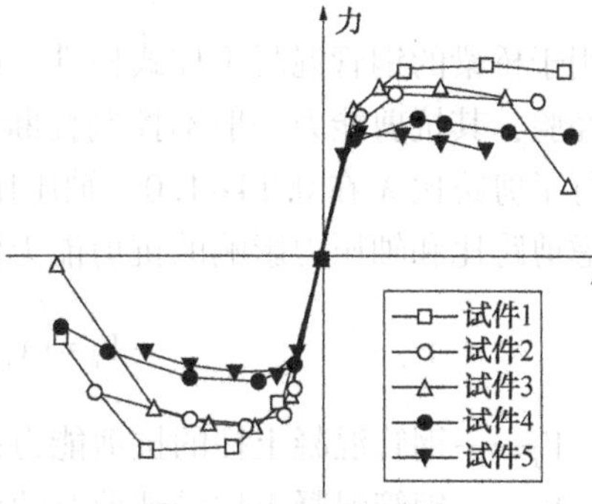

图6.7 典型型钢混凝土柱的力-位移骨架曲线

6.1.3 钢管混凝土构件抗震验算

钢管混凝土构件是由混凝土填入钢管内而形成的一种组合断面结构。钢管和混凝土之间的相互作用，使得钢管内部混凝土的破坏由脆性破坏转变为塑性破坏，构件的延性性能明显改善，耗能能力大大提高，具有优越的抗震性能。

依据《城市轨道交通结构抗震设计规范》(GB 50909—2014)对钢管混凝土构件和钢构件的设计规定，轴压比小于0.3的柱式圆形钢管混凝土构件和柱式钢构件宜按双线性力-变形关系(如图6.8所示)设计。

钢管混凝土构件的抗力及变形性能受钢管的材料非线性特性或局部压屈、填充混凝土的非线性特性等影响，也受到钢管与填充混凝土协同工作性质的影响，比较复杂。为简化分析，在抗震设计中，一般认为混凝土填充钢管全截面，并与钢管协同工作，构件变形满足平截面假定。

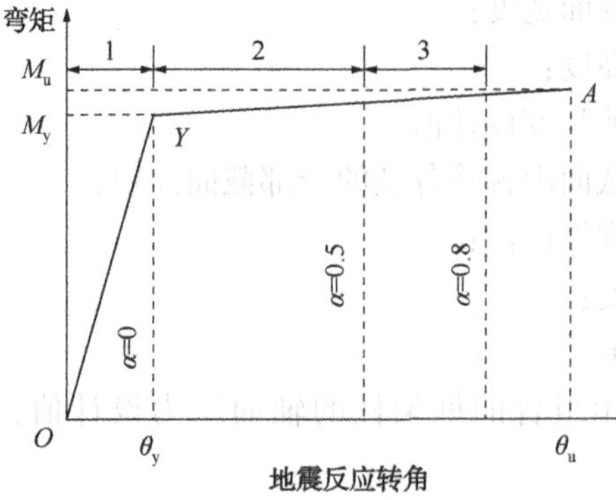

图 6.8　柱式钢管混凝土构件和钢构件断面的弯矩转角关系

注：Y——截面屈服点；A——极限变形点；1、2、3——构件的性能等级 1、2、3；M_y——构件屈服弯矩；M_u——构件截面极限弯矩；θ_y——构件塑性铰区屈服转角；θ_u——构件塑性铰区极限转角；α——构件性能等级系数，取值如表 6.7 所示

表 6.6　柱式钢管混凝土构件和柱式钢构件的性能等级系数

构件性能等级	α 限值
1	0
2	0.5
3	0.8

用于桥梁的钢管混凝土柱式构件一般都具有较大的剪跨比($\lambda \geqslant 2$)，根据已有的研究和实践经验，其抗剪能力一般不控制柱断面设计；少数情况下，剪跨比较小($\lambda < 2$)。相关学者进行了剪跨比 λ 在 0.14~1.0、轴压比在 0~0.4 之间的 58 个短柱的试验分析，提出了一个考虑剪跨比和轴压力影响的抗剪能力估算公式，如式(6.37)所示。

$$V_u = \left(V_0 + \frac{nN_0}{10}\right)\left(1 - 0.45\sqrt{\lambda}\right) \tag{6.37}$$

式中　V_u——钢管混凝土柱的抗剪能力；

V_0——钢管混凝土柱受纯剪时的承载力；

n——轴压比；

N_0——钢管混凝土轴心受压短柱的承载能力；

λ——剪跨比。

钢管混凝土轴心受压短柱的承载能力 N_0 计算如式(6.38)所示。

$$N_0 = \begin{cases} A_c f_c (1+2\theta), & \theta \leqslant 1 \\ A_c f_c (1+\sqrt{\theta}+\theta), & \theta > 1 \end{cases} \tag{6.38}$$

式中　A_c——钢管内的核心混凝土横截面面积；

f_c——核心混凝土的抗压强度；

θ——钢管混凝土的套箍指标。

钢管混凝土的套箍指标 θ 计算如式(6.39)所示。

$$\theta=\frac{f_s A_s}{f_c A_c} \tag{6.39}$$

式中　A_s——钢管的横截面面积；

f_s——钢管的屈服强度。

圆形钢管混凝土柱的抗剪能力(V_u)计算如式(6.40)所示。

$$V_u=\beta(\eta V_0+0.15N) \tag{6.40}$$

式中　η——套箍提高系数，计算如式(6.41)所示；

β——剪跨比系数，计算如式(6.42)所示；

N——轴向压力设计值；

V_0——钢管混凝土柱受纯剪时的承载力。

$$\eta=\sqrt{1.07\theta^2-0.01\theta+0.3} \tag{6.41}$$

$$\beta=1-0.06\lambda-0.4\sqrt{\lambda} \tag{6.42}$$

对于圆钢管混凝土短柱，可将圆形截面等效成等面积方形截面试件进行计算。按照面积相等原则，正方形的边长 a 如式(6.43)所示。

$$a=\sqrt{\pi r^2}=\sqrt{\pi}\times r \tag{6.43}$$

式中　r——圆形截面的半径。

6.1.4　墙式混凝土构件抗震验算

墙式桥墩在城市轨道交通桥梁中有较多应用。这类构件，横断面两个方向的几何尺度相差悬殊。从地震作用下构件变形模式和震害特性来看，墙式构件在顺桥向(弱方向)弯曲时，其形态与柱式构件类似；在横桥向(强方向)变形时，则以面内剪切变形为主，地震中多呈现受剪破坏。

在日本铁路结构抗震设计规范中，给出了墙式桥墩在强方向的抗剪验算方法，将钢筋混凝土墙式构件面内受荷载时的剪切抗力，划分了两个性能等级，如表6.7所示。在计算剪切抗力时，同时考虑了水平受力方向和垂直方向钢筋屈服的影响。

表6.7　墙式墩抗震性能等级

构件性能等级	损伤描述
1	不需要修补的轻微损伤。 达到以下任何一个状态就认为达到了损伤标准1： ①任何钢筋达到了屈服强度设计值 ②达到了混凝土的极限抗压强度设计值； ③达到了混凝土的极限抗剪承载能力。 以上①和②参照日本《铁路结构设计规范(混凝土结构)》中的规定执行
2	根据情况需要修补的损伤

对于性能等级1中“③”的情况，需要校核墙构件水平面内的剪力，设计抗剪能力 V_{wyd} 计算如式(6.44)所示.

$$V_{wyd}=\min\left\{\frac{1}{\gamma_b}\times 0.3(p_x\times f_{xyd}+p_y\times f_{yyd})A_{cw},\ \frac{1}{\gamma_b}\times 1.1\sqrt{f'_{cd}}\times A_{cw}\right\} \tag{6.44}$$

式中 p_x和p_y——x和y两个方向的配筋率；

σ_x和σ_y——水平剪力以外的力在x和y两个方向的钢筋中产生的应力；

f_{xyd}和f_{yyd}——净名义抗剪强度；

A_{cw}——断面抗剪切面积，截面接近矩形的构件断面的全面积；

f'_{cd}——混凝土的强度；

γ_b——构件系数，对于墙式墩取1.2。

对于性能等级2，在进行抗剪安全性验算时，墙的设计剪切抗力V_{wud}对于作用于墙水平面内的设计剪力V_{wd}应满足的要求如式(6.45)所示，且设计剪切抗力V_{wyd}计算如式(6.46)所示。

$$\frac{\gamma_i \times V_{wd}}{V_{wud}} < 1 \tag{6.45}$$

$$V_{wyd} = \min\left\{\frac{1}{\gamma_b} \times 0.5(p_x \times f_{xyd} + p_y \times f_{yyd})A_{cw},\ \frac{1}{\gamma_b} \times 1.6\sqrt{f'_{cd}} \times A_{cw}\right\} \tag{6.46}$$

式中 γ_i——结构物系数；

γ_b——构件系数。

6.2 桩基础与扩大基础抗震性能验算

6.2.1 桩基础抗震性能验算

桩基础是通过承台把若干根桩的顶部联结成整体，共同承受动静荷载的一种深基础，而桩是设置于土中的竖直或倾斜的基础构件，其作用在于穿越软弱的高压缩性土层或水，将桩所承受的荷载传递到更硬、更密实或压缩性较小的地基持力层上，我们通常将桩基础中的桩称为基桩。桩基础承载力高、适用范围广、历史久远，通常由桩和桩顶上承台两部分组成。用各种材料做成的方形、圆形或其他形状的、细而长的、埋在地下的桩，将承台上部的荷载传至深层较为坚硬的地基中去，或通过桩周围的摩擦力传给地基。

6.2.1.1 我国桩基础整体抗震性能验算

依据《城市轨道交通结构抗震设计规范》(GB 50909—2014)，桩基础整体抗震性能验算如式(6.47)所示。

$$d \leqslant d_d \tag{6.47}$$

式中 d——承台质心处的地震反应位移，m；

d_d——承台质心处的设计容许位移，m，取值如表6.8所示。

表6.8 基础整体性能等级界限值

基础整体性能等级	界限值 d_d
1	桩基础整体屈服点对应的承台质心处的位移
2	半数以上的桩达到性能等级2的上限时承台质心处的位移
3	性能等级2的界限值的1.5倍

桩基础不是一个基本构件，而是由多个基本构件组成的一个子结构系统，因此桩基础抗震性能的评价包括两个方面：其一是基本构件的抗震性能；其二是基础整体稳定性。

6.2.1.2 日本桩基础整体抗震性能验算

日本铁路结构相关设计规范中给出的抗震性能等级与基础整体稳定性的关系及细节描述，如表6.9所示；基础的稳定水平和性能验算指标的例子如表6.10所示。

表6.9 抗震性能等级与基础整体稳定性的关系

项目	抗震性能Ⅰ	抗震性能Ⅱ	抗震性能Ⅲ
	稳定性标准1	稳定性标准2	稳定性标准3
承载力	(1)地基可能轻微塑性，但不超过基础的整体屈服承载能力； (2)构件不发生屈服	地基或基本构件或二者发生显著塑性化，但仍保持足够的承载能力	基础发生严重的塑性，但不引起结构的整体倒塌破坏
位移	(1)保证列车安全行驶； (2)不产生有害的残留位移	(1)不影响结构物功能； (2)震后列车可安全慢行	(1)不引起结构整体垮塌； (2)维修、加固处理后结构仍可继续使用
维修加固	不需要修补、加固	根据情况在基础底面和基础周围注浆	(1)对地基进行加固，或对基础本身进行加固； (2)根据情况进行结构物的矫正

表6.10 基础的稳定水平和性能验算指标

结构的要求性能	稳定性水平	性能项目		验算指标
恢复性	稳定水平1	基础的残余位移	残余竖向位移	设计有效竖向荷载，设计竖向力
			残余水平位移	设计水平荷载，最大反应水平位移
			残余倾斜	设计弯矩，最大反应转角
			基础构件等损伤	设计断面力，设计弯矩，设计构件角
	稳定水平2		残余竖向位移	底面塑性率，设计竖向力
			残余水平位移	设计水平荷载，最大反应水平位移
			残余倾斜	最大转角，最大反应转角
			基础构件等损伤	设计断面力，设计弯矩，设计构件角
安全性	稳定水平3	基础的稳定性	地基的破坏	底面塑性率，设计竖向力
			水平稳定	设计水平荷载，最大反应水平位移
			转动稳定	最大转角，最大反应转角
			基础构件等损伤	设计断面力，设计弯矩，设计构件角

工程实践中，可按弹塑性反应谱法验算桩基础抗震能力，具体流程如图6.9所示。

桩基础的整体稳定性用整体延性系数表达，为此需要定义基础整体的荷载-位移曲线及其用于设计的特征点，如屈服点等。整体屈服点定义为基础变位急剧增加的点，一般情况下可根据如表6.11所示的内容进行确定。

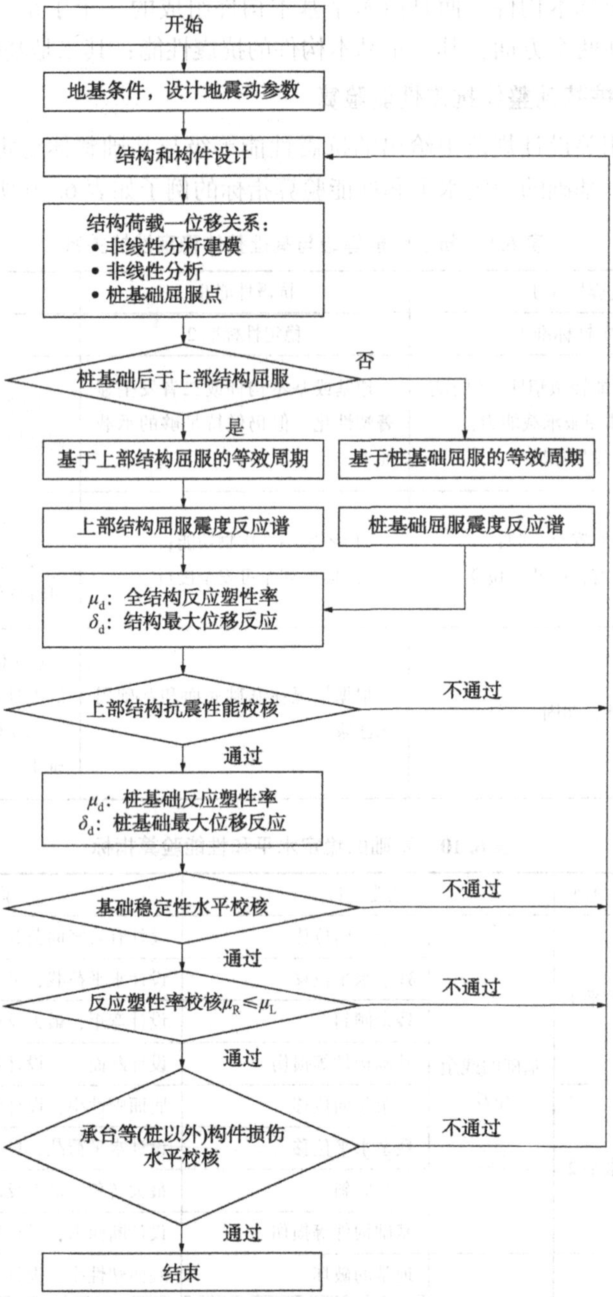

图 6.9　按弹塑性反应谱法验算桩基础抗震能力的流程

表 6.11　整体屈服点

桩基础	屈服点
压入侧地基	最外侧桩顶反力达到设计竖向承载力的上限值
拔出侧地基	半数桩顶反力达到设计抗拔承载力的上限值
桩	半数桩达到桩屈服承载力

桩基础整体稳定性水平分为 3 级，并分别与 3 种等级的抗震性能相对应。反映基础整体稳定性水平的基础整体延性应满足的条件如式(6.48)所示。

$$\frac{\gamma_i \times \mu_R}{\mu_L} \leqslant 1.0 \tag{6.48}$$

式中　γ_i——结构物系数；

μ_R——设计反应塑性率；

μ_L——基础塑性率的限值，取值如表 6.12 所示。

表 6.12　基础塑性率的限值

结构整体抗震性能等级	基础整体稳定性水平	塑性率限值(μ_L)			基础状态
		灌注桩	PHC 桩	钢管桩	
Ⅰ	1	1	1	1	基础未屈服；刚度无降低；无残余变形；无需维修
Ⅱ	2	5	5	5[a]	无残余变形；部分桩断面发生屈服；部分桩头反力达到竖直承载能力，但尚不导致桩基础整体承载能力降低；超过这种状态，需要针对使用性能的维修
Ⅱ	3	8	5(8)[b]	8[a]	桩可能发生很大的破坏，部分桩达到竖向承载能力、处于拔出状态，但周围地基不破坏，结构物也不破坏；能够抵抗主震后的余震；超过这种状态时，桩基础承载能力下降，可能不能承受主震后的余震

对桩基础的残余位移进行验算，可以采用经验统计方法和计算方法估计桩基础的残余位移。其中，经验统计方法的基本数据来自模型和原型水平荷载试验，如图 6.10 所示。根据相关统计数据，基础塑性系数和残余变位的关系可以近似为线性关系。

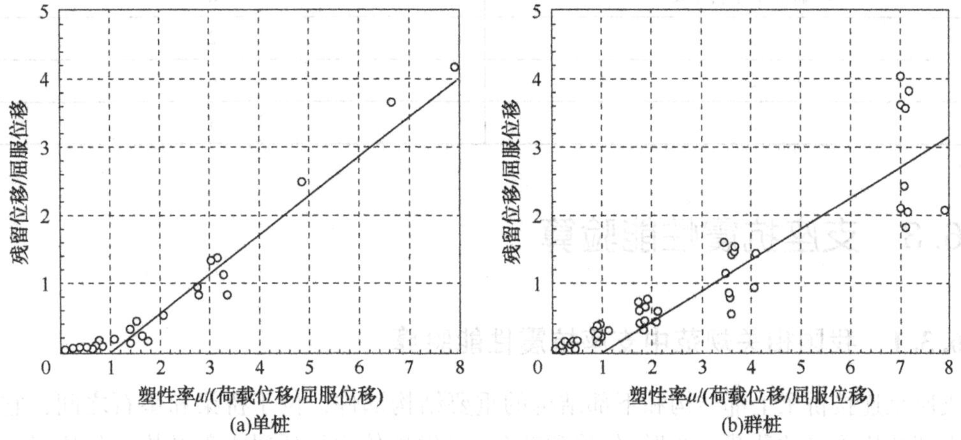

图 6.10　残余位移的经验统计

对于其他形式基础，由于可以确认与桩基础有大致相同的相关关系，不依赖于基础形式，基础残余变位的推算如式(6.49)所示。

$$\delta_r = 0.5(\mu - 1) \times \delta_y \tag{6.49}$$

式中　δ_r——残余位移；

δ_y——屈服位移；

μ——反应塑性系数。

在对液化的抗震设计中，需要对于不产生液化也进行抗震设计。

总的来说，日本城市轨道交通相关设计规范对桩基础的抗震验算都考虑了构件本身的抗震验算和桩基础反应塑性率及反应位移的抗震验算。允许塑性率和允许位移也多为试验或经验确定，且大多为建议性参考数据。

6.2.2 扩大基础抗震性能验算

扩大基础是将墩(台)及上部结构传来的荷载由其直接传递至较浅的支承地基的一种基础形式，一般采用明挖基础的方法进行施工，故又称之为明挖扩大基础或浅基础。正常工况下，扩大基础能提高拱坝整体刚度，提升坝体变形的对称性，并改善坝建基面附近岩体的应力状态。不平衡力和塑性余能范数作为评价指标对比表明，扩大基础能明显减少坝体、坝踵和坝趾范围的不平衡力，减小坝体屈服区，工程各部分余能范数均有所降低，扩大基础对拱坝局部坝踵、坝趾区域及拱坝整体稳定性的加固作用明显。

依据《城市轨道交通结构抗震设计规范》(GB 50909—2014)，扩大基础的偏心、滑动和倾覆稳定性应按现行国家标准《铁路工程抗震设计规范(2009 年版)》(GB 50111—2006)进行验算，性能等级验算如式(6.50)所示。

$$\theta \leqslant \alpha\theta_y \tag{6.50}$$

式中 θ——地震反应转角，rad；

α——扩大基础性能等级系数，取值如表 6.14 所示；

θ_y——基础底面屈服转角，rad。

表 6.13 扩大基础性能等级系数

基础整体性能等级	α
1	2
2	6
3	10

6.3 支座抗震性能验算

6.3.1 我国相关规范中支座抗震性能验算

支座是连接桥梁上部结构和下部结构的重要结构部件，位于桥梁和垫石之间，它能将桥梁上部结构承受的荷载和变形(位移和转角)可靠地传递给桥梁下部结构，是桥梁的重要传力装置。

对于桥梁支座的抗震验算，各国的桥梁抗震规范由于设计思想的不同，采取的方法也有差别。AASHTO(American Association of State Highway and Transportation Officials，美国国家公路与运输官员协会)相关规范允许利用支座的位移(或变形)来消耗部分地震振动能量，但采用这一策略时需在设计和抗震措施中考虑增大位移的后果以及力的传递路径。支座的选择和抗震设计与上下部结构的强度、刚度特征有关；支座设计应符合结构抗震设计的整体策略。

AASHTO 规定采用刚性支座时，上部结构的地震惯性力假定通过横隔梁传递到支座和下部结构；采用普通橡胶支座时，无需特别设计成隔振器或保险丝支座，使用时或者按照输入地震荷载设计支座，或者允许其自身破坏但通过设置限位装置、挡块或阻尼器以防止落梁。保险丝支座作为一种牺牲支座保护整体结构的选择对策，可用于设定地震作用下结构节点的改变、自振周期变化、增大位移等。

在 AASHTO 的抗震设计指南中针对设计和细部构造的规定：设计者应考虑由于支座连接安装偏差、承载能力和倾斜影响导致的非对称对横向荷载路径的影响；无论活动支座还是固定支座都需留有足够的梁搁置长度；支座的摩擦力在抵抗地震荷载时将被忽略，但考虑摩擦结果对结构产生影响时应被计入；滑动橡胶移动支座当位移超出橡胶垫时可由锚固螺栓提供抗御水平地震的能力，顶板和底板因锚固螺栓不许穿过橡胶而需加宽，锚固螺栓应设计能承受地震作用产生的弯曲和剪切的联合作用；固定橡胶支座应有足够的水平约束；球形支座需验算构件、连接力和支座稳定性；盆式、板式支座不要应用于需要考虑显著竖向加速度的抗震设计中，无法避免时应提供独立的抗震锚固体系。

总的来说，美国抗震规范提出了支座的基本设计原则。然而，阪神地震之后，日本相关学者倾向于将支座及连接系统的破坏置于下部结构延性破坏之后，这一思想体现在日本当前的桥梁抗震设计规范中。桥梁隔震技术的实际可靠性和实际效果仍有待于震害的检验。以隔震支座为典型代表的桥梁隔震技术已被多数研究人员和工程师认可和推荐，并得到比较广泛的应用。

相对于其他构件来说支座更便于更换，所以在实际工程中，针对它的破坏往往不是进行维修加固，而是直接更换。因此，我国相关规范将支座抗震性能等级划分为“支座可以保持正常功能、无须更换”和“支座破坏、更换”两个等级，支座的抗震验算主要是为了保证支座在不同抗震性能等级下应具有的性能状态。

依据我国现行标准《城市轨道交通结构抗震设计规范》(GB 50909—2014)，板式橡胶支座在抗震性能等级要求为 1 时，宜进行抗震验算(包括支座厚度和支座抗滑稳定性验算)。支座厚度验算如式(6.51)所示，支座抗滑稳定性验算如式(6.52)所示。

$$\Delta_t = \Delta_D + \Delta_H \leqslant \sum t \tag{6.51}$$

式中 $\sum t$——橡胶层的总厚度，mm；

Δ_t——地震作用下最不利效应组合后支座产生的水平位移，mm；

Δ_D——地震作用下支座产生的水平位移，mm；

Δ_H——永久作用下支座产生的水平位移，mm。

$$R_t = T_D + R_H \leqslant \mu_d N \tag{6.52}$$

式中 μ_d——支座的动摩阻系数，橡胶支座与混凝土表面的动摩阻系数采用 0.15，与钢板的动摩阻系数采用 0.10；

N——上部结构重力在支座上产生的反力，N；

R_t——包括地震力效应的支座的水平力效应组合值，N；

R_D——地震作用下支座的水平地震力，N；

R_H——永久荷载作用下支座的水平力，N。

依据《城市轨道交通结构抗震设计规范》(GB 50909—2014)，盆式橡胶支座和球形支座在抗震性能等级要求为 1 时，支座滑动方向抗震验算如式(6.53)所示，支座固定方向抗震验算如式(6.54)所示。

$$\Delta_t=\Delta_D+\Delta_H\leqslant\Delta_{max} \tag{6.53}$$

$$R_t=R_D+R_H\leqslant R_{max} \tag{6.54}$$

式中 Δ_{max}——支座容许最大滑动水平位移，mm；

R_{max}——支座水平抗力值，N。

支座的连接与局部验算宜按现行国家标准《铁路工程抗震设计规范(2009 年版)》(GB 50111—2006)进行验算。

6.3.2 日本相关规范中支座抗震性能验算

6.3.2.1 支座性能等级和验算方法

日本铁路结构抗震相关设计按照结构抗震性能等级将支座的损伤水平分为 3 级，如表 6.14所示。

表 6.14 支座损伤水平

损伤水平等级	支座系统状态	修复方法
损伤水平 1	无损伤	无须修复
损伤水平 2	主梁有少量移位，比较轻微的支座损伤	可修复
损伤水平 3	主梁移位，包含部分支座部件破坏的损伤，未到落梁程度	可修复，损伤严重时更换支座

对支座本体、限位装置、防落梁装置、梁端及支承连接部等分别进行损伤水平的验算，如式(6.55)所示。

$$\frac{\gamma_i\times S_d}{R_d}\leqslant 1.0 \tag{6.55}$$

式中 S_d——设计反应值；

R_d——支座部件损伤水平对应的设计能力值；

γ_i——结构系数。

钢支座、橡胶支座抗震验算具体内容如表 6.15、表 6.16 所示。

表 6.15 钢支座抗震验算

装置		验算项目
钢支座	支座本体	支座竖向力
		弯矩
	肋材	水平力
	安装螺栓	附着力
		拉力
		水平力
	防滑板	水平力
	竖向防脱落装置	上拔力
	垫石、梁端、梁本体	混凝土压应力
		混凝土剪力
		钢构件抗力或应力
防落梁装置	保证垫石尺寸	水平位移量
	保证垫石尺寸以外的装置	水平力

表 6.17　橡胶支座抗震验算

装置		验算项目
橡胶支座	支座本体	水平位移量
	垫石、梁端	混凝土压应力
		钢构件应力
限位装置	本体	水平力
	垫石、梁端(使用 STOPER 时)	混凝土压应力
		混凝土剪力
		钢构件抗力或应力
防落梁装置(保证垫石尺寸)		水平位移量

支座系统按照其中部件功能的不同可划分为支座本体、限位装置、防落梁装置、梁端及支承连接装置几部分。支座本体是指将主梁竖向力传递给桥墩等下部结构的主要装置。限位装置是指限制主梁因地震引起的水平位移的装置，可设计成与支座本体分离或一体的形式。防落梁装置是指防止因地震作用主梁从下部结构上脱落的装置，可设计成与支座本体分离或一体的形式。梁端及支承连接装置是指支座本体、限位装置、防落梁装置的锚固连接装置。支座系统的破坏以及与损伤相关的设计界限值是由构成支座系统各装置相应的力-位移关系和损伤水平关系共同确定的，支座系统构成的各个装置损伤状态综合确定支座系统整体损伤水平。

如图 6.11(a)所示的装置是指钢支座上附带的钢限位挡块、抗拉挡块(弯曲控制的情况)、钢棒等限位装置；如图 6.11(b)所示的装置是指钢支座本体、钢限位挡块、抗拉挡块(剪切控制的情况)、垫石、梁端等。

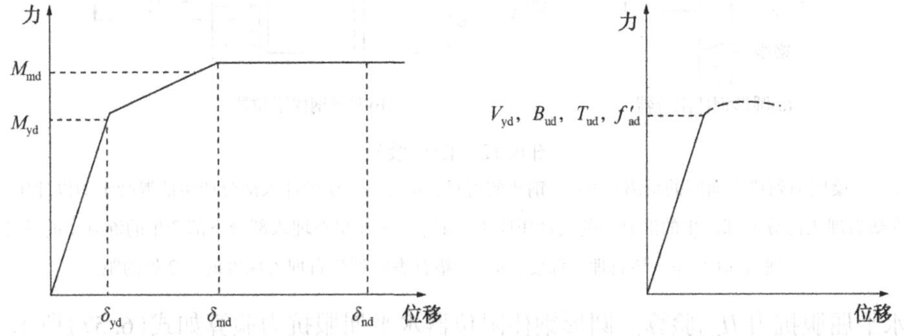

(a)能评价最大力与位移性能的装置　　(b)不能评价最大力与位移性能的装置

图 6.11　支座系统装置(橡胶支座除外)的力-位移关系

注：M_{yd}——设计屈服弯矩；M_{md}——设计弯矩；δ_{yd}——屈服弯矩对应的设计位移；δ_{md}——设计弯矩对应的位移；δ_{nd}——设计界限位移(能评判设计弯矩之后位移性能的情况)；V_{yd}——设计剪力；B_{ud}——设计抗压力；T_{ud}——设计抗拉力；f'_{ad}——钢筋混凝土设计抗压强度

考虑支座系统非线性时，上部结构和支座都必须建立起适当的模型。一般采用弹簧单元，其刚度、阻尼等参数根据支座产品的技术指标确定。限位装置、防落梁装置，必须对其构件、材料建立适当的模型。

钢支座：可移动方向上，在限位装置起作用之前，可简化为考虑摩擦的双线性弹簧。支座产生滑动前，初始刚度尽可能取大值。

橡胶支座：可移动方向上，在限位装置起作用之前，其刚度计算如式(6.56)所示。

$$K_B=\frac{H(\mu_{Bd})-H(-\mu_{Bd})}{2\mu_{Bd}} \tag{6.56}$$

式中 K_B——水平分散支座的等价线性刚度；

u_{Bd}——水平分散支座的设计位移；

$H_{(u_{Bd})}$——水平分散支座的设计位移所需要的水平力。

考虑到正常水平设计者已经普遍具有的计算能力和软硬件发展水平，进行支座抗震验算时，要求计算模型中包含支座单元，以计算出作用在支座上的水平力和位移。

6.3.2.2 橡胶支座体系损伤水平的验算

橡胶支座本体的验算主要是将支座地震反应力和位移与不同损伤水平的设计界限值进行比较确定其损伤水平，下面主要从限位装置验算、垫石及梁端验算进行分析。

(1) 限位装置验算

限位装置典型的是圆形钢棒限位器和方形钢棒限位器，如图6.12所示。对于这类限位装置，需要验算其水平屈服抗力和水平最大抗力两个指标。

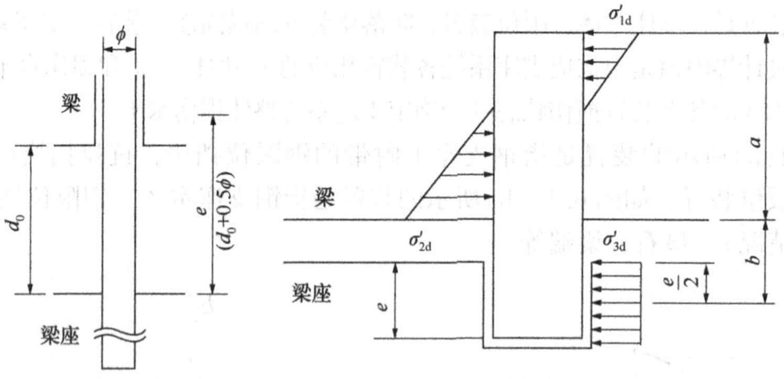

图6.12 限位装置

注：d_0——梁底面到垫石面间的距离；ϕ——钢棒的直径；σ'_{1d}——在梁埋入部分产生的混凝土的设计压应力；σ'_{2d}——在垫石埋入部分上部产生的混凝土的设计压应力；σ'_{3d}——在垫石埋入部分下部产生的混凝土的设计压应力；e——埋入深度；a—垫石埋入深度；b——垫石表面到垫石埋入深度的1/2处的距离

① 水平屈服抗力H_{syd}验算。圆形钢棒限位器水平屈服抗力验算如式(6.57)所示。

$$H_{syd}=\begin{cases}2M_{yd}/e，\text{弯曲控制}\\ V_{yd}，\text{剪切控制}\end{cases} \tag{6.57}$$

式中 M_{yd}——限位器断面设计弯曲屈服力；

V_{yd}——限位器断面设计剪切屈服力；其余符号意义同前。

方形钢棒限位器水平屈服抗力验算如式(6.58)所示。

$$H_{syd}=\begin{cases}\dfrac{27M_{yd}(a+2b)^2}{4(a+2b)^3}，\text{弯曲控制}\\ \min\left\{\dfrac{3V_{yd}a+(a+2b)}{(a+2b)^3}，V_{yd}\right\}，\text{剪切控制}\end{cases} \tag{6.58}$$

式中　符号意义同前。

② 水平最大抗力 H_{sud} 验算。圆形钢棒限位器水平最大抗力 H_{sud} 验算如式(6.59)所示。

$$H_{sud}=2M_{ud}/e \tag{6.59}$$

式中　M_{ud}——限位器断面最大设计弯矩，按断面全部塑性弯矩来考虑；

其余符号意义同前。

方形钢棒限位器水平最大抗力 H_{sud} 验算如式(6.60)所示。

$$H_{sud}=\frac{27M_{ud}(a+2b)^2}{4(a+3b)^3} \tag{6.60}$$

（2）垫石及梁端验算

① 橡胶支座作用的竖向力验算。作用于橡胶支座的竖向力产生的拉应力分布如图6.13所示。

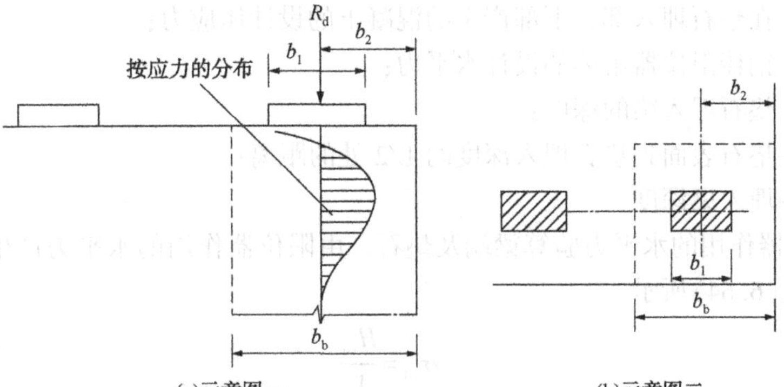

图6.13　作用于橡胶支座的竖向力产生的拉应力分布

注：b_1——橡胶支座压力分布范围；b_2——从橡胶支座中心到垫石或梁端边缘的距离；

b_b——混凝土面的压力分布范围；R_d——橡胶支座的设计竖向力

因橡胶支座作用的竖向力，加强钢筋的应力 σ_{sd} 计算如式(6.61)所示。

$$\sigma_{sd}=\frac{1}{4}\left(1-\frac{b_1}{b_b}\right)\frac{R_d}{A_b} \tag{6.61}$$

式中　A_b——橡胶支座周边的补强钢筋面积。

梁高较高时，还应考虑与桥梁轴线垂直方向的倾覆力矩引起的竖向反力。

② 由限位器作用的水平力验算限位器埋入部分。关于限位器的埋入部分，应验算混凝土设计压应力是否在设计抗压强度以下。圆形钢棒限位器、方形钢棒限位器作用于混凝土的设计压应力计算如式(6.62)和式(6.63)所示。

$$\begin{cases}\sigma'_{1d}=\dfrac{H_{sd}}{ac}(\text{梁埋入部分})\\[2ex]\sigma'_{2d}=\dfrac{2H_{sd}}{bc}(\text{垫石埋入部分})\end{cases} \tag{6.62}$$

式中　σ'_{1d}——在梁埋入部分产生的混凝土的设计压应力；

σ'_{2d}——在垫石埋入部分上部产生的混凝土的设计压应力；

H_{sd}——钢棒限位器本体的设计水平力；

a——钢棒埋入梁的深度；

b——压应力的竖向分布长，一般为钢棒直径的3倍；

c——螺旋筋的外径。

$$\begin{cases}\sigma'_{1d}=\dfrac{H_{sd}}{ce}(\text{梁埋入部分})\\ \sigma'_{2d}=\dfrac{2H_{sd}}{a^2c}(2a+3b)(\text{垫石埋入上部分})\\ \sigma'_{3d}=\dfrac{2H_{sd}}{a^2c}(2a+3b)(\text{垫石埋入下部分})\end{cases}\tag{6.63}$$

式中 σ'_{1d}——在梁埋入部分产生的混凝土的设计压应力；

σ'_{2d}——在垫石埋入部分上部产生的混凝土的设计压应力；

σ'_{3d}——在垫石埋入部分下部产生的混凝土的设计压应力；

H_{sd}——钢棒限位器本体的设计水平力；

a——垫石埋入梁的深度；

b——垫石表面到垫石埋入深度的1/2处的距离；

c——埋入梁深度。

③ 由限位器作用的水平力验算梁端及垫石。由限位器作用的水平力产生的加强钢筋应力σ_{sd}计算如式(6.64)所示。

$$\sigma_{sd}=\frac{H_{sd}}{A_s}\tag{6.64}$$

式中 H_{sd}——钢棒限位器本体的设计水平力；

A_s——与限位器周边剪切破坏面交叉的加强钢筋截面面积。

6.4 地震时梁端位移与行车安全验算

参考我国现行标准《城市轨道交通结构抗震设计规范》(GB 50909—2014)，地震时梁端位移与行车安全验算主要有以下内容。

6.4.1 梁端位移验算

桥梁受荷载作用后将引起梁端位移，包括竖向位移和转角，这种位移的存在将对轨道结构产生影响。在传统的有砟轨道上，由于道砟的流动特性，这种微小的位移一般不会对轨道结构产生影响；但在无砟轨道上，由于轨道系统与桥梁处于较大的刚性连接状态，桥梁的微小变形都将对轨道系统产生影响。梁端位移的不同形式对轨道结构的影响示意图如图6.14所示。

E3地震动产生的梁端位移验算如式(6.65)所示。

$$a\geqslant\Delta_D+0.1\tag{6.65}$$

式中 Δ_D——地震产生的梁端与墩顶的相对位移，m；

a——梁端支承长度，m，如图6.15所示。

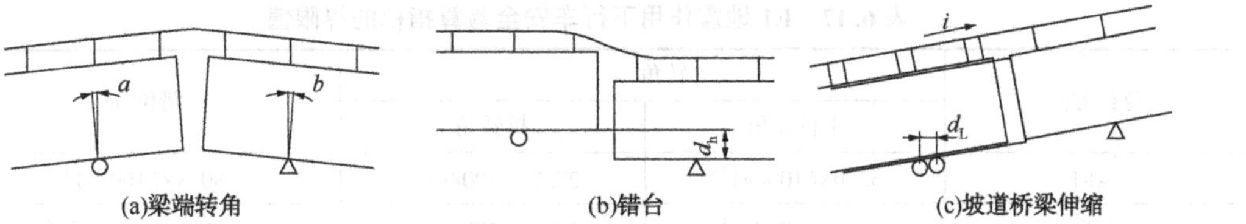

图 6.14　不同形式的梁端位移对轨道结构的影响示意图

注：a、b——梁端转角；d_h——桥梁错含量；d_L——坡道伸缩缝；i——坡度

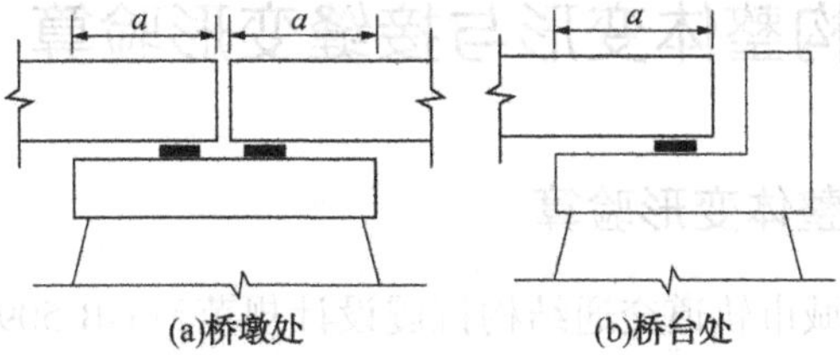

图 6.15　梁端的支承长度示意

6.4.2　行车安全验算

E1 地震作用下，应进行行车安全验算，并应符合下列规定。

6.4.2.1　行车安全应验算规定的错位、平行转角和折转角

错位、平行转角和折转角示意图如图 6.16 所示。平行转角和折转角的计算示意图如图 6.17所示，计算如式(6.66)所示。

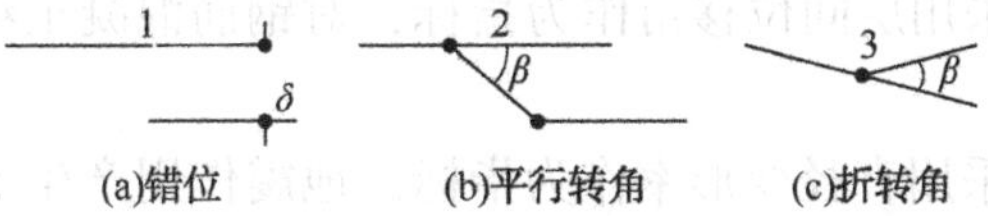

图 6.16　错位、平行转角和折转角示意图

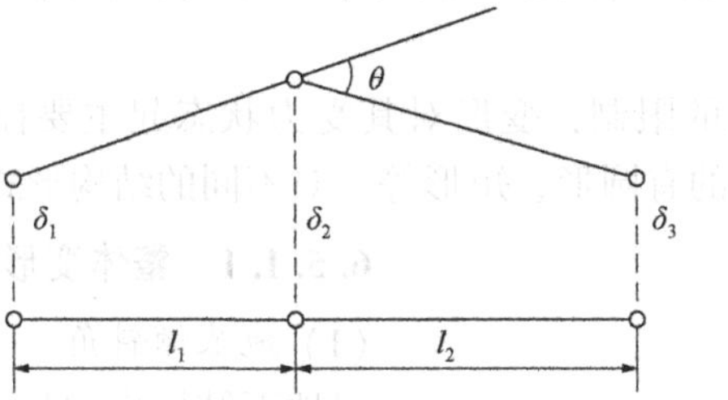

图 6.17　平行转角和折转角的计算示意图

注：θ——平行转角或折转角，rad；δ_1、δ_2、δ_3——第 1、2、3 个墩顶处轨顶面位移，m；l_1、l_2——计算桥墩处两侧跨径，m

$$\theta=\frac{\delta_2-\delta_1}{l_1}-\frac{\delta_3-\delta_2}{l_2} \tag{6.66}$$

式中　符号意义同前。

6.4.2.2　行车安全验算指标的界限值

行车安全验算指标的界限值如表 6.17 所示。

表 6.17　E1 地震作用下行车安全验算指标的界限值

位移方向	转角/‰		错位/mm
	平行转角	折转角	
竖向	$52.0\times(100/v)^{15}$	$27.0\times(100/v)^{10}$	$80.8\times(100/v)^{116}$
水平	$16.5\times(100/v)^{10}$	$10.0\times(100/v)^{11}$	$14.0\times(100/v)^{0.40}$

注：v——列车设计运行速度，km/h。

6.5　地下结构整体变形与接缝变形验算

6.5.1　地下结构整体变形验算

参考我国现行标准《城市轨道交通结构抗震设计规范》(GB 50909—2014)，地下结构整体变形规定如下。

① 抗震性能要求为Ⅰ时，应按现行国家标准《建筑抗震设计规范(2016 年版)》(GB50011—2010)进行结构构件的截面抗震验算。对需进行纵向验算的情况，尚应符合下列规定。

a. 变形缝的变形量不应超过满足接缝防水材料水密性要求的允许值。

b. 伸缩缝处轴向钢筋(螺栓)的位移应小于屈服位移；伸缩缝处的转角应小于屈服转角。

② 抗震性能要求为Ⅱ时，宜验算结构整体变形性能，且宜符合下列规定。

a. 矩形断面结构应采用层间位移角作为指标，对钢筋混凝土结构层间位移角限值宜取 1/250；

b. 圆形断面结构应采用直径变形率作为指标，地震作用产生的直径变形率应小于规定的限值。

③ 对重点设防类结构，当抗震性能要求为Ⅱ时，宜同时进行构件断面变形能力的验算。

地下结构由于周围土的限制，变形对其受力状态起主要控制作用，是主要验算指标。地下结构横断面形式常见的有圆形、矩形等，对不同的结构形式，其验算指标也有不同。

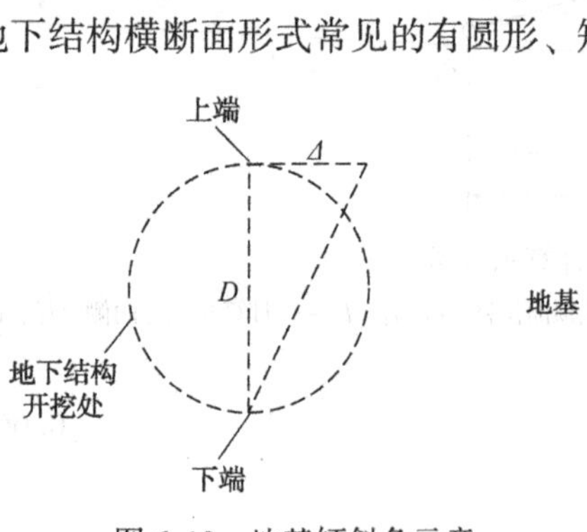

图 6.18　地基倾斜角示意

注：Δ——地下结构上下端之间的最大地基反应位移；

D——地下结构高度或外径

6.5.1.1　整体变形指标

(1) 地基倾斜角

对地下结构横向抗震，当地下结构的刚度不是很大时，地下结构对周围地基具有很强的跟随性，所以横断面剪切变形的倾斜角度与地基的倾斜角度一致。因此，可以地基倾斜角 θ 为指标评价地下结构横向的安全性。

地基倾斜角 θ 是由地下结构上端和下端之间地基相对位移的最大值除以地下结构的高度或外径得到，示意图如图 6.18 所示，计算如式(6.67)所示。

$$\theta=\frac{\Delta}{D} \tag{6.67}$$

盾构隧道地基倾斜角的大概限值，如表6.18所示。这只是一些案例的总结，并不是绝对的限值规定。因此，对于地基倾斜角的限值研究还需进行。使用地基倾斜角是有条件限制的，必须是结构对地基具有很强的跟随性，即结构的刚度不能与地基刚度差别很大，这个度的把握需要大量的工程经验来支持。

表6.18 盾构隧道地基倾斜角限值(括号内的数值为L2地震情况)

地基倾斜角	结构横向安全性评价	结构受损度
1/350以下(1/200以下)	结构的安全性完全没有问题，省略结构的反应分析	构件应力在弹性极限的0.85内；结构功能保持健康
1/300~1/350(1/150~1/200)	结构的安全性基本没有问题，根据需要实施结构的反应分析	构件应力超过容许应力，但在弹性极限内；简单修复后，能使用
1/300以上(1/150以上)	结构有损坏的危险，需进行结构反应分析进行断面验算	构件应力达到弹性极限，部分达到极限强度；通过修复可恢复结构功能

地基倾斜角可以通过简单的计算得到，例如速度反应谱求得的最大位移分布或一维地基地震反应分析，因此使用方便、简捷；但是该指标适用范围较窄，且精度较低，适用于地下结构前期的抗震设计。通过数值分析方法给出不同地震水平下的地基倾斜角的建议值，如表6.19所示。

表6.19 地基倾斜角建议值

地震水平	性能水平	结构状态	地基倾斜角
E1	1	基本完好	1/1400
	2	轻微损坏	1/600
E2	3	中等破坏	1/250
E3	4	严重破坏	1/150

(2) 直径变形率

对于圆形地下结构，一般采用直径变形率来验算结构的变形性能。相关研究表明：盾构隧道的直径变形率与衬砌环混凝土应力、连接螺栓应力、接缝张开量都有直接的关系，因此可以较好地反映盾构隧道在地震作用下的状态。最大直径变形率是横截面最大直径变形量与结构外径的比值，如式(6.68)所示。

$$\phi=\Delta D/D \tag{6.68}$$

式中 ϕ——最大直径变形率；

ΔD——直径变形量；

D——结构外径。

我国地铁规范规定，根据已有工程经验，衬砌环的直径变形率应控制在3%‰~4%，但这是施工荷载下的变形限值。

6.5.1.2 层间位移角

(1) 层间位移角的确定

地下结构由于周边土的约束，在水平地震作用下，主要是剪切变形，并且由于地下车站的层数一般不会超过 5 层，因此无害的位移(由于下层竖向构件弯曲变形引起的层间位移)分量可以忽略，省掉了地面结构需要扣掉无害位移或者增大层间位移角的麻烦；并且由于层数较少，可以每层都进行层间位移角验算，省掉了预判最大层间位移角发生部位的工作。

另外，周边土对地下结构相当于增加了外部约束，就如同一根悬臂梁周边设置若干垂直向支座一样，其内力会由于外部约束而发生重分布。

城市轨道交通地下结构包括主体结构和非结构构件，其非结构构件比一般的地面结构还要多，地下车站的装修级别比一般的地面结构还要高。并且城市轨道交通系统的造价中，土木工程的造价在下降，而设备的造价在上升。因此，验算时需要考虑非结构构件的影响。

综上所述，地下结构层间位移角的确定主要参考地面结构的成果，并通过一定的修正。

① 性能Ⅰ。地面结构的性能Ⅰ主要考虑非结构构件的损伤程度，同时控制剪力墙、柱等重要抗侧力构件的开裂，而柱的开裂可以以控制填充墙不出现严重开裂为依据。

地下结构非结构构件在地震中出现震害，例如玻璃碎片、墙壁瓷块掉落等，其原因可能有两个：一是非结构构件不能抵御或适应地下结构整体的变形而产生的被动破坏；二是由于场地土的运动，使得结构和非结构构件受到惯性力作用。

因此，地下结构的性能Ⅰ应该主要考虑非结构构件的损伤程度，同时控制中柱的开裂。地下结构由于外部约束的作用，内力重分布造成部分构件可能会比地面结构早开裂，但由于地下结构的填充墙较少，柱的开裂和填充墙严重开裂之间关系不大，因此可以认为在性能Ⅰ下，地下结构和地面结构的层间位移角一样。

② 性能Ⅱ。性能Ⅱ，也可称为“中震可修”。地面结构的“中震可修”标准基本上是结构构件破坏可控，修复可行，修复费用可接受。由于性能Ⅱ是部分构件进入屈服，因此肯定是薄弱构件首先进入屈服，地下车站中就是中柱。单从中柱的修复来看，地下结构和地面结构没有区别；但从修复的整体看，地下结构的修复要比地面结构困难，因此地下结构的性能Ⅱ限值可以比地面结构保守。

地面结构的中震限值范围为 1/300~1/100，可取为中值 1/200；钢管混凝土结构和型钢混凝土结构的层间位移角的范围可取为屈服点和最大荷载点之间，即分别为：1/190~1/75 和 1/178~1/76；计算的大开车站的中柱屈服时为 1/254(或最大荷载点时为 1/252)。

③ 性能Ⅲ。性能Ⅲ，也可称为“大震不倒”。中柱在地震中是薄弱构件，这和地面结构的弹塑性层间位移角由框架柱塑性变形所决定是一样的。由于上覆土及列车荷载的存在，并且使用空间的限制，使得地下车站中柱的轴压比一般较大，因此地下车站中广泛使用钢管混凝土柱、型钢混凝土柱等新型结构。地面建筑的弹塑性层间位移角确定时的背景资料中，缺少钢管混凝土柱、型钢混凝土柱以及框架结构等的资料，可通过搜集试验资料，进行统计。

性能Ⅲ对应极限位移点的上限值，《建筑抗震设计规范(2016 年版)》(GB50011—2010)规定混凝土框架结构的弹塑性层间位移角为 1/50。钢管混凝土结构和型钢混凝土结构的极限位移点为 1/50 和 1/48，这两个值都有一定的保证率；地下结构计算的极限状态为 1/86~1/48，中间值大约为 1/70；考虑到地下结构由于周边土的约束，并且地下结构的轴压比较大，因此地下结构在层间位移角相对较小时即发生破坏。

(2) 层间位移角的验算

矩形地下结构横截面类似于框架结构，因此采用地面建筑的层间位移角进行变形验算。

层间位移角定义为计算的层间最大位移与层高之比，是个无量纲的比值。主要是为限制结构的水平位移，确保结构应具备的刚度，避免产生过大的位移而影响结构的承载力、稳定性和使用要求。大量试验研究表明：层间位移角能够反映钢筋混凝土结构各层间构件变形的综合结果和层高的影响，而且与结构的破坏程度有较好的相关性，因此选取层间位移角作为结构变形验算指标是合适的。

不同国家规范所规定的层间位移角限值存在很大的差异。《建筑抗震设计规范(2016年版)》(GB50011—2010)中规定弹性层间位移角限值，钢筋混凝土框架为1/550，钢筋混凝土框架-抗震墙、板柱-抗震墙为1/800，钢筋混凝土抗震墙为1/1000；弹塑性层间位移角限值，单层混凝土柱排架为1/30，钢筋混凝土框架为1/50，钢筋混凝土框架-抗震墙、板柱-抗震墙为1/100，钢筋混凝土抗震墙为1/120。

针对矩形地下结构，层间位移角的研究还较少。美国BART(Bay Area Rapid Transit，加州地铁)抗震设计要求剪切角(其实等于层间位移角)小于拐角处的最大弹性转角；大于最大弹性转角就说明进入塑性，此时要求小于最大弹塑性转角。最大弹性转角θ_e和最大弹塑性转角θ_m计算如式(6.69)和式(6.70)所示。

$$\theta_e=(L_f/5t_f+L_w/5t_w)/1000 \tag{6.69}$$

$$\theta_m=(1.4+L/5t)/1000 \tag{6.70}$$

式中 L_f——转动约束点之间顶底板的净长度；

L_w——转动约束点之间侧板的净长度；

L——转动约束点之间构件的净长度；

t——构件厚度；

t_f——顶底板厚度；

t_w——侧板厚度。

6.5.1.3 直径变形率

选用直径变形率作为指标，已经得到共识，但其限值还有待研究。

盾构隧道受外荷载作用下，其直径变化与衬砌的内力是有关系的。应用修正刚度模型求出螺栓在弹性极限状态下或抗拉极限状态下管片截面的弯矩值，用弯矩值由变形协调反推出衬砌的弹性极限直径变形率和抗拉极限直径变形率，螺栓屈服时的管片直径变形率ϕ、螺栓达到抗拉极限强度时的管片直径变形率ϕ'计算如式(6.71)和式(6.72)所示。

$$\phi=1/\left[1-\frac{(1+\xi)n[\sigma]A_s h_0/(1-\xi)}{E(R-R_0)Bh}\right]-1 \tag{6.71}$$

$$\phi'=1/\left[1-\frac{(1+\xi)n[\sigma]_u A_s \mu h_0/(1-\xi)}{\lambda E(R-R_0)Bh}\right]-1 \tag{6.72}$$

式中 ξ——管片弯矩传递系数；

n——接头螺栓的个数；

A_s——单个螺栓的截面积；

h_0——接头断面混凝土受压区合力作用点至螺栓中心的距离，计算如式(6.73)所示；

$[\sigma]$——螺栓的屈服应力；

$[\sigma]_u$——螺栓的抗拉极限应力；

μ——接头处的内力臂系数；

R——管片横截面形心轴曲率半径；

R_0——变形前中性轴的曲率半径；

E——管片的弹性模量和宽度；

B、h——管片宽度和高度；

λ——面积矩折减系数，计算如式(6.74)所示。

$$h_0=2b/3+a-t_b \tag{6.73}$$

式中 a——中性轴到管片内缘的距离；

b——中性轴到管片外缘的距离；

t_b——螺栓中心到管片内缘的距离。

$$\lambda=\sqrt[3]{0.67\eta} \tag{6.74}$$

式中 η——抗弯刚度的有效率，一般取值 0.3~0.8.

管片直径变形率跟管片混凝土的弹性模量，管片横截面的形状(宽度和厚度)，管片的内径、外径、中性轴曲率半径、形心轴曲率半径，螺栓的个数、横截面积、屈服应力，螺栓中心至管片内缘距离，弯矩传递系数等因素有关。根据工程实际给出各个参数的取值范围，组合后计算得到直径变形率的结果(如图 6.19 所示)，螺栓屈服时的直径变形率平均值为 3.4‰，螺栓达到抗拉强度极限时直径变形率平均值为 6.4‰。

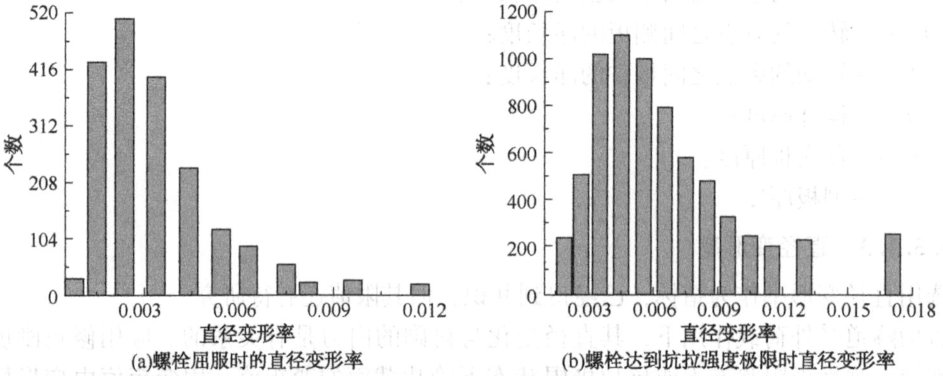

图 6.19 直径变形率结果

6.5.2 地下结构接缝变形验算

由于结构形式、施工工艺、构造要求、受力特点等的需要，地下结构中存在各式各样的接缝，例如盾构隧道管片间的大量拼缝、由于施工形成的施工缝、满足温度变化和不均匀沉降的变形缝等。这些接缝在地震中会发生张开和错位，引起地下结构防水性能的下降，因此为了保证地下结构在地震中及其后具有满足要求的防水性能，需要对接缝张开量、错位量进行限制。

地震作用下，会引起周围地基位移和结构变形等。如果周围地基位移没有残留，由于地下结构纵向一般是长线结构，可以不验算地下结构纵向的变形量；如果地下结构的各构件在弹性范围内，且没有位移残留，可以省略地下结构横向的变形量验算；如果变形量可恢复，则接缝的张开量、错位量可不验算；但是如果在地震中产生较大的开口量，发生了诸如泥沙渗入接缝面的情况，即使接缝的地震反应在弹性范围内，地震后接缝的张开量也有可能继续残留，接缝的错位量可能超出弹性范围，因此对于这种变形需要指定合适的容许值加以限制。

对于接缝变形的容许值，一般是将接缝处的防水性能设置为长期防水的水平，根据防水材料的不同选择不同的容许值。以密封材料为主的防水构造一般根据密封材料的防水设计条件确定；以防水布为主的防水构造一般根据其延伸性能设定。日本铁路结构抗震相关设计中盾构隧道接缝容许变形值的要求如表 6.20 所示。

表 6.20　接缝容许变形值

种类	变形的种类	容许变形值/mm
密封材料	张开量	0.5~1.0
	错位量	2.0~3.0
防水布等	张开量	3.0 以上
	错位量	3.0 左右

依据《地铁设计规范》(GB 50157—2013)，盾构隧道环缝张开量不大于 2mm，变形缝处不大于 3~4mm；纵缝张开量不大于 3mm；接缝张开量也不超过防水密封垫对接缝张开量的要求。

我国地方标准上海市的《盾构法隧道防水技术规程》(DBJ 08-50—1996)规定，衬砌环缝在规定压力(为实际承受水压的 2~3 倍)等于隧道实际承受的最大水压下不渗漏时的变形量 δ 计算如式(6.75)所示。

$$\delta \geqslant \frac{B\times D}{\left(\rho_{\min}-\dfrac{D}{2}\right)}+\delta_0+\delta_s \tag{6.75}$$

式中　$\rho_{\min}$——隧道纵向变形曲线最小曲线半径，m；

D——隧道外径；

B——管片环宽；

δ_0——生产及施工误差可能造成的环缝间隙，cm；

δ_s——隧道邻近建筑物及桩基沉降等引起的隧道挠曲和接缝张开值 m。

从上述的规定可以看出，接缝的变形量跟接缝的防水构造有关，跟结构承受的水压有关；现有的接缝变形量的限值是正常时荷载下的经验总结，抗震设计的接缝变形量的限值有待进一步深入分析。

第 7 章　城市轨道交通结构抗震构造措施

7.1　高架区间抗震构造细节与抗震构造措施

7.1.1　高架区间抗震构造细节

参考我国现行标准《城市轨道交通结构抗震设计规范》(GB 50909—2014)，高架区间抗震构造细节规定如下。

7.1.1.1　钢筋混凝土桥墩抗震构造细节

钢筋混凝土桥墩抗震构造细节规定包括墩身、纵向钢筋的接头与锚固和箍筋的配置及锚固等。

(1) 钢筋混凝土墩身的规定

① 墩身刚度变化均匀，避免出现突变。

② 墩身主筋全截面配筋率不应小于 0.5%，并不大于 5%。

③ 桥墩塑性铰区域应加强箍筋配置，加强区高度不应小于验算方向截面高度的 2 倍，当塑性铰区域位于桥墩底部时，加强区高度为截面高度；当墩高与验算方向截面高度的比值小于 2.5 时，应对所有截面进行加强，并进行抗剪强度验算，必要时设置抗剪钢筋。

④ 配箍率不低于主筋配筋率的 1/4，且不应低于 0.3%。

⑤ 对圆形截面，箍筋可沿截面周边布置；圆形箍筋的接头应采用焊接，焊接长度不应小于 10 倍箍筋直径；矩形箍筋端部应有 135°弯钩，弯钩的直段长度不应小于 200mm。箍筋配置规定如表 7.1 所示。

表 7.1　桥墩箍筋配量

抗震设防的震动分档	圆形桥墩		矩形桥墩	
	箍筋直径/mm	箍筋间径/cm	箍筋直径/mm	箍筋间径/cm
0.10(0.15)g	12	150	10	150
0.20(0.30)g	124	1504	10	150
0.40g	12	100	12	100

⑥ 对抗震设防地震动分档为 0.20(0.30)g 及以下地区，加强区箍筋间距不应大于 100mm；对抗震设防地震动分档大于 0.20(0.30)g 地区，加强区箍筋间距不应大于 50mm；

⑦ 对矩形截面，除在周边布置箍筋外，在加强区混凝土核心范围应按如表 7.2 所示规定布置箍筋或拉筋。

表 7.2　矩形截面箍筋或拉筋布置

抗震设防地震动分档	箍筋或拉筋间的主筋根数	箍筋肢距或拉筋间距
0.10(0.15)g	4	不大于 400mm
0.20(0.30)g	3	不大于 250mm
0.40g	2	每根纵向钢筋均应提供纵、横向水平约束

(2) 纵向钢筋的接头与锚固的规定

① 在桥墩底部至截面高度的 1.5 倍范围内不宜设纵向钢筋焊接接头。当接头不可避免时，应确保纵向钢筋在反复交变应力下发生屈服时，接头仍具有预定的性能。

② 在桥墩底部至截面高度的 1.5 倍范围内不设绑扎钢筋接头。

③ 在同一截面内所设的钢筋接头数不大于总钢筋数的 50%。

(3) 箍筋的配置及锚固的规定

① 桥墩墩身的箍筋应使用普通箍筋或螺旋箍筋。

② 在桥墩墩身底部至截面高度的 2 倍的范围内应配置与塑性铰的区间完全相同的箍筋形式。

③ 箍筋搭接点的强度不应小于箍筋的抗拉强度。当采用拉筋复合箍时，拉筋应弯成 135°以上并勾住箍筋。

④ 箍筋在构件轴线方向的间距应为构件截面短边长度的 1/2 以下，且应为轴向钢筋直径的 12 倍以下。对矩形截面，箍筋在横向的间距应为箍筋直径的 48 倍以下，当箍筋间距超过此数则应设置拉筋。

7.1.1.2　柱式桥墩抗震构造细节规定

① 塑性铰加密区域配置的箍筋应延续到盖梁和承台内，延伸到盖梁和承台的距离不应小于盖梁或承台高度的 1/3~1/4，且不应小于 500mm。

② 桩柱式桥墩和多排桩桥墩的柱(桩)与盖梁、承台连接处的配筋不应小于柱(桩)身最大配筋。桩柱式桥墩的截面变化部位，宜做成坡度为 2∶1~3∶1 的喇叭形渐变截面或在截面变化处适当增加配筋。

③ 桩柱式桥墩和多排桩桥墩加密区箍筋配置应布置在柱(桩)在地面或一般冲刷线以上 1 倍柱(桩)径处延伸到最大弯矩以下 3 倍柱(桩)径处，且不应小于 500mm。桩柱式桥墩加密区段箍筋配置及箍筋接头应符合钢筋混凝土桥墩的规定。

7.1.1.3　空心截面墩柱潜在塑性铰区域内加密箍筋的配置规定

① 应配置内外两层环形箍筋，在内外两层环形箍筋之间应配置足够的拉筋。

② 加密箍筋的配置及锚固应满足钢筋混凝土桥墩抗震构造细节的规定。

7.1.1.4　钢骨混凝土桥墩抗震构造细节

① 对于钢骨混凝土桥墩，纵向钢筋的接头和锚固、箍筋的布置和锚固应符合钢筋混凝土桥墩和柱式桥墩抗震构造细节的规定。

② 钢框架的底部与混凝土的锚固及连接应保证在钢骨进入了塑性状态后，钢骨锚固和连接点仍不发生破坏。

③ 钢管混凝土桥墩宜采用圆形截面形式。

7.1.1.5 钢桥墩抗震构造细节

① 矩形截面钢桥墩的规定。

a. 在确定矩形截面的面板的宽厚比参数 R_r、长细比参数 $\overline{\lambda}$ 及纵向加劲杆件的刚度比 γ 时，应确保所需要的变形性能。

b. 纵向加劲肋在墩底附近底板或隔板位置不应断开，应使其贯通。

c. 角部的焊接应采用完全熔透焊。

② 圆形截面钢桥墩的规定。

a. 在确定圆形截面的径厚比参数 R_t时，应确保其所需的变形性能。

b. 圆形截面的钢管构件中应设置环形加劲肋或隔板，其最大间距应为钢管外径的 3 倍以下。当径厚比小于 30 时，可不设置环形加劲肋或隔板。

③ 梁柱节点的规定。

a. 节点的抗力应超过梁、柱等结构的抗力。

b. 应避免截面变化部位及节点处设置检查孔。

④ 抗震设防地震动分档为 0.10(0.15)g 及以上地区的钻孔桩基础，在桩顶 2.5~3.0d（d 为设计桩径）长度范围内，应加强箍筋配置。

⑤ 支座底面应水平设置在梁底及墩台上，应保证梁与墩台间均匀传递压力。

7.1.2 高架区间抗震构造措施

7.1.2.1 一般规定

我国现行标准《城市轨道交通结构抗震设计规范》（GB 50909—2014）对于高架区间抗震构造措施规定如下。

① 对抗震设防地震动分档为 0.05g 区和 0.10(0.15)g 区，抗震措施应符合下列规定。

a. 简支梁应采取纵向梁端连接或梁端纵向支挡；连续梁应在桥墩上横隔板位置设置纵、横向支挡，并应对横隔板做局部加强。各梁片间还应加强梁与梁间的横向连接。

b. 修复困难的桥梁，墩台顶帽应适当加宽或设置消能设施。

c. 宜采取合理的限位装置。

② 对抗震设防地震动分档为 0.20(0.30)g 区和 0.40g 区，抗震措施应符合下列规定。

a. 对连续梁桥，宜采取有利于抗震的多墩、台共同承担地震力的措施。

b. 梁桥支座尚应采取限制其竖向位移的措施。

c. 高架区间结构宜采用适当的防落梁构造措施。

③ 当抗震设防地震动分档为 0.10(0.15)g 时，对判断为液化的场地，抗震措施应符合地震动分档为 0.20(0.30)g 区和 0.40g 区的抗震措施的规定。

除此之外，防落梁措施应符合下列规定：防落梁措施的采用，不应影响支座的正常移动；防落梁措施宜根据经验或进行定量计算确定。

7.1.2.2 上部结构抗震构造措施

高架区间上部结构抗震构造措施，主要针对地震中出现的钢梁支承局部屈曲、钢筋混凝土构件上出现的塑性变形、墩梁相对位移过大而落梁、梁端碰撞等问题。这类问题在以往的地震中经常发生，比如在日本阪神地震中，国道 2 号神户滨水高架线 P8~P13 区段，在强震作用下出现支座上方钢梁下弦板和腹板局部屈曲破坏；出现桥墩上邻近两跨主梁相对位移达360cm的情况。墩梁相对位移过大(或搁置长度不足)导致落梁更为多见，如汶川地震中庙子坪大桥和高原大桥落梁的情况。地震中上部结构之间可能发生碰撞破坏，如美国洛马·普里埃塔和北岭地震时桥梁上部结构碰撞的震害情况。

针对上部结构的抗震构造措施，各国规范关注较多的是防止位移过大造成落梁的措施方面，而对主梁构件尽量避免出现的塑性变形和屈曲，大多只进行了原则性说明，相对来说，日本桥梁抗震规范在这方面的规定要细致一些。

(1) 防止钢梁支撑的局部屈曲

一般在钢梁支承端部上方腹板上加设肋板，并减小横梁下弦板与主梁下弦板的距离，以增强其防局部屈曲的能力，抑制主梁横桥向变形，相关措施示意图如图7.1所示。

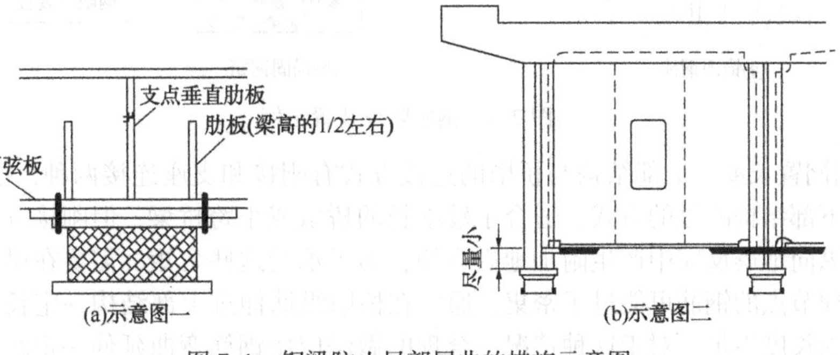

图7.1　钢梁防止局部屈曲的措施示意图

(2) 主梁的连续性

简支梁以及使用挂梁的桥梁，相对容易落梁，采用适当的防止落梁构造和装置可以减轻震害。

① 防落梁装置——限位装置。限位装置主要是用来限制上部结构的位移，防止梁间碰撞或落梁，其限位形式有阻尼限位和支挡限位，桥梁横向常用支挡限位形式。

a. 阻尼限位装置。阻尼限位装置利用阻尼器消耗地震能量的同时，减小相应的位移量。还有的阻尼限位装置可以连接梁与梁。

b. 支挡限位装置。支挡限位装置通常为缓冲挡块，如图7.2所示。挡块可以由混凝土、钢或其他缓冲阻尼材料制成。挡块可纵向布置，也可横向布置。支挡限位装置也可使用剪力键。为了防止挡块干扰支座的正常使用，有学者建议采用钢制限位装置。这样只需一个限位装置就能应对桥纵向和横向的位移，而且减少支座周边的干扰。

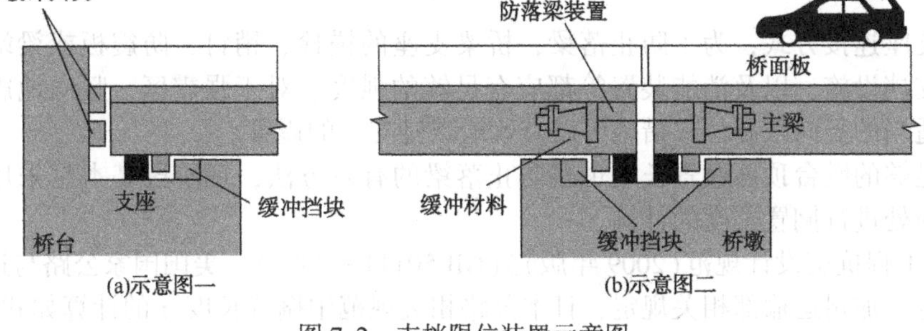

图7.2　支挡限位装置示意图

钢制限位装置常见的形式有锚固钢棒或锚固钢箱，如图 7.3 所示，可埋入下部结构或上部结构。一些产品在支挡面上增加了黏滞阻尼材料，使得在支挡的同时，产生耗能。

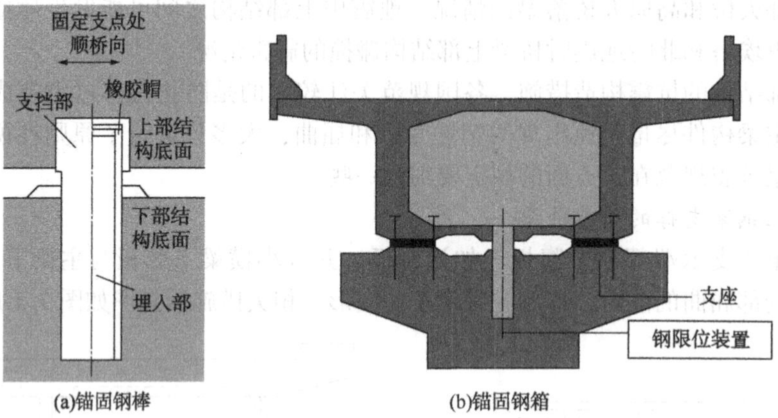

图 7.3　钢制限位装置示例

② 梁端搁置长度。上部结构与桥墩的连接方式有刚接和支座连接两种，如图 7.4 所示。上部结构与下部结构刚接的方式，适合于较细长的桥墩或小跨桥梁，但刚接方式有可能使得上部结构在纵向地震反应中产生附加地震弯矩，为了承受这些弯矩，需要在梁底额外布置纵向钢筋。这样节点的钢筋可能过于密集，通常在桥墩纵筋伸进上部结构一定长度后就直接截断，使得锚固长度不足。对于这种情况，合理的做法应使钢筋弯曲延伸一定距离后截断。此外，由于节点区域受到较高水平的剪力作用，通常还要求配置特殊的竖向和水平抗剪钢筋。

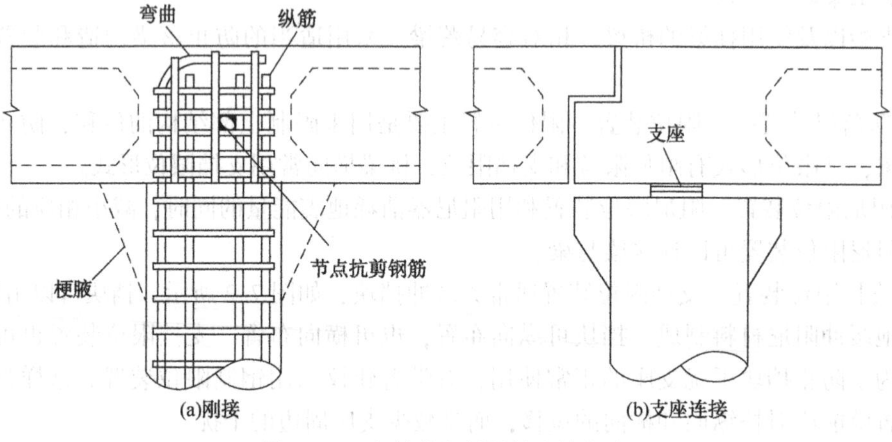

图 7.4　上部结构与桥墩的连接方式

对于支座连接方式，为了防止落梁，桥梁支座的锚栓、销钉、防震板或梁端采用的连接措施和支挡设施，以及消能装置等都应有足够的强度。对于强震区，竖向地震动作用效应显著，适当的竖向限制位移措施可以有效地减轻支座的震害。

设置足够的墩台顶面搁置长度也是防止落梁的有效方法，现阶段基本是采用经验公式在主梁间断处进行搁置长度的计算。

《铁路工程抗震设计规范(2009 年版)》(GB 50111—2006)、美国国家公路与运输官员协会相关规定、加州运输部相关规定、日本公路相关规范中搁置长度 a 的计算如式(7.1)~式(7.4)所示。

$$a=0.7+0.005l \tag{7.1}$$

$$a=(0.203+0.00167l+0.00666h)\times(1+0.000125\varphi^2) \tag{7.2}$$

$$a=\Delta_{预应力}+\Delta_{收缩徐变}+\Delta_{温度}+\Delta_{地震} \tag{7.3}$$

$$a=\mu_R+\mu_G\geqslant 0.7+0.005l \tag{7.4}$$

式中　l——桥跨长；

h——高度，桥台到伸缩缝之间的平均高度或桥墩墩高；

φ——垂直于跨度的线量出的支承的角度；

$\Delta_{预应力}$——预应力损失；

$\Delta_{收缩徐变}$——收缩徐变；

$\Delta_{温度}$——温度变化；

$\Delta_{地震}$——地震引起的梁端位移；

μ_R——地震时梁与桥墩之间产生的相对位移；

μ_G——地震时由于地基变形产生的基础相对位移。

(3) 防梁端碰撞措施

由于温度变化、混凝土收缩徐变、车辆制动等原因，梁端处往往要设置伸缩缝，但地震中为了避免相邻的上部结构、上部结构与桥台、上部结构与桥墩顶台阶产生碰撞，需要在梁端间设置足够的间隙，如图 7.5 所示。

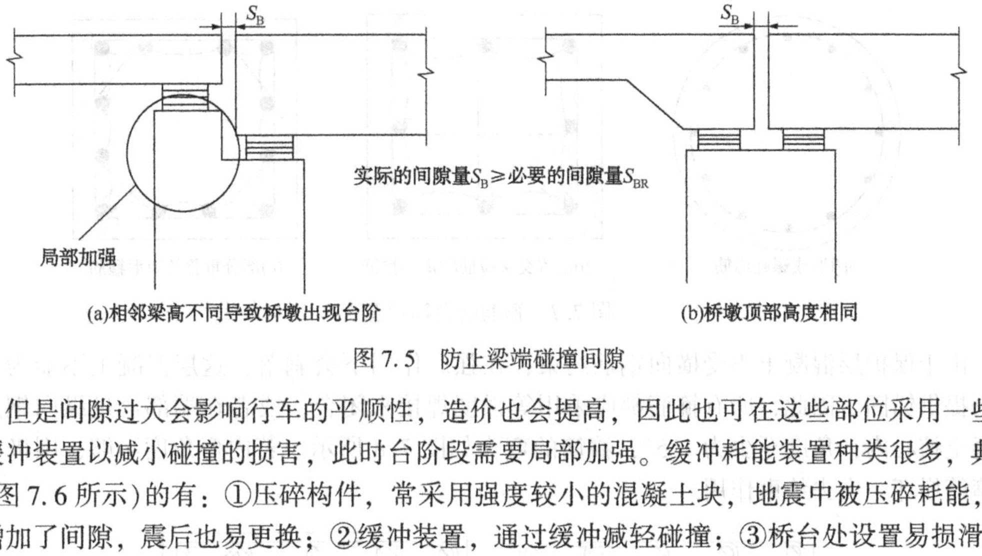

图 7.5　防止梁端碰撞间隙

但是间隙过大会影响行车的平顺性，造价也会提高，因此也可在这些部位采用一些耗能缓冲装置以减小碰撞的损害，此时台阶段需要局部加强。缓冲耗能装置种类很多，典型(如图 7.6 所示)的有：①压碎构件，常采用强度较小的混凝土块，地震中被压碎耗能，并且增加了间隙，震后也易更换；②缓冲装置，通过缓冲减轻碰撞；③桥台处设置易损滑块，地震中可以滑动以减轻碰撞。

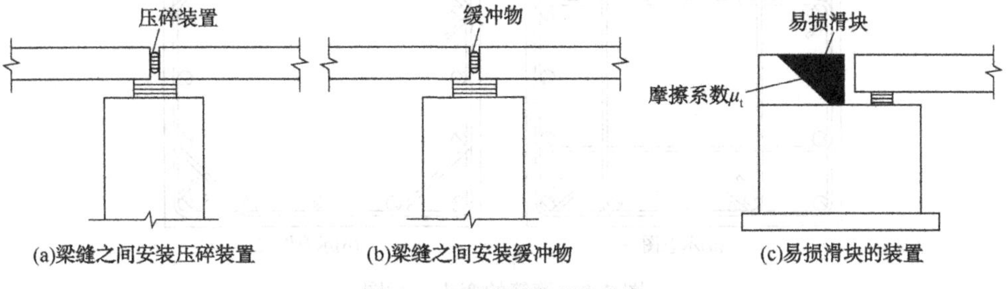

图 7.6　减缓梁端碰撞措施

7.1.2.3 墩柱

桥墩可分为重力式桥墩和轻型桥墩。重力式桥墩缺乏延性，若意图使桥梁具有较大的延性，轻型桥墩是合理的选择。轻型桥墩中又以柱式墩应用较多，其中对于较高的多柱式桥墩，常在墩中设置一道或多道横系梁，以减小上部结构位移和桥墩的弯矩。为了增加墩柱的延性，需要对横向钢筋、纵向钢筋、节点钢筋等进行详细的设计。

(1) 横向钢筋

如果桥梁被设计成延性抗震结构，柱式桥墩通常被设计为延性构件，因而桥墩的延性设计成为延性桥梁设计中的关键。钢筋混凝土桥墩的延性是通过桥墩塑性铰区的塑性转动能力获得的。普通钢筋混凝土桥墩一般无法提供结构遭遇罕遇地震时所需的位移延性，采用箍筋约束混凝土概念设计的桥墩，则可以提供结构所需的位移延性。

在箍筋约束混凝土桥墩中，横向箍筋有三个重要的作用：①提供斜截面的抗剪能力；②约束核心混凝土，提高普通混凝土的极限压应变，从而提高塑性铰区截面的转动能力；③阻止纵向受压钢筋过早屈曲。桥墩的延性主要来自后两个作用。相关试验研究表明，合理配置一定数量的横向钢筋和纵向钢筋，会对核心混凝土起到约束作用，并能有效限制混凝土的横向变形，维持核心混凝土的完整，提高核心混凝土的极限压应变。不同形状的箍筋套箍(如图7.7所示)效应不同，圆形或螺旋箍筋效果最好；矩形箍筋仅对角隅部分提供充分的约束，因此常需增加一些交叉拉筋或重叠布置箍筋来改善。

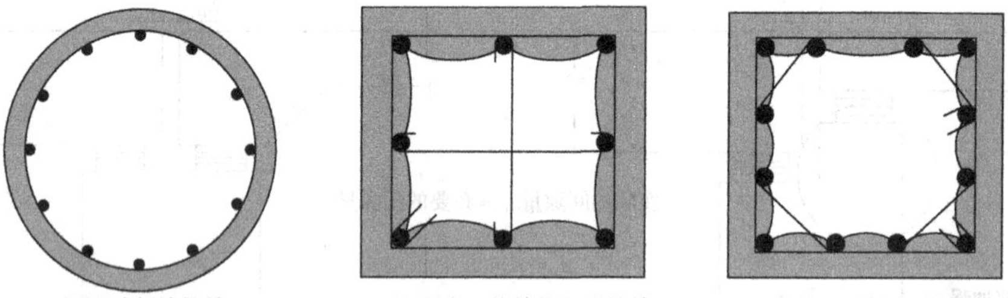

(a)圆形或螺旋箍筋　(b)配置交叉拉筋的矩形箍筋　(c)部分重叠的矩形箍筋

图7.7 箍筋的套箍示意

由于保护层混凝土不受横向钢筋约束，在强震作用下会剥落，这层混凝土不能为横向钢筋提供锚固。因此，所有箍筋都应采用等强度焊接来闭合，或者在端部弯过纵向钢筋到混凝土核心内，角度至少为135°，箍筋的弯头如图7.8所示。若内弯角度不够，则极易造成箍筋崩坏，失去约束作用。

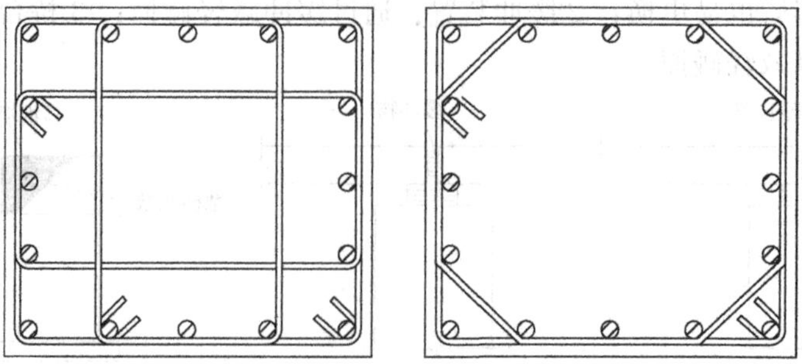

(a)示意图一　(b)示意图二

图7.8 箍筋的弯头示意图

对于矩形截面，除在周边布置箍筋外，混凝土核心范围内应布置箍筋或拉筋。实心截面箍筋配置如图 7.9 所示。

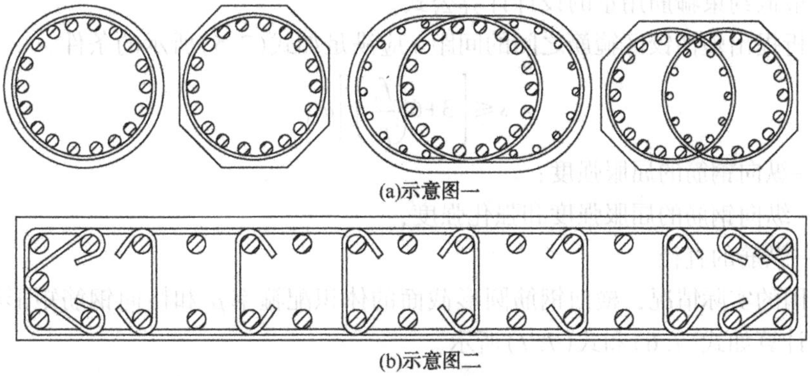

(a)示意图一

(b)示意图二

图 7.9　实心截面箍筋配置

对于空心截面，除满足实心截面的要求外，还应配置内外两层环形箍筋，并在内外两层环形箍筋之间配置足够的拉筋，常见的配置形式如图 7.10 所示。

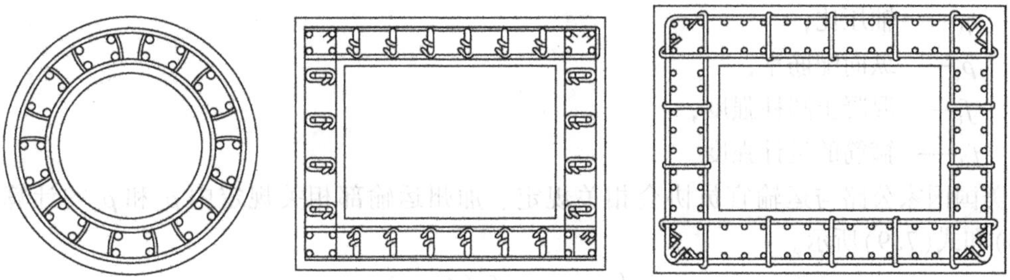

(a)示意图一　　(b)示意图二　　(c)示意图三

图 7.10　空心截面箍筋配置

在墩柱中至少每隔一根纵向钢筋宜用箍筋或拉筋固定；当有内外两层环形箍筋时，在内外两层环形箍筋之间配置足够的拉筋。AASHTO 相关规范中典型的钢筋截面形式如图 7.11所示。对于圆形截面，纵筋的间距不大于 0.203m，箍筋焊接接头在 1/3 的螺旋环周长内要错开位置布置；对于方形截面，拉筋间距不大于 0.356m，纵筋间距不大于 0.152m，箍筋弯钩要求大于 135°，且弯钩锚固长度不小于 $6d$（d 为箍筋直径）。

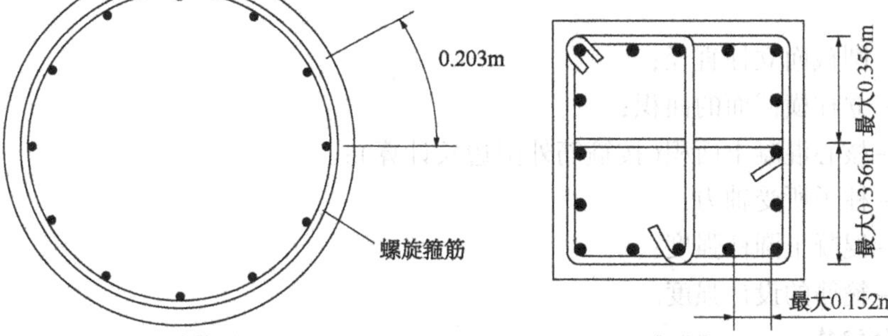

(a)圆形截面　　(b)方形截面

图 7.11　圆形截面和方形截面配筋

在桥墩截面、纵筋、轴压比以及混凝土强度等级等设计参数确定之后，桥墩的延性主要取决于塑性铰区横向箍筋的配置。实际设计中，为简化设计过程，直接提供能满足桥墩延性需求的最低约束箍筋用量的设计计算公式。

通过分析提出塑性铰区箍筋之间的间距 s 应满足如式(7.5)所示的条件。

$$s \leqslant \left[3+6\left(\frac{f_u}{f_y}\right)\right]d_{b1} \tag{7.5}$$

式中 f_y——纵向钢筋的屈服强度；

f_u——纵向钢筋的屈服强度和强化强度；

d_{bl}——纵筋的直径。

结合我国的实际情况，横向钢筋圆形截面的体积配箍率 ρ_v 和横向钢筋矩形箍筋的最低含箍率 ρ_s 的计算如式(7.6)和式(7.7)所示。

$$\rho_v=[0.14\eta_k+5.84(\eta_k-0.1)(\rho_t-0.01)+0.028]\frac{f_c}{f_{yh}}\geqslant 0.004 \tag{7.6}$$

$$\rho_s=[0.1\eta_k+4.17(\eta_k-0.1)(\rho_t-0.01)+0.02]\frac{f_c}{f_{yh}}\geqslant 0.003 \tag{7.7}$$

式中 η_k——轴压比；

ρ_t——纵向配筋率；

f_c——混凝土圆柱强度；

f_{yh}——箍筋的设计强度。

美国国家公路与运输官员协会相关规定、加州运输部相关规定中 ρ_v 和 ρ_s 的计算如式(7.8)和式(7.9)所示。

$$\begin{cases}\rho_v=0.45\dfrac{f_c}{f_{yh}}\left(\dfrac{A_g}{A_{he}}-1\right)\\ \rho_s=0.3\dfrac{f_c}{f_{yh}}\left(\dfrac{A_g}{A_{he}}-1\right)\end{cases} \tag{7.8}$$

$$\begin{cases}\text{当 } D_s\leqslant 90\text{cm},\ \rho_v=0.45\dfrac{f_c}{f_{yh}}\left(\dfrac{A_g}{A_{he}}-1\right)\left(0.5+1.25\dfrac{P}{f_c}\right);\ \rho_s=0.30\dfrac{f_c}{f_{yh}}\left(\dfrac{A_g}{A_{he}}-1\right)\left(0.5+1.25\dfrac{P}{f_c}\right)\\ \text{当 } D_s>90\text{cm},\ \rho_v=0.12\dfrac{f_c}{f_{yh}}\left(0.5+1.25\dfrac{P}{f_c}\right);\ \rho_s=0.12\dfrac{f_c}{f_{yh}}\left(0.5+1.25\dfrac{P}{f_c}\right)\end{cases} \tag{7.9}$$

式中 D_s——圆截面立柱直径；

A_g——立柱横截面的面积；

A_{he}——核心混凝土面积(按箍筋外围边长计算)；

P——柱子所受轴力；

f_c——混凝土圆柱强度；

f_{yh}——箍筋的设计强度。

(2) 纵向钢筋

沿截面布置若干适当分布的纵筋，纵筋和横向钢筋形成一整体骨架。当混凝土纵向受压，横向膨胀时，纵向钢筋也会受到混凝土的压力，这时横向钢筋也能对纵向钢筋起约束作用。因此，为确保对混凝土核心的约束作用，立柱的纵向配筋宜对称，纵向钢筋之间的距离也不应太大，至少每隔一根宜用箍筋或拉筋固定。

纵筋的含量对墩柱的延性有一定影响，因此延性墩柱中纵向钢筋含量不应太低，但含量太高的话也不利于施工，并且还会降低墩柱的延性，所以纵向钢筋的含量也应有一上限。

各国抗震设计规范都对墩柱纵向最小、最大配筋率进行了规定。AASHTO 规范建议的纵筋配筋率范围为 0.01~0.06。美国加州运输部相关规范的纵筋配筋率为 0.01~0.08，纵筋间距不超过 20cm。我国《建筑抗震设计规范(2016 年版)》(GB50011—2010)的纵筋配筋率为 0.005~0.05，《公路工程抗震规范》(JTG B02—2013)的纵筋配筋率为 0.006~0.04，《铁路工程抗震设计规范(2009 年版)》(GB 50111—2006)的纵筋配筋率为 0.005~0.04，《城市轨道交通结构抗震设计规范》(GB 50909—2014)的纵筋配筋率取为 0.005~0.05。

为了确保在地震作用下，纵向钢筋不发生黏结破坏，墩柱的纵筋应尽可能充分锚固，纵筋的锚固和搭接细节都必须加以仔细考虑。AASHTO 规范规定纵筋的搭接接头只允许出现在柱的中部，搭接长度至少为 60 倍的纵筋直径或 40cm。美国加州运输部相关规范的纵筋不应在塑性铰区内搭接。日本铁路相关规范规定墩柱底至截面高度的 1.5 倍范围内不设搭接接头，同时规定在同一截面内每 2 根钢筋所设的钢筋接头少于 1 个；日本公路桥相关规范规定在塑性铰的区域不设置接头，在同一个截断位置处纵向钢筋量减少不可超过 1/3，截断位置上下桥墩断面短边长或直径的 1.5 倍范围内箍筋间距要小于 150mm。我国《建筑抗震设计规范(2016 年版)》(GB50011—2010)规定纵筋绑扎接头应避开柱端箍筋加密区；我国《公路工程抗震规范》(JTG B02—2013)规定纵筋应尽可能地延伸至盖梁和承台的另一侧面，纵筋的锚固和搭接长度应在现行的《公路钢筋混凝土及预应力混凝土桥涵设计规范》(JTG 3362—2018)要求基础上增加 $1d_{bl}$(d_{bl}为纵筋的直径)，且不应在塑性铰区进行纵筋的搭接。

7.1.2.4　节点

梁柱节点是保证结构整体工作的重要构造，如图 7.12 所示。在地震作用下，节点受到水平、竖向剪力和弯矩的共同作用，受力状态复杂，并且一旦受到损伤很难修复。

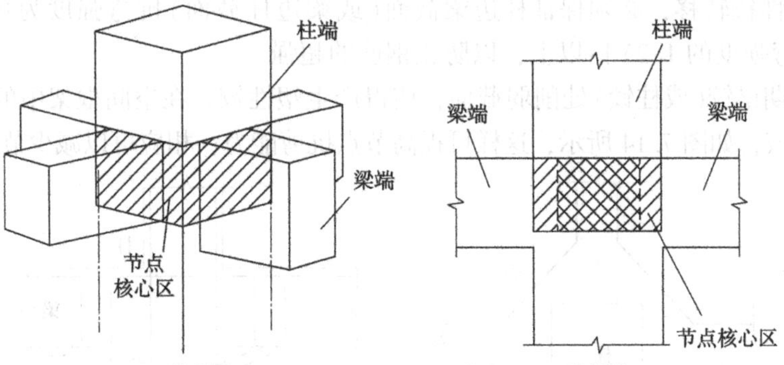

图 7.12　节点示意图

(1) 配筋要求

若节点的主拉应力 $\sigma_t \leqslant 0.275\sqrt{f_c}$ (MPa)，节点的水平和竖向最小配箍率 $\rho_{s,min}$ 计算如式(7.10)所示。

$$\rho_{s,\min}=\frac{0.275\sqrt{f_c}}{f_{yh}} \tag{7.10}$$

式中 f_{yh}——箍筋的设计强度；

f_c——混凝土圆柱强度。

梁与柱节点配筋示意图如图 7.13 所示。

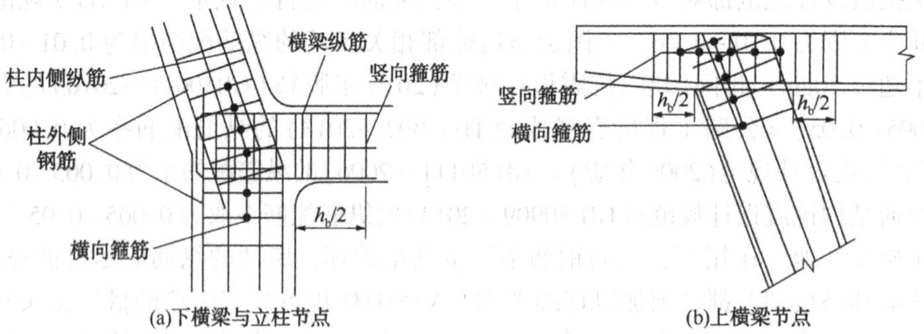

图 7.13　梁与柱节点配筋示意图

注：h_b——横梁的高度

若节点的主拉应力 $\sigma_t>0.275\sqrt{f_c}$（MPa）则应按下列要求进行节点的水平和竖向箍筋配置：节点中的横向含箍率不应小于塑性铰加密区域最小含箍率；在离柱侧面 $h_b/2$ 的横梁范围内，竖向箍筋面积 A_{jv} 计算如式(7.11)所示。节点中的竖向箍筋可取 $A_{jv}/2$。

$$A_{jv}=0.174A_s \tag{7.11}$$

式中 A_s——立柱纵筋面积。

（2）节点处塑性铰转移

节点处塑性铰转移就是从配筋构造上采取措施加强节点附近截面的抗弯强度，保证梁(或柱)铰形成时，节点里面的梁筋(或柱筋)不至于屈服，可避免梁筋(或柱筋)的锚固破坏。

为了使塑性铰转移，必须保证柱边梁截面(或梁边柱截面)抗弯强度为预期的梁铰(或柱铰)处的抗弯强度的 1.25 倍以上，以防止钢筋的超强。

可以在预期梁铰(或柱铰)处削弱截面，使得产生塑性铰；在空间框架中的内节点，配筋拥挤，也可加腋，如图 7.14 所示，这样可提高节点抗剪能力，相应可以减少节点箍筋用量。

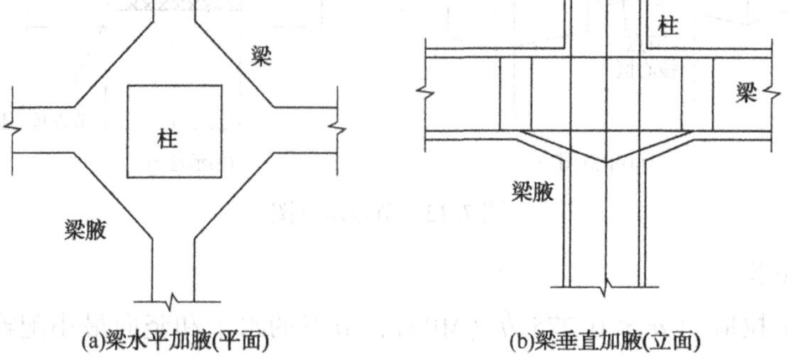

图 7.14　中节点加腋

(3) 节点主筋锚固形式

常采用的锚固形式如图 7.15 所示，如图 7.15(a)所示为中柱节点钢筋通长布置；如图 7.15(b)所示为中柱节点将部分钢筋弯折锚固，这会引起节点钢筋的混乱；如图 7.15(c)所示为边柱节点，梁筋原则上都要进行弯折，弯折的起点应超出柱中心线并尽量靠近柱外侧，不允许在柱中截断主筋；如图 7.15(d)所示为顶层中柱节点，柱筋的锚固长度不足，要弯折；如图 7.15(e)所示是顶层角节点，柱筋的锚固长度不足，会弯折。

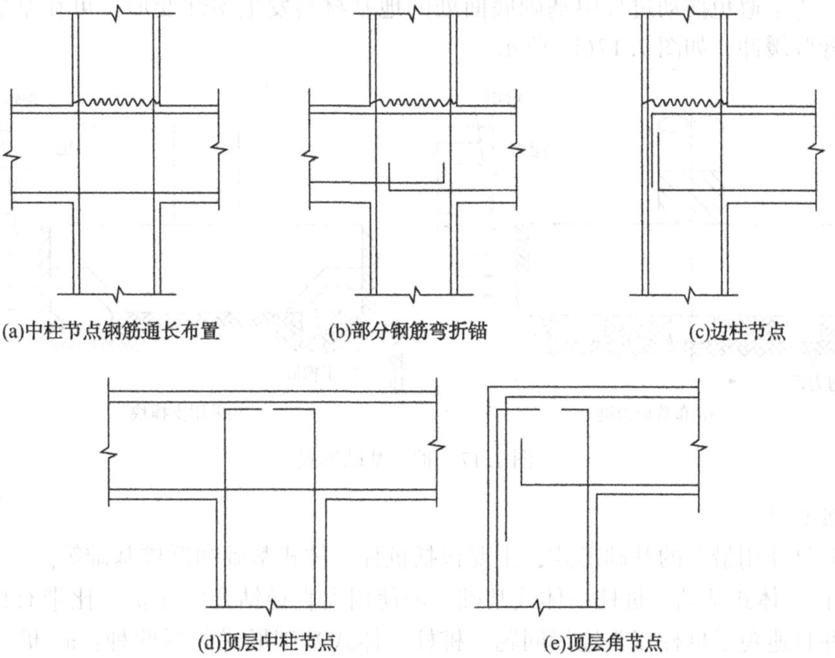

图 7.15　节点主筋常见锚固形式

节点的一些特殊锚固方法如图 7.16 所示；如图 7.16(a)所示为中柱节点采用钢筋分开锚固，以增加钢筋的锚固长度，降低单根钢筋的黏结应力；如图 7.16(b)所示为节点内梁筋上增设锚板，可以增大抗滑移的能力；如图 7.16(c)所示在核心范围除采用水平箍筋外，还采用垂直拉筋与梁的上下钢筋焊接起来，防止梁筋拔出，也能提高节点的抗剪强度；如图 7.16(d)所示将梁的通长配筋在柱宽范围内进行高频淬火，提高钢筋的屈服强度，这样梁端屈服时，节点内钢筋不屈服，应变也很少，防止拔出，除此之外，还可以为柱外侧增设短梁头，梁筋伸入短梁头内锚固而不用弯折，可用短钢筋将梁上下钢筋焊接起来；借助锚板进行主筋锚固，主筋末端不再弯折，而是伸长到外排主筋处，用适当厚度的钢板与主筋焊接。

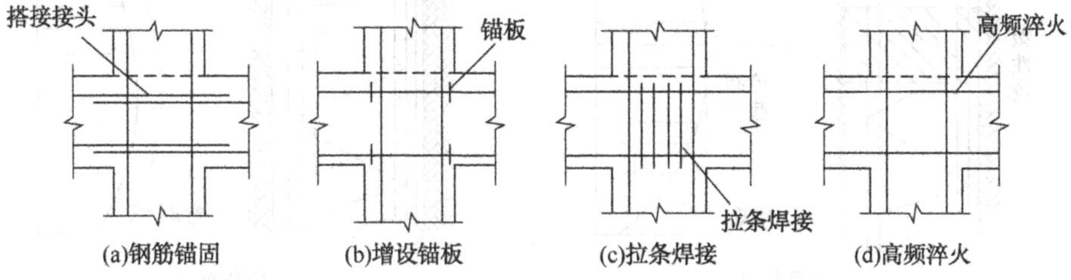

图 7.16　常用锚固方法

7.1.2.5 基础

(1) 扩大基础

基础形式的选择对高架区间的地震反应，以及墩柱和基础内力的分布均有重要的影响，因此应合理选取基础形式。对于硬土或岩石地基，扩大基础是最经济的形式；只要保证扩大基础不倾覆，则塑性铰就能在墩柱底部形成；为提高抗剪能力，可在基础底面布置剪力键，如图 7.17(a)所示。扩大基础还可允许摆动，这样当地震作用较小时，墩柱底面不产生塑性铰。为了避免摆动过程中基础底面处的地基材料发生塑性变形，可在基底采用支撑块，并用橡胶缓冲，如图 7.17(b)所示。

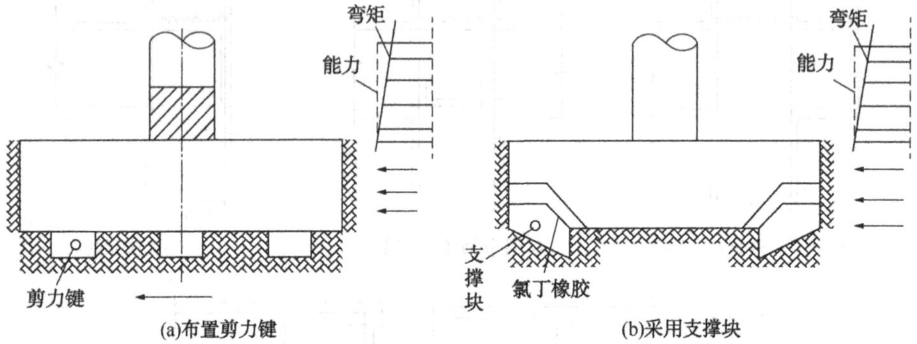

图 7.17　扩大基础形式

(2) 桩基础

桩基础是使用最多的基础形式，主要包括桩柱一体式基础和群桩基础等。

① 桩柱一体式基础。桩柱一体式基础一般使用大直径钻孔灌注桩，比带有桩帽的打入桩经济，并且避免了桩柱接头连接问题。桩柱一体式基础形式包括两种：a. 桩-柱等截面，如图 7.18(a)所示。桩柱二者没有区别，其最大弯矩出现在 1.5~2.5 倍桩径深度，塑性区域比较长，直到大的塑性转动产生，混凝土保护层才可能剥落，缺点是塑性铰在地表下，不易发现。b. 桩-柱变截面，如图 7.18(b)所示。为了容易发现破坏位置，可以把桩径加大，使得塑性铰出现在墩柱中，但这样会导致造价增加。

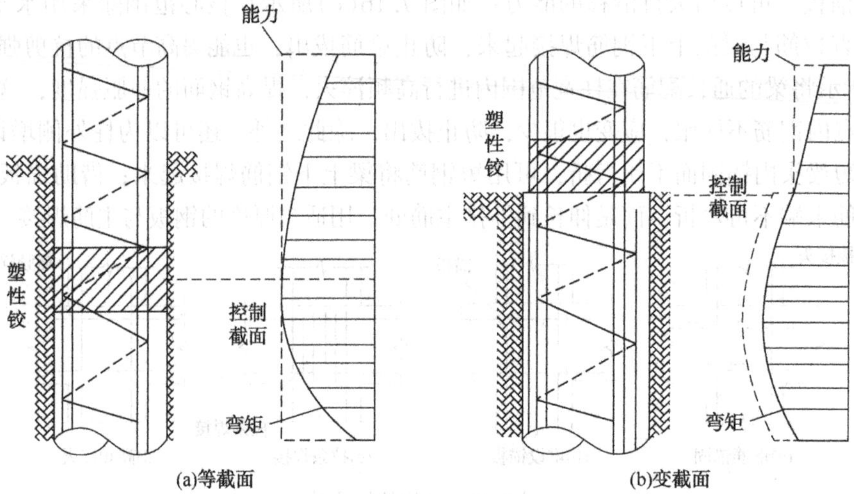

图 7.18　桩柱一体式基础形式

② 群桩基础。群桩基础根据承台与冲刷线的关系分为高桩承台基础和低桩承台基础，如图 7. 19 所示，在我国，大直径钻孔灌注桩使用广泛。塑性铰一般设计在墩柱中，但某些情况下，可以让桩产生有限塑性铰。

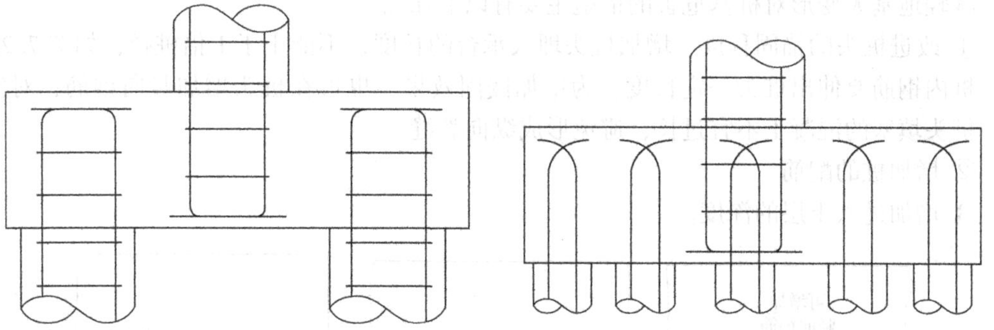

(a)高桩承台基础　　(b)低桩承台基础

图 7. 19　群桩基础形式

对于桩基础，主要震害是地基失效或基础构件破坏，因此，基础的抗震构造措施主要为了防止桩基折断或地基液化产生的大变形。各国规范对防止桩基折断做了规定。AASHTO 规范规定对于抗震设防类别为 C 类和 D 类的桥梁，桩基础是延性构件，要按延性构件的塑性铰区的要求配置钢筋；灌注桩和预制桩的全部桩身都要配置纵筋，且不得少于 4 根，纵筋在桩身上部 2/3 范围内的配筋率不得低于 0. 007；塑性铰区不得使用空心预应力桩，桩头不得使用预应力钢筋连接到承台处。

欧洲抗震相关规范规定，桩基础桥梁，塑性铰一般出现在墩柱，特殊情况下，可以设置在桩中，此时应该保证桩的完整性和延性。桩中塑性铰位置可能在桩顶，也可能在剪切变形有明显不同的两层土交界面。出现在桩顶时，其桩头 5 倍桩径范围内，箍筋配置要满足墩柱塑性铰区要求；出现在两层土交界面时，在交界面两侧上下各 2 倍桩径范围内，纵筋和箍筋的配置要跟桩头一样。

日本铁路结构抗震设计相关规范和公路桥梁抗震设计相关规范规定，基础构件的抗震构造细节要参照桥墩的规定进行，对于桩基础还要参照门式框架、刚构桥等框架结构节点的规定；对于灌注桩，从承台下端起桩径的 2 倍范围内应配置与桩头相同的箍筋；对 PHC 桩，箍筋间距满足 $2A_s f_{syd}/hD \geqslant 1.25$(其中 A_s 为单根箍筋截面面积，f_{syd} 为箍筋的屈服强度，h 为箍筋间距，D 为桩径)且不大于 10cm；对沉箱基础主体的空心断面，侧墙需配置足够的箍筋防止脆性破坏。

(3) 地基液化处理

由砂土液化造成的地基大变形会对桩基产生严重的破坏，因此应采取措施减轻或消除砂土液化及其带来的大变形对桩基的影响。对地基中的可液化土层，应查明其分布范围，分析其危害程度，根据工程实际情况，选择合理工程措施。具体工程措施很多，主要有以下几个方面的内容。

① 改变可液化土的性质，使其不具备液化的条件。如采用振冲加固或挤密碎石桩加固后构成复合地基等。

② 改善排水条件，限制地震时孔隙水压力的产生和增长。

③ 置换可液化地基土。

④ 越过可液化地基土层，如采用桩基础。

⑤ 围封可液化地基，防止液化向四周扩散。

减轻地基大变形对桩基危害的措施主要有以下几点。

① 改进桩头的锚固程度。增加桩头埋入承台的长度，不能小于 1 倍桩径，如图 7.20 所示。桩内钢筋要伸出桩头一定长度，为增加嵌固效果，也可在桩头增加竖向钢筋；对空心桩，桩头填塞的混凝土不宜过长，避免形成纵向裂缝。

② 增加桩的配筋。

③ 增加进入土层的深度。

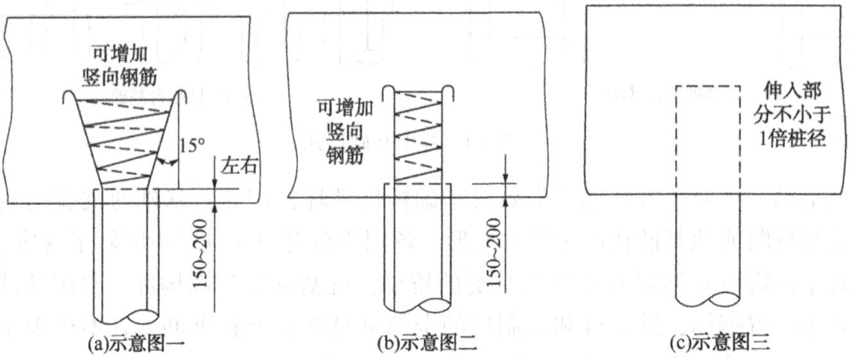

图 7.20　桩头伸入承台示意图(单位：mm)

7.2　高架车站抗震构造措施

7.2.1　一般规定

《城市轨道交通结构抗震设计规范》(GB 50909—2014)对高架车站抗震构造措施的规定主要有以下几点。

① 钢筋混凝土高架车站抗震构造措施应符合现行国家标准《混凝土结构设计规范(2015 年版)》(GB 50010—2010)规定。

② 钢结构高架车站的抗震构造措施应符合现行国家标准《建筑抗震设计规范(2016 年版)》(GB50011—2010)的规定。

③ 钢骨混凝土结构高架车站抗震构造措施的规定：a. 钢骨混凝土高架车站结构中的框架梁、框架柱和节点应符合国家现行有关标准中相应的抗震构造要求；b. 钢骨混凝土高架车站结构中梁柱节点的连接构造应简单，传力明确，便于混凝土浇捣和配筋。

④ 钢管混凝土高架车站结构中，钢管混凝土柱与钢筋混凝土梁、钢梁、钢骨混凝土梁的节点连接构造，应符合下列规定：a. 梁柱节点，应使钢管和钢骨混凝土、钢筋混凝土以及钢梁部分可靠连接，并应保证混凝土的填充密实；b. 节点区布置钢筋，应避免在钢骨或钢管上开孔。

7.2.2　具体抗震构造措施

城市快速轨道交通(地铁或轻轨)位于地面的部分，由于处于城市已建成区，为了减少对已建成的城市道路的影响，主要采用高架结构形式，且大多数车站建筑建设在高架桥梁上，从而形成站桥合一的结构体系。高架车站多数位于城市道路的中央隔离带上，在高架桥梁的墩柱上横向伸出盖梁作为车站建筑的支承体系，形成貌似“干”字形的站桥合一的结构系统。下面以独柱式长悬臂高架车站为例，对高架车站抗震构造措施进行阐述。

7.2.2.1　独柱式长悬臂高架车站常见结构布置形式及抗震薄弱环节

独柱式长悬臂高架车站一般分为两种形式：侧式高架站和岛式高架站，如图 7.21 所示。有时由于线路走向的原因，也会布置成侧式岛式混合站。侧式高架站，首层盖梁作为车站站厅层的支承，层 2 盖梁作为车站站台夹层的支承，然后在站台夹层的梁上立柱，作为站台层的支承，屋面钢结构雨棚支承在站台层的梁或柱上。岛式高架站，只有 1 层盖梁，该层盖梁不仅支承车站站厅层，而且在站厅层的盖梁上立柱作为站台夹层的支承，然后又在站台夹层的梁上立柱作为站台层的支承，屋面钢结构雨棚也支承在站台层的梁或柱上。

独柱式长悬臂高架车站横剖面按 10~20m 的跨度组成长 120m 左右的站房结构。对于侧式高架站，有 4 个从站厅层直上站台层的楼梯和扶梯洞口，车站一端各两个，而岛式高架站则有两个从站厅层直上站台层的楼梯和扶梯洞口，车站一端各一个，一般楼梯与扶梯并行。

从这种独柱式长悬臂高架车站的结构布置可以看出，这种结构体系的抗震性能是较差的，具体表现在以下方面。

① 结构纵横向的抗侧刚度差异太大，两个主轴方向的动力特性差异明显。这种结构布置导致车站结构主受力梁是纵向梁，再加上跨度大，纵向梁的截面尺寸较大，纵向梁在纵向把墩柱及盖梁连接成整体，然而在横向，仅有的抗侧力结构是墩柱，因此结构纵向刚度远大于横向刚度。

② 结构的长宽比太大，结构扭转效应明显。考虑列车行车要求，这种结构纵向一般不设永久结构缝。在横向，结构的有效宽度就是墩柱的截面高度，这样结构的长宽比高达 45~50，而且车站众多的设备用房布置在建筑的一端，造成楼面荷载作用不均，结构质心与刚心偏离，水平荷载作用下引起结构发生较大的扭转。

③ 带变电站的高架车站，结构扭转效应更加明显。当车站设置变电站时变电站常布置在建筑物的端头一跨站厅层的下面，形成站厅下夹层，引起结构质心与刚心偏离严重。

④ 结构楼层开洞面积大。高架车站一个重要方面就是解决人流的竖向交通，相对普通民用建筑，高架车站楼梯、扶梯、电梯洞口面积占整个楼层面积的比例显得较大，特别是在顶部的站台层，加上留出的轨行区，这个问题更加突出，在建筑的横向，有效板宽不足 3m。

⑤ 墩柱属于短柱或超短柱。考虑到列车运行对结构的刚度要求，沿纵向墩柱截面一般为 2m，在横向，墩柱截面一般为 2.5~3m，在满足盖梁下城市道路通行净空要求的条件下为了减小轨道线路坡度，需要尽可能地压缩层高，这样导致墩柱处于短柱的受力状态。

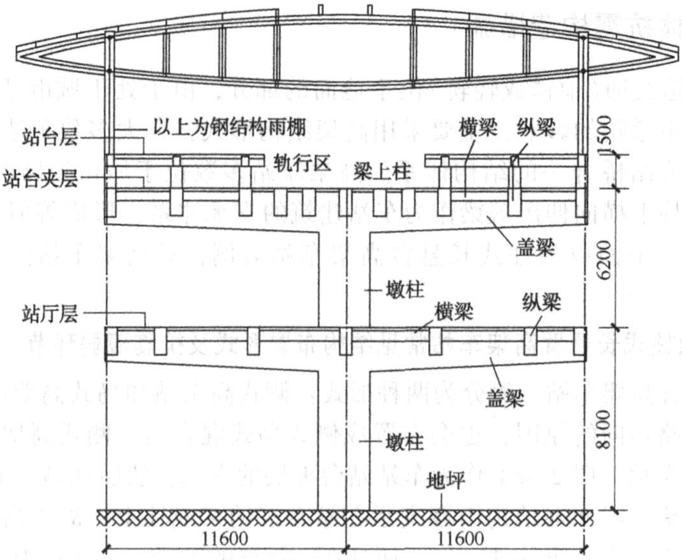

(a)侧式高架站

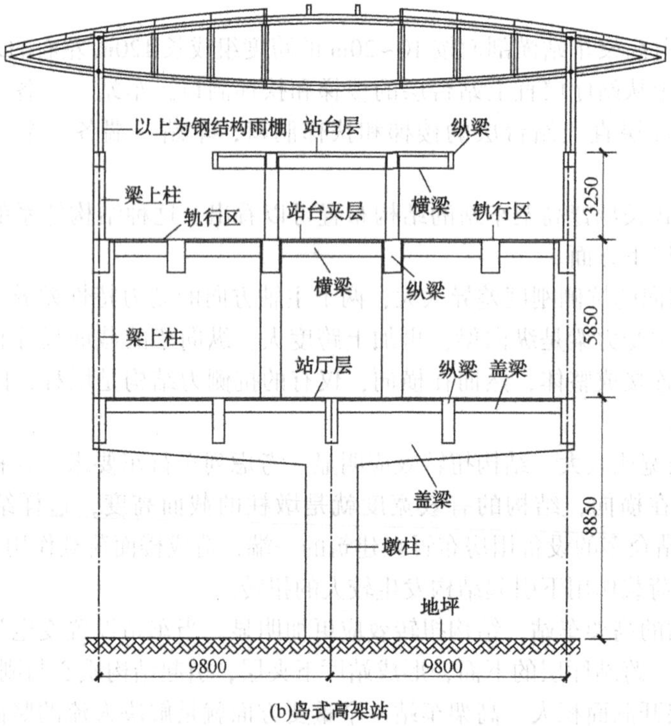

(b)岛式高架站

图 7.21 柱式长悬臂高架车站结构布置形式(单位：mm)

⑥ 坡地部位，站厅层下的墩柱长短不一，地震作用下受力差异明显。位于坡地上的高架车站，墩柱基础承台顶标高不一致，形成首层墩柱有长有短，地震作用下，首层墩柱受力出现差异，越短的墩柱，吸收的地震作用越大，就可能出现墩柱被各个击溃的危险。

⑦ 结构在竖向存在刚度突变。为了满足高架车站的功能要求，站台夹层和其下部的竖

向构件不能连续，而且为了满足列车限界要求，站台夹层的层高有限，因此站台夹层常采用4m左右间距的柱网，以便降低梁高，这样站台夹层的侧向刚度明显大于下部结构的侧向刚度，在站台夹层形成刚度突变。

⑧ 结构缺乏多道防线。在车站纵向，墩柱能与其连接的纵向梁形成框架，还能由框架形成地震作用下的耗能机制。但是在车站横向，仅能依靠墩柱的塑性变形来耗散地震能量，当简化成平面刚架的时候结构为一静定结构，缺乏抗震结构应有的赘余度，当墩柱屈服或者破坏以后，不可避免地造成连续破坏。

⑨ 结构头重脚轻，重心上移，地震反应明显。高架车站为了满足建筑的功能布置，墩柱顶的盖梁悬挑净长度达8~10m左右，形成头大脚小的造型，造成结构重心上移。历次地震中水塔从水箱下部折断的严重破坏，可以给这样的结构提供警示，因此这种独柱式长悬臂高架车站的抗震性能让人担忧。

7.2.2.2　独柱式长悬臂高架车站设计存在的问题

目前将独柱式长悬臂高架车站结构人为地分为两部分：一部分是桥梁结构，包括轨道梁、盖梁、墩柱及基础；另一部分是建筑结构，包括除上述桥梁结构以外的车站结构。对于高架车站，目前尚无统一的、完善的设计标准，现采用的设计方法是桥梁结构按铁路工程相关规范进行设计，建筑结构则按建筑工程相关规范进行设计。依据实践工程经验，目前高架车站抗震设计还存在如下问题。

① 高架车站这种站桥合一的结构体系，一部分进行抗震设计，而另一部分又没进行抗震设计，这样处理是否匹配，值得商榷。站桥合一车站的桥梁结构从形状、受力、支座构造等方面不同于线路区间部位的桥梁结构。研究表明，采用板式橡胶支座的桥梁可以明显减弱桥梁的地震响应、改善桥梁的抗震延性性能，但是站桥合一车站的梁、墩柱是现浇在一起的整体结构。

② 高架车站结构布置不利于抗震考虑墩柱、盖梁对高架车站的重要性，宜考虑按“中震弹性”或“大震不屈服”进行设计。

③ 高架车站由建筑结构和桥梁结构两个专业完成，缺乏对结构的总体把握。桥梁结构不考虑地震作用，结构的横向主要由恒载和活载控制，桥梁结构在计算横向时被简化成平面刚架，忽略了结构在水平地震作用下的扭转部分墩柱内力将大于按平面刚架计算的结果。

④ 对高架车站结构进行地震作用计算时，由于存在上述结构布置的缺陷，结构横向的有效质量参与系数很难达到大家认可的90%的标准；而且，结构第2周期就出现扭转周期，第1扭转周期与第1平动周期的比值接近或超过0.9。已有的研究表明，当第1扭转周期与第1平动周期接近时，由于振动耦联的影响，结构的扭转效应显著增大。

7.2.2.3　独柱式长悬臂高架结构抗震构造措施

① 独柱式长悬臂高架结构作为地震区建筑的主要抗侧力结构体系其抗震能力缺陷明显，应间隔适当间距在结构横向设置三柱(两边人行道及中间隔离带各一根柱)框架，以改善结构横向抗震性能。

② 独柱式长悬臂高架车站的结构形式抗震性能较差，在满足车站结构刚度要求的前提下，应该尽量减小结构的纵向刚度，减小站台层竖向构件的抗侧刚度以便减小结构纵横向、竖向刚度差异。

③ 独柱式长悬臂高架车站属于上大下小、头重脚轻的结构类型，由于结构重心上移，在地震作用下，结构的地震反应比常规结构显著，桥梁结构属于这类车站非常重要的结构构件，应进行抗震设计。鉴于墩柱及盖梁在结构中的重要地位，而且在结构横向接近静定结构的受力状态，建议墩柱及盖梁按中震弹性地震作用进行截面设计，在此基础上进行大震不屈服验算。

④ 独柱式长悬臂高架车站属于长宽比很大、荷载分布不均匀的结构，扭转效应明显，桥梁结构不宜简化成一片片刚架对墩柱和盖梁进行计算，应该建立结构的三维有限元模型进行受力分析，而且对于坡地上的高架车站，应该真实体现站厅层下各个墩柱的计算长度。

⑤ 独柱式长悬臂高架车站结构纳入地区超限结构抗震专项审查的范围，也希望各部门通力合作，调整这种车站的布置，不建或少建这种结构形式的高架车站。

⑥ 鉴于我国在建和拟建的城市轨道交通线路越来越多，建议有关方面组织力量对站桥合一的高架车站进行研究，制定相应的技术规程，编制计算软件改变目前设计标准不统一、人为地分割成桥梁结构和建筑结构、缺乏对结构整体考虑的状况。

7.3 隧道与地下车站抗震构造措施

7.3.1 一般规定

《城市轨道交通结构抗震设计规范》(GB 50909—2014)对隧道与地下车站抗震构造措施主要有以下几方面的规定。

① 隧道与地下车站结构的抗震构造措施应按现行国家标准《地铁设计规范》(GB 50157—2013)、《混凝土结构设计规范(2015年版)》(GB 50010—2010)和《建筑抗震设计规范(2016年版)》(GB 50011—2010)中有关条文规定执行。

② 当按现行国家标准《建筑抗震设计规范(附条文说明)(2016年版)》(GB 50011—2010)进行抗震构造设计时，特殊设防类、重点设防类结构的抗震等级宜取二级，标准设防类结构的抗震等级宜取三级。

③ 隧道与地下车站结构中柱式构件的设计轴压比宜符合下列规定。

a. 轴压比不宜超过如表7.3所示的规定；对深度超过20m的地下结构，其轴压比限制宜适当放宽。

表7.3 柱式构件设计轴压比限制值

地下结构深度/m	抗震等级	
	二	三
≤20	0.75	0.85
>20	0.80	0.90

注：1. 轴压比指柱组合的轴压力设计值与柱的全截面面积和混凝土轴心抗压强度设计值乘积之比值；2. 表中限值适用于剪跨比大于2，混凝土强度等级不高于C60的柱(剪跨比不大于2的柱，轴压比限值应降低0.05；剪跨比小于1.5的柱，轴压比限值应专门研究并采取特殊构造措施)。

b. 下列情况下轴压比限值可增加0.10，箍筋的最小配箍特征值应按现行国家标准《建筑抗震设计规范(2016年版)》(GB 50011—2010)确定：沿柱全高采用井字复合箍且箍筋肢距不大于200mm、间距不大于100mm、直径不小于12mm；沿柱全高采用复合螺旋箍、箍筋间距不大于100mm、箍筋肢距不大于200mm、直径不小于12mm；沿柱全高采用连续复合矩形螺旋箍、螺旋净距不大于80mm、箍筋肢距不大于200mm、直径不小于10mm。

c. 在柱的截面中部附加芯柱，其中另加的纵向钢筋的总面积不少于柱截面面积的0.8%，轴压比限值可增加0.05。

d. 柱轴压比不应大于1.05。

④ 埋置于软弱土层或明显上软下硬土层中的隧道与地下车站结构的抗震构造措施，当遇到下列情况之一时，应进行加强处理。

a. 大断面的明挖地下结构。

b. 埋置于Ⅳ~Ⅴ级围岩中的矿山法地下结构。

c. 多线隧道重叠段或交叉部位。

d. 结构局部外露时。

e. 隧道处于性质显著不同的土层中时。

f. 隧道下方的基岩变化很大时。

g. 隧道处于可能液化或软黏土层以及处于易发生位移的地形条件时。

h. 隧道断面急剧变化的部位。

⑤ 明挖隧道和浅埋矩形框架结构的隧道与地下车站，宜采用现浇整体钢筋混凝土结构，避免采用装配式和部分装配式结构。

⑥ 盾构隧道应符合下列规定。

a. 隧道与车站结构连接处、联络通道两侧、土层性质急剧变化处等，应设置变形缝。

b. 衬砌管片环间宜采用螺栓等抗拉构造进行连接。

⑦ 对埋入式隧道结构，应及时向其衬砌背后压注硬化性浆液，并应保证周围介质与隧道结构的共同作用。

a. 用盾构法施工的隧道，在软土层或需严格控制地面沉降的地段应进行同步注浆。

b. 用矿山法施工的不良地质地段或偏压地段的隧道，及处于Ⅲ~Ⅵ级围岩中的隧道拱部应及时注浆。

⑧ 对隧道跨断层的情况，宜采用柔性接头设计。

⑨ 地下车站的抗震构造措施，应符合下列规定。

a. 地下框架结构的中柱宜采用延性性能良好的钢管混凝土柱；当采用钢筋混凝土柱时，其轴压比和箍筋的配置应符合现行国家标准《建筑抗震设计规范(2016年版)》(GB 50011—2010)的相关规定。

b. 当地下车站采用装配式结构时，接缝的连接措施应具有整体性和连续性。

7.3.2　具体抗震构造措施

7.3.2.1　主体抗震构造措施

结合工程的地质条件、水文条件等具体情况，主要从以下几个方面采取工程主体抗震构造加强措施。

① 框架抗震遵守“强柱、弱梁、更强节点核心区”，严格控制中柱轴压比，保证中柱的延性。中柱纵向受力钢筋的配筋率按不大于5%控制，钢筋在同一截面内的钢筋接头不宜超

过全截面钢筋总数的50%，在搭接接头范围内，箍筋间距≤5d(d 为纵向钢筋直径)，且应小于 100mm。同时抗震二级要求设置箍筋加密区。框架梁是框架结构在地震作用下的主要耗能构件，为了对节点核心区提供约束以提高其受剪承载力，梁宽不应小于柱宽的1/2，通过适当的加宽梁截面来降低梁截面的剪压比。框架梁的纵向受拉钢筋最小配筋率不应小于0.25 较大值，梁端纵向钢筋配筋率不宜大于2.5%。抗震二级要求设置箍筋加密区。

② 框架节点区处理。框架中间层中间节点处，框架梁的上部纵向钢筋应贯穿中间节点；框架柱的纵向钢筋应贯穿中间层中间节点和中间层端节点，柱纵筋接头应设在节点区以外。对于框架中间层中间节点、中间层端节点、顶层中间节点以及顶层端节点，梁、柱纵向钢筋在节点部位锚固和搭接。

③ 节点区腋角的设置。为了加强节点四周的约束程度，保证结构整体性和连续性，保证构件间内力的顺利传递，梁板、墙板纵横处均设置腋角，防止节点提前破坏。在结构梁与板、墙与板交界处均设置腋角。设置腋角后，可有效增大节点区结构构件的截面高度，提高节点的受剪承载力，提高结构的抗震性能。腋角内下部纵向受拉钢筋的直径和根数，一般不宜小于结构伸进腋角内的下部钢筋的直径和根数。

④ 混凝土浇筑。地下车站大体积浇筑的混凝土应采用低水化热水泥、添加剂，以防止发生有害裂缝和减小裂缝宽度，在必要部位采用微膨胀混凝土以及其他防裂抗裂措施。混凝土的原材料和配比、最低强度等级等应符合相应的耐久性要求，同时要满足抗裂、抗渗、抗冻和侵蚀性的需要。混凝土中氯离子的最大含量不得超过0.1%，单位体积砼中的含碱量不应超过3kg/m^3。

⑤ 保护层。受力钢筋的混凝土保护层厚度不得小于钢筋的公称直径，且在一般环境条件下应符合如表7.4所示的规定。箍筋、分布筋和构造筋的混凝土保护层厚度不得小于20mm。

表7.4　受力钢筋的混凝土保护层最小厚度　　mm

结构类别		保护层厚度
灌注桩		70
楼板纵梁		30
框架柱		30
顶板	外侧	45
	内侧	35
明挖、暗挖侧墙	外侧	45
	内侧	35
底板	外侧	45
	内侧	35

注：1. 混凝土结构中受力钢筋的混凝土保护层厚度不应小于钢筋公称直径；2. 车站内的楼梯、站台板等内部构件主筋的混凝土保护层厚度不应小于25mm；3. 箍筋、分布筋和构造筋的混凝土保护层厚度不应小于20mm。

7.3.2.2　结构薄弱部位抗震构造措

对于结构薄弱部位，诸如结构顶板、楼板开洞、出入口等处，可从以下几个方面进行抗震构造设计。

① 结构板开洞部位结构构件为结构的薄弱部位，在结构开口部位设置锁边梁的同时，适当加厚开洞部位板厚度或设置梁，以弥补结构板刚度削弱的不足，并严格按照各级抗震进行结构抗震构造设计。

② 对于侧墙开洞部位，应加强顶板跨中钢筋、侧墙跨中钢筋和开洞侧墙下部钢筋。结构开洞范围内设置加强后浇环梁或者暗梁柱，确保结构传力路径清晰，增加开洞侧墙的整体抗震性能。

7.3.2.3　区间隧道抗震构造措施

盾构管片开洞范围内设置加强后浇环梁，确保结构传力路径清晰，增加开洞部位的整体抗震性能。盾构管片与联络通道初期支护的连接可通过特殊管片上的钢板与初支钢格栅焊接。

盾构管片与联络通道二次衬砌之间的连接，可以采用钢筋接驳器进行连接。亦可以采用植筋方式，植筋有效深度不小于21d(d为纵向钢筋直径)，需通过现场试验确定，施工时应采取有效措施保证植筋钻孔不对管片中钢筋和周围管片造成损害。

隧道与车站结构连接处、连接通道两侧、土层性质急剧变化处等，应设置变形缝。对地震时可能产生砂土液化的地段，在设计、施工中应采取技术措施。

盾构衬砌管片采用错缝拼装，接头采用螺栓等抗拉构造作拉力联系，保持结构连续性，纵向产生的拉应力按由纵向螺栓承担进行设计；在环向和纵向接头处设弹性密封垫，在地层、地基、荷载、结构等显著变化地段配置较大膨胀倍率的密封垫，以适应地震中地层施加的一定的变形。

盾构法隧道穿越土岩交界面时需进一步采取以下措施。

① 增大盾构掘进过程中的同步注浆填充地层与盾构管片之间的空隙，隧道贯通后进行二次注浆，充分填充地层与盾构管片之间的空隙，使围岩与衬砌之间共同作用以利于抗震要求。

② 土岩交界面处连续设置两道变形缝，满足地震作用下隧道的变形需求，同时满足不均匀沉降要求。

第8章　城市轨道交通结构抗震设计案例

8.1　城市轨道交通地上结构抗震设计案例

8.1.1　双柱大悬挑高架车站抗震设计案例

随着各地市区内的地铁线路趋于完善，城市轨道交通建设有向城郊铁路及城际铁路发展的趋势，高架车站建设量也随之增大。钢筋混凝土结构为高架车站的主流结构形式，车站结构根据其与区间桥梁的结合关系可分为以下3种：①“桥建合一”的全现浇框架结构，即列车荷载直接作用在框架结构的楼板上；②“桥建分离”的桥梁型结构，即行车部分作为区间桥梁的延伸与站台结构完全分离；③“桥建部分合一”的半分离式结构，即采用橡胶垫或者滑动支座，将轨道梁简支于结构的横梁上。

“桥建合一”的全现浇框架结构主要优点为结构布置灵活、占用建筑高度较少、造价相对经济。虽然单跨框架结构为抗震不利结构，但为了减少对沿线车道的占用，“桥建合一”双柱大悬挑结构已经成为高架车站的一种主流结构形式。下面以某城际高架线路的2种车站类型(岛式站、侧式站)为例，对该类城市轨道交通高架车站抗震设计要点进行分析。

8.1.1.1　工程概况

该双柱大悬挑高架车站长约为9.5km，全线设高架站4座，高架站中2个为双柱岛式车站、2个为双柱侧式车站。

双柱岛式车站站台长度为120m，站台宽度为11m。站厅层采用横向双柱大悬挑结构，横向轴线尺寸为(6.2+7.0+6.2)m，纵向柱距为12m。横向帽梁为变截面梁，尺寸为1.5m×(1.5~2.4)m，中部纵向框架梁尺寸为0.6m×1.5m，边部纵向框架梁尺寸为0.7m×1.4m，底部截面柱尺寸为2.2m×1.7m，如图8.1(a)所示。

双柱侧式车站站台长度为120m，站台宽度为7.6m。站厅层采用横向双柱大悬挑结构，横向轴线尺寸为(7.7+7.0+7.7)m，纵向柱距为12m。横向帽梁为变截面梁，尺寸为1.5m×(1.5~2.4)m，中部纵向框架梁尺寸为0.6m×1.5m，边部纵向框架梁尺寸为0.7m×1.4m，底部截面尺寸柱为1.5m×1.7m，如图8.1(b)所示。

岛式及侧式车站均为横向单跨双柱结构体系。单跨框架结构抗侧移刚度较小，结构耗能能力较弱，结构冗余度较小。在罕遇地震作用下，易发生单个竖向构件破坏所引发的结构连续倒塌现象。国内外多次地震实践也表明了这种特殊的单跨结构体系对于抗震严重不利。

依据《建筑抗震设计规范(2016年版)》(GB 50011—2010)，单跨框架结构不得应用于甲、乙类建筑。考虑到车站的重要性及人员密集性，可将本工程定义为重点设防(乙类)，虽然按结构高度不属于高层建筑(混凝土结构顶面高度15.24m，钢屋架顶面高度23.94m)，但单跨框架抗震性能较差，必须对抗震设计格外重视，实现其抗震性能目标。

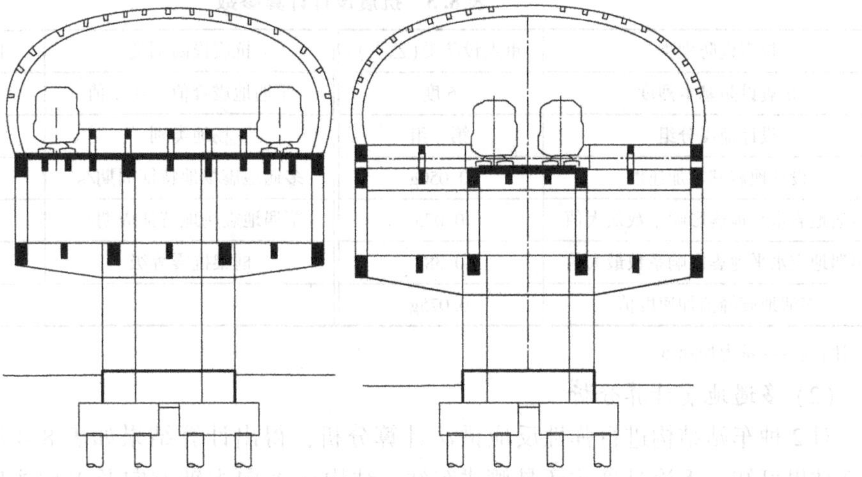

(a)双柱岛式车站　　(b)双柱侧式车站

图 8.1 高架车站断面

8.1.1.2 抗震设防目标的确定

根据《城市轨道交通结构抗震设计规范》(GB 50909—2014)，选用的地震重现期及抗震性能目标如表 8.1 和表 8.2 所示。

表 8.1 地震重现期

地震类型	超越概率/%	地震重现期
多遇地震(小震)	63(100 年)	100 年
设防烈度地震(中震)	10(50 年)	475 年
罕遇地震(大震)	2(50 年)	2475 年

表 8.2 抗震性能目标

地震动水准		抗震设防	结构抗震性能要求	
等级	重现期/年	类别	地上结构	地下结构
E1 地震作用	100	特殊设防类	Ⅰ	Ⅰ
		重点设防类	Ⅰ	Ⅰ
		标准设防类	Ⅰ	Ⅰ
E2 地震作用	475	特殊设防类	Ⅰ	Ⅰ
		重点设防类	Ⅰ	Ⅰ
		标准设防类	Ⅱ	Ⅰ
E3 地震作用	2450	特殊设防类	Ⅱ	Ⅰ
		重点设防类	Ⅲ	Ⅱ
		标准设防类	Ⅲ	Ⅱ

8.1.1.3 抗震性能计算

(1) 抗震设计参数

本工程案例的抗震设计计算参数如表 8.3 所示。

表 8.3　抗震设计计算参数

抗震设防别类	重点设防类(乙类)	抗震设防别类	重点设防类(乙类)
抗震设防基本烈度	6 度	罕遇地震峰值加速度值	0.270g
设计地震分组	第一组	场地类别	Ⅱ类
设计地震基本加速度	0.050g	多遇地震场地特征周期/s	0.35
多遇地震水平地震影响系数最大值	0.075	罕遇地震场地特征周期/s	0.35(0.40)
罕遇地震水平地震影响系数最大值	0.382	框架抗震等级	三级
多遇地震峰值加速度值	0.075g		

注：*g*——重力加速度。

(2) 多遇地震计算分析

对 2 种车站结构进行弹性反应谱法计算分析，得出计算结果如表 8.4 所示。根据弹性计算结果可知：无论是岛式还是侧式车站，结构在 *X* 向主轴方向及 *Y* 向主轴方向振动形式基本一致，结构的周期、振型等参数均在合理范围内；结构所受地震作用与高度成正相关；有效质量参与系数、楼层剪重比、位移角、位移比等指标均满足相关要求。在多遇地震作用下，车站结构构件均处于弹性阶段，车站转换柱、框架梁及盖梁的配筋率均在合理范围。

表 8.4　多遇地震计算结果

计算指标		岛式车站	侧式车站
		结果	结果
基本周期		0.4093	0.5555
位移比	*X*	1.01	1.17
	Y	1.18	1.35
刚重比	*X*	215.530	159.480
	Y	299.345	147.720
受剪承载力之比	*X*	1	1
	Y	0.88	0.86
底层最大层间位移角	*X*	1/4325	1/6048
	Y	1/2511	1/4379
轴压比		0.25	0.41
最小剪重比/%		5.623	4.035
墩顶最大横向位移/mm		2.11	6.34
墩顶最大纵向位移/mm		4.00	3.03

(3) 罕遇地震(大震)作用下的计算分析

① 弹性时程分析。本工程案例应进行罕遇地震下的弹塑性时程计算。选取重现期 2475 年的 2 条天然波及 1 条人工波对车站结构进行罕遇地震下弹性及弹塑性分析。

在罕遇地震下，最大弹性层间位移角分别为 1/278 和 1/562，均发生在站厅层，如表 8.5所示，其值小于 1/50，满足要求。

表 8.5　罕遇地震弹性时程计算结果

车站类型	位移位置	X 方向		Y 方向	
		最大位移/mm	最大位移角	最大位移/mm	最大位移角
岛式车站	站台层	25.507	1/2461	24.390	1/1077
	站台板下层	25.021	1/703	23.169	1/375
	站厅层	17.597	1/562	9.319	1/1062
侧式车站	站台层	59.208	1/616	34.96	1/1419
	站台板下层	55.622	1/252	34.03	1/460
	站厅层	34.071	1/278	31.81	1/368

② 静力弹塑性分析。采用 Midas Civil(通用的空间有限元分析软件)建立模型对车站进行抗震性能分析。采用集中塑性铰对车站站厅层的转换梁、转换柱的塑性能力进行模拟，即通过转动和平移弹簧把结构的非弹性性能集中在单元的两端和中心，结构的其他位置假定为弹性。分析时所选取地震波与弹性时程分析所选波段保持一致，弹塑性模型与弹性模型所计算出特征周期如表 8.6 所示。

表 8.6　弹塑性模型与弹性模型所计算出特征周期

模态	弹塑性结果	弹性结果	振型方向
1	0.699515	0.6432	X 向
2	0.686514	0.6214	Y 向
3	0.179344	0.1596	扭转

岛式车站在 X 向地震作用下的塑性铰转角最大值为 0.000884，在 Y 向地震作用下最大值为 0.001380，小于容许值，未出现塑性铰；侧式车站在 X 向地震作用下的塑性铰转角最大值为 0.002270，在 Y 向地震作用下最大值为 0.002540，小于容许值，未出现塑性铰；满足罕遇地震下的性能要求。罕遇地震下，结构层首层间位移角如表 8.7 所示。在罕遇地震(大震)作用下，岛式车站的 X 向最大层间位移角为 1/585、Y 向最大层间位移角为 1/990，侧式车站 X 向最大层间位移角为 1/546、Y 向最大层间位移角为 1/291，均小于钢筋混凝土框架结构薄弱层不应大于 1/50 的要求，满足结构在罕遇地震作用下的变形要求。

表 8.7　结构层首层间位移角

车站类型	X 向层间位移角	Y 向层间位移角
岛式车站	1/585	1/990
侧式车站	1/546	1/291

8.1.2　公路铁路一体化高架车站结构抗震设计案例

随着我国经济发展和城市化进程的加快，城市面积迅速扩张，中心城市与周边卫星城市日趋同城化，市域快速路、市域铁路等快速交通形式得到快速发展。在城市交通规划中将两者统筹规划，一同实施，能够发挥最大的社会效应，并且有显著的经济优势。城市快速路与轨道交通共建的形式已在部分城市中得到初步应用，并取得良好的社会效益。

轨道交通高架车站是轨道交通中重要的节点性控制工程，主要分为“桥建分离”与“桥建合一”两种形式。已建成的与城市快速路合建的轨道交通车站中多采用桥建分离或轨道梁铰接的形式。由于轨道梁刚接式“桥建合一”结构体系在降低结构高度、提高结构稳定性和整体性、节省用地方面具有明显优势，在近几年的轨道交通高架车站项目中得到了广泛应用。下面以“桥建合一”的公路铁路一体化车站为例，阐述该型结构的抗震设计。

8.1.2.1　工程概况

选取宁波市某快速路-市域铁路线一体化高架车站，高架车站为路中4层岛式车站，两侧地面道路通过设置人行天桥与站厅层连接。其中1层为地面设备层，2层为站厅层，3层为轨行区及站台层，4层为城市高架快速路桥。共建段一体化车站桥墩上层高架6车道标准桥宽（B=25.5m）结构采用装配式预应力混凝土小箱梁结构，先简支后连续体系，基本跨径30m+40m+30m，小箱梁架设在盖梁上。在地下设置电缆夹层及消防水池。车站结构采用墩柱框架与轨道梁整体浇筑的“桥建合一”方式。结构主体长125m，宽23.4m。横向为双柱单跨双悬臂结构，其中4榀框架作为城市快速路的支承框架；在站台下层采用预应力横梁，并且桥墩在该层转换；其余横梁采用普通混凝土梁。结构纵横剖面设计如图8.2、图8.3所示。桩基础采用直径1m或1.2m混凝土钻孔灌注桩，均为嵌岩桩，持力层为中风化砂砾岩。

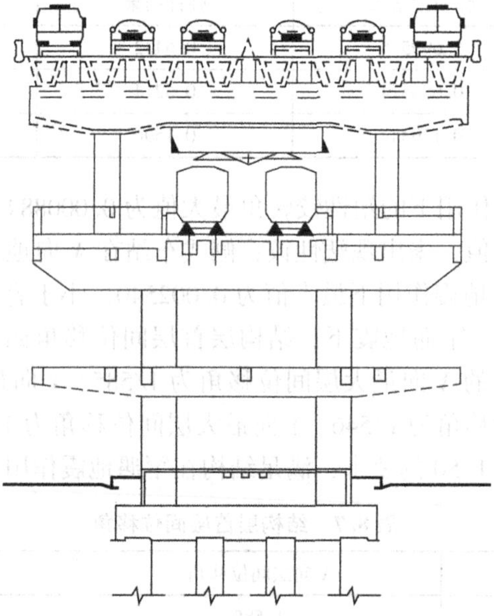

图8.2　结构横剖面

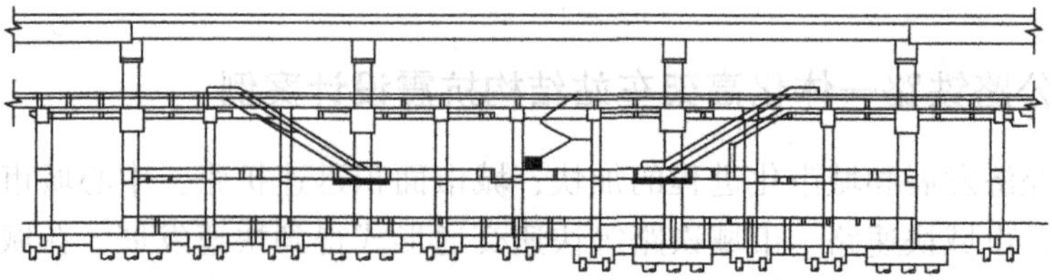

图8.3　结构纵剖面

车站结构设计使用年限为 100 年，安全等级为 1 级，重要性系数取 1.1。结构抗震设防烈度 6 度(0.05g)，按《城市轨道交通结构抗震设计规范》(GB 50909—2014)设防类别为重点设防类；按《铁路工程抗震设计规范(2009 年版)》(GB 50111—2006)设防类别为 B 类，建筑场地类别为Ⅲ类，设计地震分组为第 1 组。

结构计算应满足抗震要求，按设防烈度 7 度并采取相应的构造措施，提高结构的整体抗震性能。

8.1.2.2　设计理论、计算模型、地震动参数及抗震性能目标

(1) 设计理论

铁路桥梁采用的计算方法为容许应力法，以线弹性理论为基础，以构件危险截面的某一点或某一局部的计算应力小于或等于材料的容许应力为准则。建筑结构和公路桥梁采用极限状态法，按照各种结构的特点和使用要求，给出极限状态方程和具体限制，作为结构设计的依据。

铁路桥梁与公路桥梁的设计基准期均为 100 年。依据《建筑抗震设计规范(2016 年版)》(GB 50011—2010)，设计基准期为 50 年，同时考虑设计使用年限的重要性系数，如多遇地震为 50 年超越概率 63%的地震，低于《城市轨道交通结构抗震设计规范》(GB 50909—2014)100 年超越概率 63%的要求，在采用《建筑抗震设计规范(2016 年版)》(GB 50011—2010)进行设计时，可采用重现期为 100 年的地震参数。

作为轨道列车车站以及城市快速路，该结构承受了车辆荷载、列车荷载以及与之相关的制动力、离心力、断轨力等。同时又有站厅层的人流荷载、设备用房的设备荷载等。抗震工况下依据不同的规范分别选取相应的荷载组合。

(2) 计算模型

车站为现浇混凝土框架结构，采用 PKPM(中国建筑科学研究院建筑工程软件研究所研发的工程管理软件)和 Midas Civil(通用的空间有限元分析软件)进行整体建模，以满足不同规范体系的要求。因车站设置夹层，基础承台之间通过基础梁及底板整浇连接，在计算高架车站结构的地震反应时，可将基础顶面设为刚接进行计算。高架车站结构计算模型简图如图 8.4 所示。

图 8.4　计算模型简图

计算模型采用三维非线性梁柱纤维单元。三维非线性梁柱纤维单元是钢筋混凝土结构非弹性分析中较为细化并接近实际结构受力性能的分析模型，应用范围较广。钢筋纤维采用双折线本构，混凝土纤维采用 Mander(曼德)本构模型，考虑了箍筋对核心混凝土的约束效果。按照实配钢筋对主要墩柱截面进行纤维划分，分别对钢筋纤维、约束混凝土纤维和

非约束混凝土纤维赋予弹塑性材料本构模型。

因车站为双柱悬臂框架结构，结构在罕遇地震作用下以底层墩柱的弹塑性变形分析为主。采用假设构件内有多个铰的分布铰模型，然后对各位置是否进入弹塑性进行判断，对进入弹性塑性的铰，更新铰的刚度，再通过数值积分获得单元的刚度。本模型采用单轴铰，墩柱屈服后的滞回本构采用武田三折线模型。

对结构在罕遇地震作用下的弹塑性响应进行分析时，结构的黏滞阻尼耗能采用瑞利比例阻尼，质量和刚度因子取自初始弹性刚度对应的结构体系，相关计算如式(8.1)所示。

$$C = aM + bK \tag{8.1}$$

式中 C——瑞利比例阻尼；

M——质量因子；

K——刚度因子；

a、b——系数，由2个特定固有频率和对应的振型阻尼比确定。

(3) 地震动参数及抗震性能目标

高架车站抗震计算以《铁路工程抗震设计规范(2009年版)》(GB 50111—2006)为依据，根据不同的设防目标进行如下计算。

① 在E1地震(100年超越概率63%)作用下，采用线性反应谱法分析，进行结构强度和稳定性验算，并进行列车运行安全性分析(墩顶弹性水平位移验算)。结构在E1地震作用下不被破坏或被轻微破坏，说明其处于弹性工作阶段，应能够保持正常使用功能，不会因结构变形导致轨道的过大变形而影响行车安全。

② 在E2地震(50年超越概率10%)作用下，采用线性反应谱法分析，进行结构强度和稳定性验算。在E2地震作用下，结构可能被破坏，但不发生严重破坏，结构局部进入弹塑性工作阶段；经修补，短期内应能恢复其正常使用功能，对于本工程，E2地震作用下主要横梁、立柱钢筋不应屈服。

③ 在E3地震(50年超越概率2%)作用下，采用非线性时程分析法分析，进行柱墩延性验算。E3地震作用下结构可能产生较大破坏，但不应出现局部或整体倒毁，结构处于弹塑性工作阶段。主要构件塑性铰区转角应满足规范要求。

根据工程场地地震安全性评价报告，场地抗震设防烈度为6度，主要动参数如表8.8所示。

表8.8 场地地震动参数

地震作用	A_m	β_m	α_m	T_1(s)	T_2(s)
E1	0.041g	2.5g	0.103g	0.1	0.50
E2	0.084g	2.5g	0.210g	0.1	0.55
E3	0.142g	2.5g	0.355g	0.1	0.70

注：A_m——设计地震动峰值加速度；β_m——反应谱动力放大系数最大值；α_m——地震影响系数；T_1——反应谱上升段拐点周期；T_2——特征周期。

不同地震作用下的地震反应谱如图8.5所示。

8.1.2.3 结构抗震分析

(1) E1地震作用下计算分析

多遇地震下按《铁路工程抗震设计规范(2009年版)》(GB 50111—2006)进行抗震验算，

下面只考虑水平向地震作用，不考虑竖向地震作用。当多分量地震作用时，各地震动分量引起的地震反应按式(8.2)进行组合，相关计算如式(8.2)所示。

$$R=\begin{cases}R_X+0.3R_Y\\0.3R_X+R_Y\end{cases} \tag{8.2}$$

式中　R——需计算的结构反应；

R_X——X 方向地震动作用对同一反应量的贡献；

R_Y——Y 方向地震动作用对同一反应量的贡献。

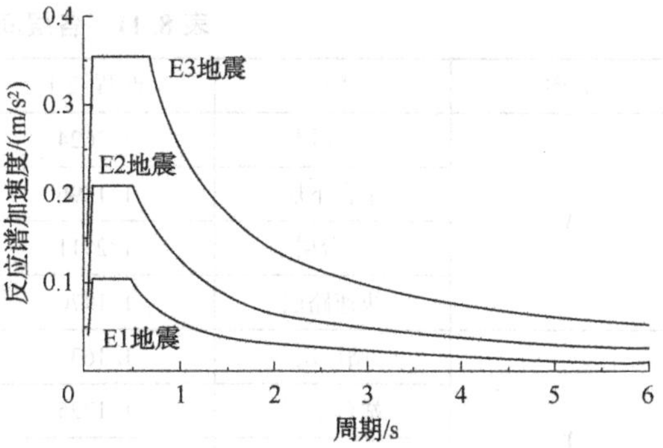

图 8.5　不同地震作用下的地震反应谱

设计计算时地震作用与相关的恒载、活载进行组合，并分别按有车、无车进行计算；当桥上有车时，活载竖向力按列车竖向静活载的 100%计算，顺桥向不计算活载引起的地震作用，横桥向计入 50%活载引起的地震力，作用于轨顶以上 2m 处。

E1 地震作用下按 PKPM 模型和 Midas Civil 模型进行弹性结构计算，并进行对比，结果如表 8.9 所示，2 种模型的计算结果基本一致，符合相关要求。

表 8.9　弹性结构计算结果

指标		PKPM	Midas /Civil
周期/s	T_1	0.828	0.830
	T_2	0.763	0.755
	T_3	0.707	0.684
	T_4	0.465	0.494
	T_5	0.447	0.460
	T_6	0.340	0.345
周期比 T_3/T_1		0.854	0.824
双向地震大弹性层间位移角/rad	X 向	1/1004	1/957
	Y 向	1/899	1/947
最大轴压比		0.43	0.44
楼层位移/mm	X 向	20.76	21.00
	Y 向		20.80

根据地震安全评价报告所提供的人工波，选择 100 年超越概率 63%水准下对应的 3 条随机相位地表水平向加速度人工时程波，对结构基底剪力及层间位移角进行对比分析。计算结果如表 8.10、表 8.11 所示。

表 8.10　基底总剪力计算结果　　kN

方向	时程波 1	时程波 2	时程波 3	线性反应谱法
X	17221.7	20245.6	18522.6	25329.7
Y	20295.8	19166.8	20748.5	26373.3

表 8.11　各层间位移角计算结果 rad

方向	楼层	时程波 1	时程波 2	时程波 3	线性反应谱法
X	站厅层	1/2624	1/1846	1/1802	1/1304
	站台下层	1/1396	1/1487	1/1683	1/1193
	站台层	1/2311	1/2673	1/1863	1/1470
	快速路层	1/1470	1/1708	1/1226	1/956
Y	站厅层	1/1635	1/1691	1/1604	1/1162
	站台下层	1/1725	1/2018	1/1937	1/1328
	站台层	1/1779	1/2351	1/2392	1/2054
	快速路层	1/1137	1/1112	1/1420	1/947

3 条时程波在 *X*、*Y* 方向的基底总剪力计算值均小于反应谱法计算值，证明在设计中采用反应谱法计算结果进行截面设计可靠。各层间位移角均小于 1/550rad，符合规范要求。

(2) E2 地震作用下计算分析

设计中应考虑提高单跨框架结构重要构件的抗震性能，本工程底层框架柱、站台下层横梁、快速路桥横梁等重要构件按中震不屈服的性能目标进行复核。设计地震作用下主要构件按设计配筋计算后的内力计算结果如表 8.12 所示，在设计地震作用下，立柱、站台下层横梁未屈服。

表 8.12　设计地震作用下最大内力及屈服状态判别

位置	方向	墩底或横梁弯矩/(kN·m)	钢筋最大应力/MPa	钢筋屈服应力/MPa	状态
1800mm×1800mm 边柱底	*Y*	20118	368.9	400	未屈服
	X	18031	310.9	400	未屈服
1300mm×1300mm 框架中柱底	*Y*	7100	195.9	400	未屈服
	X	8070	216.6	400	未屈服
站台下层横梁悬臂根部	*Y*	17304	270.1	400	未屈服
	X	10411	162.5	400	未屈服

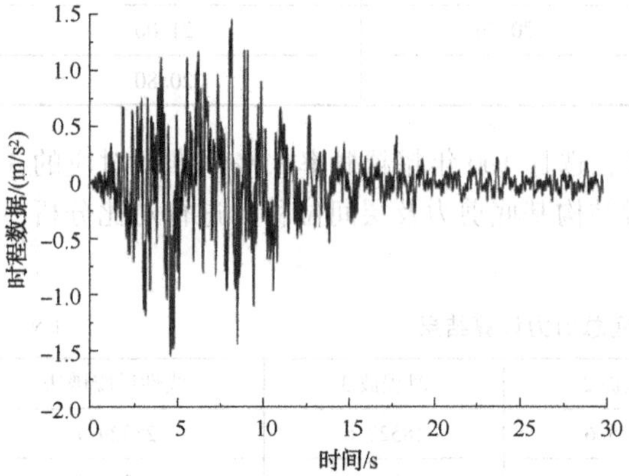

图 8.6　时程曲线

(3) E3 地震作用下计算分析

根据地震安评报告所提供的人工波，选择 50 年超越概率 2%水准下对应的 3 条随机相位地表水平向加速度人工时程波，进行 E3 地震作用下的非线性时程分析。时程曲线 2(如图 8.6 所示)，其峰值加速度为 1.54014m/s^2。采用塑性铰作桥梁的动力弹塑性分析，根据结构体型特点，选取地层柱墩的顶部与底部布置塑性铰。

经计算得到罕遇地震作用下不同位置

墩柱底部的最大弯矩值，并根据柱纤维单元的曲线得到开裂弯矩、屈服弯矩和极限弯矩，进而判别柱底屈服状态(如表8.13所示)。

表8.13　罕遇地震作用下墩柱底屈服状态判别

位置	方向	柱底最大弯矩	开裂弯矩	屈服弯矩	极限弯矩	状态
框架中柱（1300mm×1300mm）	Y	9531	1659	11878	16852	未屈服
	X	10435	2228	11551	15898	未屈服
框架边柱（1800mm×1800mm）	Y	23375	4375	21594	31499	屈服
	X	18640	4271	22544	32695	未屈服
桥墩柱（2000mm×2200mm）	Y	45965	7348	35719	51768	屈服
	X	45275	6514	33661	49739	屈服

根据纵横向时程分析结果，在纵向和横向罕遇地震作用下，全站大部分柱塑性铰均未屈服，个别快速路下墩柱底部和边柱底部进入塑性工作阶段。柱墩延性验算结果如表8.14所示。

表8.14　柱墩延性验算

位置	方向	θ_y/rad	θ_{pu}/rad	L_p/m	θ/rad	θ_d/rad	是否满足要求
边柱	Y	0.0043	0.0721	1.8	0.0019	0.0332	是
	X	0.0042	0.0743	1.8	0.0014	0.0340	是
桥墩柱	Y	0.0039	0.0644	2.0	0.0027	0.0297	是
	X	0.0046	0.0796	2.2	0.0018	0.0365	是

注：θ——计算最大转角；θ_d——性能等级的界限值；θ_y——构件塑性铰区等效屈服转角；θ_{pu}——构件塑性铰区的极限塑性转角。

由于快速路下墩承受了公路、铁路和建筑的竖向荷载，且截面刚度大，地震作用下分担了较多的水平力，在罕遇地震情况下容易率先进入屈服状态。由于车站结构不设缝，纵向刚度与横向刚度差别较大，地震作用中的扭转效应较为突出，导致结构边柱也进入屈服状态。

8.1.2.4　罕遇地震作用下的静力弹塑性分析

采用建筑结构软件盈建科进行静力弹塑性补充分析，考虑结构的初始荷载(1.0恒载+0.5活载)，并考虑几何非线性效应。最大楼层位移角谱曲线如图8.7、图8.8所示。X向推覆最大楼层位移角的弹塑性最大位移角为1524rad，Y向推覆最大楼层位移角的弹塑性最大位移角为1/463rad，均小于1/400rad，满足要求。X向静力推覆在性能点的结构未出现屈服点。Y向推覆性能点站台层，梁和站台柱顶出现了轻微损伤，主要结构构件均未出现屈服。

8.1.3　城市轨道交通简支高架桥横向抗震设计案例

8.1.3.1　城市轨道交通高架桥的震害特征

城市轨道交通高架桥的震害特征大致可以分为：钢轨扭曲变形震害、梁体位移震害、支座震害和墩柱震害。

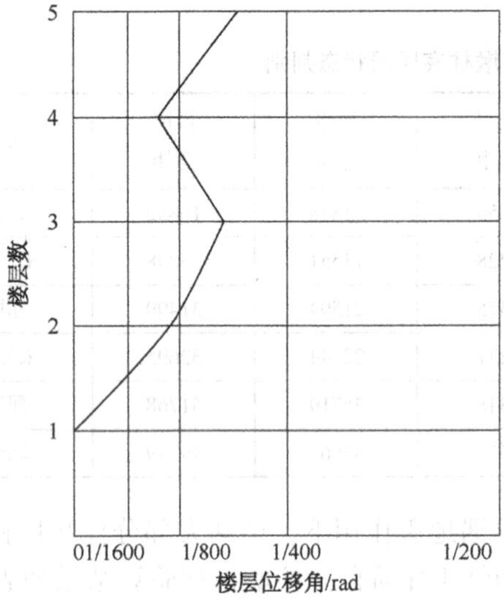

图 8.7　*X* 向推覆最大楼层位移角曲线

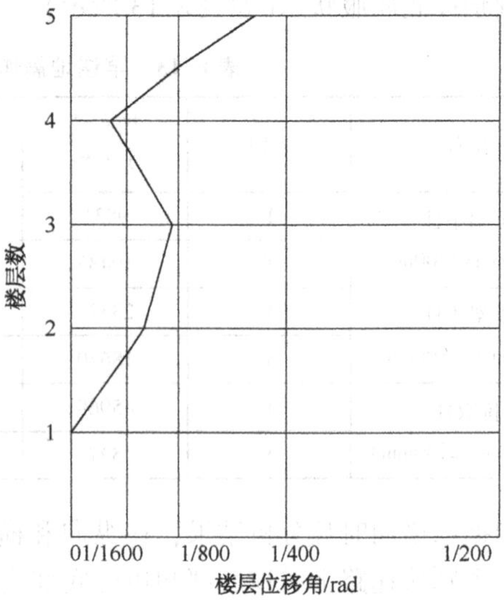

图 8.8　*Y* 向推覆最大楼层位移角曲线

(1) 钢轨变形震害和梁体位移震害

城市轨道交通高架桥上部结构在几次强震中表现出的震害主要为：上部结构位移过大和轨道结构上的钢轨扭曲变形严重。

如果轨道上有正在行驶的列车，扭曲变形的钢轨则会直接导致列车脱轨，灾难后果难以想象；同样，如果上部结构位移过大超出了墩、台等支承面范围，则会发生更为严重的梁体位移震害。因此，在进行抗震设计时，对各种灾害情况应做好充分预判，重视支挡等构造措施的设计及安装工作，避免发生落梁、列车脱轨等严重震害的发生。

(2) 支座震害

支座作为桥梁下部结构承接上部结构的支承构件，不仅在传力路径上发挥重要作用，还在桥梁隔震设计时作为主要隔震构件进行设计安装。但历次破坏性地震中支座的震害现象也较为突出，根据震害调查统计，其主要破坏形式表现为锚固螺栓拔出、剪断、支座移位、活动支座脱落以及支座自身材料上的破坏等。造成支座破坏的原因可总结为三方面，分别是对设防要求考虑不够全面未能结合抗震要求设防，支挡与连接等构造措施设置不足和某些支座自身材料和形式上存在缺陷。

支座一旦在震时破坏，结构的传力路径便发生改变甚至中断，同时还会伴随其他震害衍生，如梁体移位，碰撞甚至落梁，进一步导致了震害加重。所以，支座的震害需要特别关注，在前期的设计工作及日常检测维修中应严格把关，尽量避免因支座失效而导致桥梁震害发生。

(3) 墩柱震害

地震造成桥梁下部结构发生严重震害是导致桥梁不能正常使用甚至倒塌的主要原因，城市轨道交通高架桥下部结构多为钢筋混凝土墩柱，墩柱震害破坏形式具体可分为弯曲破坏和剪切破坏。

高柔墩柱主要以弯曲破坏为主，多表现为混凝土开裂、剥落压溃，钢筋裸露及弯曲等，并伴有很大的塑性变形，属于延性破坏，产生的原因主要是由于纵筋的焊接或搭接不牢以及箍筋约束能力不足。

低矮墩柱的破坏形式多为剪切破坏，剪切破坏在震害中也十分常见，多表现为墩柱剪断及侧向倒塌，产生此类破坏主要是由于纵向钢筋过早切断或约束箍筋配置不足导致的抗剪能力过弱。剪切破坏是脆性的，往往会造成墩柱及上部结构倒塌，震害较为严重，进行抗震设计时要格外警惕。

8.1.3.2 工程概况

下面以某7跨城市轨道交通简支高架桥为案例进行分析，梁体跨径为30m标准跨径，主梁为单室箱梁，采用C50混凝土浇筑，每跨梁体质量为705.86t(未计入轨道结构部分)，其中，主梁高度为2.8m，梁翼缘宽9.6m，梁端截面顶板和底板厚度均为0.35m，跨中截面顶板和底板厚度分别为0.3m和0.28m，梁端和跨中截面腹板厚度分别为0.45m和0.36m，邻梁之间缝隙为0.15m。简支箱梁跨中截面、梁端截面如图8.9所示。

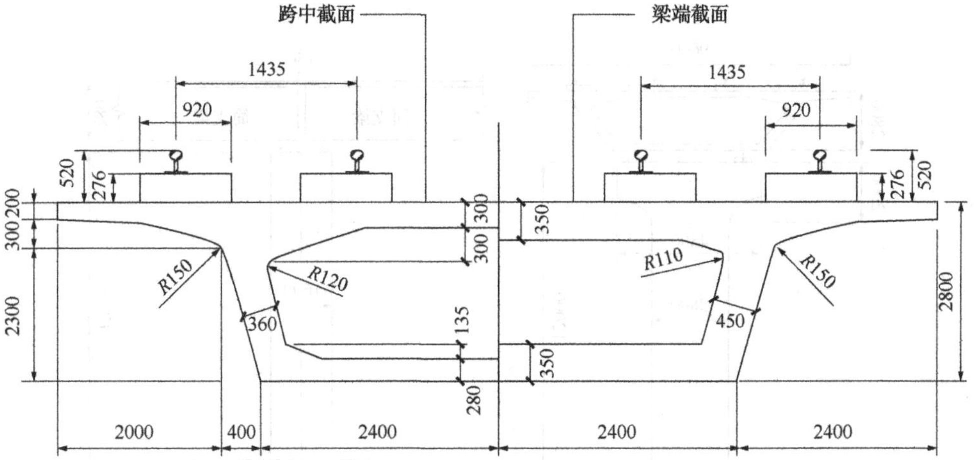

图8.9 简支箱梁跨中截面、梁端截面(单位：mm)

注：R——曲线半径

梁面上轨道结构部分采用双线平行布置，并等效成两条钢轨，钢轨截面参数、扣件约束等按实际情况换算，纵向承轨台与梁面固结并在梁缝处断开，桥面系荷载为72kN/m，并将荷载转换为主梁质量。支座按一端固定一端活动的方式布置，梁体每端2个支座，每跨共4个，每跨布置情况如图8.10所示。

下部结构为矩形截面独柱墩，C40混凝土现浇，截面横桥向2.8m，顺桥向1.6m，墩顶处为4.5×1.6m，墩高12m，配筋率为1.1%，如图8.11所示，墩柱底部不考虑桩土作用，采用固结处理。

众所周知，桥墩作为桥梁抵御地震荷载的主要耗能构件，在地震作用下往往最先进入屈服状态，对桥墩进行抗震能力分析也一直是桥梁抗震领域的重点研究内容。大量实验和相关文献证实，钢筋混凝土墩柱的延性和抗震能力与其轴压比、剪跨比、纵筋配筋率、箍筋用量等因素息息相关，双柱墩的系梁设置是否合理，对其横向抗震能力也有较大影响。

限于篇幅，下面主要分析桥墩横向抗震性能，从结构参数对单柱墩横向抗震能力的影响和系梁对双柱墩横向抗震能力的影响两个方面对城市轨道交通简支高架桥抗震设计进行阐述。

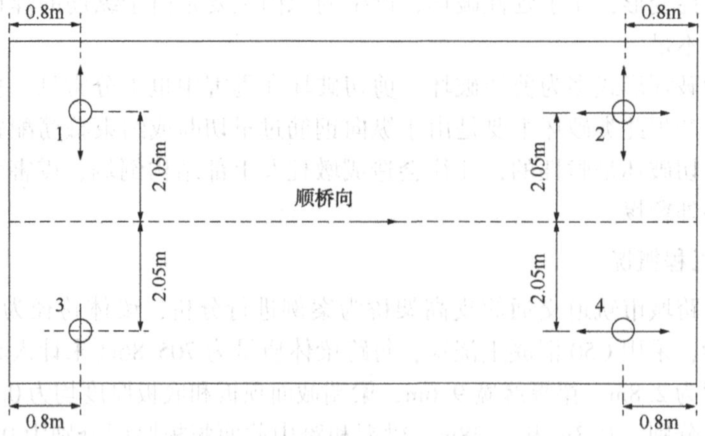

图 8.10 桥梁支座布置情况

1——横向活动支座；2——双向活动支座；3——固定支座；4——纵向活动支座

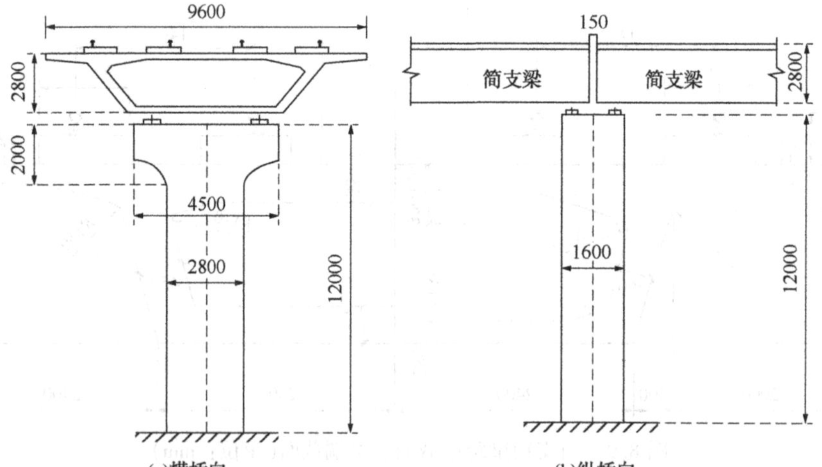

(a)横桥向　　(b)纵桥向

图 8.11 桥墩结构(单位：mm)

8.1.3.3 结构参数对单柱墩横向抗震能力影响

城市轨道交通高架桥有其自身的结构特点，其抗震设防要求要满足《城市轨道交通结构抗震设计规范》(GB 50909—2014)的规定。构件的抗震性能分为 3 个性能等级，其中，1 级要求结构震后不发生破坏或发生轻微破坏，即结构的变形控制在弹性范围阶段；2 级表示结构可以发生屈服但不能发生较大变形，经过修复可恢复其正常使用功能；3 级要求结构可以进入弹塑性阶段，同时在容许变形的情况下具备一定的延性能力，但不能发生倒塌或倾覆。而桥墩自身结构参数的变化势必会对其抗震能力和延性变形产生影响，因此，选取墩柱剪跨比、轴压比、纵筋配筋率及体积配箍率 4 个影响因素，从规范的角度探讨相关参数变化对墩柱的横向抗震能力与延性变形的影响。

(1) 单墩模型

在桥梁抗震设计工作中，为了提高工作效率，水平方向上往往取墩柱模型代替全桥进行简化分析，在地震荷载作用下，桥梁结构的弹塑性变形主要集中在中下部结构，桥墩发挥延性构件的耗能作用，所以在墩柱模型中，梁体等上部结构作为能力保护构件通常以等效质量的方式集中于墩顶。在横向取4号桥墩建立墩柱模型，将桥墩相邻两孔梁和桥面系质量之和的一半作为等效质量置于墩顶，墩底固结处理，桥墩模型所用材料及单元与整桥时相同。

(2) 剪跨比影响

剪跨比是指构件截面弯矩与剪力和有效高度乘积的比值，该参数可以直观反映出桥墩高度变化带来的影响。在城市轨道交通线路中，尤其是市郊区域由于受到地形和景观河道等因素影响，墩柱形式与墩高常常会发生变化，例如北京地铁八通线在部分路段就是通过变化墩高来适应地形与环境影响的。桥墩尺寸的变化对自身刚度影响很大，而桥墩刚度决定着墩顶位移的变化，由于城市轨道交通高架桥上部存在轨道的原因，往往对桥墩横向刚度有严格要求，因此研究剪跨比变化对桥墩抗震能力的影响对城市轨道交通高架桥横向抗震具有实际意义。

保持墩柱截面形式不变，将墩高分别设置为8m、10m、12m、14m、16m，与之相对应的剪跨比λ值为5、6.25、7.5、8.75、10。采用静力非线性分析法进行横桥向抗震能力分析，结构屈服与极限状态通过截面分析按屈服曲率与极限曲率判定，横桥向简化的墩柱模型相对简单，上部集中质量较大，采用固定加载方式即可达到准确的分析结果，所以采用倒三角加载方式对其进行横桥向推覆，分析结果如表8.15所示。

表8.15　不同剪跨比下墩柱横向静力非线性分析法分析结果

剪跨比λ	屈服状态			极限状态			位移延性系数μ_Δ
	曲率/m^{-1}	位移/m	剪力/kN	曲率/m^{-1}	位移/m	剪力/kN	
5	1.113×10^{-3}	0.024	3428.71	3.3×10^{-2}	0.187	4803.71	7.8
6.25	1.113×10^{-3}	0.037	2624.18	3.29×10^{-2}	0.286	3796.37	7.72
7.5	1.113×10^{-3}	0.054	2295.83	3.28×10^{-2}	0.41	3121.44	7.59
8.75	1.114×10^{-3}	0.073	1987.74	3.23×10^{-2}	0.55	2668.51	7.53
10	1.114×10^{-3}	0.095	1735.34	3.21×10^{-2}	0.71	2340.58	7.47

墩柱在不同剪跨比下的能力曲线如图8.12所示，可以看出，随着剪跨比的增大结构抵御荷载的能力逐渐降低。

如图8.13所示，各状态下墩底截面的剪力随剪跨比增大而减小，当剪跨比从5变化到10时，对应的墩底剪力最大降低了51.3%。

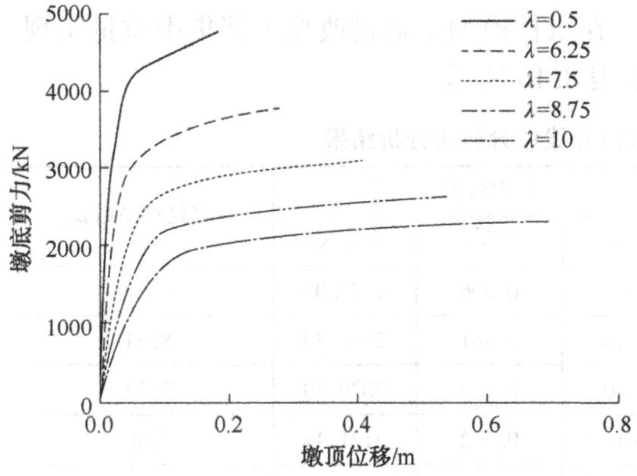

图8.12　桥墩能力曲线

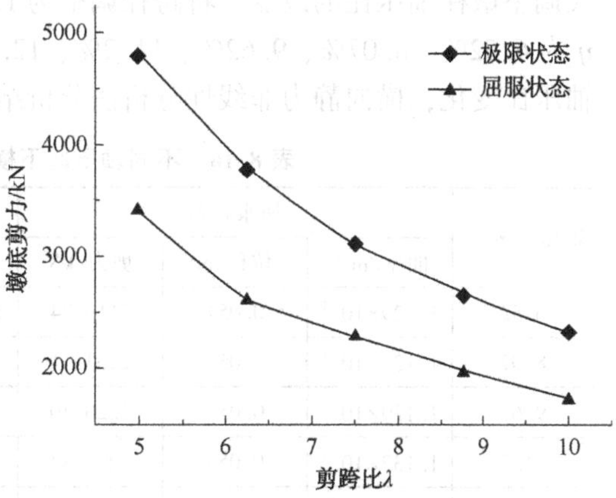

图8.13　墩底剪力随剪跨比变化

各状态下墩顶位移随剪跨比变化如图 8.14 所示，可以看出，随着剪跨比的增大，桥墩屈服位移增长较为平缓而极限位移增大相对明显。

但如图 8.15 所示的位移延性系数却随剪跨比增大呈递减趋势，说明随着剪跨比的增大，桥墩的变形能力增大了，但与自身屈服位移相比桥墩可利用的延性能力反而降低了，所以，柔性高墩与低矮墩相比，虽然变形能力较大，但自身可利用的延性能力反而有可能更低。因此落实到实际工程中，对于变墩高的城市轨道交通高架桥，剪跨比较大的墩柱虽然位移延性系数较小但整体自身变形较大，设计时应加大位移控制。

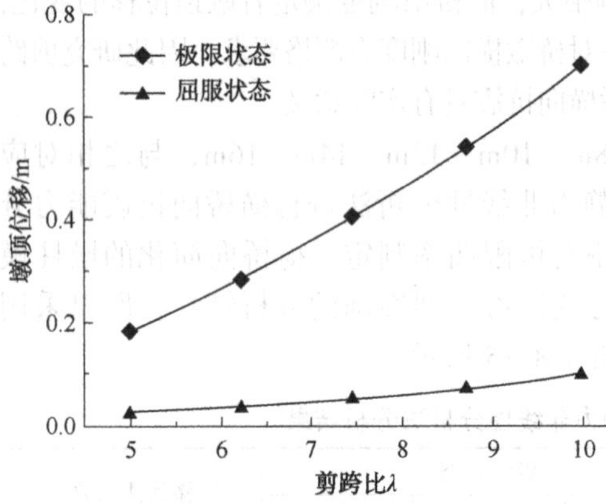

图 8.14　墩底位移随剪跨比变化

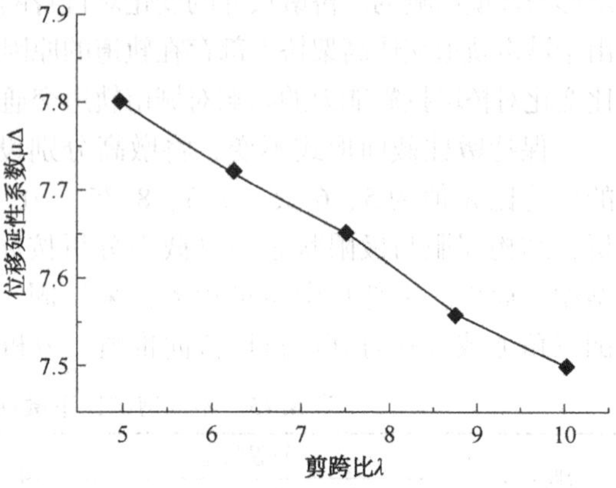

图 8.15　位移延性系数随剪跨比变化

(3) 轴压比影响

轴压比是指桥墩轴向压力设计值与其截面和混凝土轴心抗压强度乘积的比值，用来表征墩柱的受压情况，可以直接反映出梁体的跨径和上部结构质量情况。跨径大小的选择应注重高跨比的协调性，最经济的跨径是使上、下部结构总造价最低的组合方案，并且我国《混凝土结构设计规范(2015 年版)》(GB 50010—2010)也对混凝土柱状结构的轴压比规定了界限。

在城市内部环境中，城市轨道交通高架线路避免不了会遇到与公路或者城市河流相交的情况，为了避免造成影响往往需要改变跨径来满足工程需要，跨径的改变在城市轨道交通实际工程中最为常见，而且直接影响着墩柱轴压比的变化，所以下面通过改变跨径的方式调整墩柱轴压比的改变。将跨径调整为 15m、20m、25m、30m、35m，对应的墩柱轴压比 η 为 6.52%、8.07%、9.62%、11.2%、12.8%。在墩柱模型上通过改变上部集中质量实现轴压比变化，横向静力非线性分析法分析结果如表 8.16 所示。

表 8.16　不同轴压比下横向静力非线性分析法分析结果

轴压比 η/%	屈服状态			极限状态			位移延性系数 μ_Δ
	曲率/m^{-1}	位移/m	剪力/kN	曲率/m^{-1}	位移/m	剪力/kN	
6.52	1.129×10^{-3}	0.054	2119.24	4.034×10^{-2}	0.506	2973.03	9.37
8.07	1.127×10^{-3}	0.054	2163.51	3.72×10^{-2}	0.461	2986.30	8.54
9.62	1.129×10^{-3}	0.054	2226.40	3.33×10^{-2}	0.417	3029.40	7.72
11.2	1.132×10^{-3}	0.054	2295.83	3.28×10^{-2}	0.412	3121.44	7.60
12.8	1.14×10^{-3}	0.055	2369.75	3.14×10^{-2}	0.396	3213.39	7.2

桥墩剪力随轴压比变化的能力曲线如图 8.16 所示，可以看出，轴压比变化对桥墩能力曲线有一定影响，随着轴压比的增大，桥墩剪力有所提高，当轴压比从 6.52% 增大到 12.8%，对应的桥墩横向抗力提高了 10.7%。

墩顶的位移变化情况如图 8.17 所示，可以看出桥墩屈服位移随轴压比变化并不明显，而墩柱的极限位移随轴压比增大而逐渐减小。

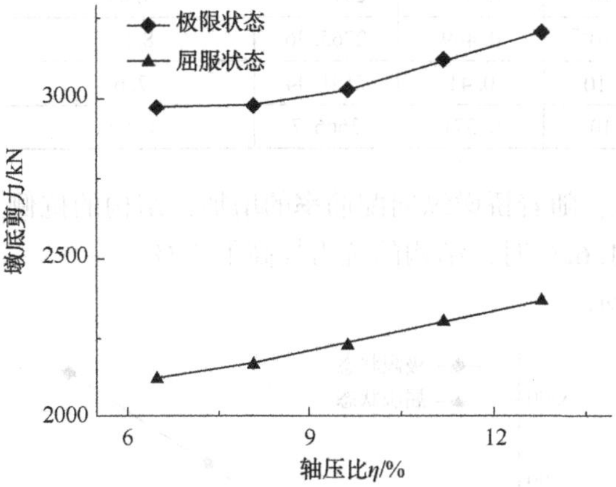

图 8.16 墩底剪力随轴压比变化

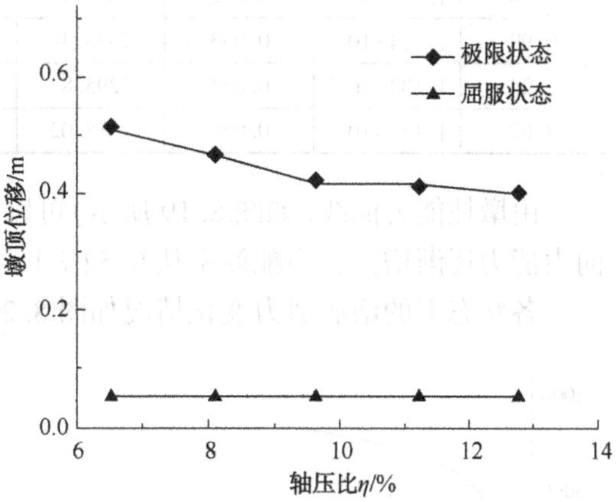

图 8.17 墩顶位移随轴压比变化

如图 8.18 所示的桥墩位移延性系数也呈递减趋势，这说明随着轴压比的增大桥墩延性能力随之降低。因此结合上述分析可以看出，墩柱轴压比的增大对桥墩横向抗力有所提高但并不明显，同时墩柱的延性能力有所降低，落实到实际的城市轨道交通高架桥工程中，对于抗震性能 3 级的混凝土墩柱而言，增大跨径的同时要注意保证桥墩的延性变形要求。

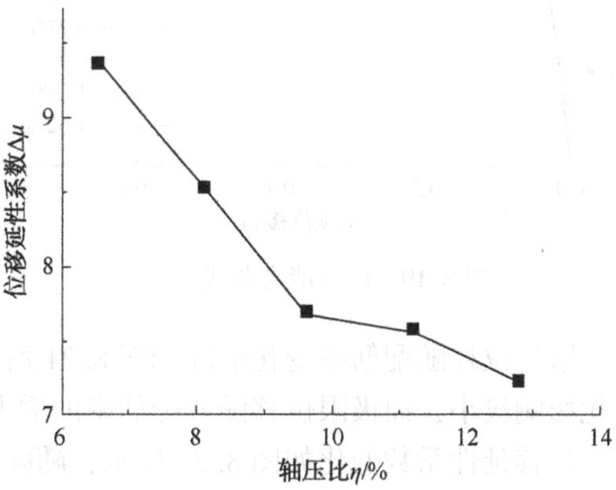

图 8.18 位移延性系数随轴压比变化

(4) 纵筋配筋率影响

纵筋配筋率是指钢筋混凝土结构中纵向受力钢筋面积与结构横截面有效面积的比值，纵向配筋率是影响桥墩抗震能力的有效参数，更是影响桥墩破坏状态的主要因素之一。理论分析表明，桥墩中纵向钢筋的含量对桥墩的延性有一定影响，一般来说，桥墩中的纵向钢筋含量不宜太高也不宜太低，纵向钢筋配筋率为 0.01~0.08，纵筋间距最大不得超过 20cm。依据《城市轨道交通结构抗震设计规范》(GB 50909—2014)，钢筋混凝土构件的最小配筋率不能小于 0.5%，不应大于 5%。

通过改变纵向钢筋的直径来变化纵筋配筋率 ρ，在满足最小配筋率的前提下，纵筋直径分别设置为 18mm、20mm、22mm、25mm、28mm、32mm，对应的纵筋配筋率分别为 0.52%、0.63%、0.76%、0.99%、1.24%、1.62%，其他参数不变，通过横向静力非线性分析法分析得出纵向配筋率对桥墩横向抗震能力的影响，分析结果如表 8.17 所示。

表 8.17　不同纵筋配筋率下横向静力非线性分析法分析结果

配筋率 ρ/%	屈服状态			极限状态			位移延性系数 μ_Δ
	曲率/m⁻¹	位移/m	剪力/kN	曲率/m⁻¹	位移/m	剪力/kN	
0.52	1.053×10^{-3}	0.050	1570.12	4.26×10^{-2}	0.516	1994.96	10.32
0.63	1.075×10^{-3}	0.052	1734.72	4.3×10^{-2}	0.522	2187.31	10.04
0.76	1.094×10^{-3}	0.052	1865.49	4.2×10^{-2}	0.512	2415.27	9.85
0.99	1.114×10^{-3}	0.053	2073.44	3.8×10^{-2}	0.469	2765.36	8.85
1.24	1.132×10^{-3}	0.054	2295.83	3.28×10^{-2}	0.41	2131.44	7.6
4.62	1.157×10^{-3}	0.056	2618.02	2.9×10^{-2}	0.371	3666.7	6.63

由墩柱能力曲线(如图 8.19 所示)可以看出，随着桥墩纵向配筋率的增加，结构的抗侧向力能力逐渐增大，当配筋率从 0.52%上升到 1.62%时，结构的抗力提高了 82%。

各状态下的墩底剪力变化情况如图 8.20 所示。

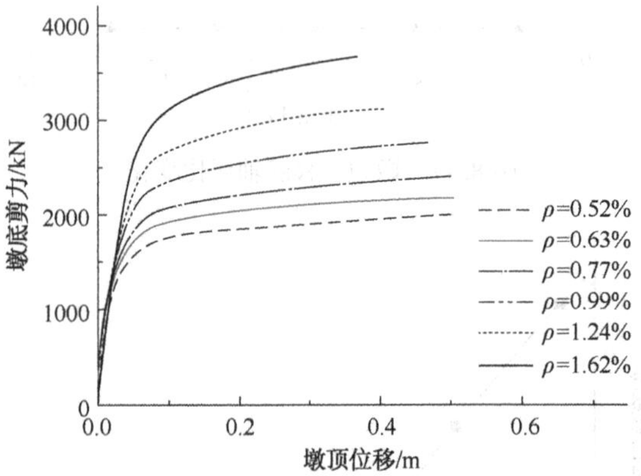

图 8.19　墩柱能力曲线

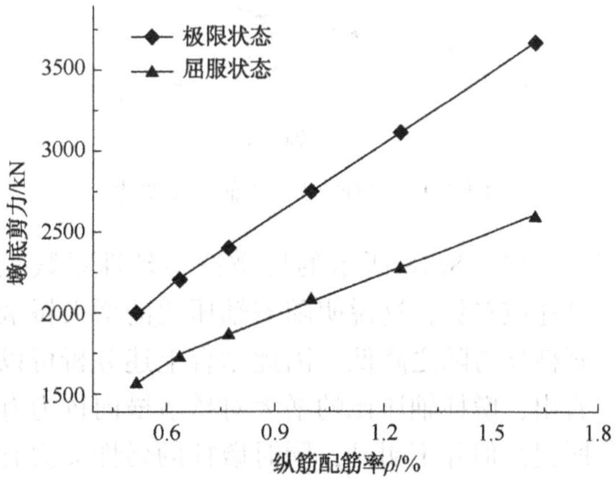

图 8.20　墩底剪力随纵筋配筋率变化

墩顶位移随配筋率变化情况如图 8.21 所示，其中屈服位移几乎未发生变化，受配筋率变化影响较小，而极限位移随着配筋率的增大呈递减状态。

位移延性系数变化如图 8.22 所示，随配筋率增大递减明显，说明桥墩随着配筋率的增加，其延性能力反而下降。因此通过分析可以看出，在满足最小配筋率的前提下，配筋率的增大虽然可以提高构件抵御荷载的能力，但不利于结构的延性能力发挥，所以对于要求具备一定延性能力的 3 级混凝土桥墩结构来说，尽量不通过增大纵向配筋率来保证结构的抗震能力。

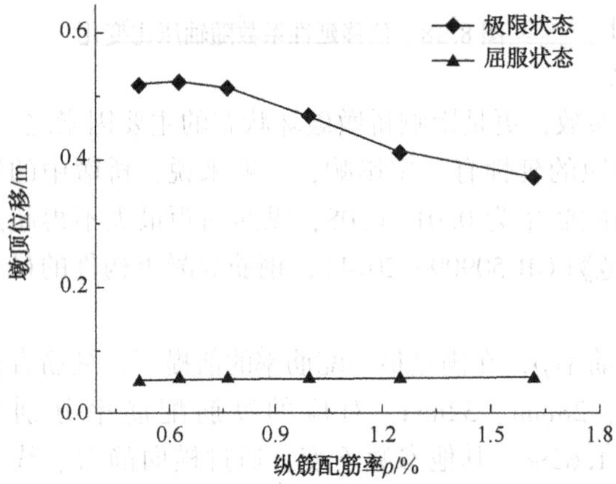

图 8.21　墩顶位移随纵筋配筋率变化

(5) 体积配箍率影响

横向箍筋在桥墩中有三个重要作用，分别为约束塑性铰区混凝土、提供抗剪能力以及防止纵向钢筋压曲。依据《城市轨道交通结构抗震设计规范》(GB50909—

2014)，钢筋混凝土桥墩的塑性铰区应加强箍筋配置，加强高度不应小于验算方向截面高度的 2 倍，同时总体配箍率不应小于主筋配筋率的 1/4，且不应小于 0.3%。

在满足城市轨道交通规范的前提下，通过改变箍筋间距调整配箍率，将箍筋间距分别改为 80mm、100mm、120mm、140mm、160mm、180mm，相对应的体积配箍率为 1.224%、0.98%、0.82%、0.70%、0.61%、0.54%。依然采用倒三角加载方式进行横向静力非线性分析法分析，分析结果如表 8.18所示。

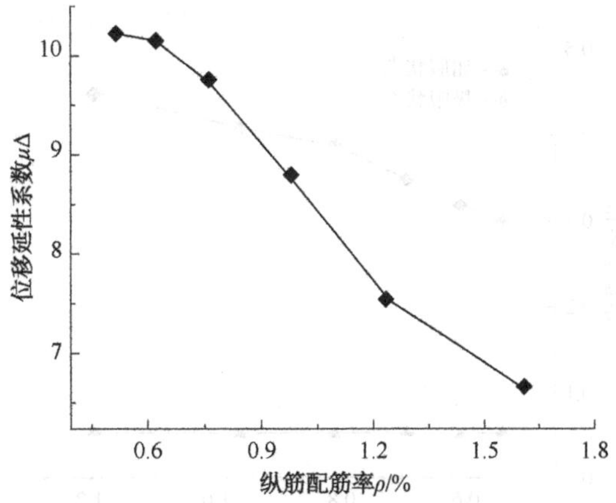

图 8.22 位移延性系数随纵筋配筋率变化

表 8.18 不同体积配箍率下横向静力非线性分析法分析结果

配筋率 ρ/%	屈服状态			极限状态			位移延性系数 μ_Δ
	曲率/m^{-1}	位移/m	剪力/kN	曲率/m^{-1}	位移/m	剪力/kN	
1.224	1.15×10^{-3}	0.055	2313.2	3.6×10^{-2}	0.45	3150.4	8.18
0.98	1.13×10^{-3}	0.054	2295.8	3.28×10^{-2}	0.41	3121.4	7.59
0.82	1.13×10^{-3}	0.054	2289.6	3.14×10^{-2}	0.39	3107.6	7.22
0.70	1.13×10^{-3}	0.054	2280.4	2.73×10^{-2}	0.35	3068.8	6.48
0.61	1.12×10^{-3}	0.054	2271.1	2.51×10^{-2}	0.32	3064.5	5.93
0.24	1.12×10^{-3}	0.054	2263.3	2.3×10^{-2}	0.30	3022.35	5.56

根据能力曲线(如图 8.23 所示)可以看出，桥墩体积配箍率 ρ_v 的增大对桥墩的横向抗力提高几乎无改善作用。

从屈服和极限状态下墩底剪力和墩顶位移的变化情况(如图 8.24 和图 8.25 所示)可以看出，墩底剪力随体积配箍率的增加变化并不明显，而墩顶位移变化差异较大，其中屈服位移几乎未发生变化，而极限位移随着体积配箍率的提高而增大，当配箍率从 0.54%增大到 1.224%时对应墩顶极限位移增大了 50%，结构的位移延性系数的变化情况如图 8.26 所示，随体积配箍率的增大而增大。

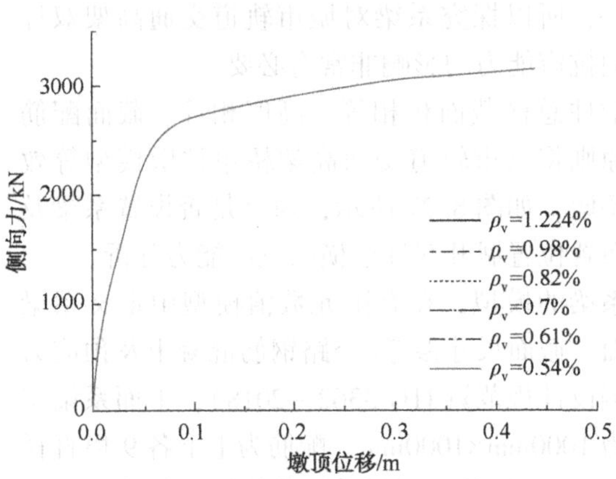

图 8.23 墩柱能力曲线

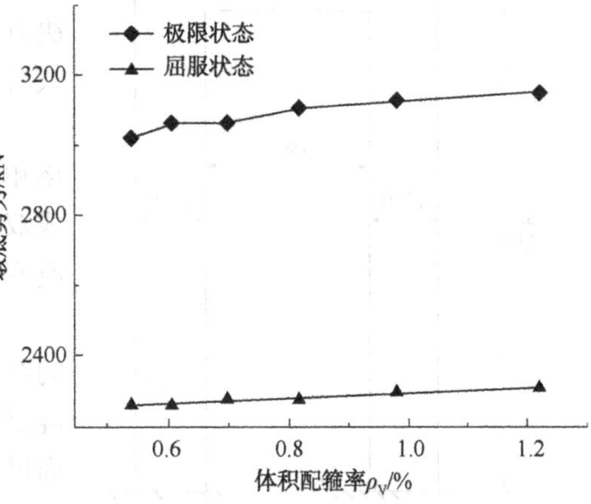

图 8.24 墩底剪力随体积配筋率变化

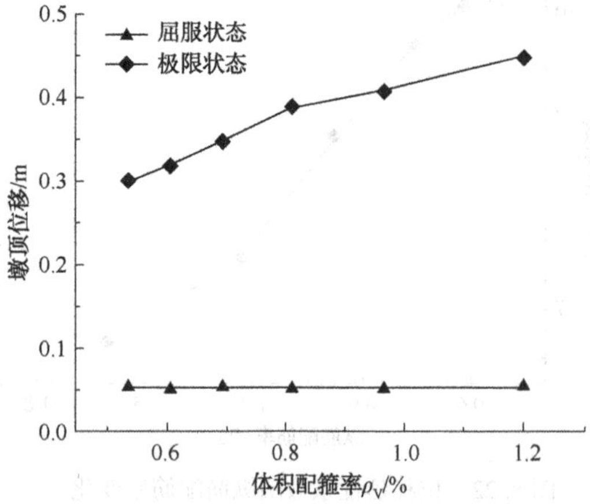

图 8.25　墩底位移随体积配筋率变化

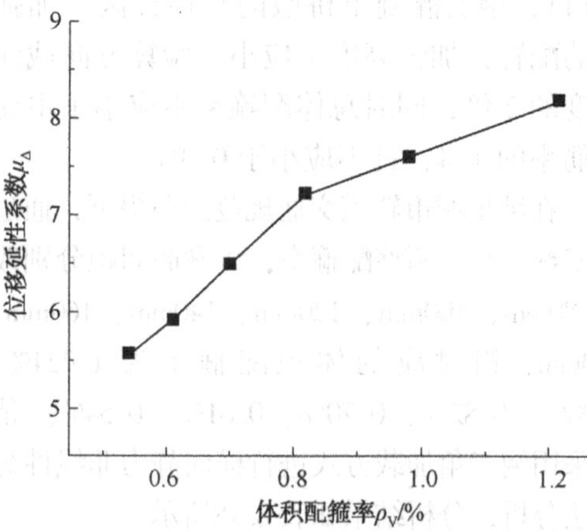

图 8.26　位移延性系数随体积配筋率变化

可以看出，增大桥墩的体积配箍率可以较明显地增大墩柱极限位移，从而提高其延性能力，但体积配箍率的增大对墩柱的屈服位移和抗力提高并不明显，所以在城市轨道交通高架桥中，对于破坏程度控制在屈服状态的性能 1 级混凝土桥墩而言，如无特殊要求体积箍筋按规范构造配筋即可。

8.1.3.4　系梁对双柱墩横向抗震能力的影响

城市轨道交通高架桥下部结构除了采用单柱墩形式以外，双柱墩也较为常见，例如北京地铁 13 号线、上海城市轨道交通明珠线高架桥下部结构均应用了双柱式桥墩，在城市内部空间允许的情况下，双柱墩不仅可以减少工程材料使用还可以更好地满足强度要求，并且其结构形式整洁美观，与城市环境结合融洽。另外，近年来通过牺牲次要构件耗散地震能量来控制主要构件损伤的设计理念受到了众多学者的青睐，在实际工程中也得到了较好的应用，系梁作为双柱墩或排架墩提供侧向约束的主要构件往往起到耗散地震能量减小桥墩损伤的作用。城市轨道交通高架桥的墩高较低，多控制在 15m 以下，在设计中经常会遇到既要保证横向具备足够抗震能力又要减小墩柱自身在城市内部空间占有率的问题，于是在双柱墩之间设置系梁往往会成为设计人员的有效解决方案之一，所以探究系梁对城市轨道交通高架双柱式桥墩横向抗震能力的影响非常有必要。

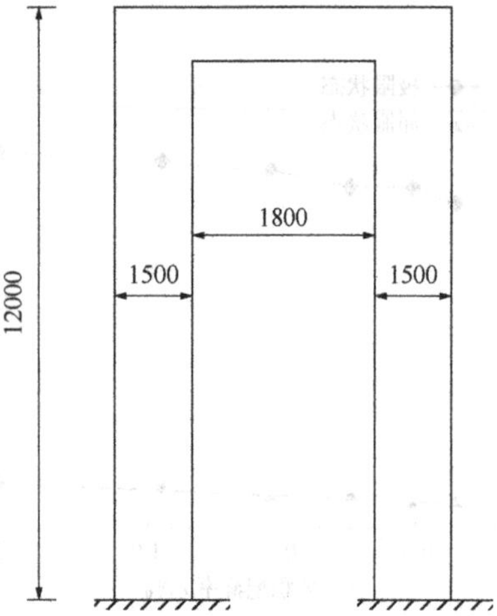

图 8.27　双柱式桥墩模型简图

依据墩柱总横截面积相等、高度相等、截面配筋率相等的原则将城市轨道交通高架桥单柱墩模型等效成双柱式桥墩，如图 8.27 所示，通过是否设置系梁及改变系梁布置位置展开双柱墩横向抗震能力分析。

对于系梁的模拟，在有限元数值模型中定义系梁的纤维截面，截面尺寸参考《公路钢筋混凝土及预应力混凝土桥涵设计规范》(JTG 3362—2018)，下面系梁截面尺寸定为 1000mm×1000mm，配筋为上下各 9 根直径 28mm 的 HRB335 钢筋，同样采用非线性梁柱单元模型模拟，按距墩底 1/2 高处布置系梁，未设置系梁与设置系梁的双柱墩模型如图 8.28 和图 8.29 所示。

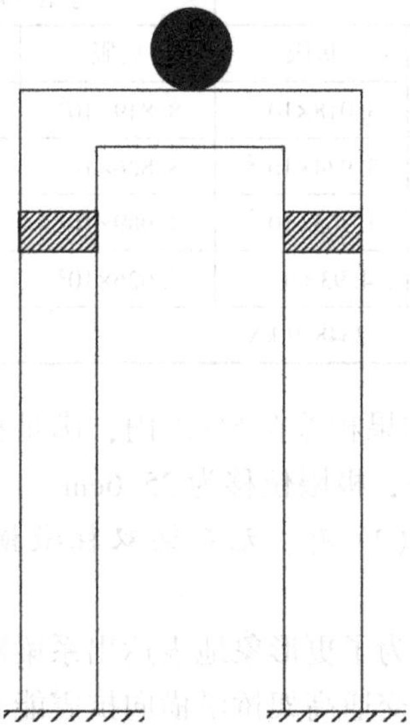

图 8.28　未设置系梁的双柱墩模型

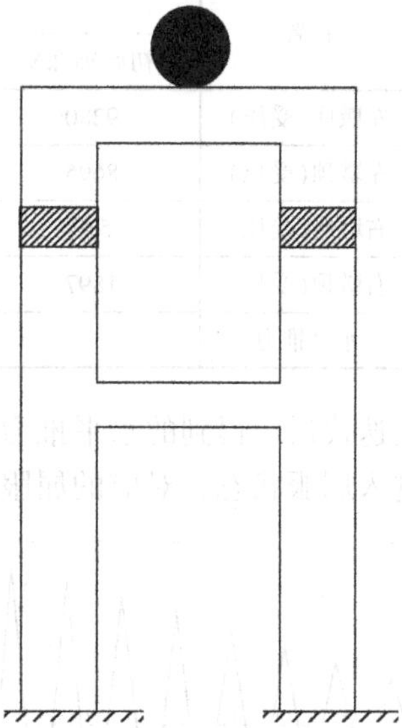

图 8.29　设置系梁的双柱墩模型

(1) 双柱墩屈服状态确定

双柱墩的横向屈服与破坏状态与单柱墩相比较为复杂，不适用于相关公式进行计算，相关规范建议采用非线性静力分析的迭代计算方法进行推导，其定义为墩柱的任一塑性铰达到其最大容许转角或截面达到极限曲率时宣告墩柱破坏，一般需要通过多次迭代计算，这也是双柱墩求解横向容许位移的计算方法。具体过程为：假设墩柱轴力为恒载轴力，按截面实配钢筋，运用截面分析软件计算截面的等效屈服弯矩等参数，然后运用有限元计算软件进行双柱墩的推导分析，得出墩柱的地震动轴力，将地震动轴力与恒载轴力组合后采用组合值重复上述过程，直至迭代收敛，横向位移求解如图 8.30 所示。

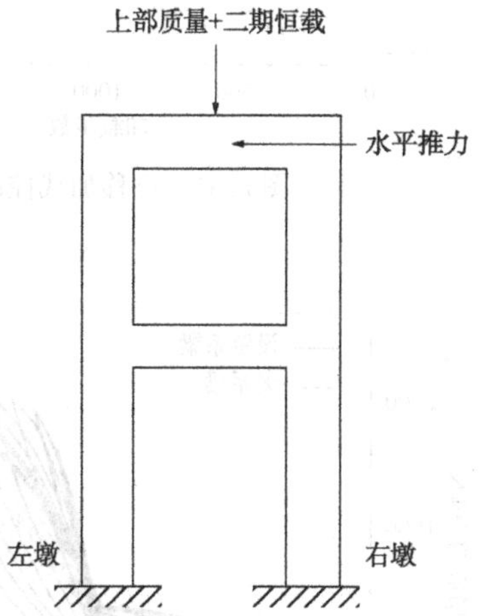

图 8.30　横向位移求解图示

为了更准确地得出双柱墩屈服与极限状态，采用 Xtract(一款专业的钢筋混凝土柱面计算软件名称)进行截面特性分析，Midas Civil 进行推导迭代计算，迭代过程的计算结果如表 8.19所示。

表 8.19　迭代过程的计算结果

迭代次数	位置	初始轴/kN	曲率/m^{-1} 屈服	曲率/m^{-1} 极限	弯矩/(kN·m) 屈服	弯矩/(kN·m) 极限
首次计算	墩底	4896.2	1.773×10^{-3}	6.793×10^{-2}	7.272×10^{3}	1.49×10^{4}
	墩顶	4311.2	1.748×10^{-3}	7.02×10^{-2}	6.985×10^{3}	1.024×10^{4}
	水平推力	3387.2 kN				

续表

迭代次数	位置		曲率/m^{-1}		弯矩/(kN·m)	
		初始轴/kN	屈服	极限	屈服	极限
二次计算	左墩底(受压)	9280	1.80×10^{-3}	3.018×10^{-2}	8.849×10^{3}	1.19×10^{4}
	左墩顶(受压)	8695	1.861×10^{-3}	3.934×10^{-2}	8.826×10^{3}	1.172×10^{4}
	右墩底(受压)	512	1.57×10^{-3}	4.305×10^{-2}	4.989×10^{3}	8.496×10^{4}
	右墩顶(受压)	1897	1.443×10^{-3}	4.93×10^{-2}	3.626×10^{3}	7.147×10^{4}
	水平推力	3348.9 kN				

经过二次迭代后，得到的水平推力与首次计算结果相差在5%以内，满足精度要求，左墩墩底最先进入屈服状态，对应的屈服位移为4.8cm，极限位移为25.6cm。

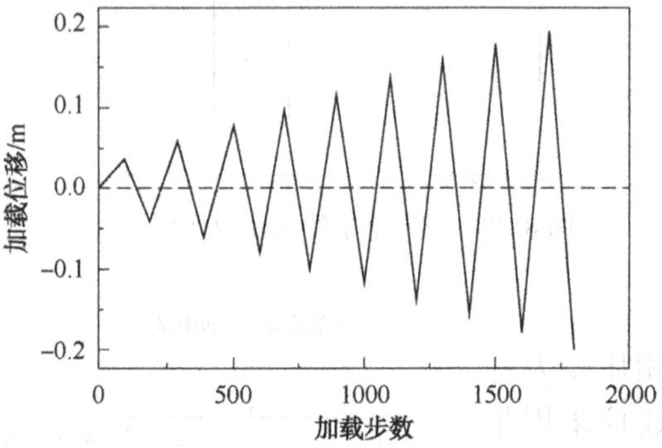

图 8.31　位移加载控制

（2）有、无系梁双柱墩横向抗震能力比较

为了更形象地表达出系梁对双柱式城市轨道交通高架桥墩横向抗震能力的影响，分别对设置系梁和无系梁的双柱墩采用低周往复加载，通过滞回曲线和骨架曲线直观地表达出系梁带来的影响，位移加载控制如图8.31所示。

双柱墩左肢墩柱的滞回曲线和骨架曲线如图8.32和图8.33所示。

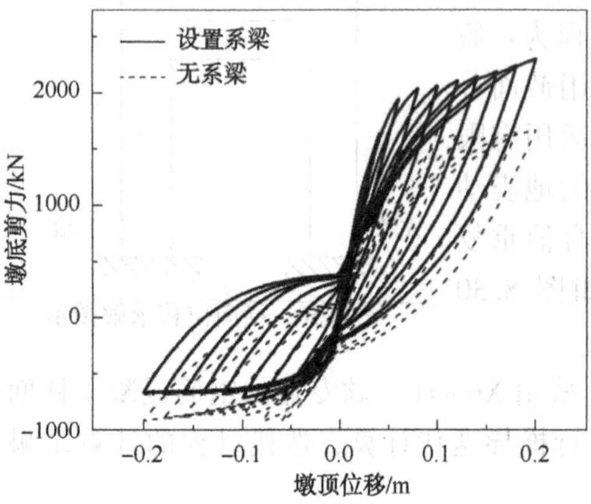

图 8.32　双柱墩左肢墩柱的滞回曲线

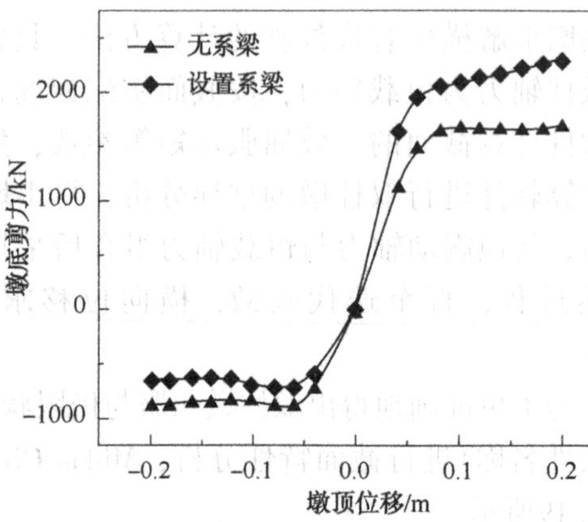

图 8.33　双柱墩左肢墩柱的骨架曲线

双柱墩右肢墩柱的滞回曲线和骨架曲线如图8.34和图8.35所示，滞回曲线可以很好地反映耗能情况，骨架曲线是滞回曲线中每一个滞回环峰值点连成的曲线，可以比较直观地反映出结构的抗力情况。从左、右肢墩柱的骨架曲线可以看出，在正位移部分，当墩顶推至同一位移时，有系梁的左肢墩底剪力明显大于无系梁的左肢墩底剪力，而右肢墩柱墩底剪力情况相反，有系梁的右肢墩底剪力要小于无系梁状态，但右肢剪力减小的部分明显小于左肢剪力提高的部分，在负位移部分，左、右肢墩柱的墩底剪力变化情况与正位移时趋势相反，但规律相同。所以整体而言，有系梁的双柱墩结构抗力要大于无系梁状态。

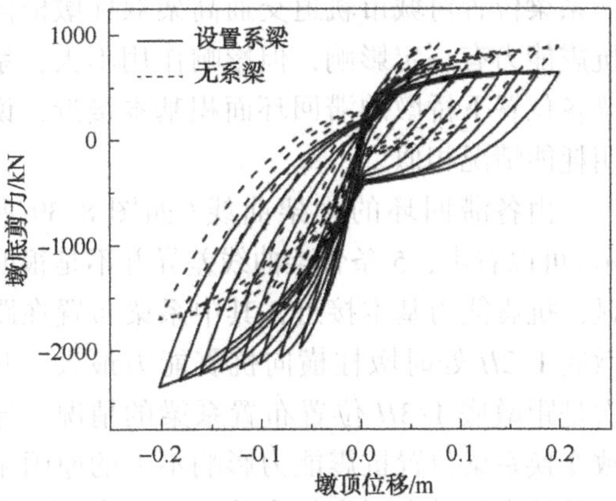

图 8.34　双柱墩右肢墩柱的滞回曲线

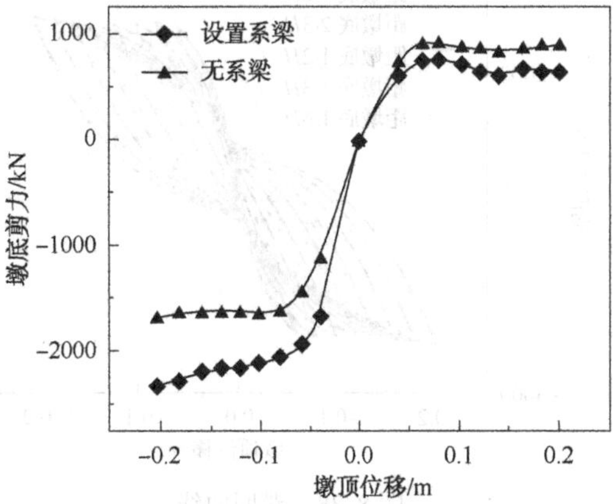

图 8.35　双柱墩右肢墩柱的骨架曲线

双柱墩的整体耗能情况如图 8.36 所示，可以看出，设置系梁的双柱墩滞回曲线要比与未设置系梁的双柱墩滞回曲线更为饱满，说明系梁的存在增大了结构的耗能作用。

有、无系梁双柱墩的骨架曲线如图 8.37 所示，由骨架曲线也可以看出设置系梁的双柱墩横向抗力更大，墩顶位移到达 0.2m 时，抵御侧向力的能力提高了 13.6%。

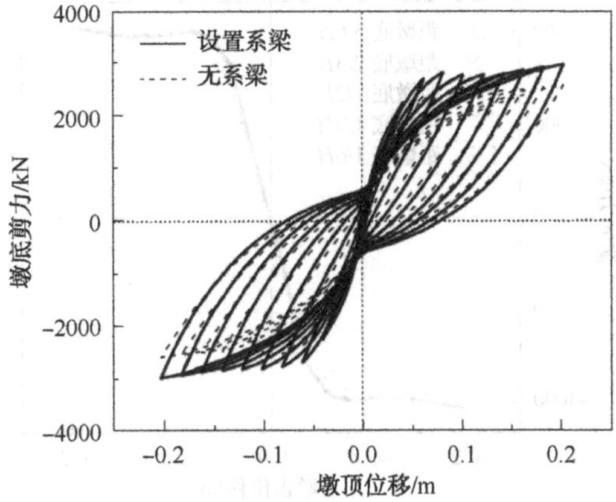

图 8.36　双柱墩滞回曲线

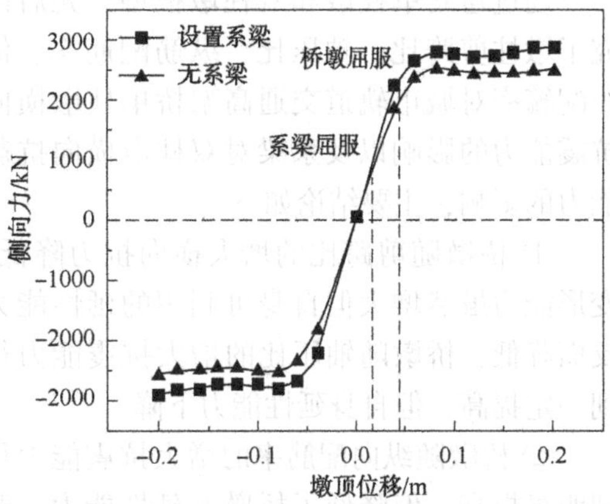

图 8.37　双柱墩骨架曲线

抗力提高的原因可以通过系梁和墩柱的屈服情况来说明，由于在整个加载过程中系梁作为压弯构件，所以屈服状态可以通过提取加载过程中系梁单元所受的最大轴压力作出弯矩-曲率曲线，确定屈服。系梁在墩柱进入屈服状态之前已经进入屈服状态并开始发挥延性耗能作用，所以致使结构抵御荷载的能力得到提高，因此，在双柱墩之间设置系梁可以明显提高桥墩的横向抗震能力。

(3) 系梁位置变化对双柱墩横向抗震能力影响

在城市轨道交通高架桥的双柱墩中，系梁布置在桥墩哪个位置对结构抗震能力提高最为明显，这需要进一步分析。本书将系梁分别按距墩底 $1/6H$、$1/3H$、$1/2H$、$2/3H$、$5/6H$（H 为墩高）位置布置，分别进行横向低周往复加载，利用滞回曲线和骨架曲线来反映变换系梁位置对城市轨道交通高架桥双柱墩横向抗震能力的影响。

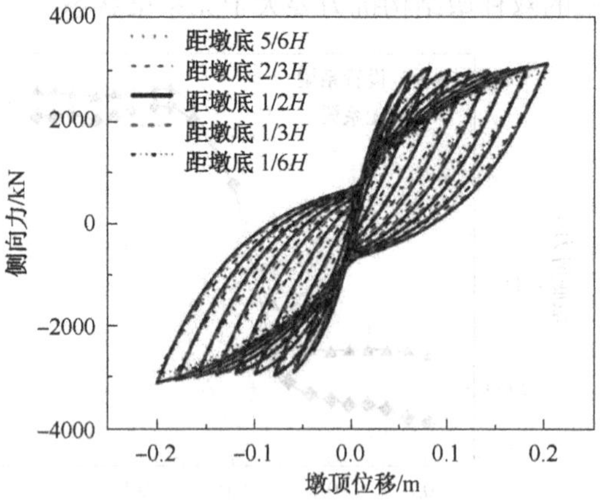

图 8.38　滞回曲线

由滞回曲线(如图 8.38 所示)可知，变换系梁位置对城市轨道交通高架双柱墩横向抗震能力有一定影响，但影响作用不大，系梁各位置下桥墩的滞回环面积基本接近，说明耗能情况相似。

由各滞回环的骨架曲线(如图 8.39 所示)可以看出，5 条骨架曲线差异并不是很明显，抗震能力基本接近，其中系梁布置在距墩底 1/2*H* 处时墩柱横向抗震能力最大，其次是距墩底 1/3*H* 位置布置系梁的情况。导致变换系梁位置抗震能力影响不大的原因主要是城市轨道交通高架多处于城市内部，受城市空间和景观要求限制，普遍为规则桥梁并且墩高基本控制在 15m 以下，与系梁应用较多的山区高架等较高的双柱墩相比，城市轨道交通高架桥墩高较低，系梁位置变换的范围较小，编者所选的桥梁实例墩高为 12m，所以在这一墩高范围内变换系梁位置，对桥墩横向抗震能力影响并不明显。不过由滞回曲线的耗能情况和骨架曲线可以看出，系梁布置在墩柱的中部时桥墩横向抗震能力最为理想。

通过建立单柱墩和双柱墩模型，先后研究了墩柱剪跨比、轴压比、纵筋配筋率、体积配箍率对城市轨道交通高架桥单柱墩横向抗震能力的影响以及系梁对双柱墩横向抗震能力的影响，主要结论如下。

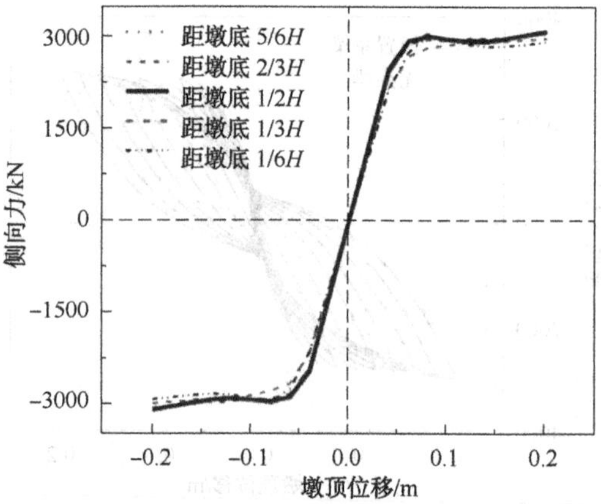

图 8.39　骨架曲线

① 桥墩随剪跨比的增大横向抗力降低，变形能力虽然增大但自身可利用的延性能力反而降低；桥墩随轴压比的增大抗震能力得到一定提高，但自身延性能力下降。

② 桥墩随纵向配筋率的增大抗震能力得到明显提高，但降低了桥墩的延性能力；配箍率的增大对桥墩抗力无明显提高，但是增大了桥墩的变形能力和延性能力。

③ 在双柱墩之间布置系梁可以增大其耗能作用，对双柱墩的横向抗震能力有明显的提高；对于城市轨道交通高架桥来说，由于墩高多数控制在 15m 以下，在这一范围内变化系梁位置对桥墩横向抗震能力影响不大，但相对而言，系梁布置在桥墩中、下部时对双柱墩横向抗震能力提高作用最明显。

④ 在抵御地震过程中，双柱墩基本遵循“先系梁后桥墩”的屈服顺序，系梁会较早进入屈服状态发挥耗能作用，可以达到保护墩柱和减小桥墩损伤的目的。

8.2 城市轨道交通地下结构抗震设计案例

8.2.1 地下结构抗震设计一般流程

8.2.1.1 关键问题确定

城市轨道交通抗震设计时，必须确定地下结构周围的地基条件、结构的空间分布、材料等条件。对于地基条件，要了解地层的地质条件、地层的物理参数，尤其是土体的动力特性；确定设计地震作用基准面。对于结构条件，要了解地下结构的空间分布、衬砌构造、接缝构造、接头构造等，还要了解使用的各种材料参数。

对于应用于设计的输入地震动，要根据设计规范的要求确定不同设防标准的地震动，现阶段的规范有二级设防，也有三级设防；《城市轨道交通结构抗震设计规范》(GB 50909—2014)中是特殊设防类、重点设防类、标准设防类三个抗震设防类别，没有适度设防类。地震动包括 E1 地震(重现期 100 年)、E2 地震(重现期 475 年)，E3 地震(重现期 2475 年)3 个水平。由于地下结构对于地层的相对位移比较敏感，因此选用的地震动时程必须进行基线漂移处理，使其位移时程不发散。加速度时程经过两次积分就可得到位移时程，使用梯形积分方法即可满足要求。

选取的地震动必须是设计地震作用基准面处的地震动。地震动输入基准面，即确定弹性均匀基岩空间与非均匀空间土层的交界面，然而真实的地球介质中并不存在这样一个理想的界面，所以又称为"假想输入界面"。输入基准面的确定就意味着场地覆盖层厚度的确定，相关理论分析和实测结果均证明，输入面之上的覆盖层会对输入的地震动强度和频谱产生影响，输入界面剪切波速的大小对地震反应结果也有一定的影响，因此输入基准面选择的合理与否，直接关系着场地地震反应所得结果的正确与否以及精度。城市轨道交通地下结构设计地震作用基准面，宜取在隧道和地下车站结构以下剪切波速大于等于 500m/s 岩土层位置，对于覆盖土层厚度小于 70m 的场地，设计地震作用基准面到结构的距离不应小于结构有效高度的 2 倍；对于覆盖土层厚度大于 70m 的场地，宜取在场地覆盖土层 70m 深度的土层位置。

地基的地震反应分析即自由场反应计算，目的是计算地震时地下结构周围地基的非线性程度(即刚度的折减、阻尼比的增加等)和位移、加速度、剪应力等反应值。最早的是线弹性分析方法；随着对土体性质研究的深入，等效线性化方法出现；后来的时域内的非线性直接积分法，可以考虑土体所谓的真非线性。从最早的线性总应力法，逐步发展到考虑非线性的有效应力动力分析方法和采用复杂弹塑性模型并考虑水土耦合作用的动力分析方法；从一维问题发展到二维、三维问题；从确定性分析发展到随机性分析。但现在常用的还是一维等效线性化方法，并有相应成熟的程序。

结构物的抗震计算就是把地震荷载作用于包括结构的分析模型上，求出结构的内力、变形等反应值。结构分析的方法大体分为两种：地基反应和结构反应分开计算的方法，如反应位移法、反应加速度法等；结构和地基看作一体的方法，如动力时程法等。结构的横向抗震分析是以衬砌和横向接头为对象，算出横向截面的面内的内力和变形；结构的纵向抗震分析是以衬砌和接头为对象，算出衬砌纵向的内力和变形。结构分析中重要的是把结构合理地模型化以及恰当地考虑地基的影响。结构抗震计算的方法众多，需要根据研究目的、分析的精度要求、验算的方法等进行综合评价，在此基础上选择合理的方法。

根据计算的内力和变形，对衬砌、接头等进行抗震性能验算，是抗震设计的最后一步。验算的结果是评价地下结构设计是否符合设计要求，如果得出的结论很难保证设计要求，则需重新修改结构设计或使用其他的提高抗震性能的措施。

8.2.1.2　地下车站抗震设计一般流程

地下结构抗震设计一般流程如图 8.40 所示。

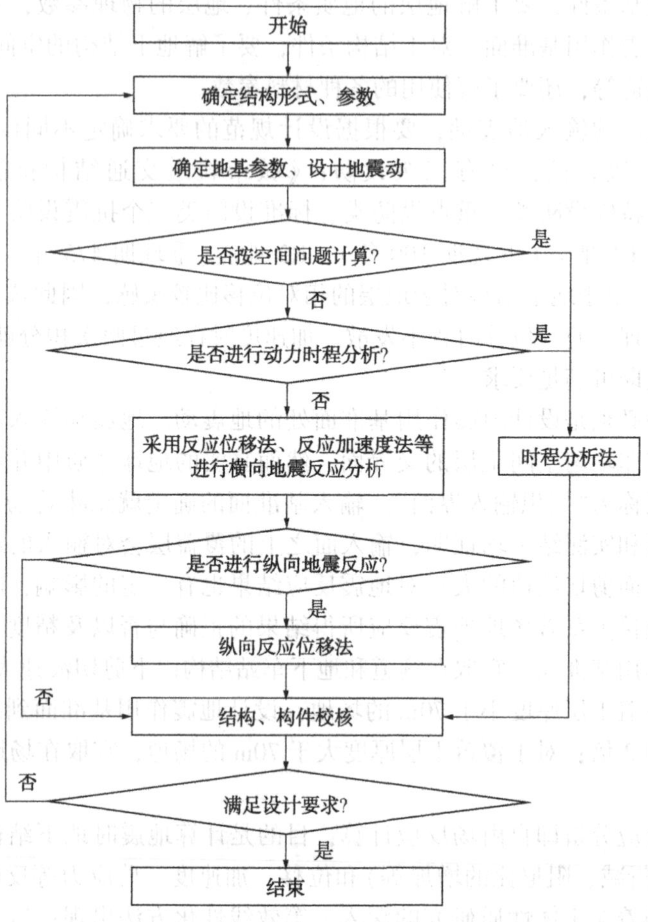

图 8.40　地下结构抗震设计一般流程

流程图中有几个问题需要说明。

① 是否按空间问题计算。遇到下列情况之一时，地下结构的空间效应明显，宜按空间问题进行地震反应计算：a. 结构上部局部建有建筑物或构筑物时；b. 沿结构纵向土层分布有显著差异时；c. 沿纵向结构形式有较大变化时；d. 同时在平面和竖向两个方向结构变化较多或复杂时。

② 是否进行动力时程分析。遇到下列情况之一时，地下结构反应复杂，宜进行动力时程分析：a. 地下结构纵向的断面变化较大或在横向有结构连接；b. 地质条件沿地下结构纵向变化较大，软硬不均；c. 隧道线路存在小半径曲线。

③ 是否进行纵向地震分析。如果地基匀质、各向同性，则地震时地基都是向一个方向振动，则隧道纵向各处将做刚体运动，不会产生内力和变形，但由于土层有变化或土质不同，或者夹杂液化层，这时将产生相对位移，需要考虑纵向抗震设计。

④ 结构、构件的校核。抗震验算应分为强度验算、变形验算和位移验算。强度验算时，归结为构件的损伤程度验算；变形验算确保延性构件具备足够的变形能力；位移验算则保证结构整体的完整性。

城市轨道交通地下结构分为性能Ⅰ和性能Ⅱ。性能Ⅰ要求地震后不破坏或轻微破坏，应能保持其正常使用功能；结构处于弹性工作阶段；不应因结构的变形导致轨道的过大变形而影响行车安全。性能Ⅱ要求地震后可能破坏，经修补，短期内应能恢复其正常使用功能；结构局部进入弹塑性工作阶段。因此，性能Ⅰ要求构件性能为1，性能Ⅱ要求构件性能为2，还需要整体变形性能满足要求。

对于地下结构的中柱，以及简化为平面问题后的顶底板、中间板、侧板等都可简化为和中柱类似的柱式构件，要按柱式构件验算。柱式构件性能1为无需维修、无影响行车安全的位移，性能2为可修复的损伤。地下结构整体的变形验算指标，其中矩形截面使用层间位移角，性能Ⅱ的限值为1/250；圆形截面使用直径变形率，性能Ⅱ的限值一般可定为4‰~6‰。

8.2.2　典型盾构隧道抗震设计案例

下面对城市轨道交通结构中典型盾构隧道进行抗震设计及性能验算。由于篇幅所限，不再考虑空间问题计算、纵向地震反应计算等，只计算横向抗震。

8.2.2.1　工程概况

选取上海轨道交通的某段区间隧道作为分析对象，该区间隧道是通缝拼装的圆形盾构隧道；其典型的横断面如图8.41所示。管片环由1块封底块、2块标准块、2块邻接块和1块封顶块组成；衬砌环厚度为0.35m，外径为6.2m，单环宽为1.2m。衬砌混凝土为C55，密度取为2.6t/m³，弹性模量为35500MPa，泊松比为0.2；钢筋为HRB335，弹性模量为200000MPa，泊松比为0.2。此处盾构隧道中心线标高-14.637m，上部覆土厚度15.117m。

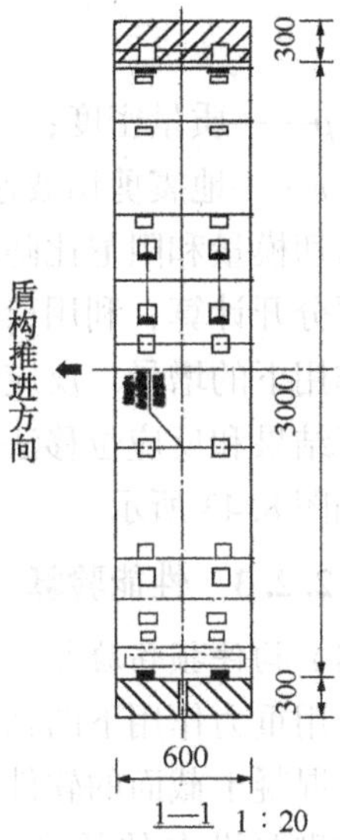

图8.41　典型盾构隧道的横断面

该处具体土层参数及土层分布如图8.42所示，土层厚度取为70m。

设计地震动选用上海地震小区化的3条人工波，分别是50年超越概率63%(E1地震)、50年超越概率10%(E2地震)、50年超越概率2%(E3地震)，其峰值加速度根据Ⅲ类场地分别调整为0.0625*g*、0.125*g*和0.275*g*(*g*为重力加速度)。

8.2.2.2　抗震计算

横向抗震选用反应位移法进行计算。土层计算使用ProShake(一款专业的地震分析软件名)软件，土层的最大剪切模量计算如式(8.3)所示。

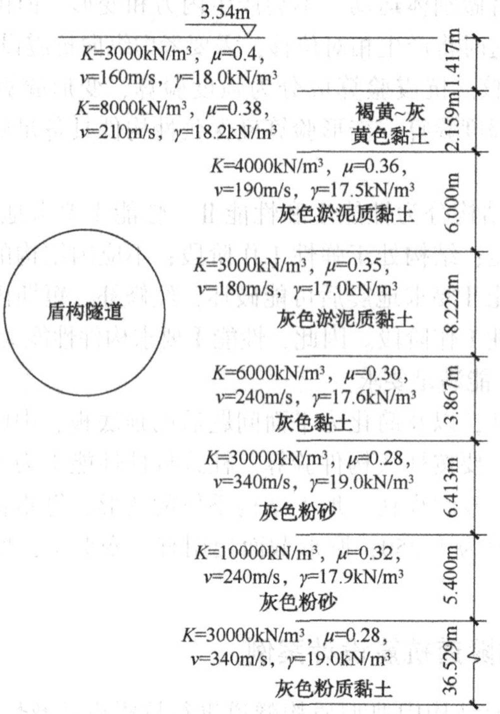

图 8.42　土层参数及土层分布

注：K——地基系数；μ——泊松比；v——地震剪切波速；γ——重度

$$G_{\max}=\rho v^2 \tag{8.3}$$

式中　ρ——质量密度；

v——地震剪切波速。

剪切模量和阻尼比随应变的变化曲线，采用砂土曲线和黏土曲线。重力作用和地震作用需要分开计算，利用荷载结构方法计算重力工况，利用自编软件，采用反应位移法计算地震作用下的增量。反应位移法需要的地基弹簧刚度采用静力有限元方法计算得到。把重力计算结果和反应位移法计算的结果叠加，得到总的结果。3 条地震波的内力及直径变形率结果如图 8.43 所示。

8.2.2.3　性能验算

(1) 构件损伤验算

利用重力作用下的轴力作为截面能力计算的轴力，截面能力计算采用 Ucfyber(一款分析钢筋混凝土截面的软件名)软件计算。截面取盾构衬砌的 1.0m×0.35m 截面，其中 1.0m 表示衬砌取纵向的长度、0.35m 表示衬砌宽度。其屈服弯矩为 506kN·m，极限弯矩为 605kN·m。可以看出盾构隧道在 3 条地震波作用下的弯矩最值不到 180kN·m，都小于屈服弯矩，因此构件状态为性能 1。

(2) 整体变形验算

选取直径变形率作为指标，地震波作用下的直径变形率最大值不到 2‰，小于性能Ⅱ规定的 4‰~6‰的限值，因此结构满足性能Ⅱ的要求。

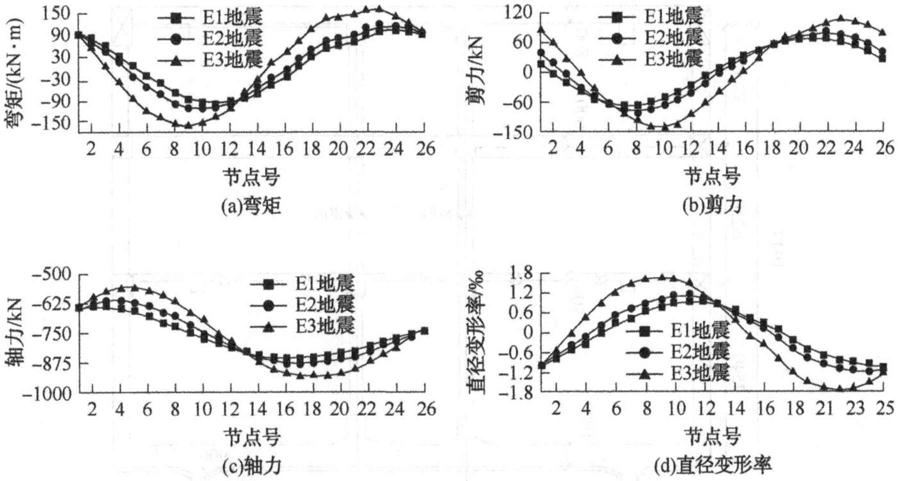

图 8.43　3 条地震波的内力及直径变形率结果

综上所述可知，结构在 E1 地震和 E2 地震下，满足性能Ⅰ的要求；在 E3 地震下，满足性能Ⅱ的要求。

8.2.3　地下车站抗震设计案例

下面选取兰州市轨道交通 1 号线某地下车站为案例，采用反应位移法、反应加速度法和时程分析法对该地下车站进行抗震设计分析。

8.2.3.1　工程概况

(1) 地下车站概况

兰州市轨道交通 1 号线某地下车站位于西固区规划深安大桥西侧，所处位置规划道路均未实现规划，同时沿线地下构筑物和管线相对较少，施工期间对地面交通和居民生活影响小。该地下车站一共三层：一层为物业开发层，二层为站厅层，三层为站台层。该地下车站总长 216.95m，加宽段 22.4m，总高 19.49m，车站的底板埋深为 22.654m，顶板覆土埋深 3.164m。地下车站总共设置了 4 个出入口，同时设置了两组风厅，总平面图如图 8.44 所示、典型横断面图如图 8.45 所示。

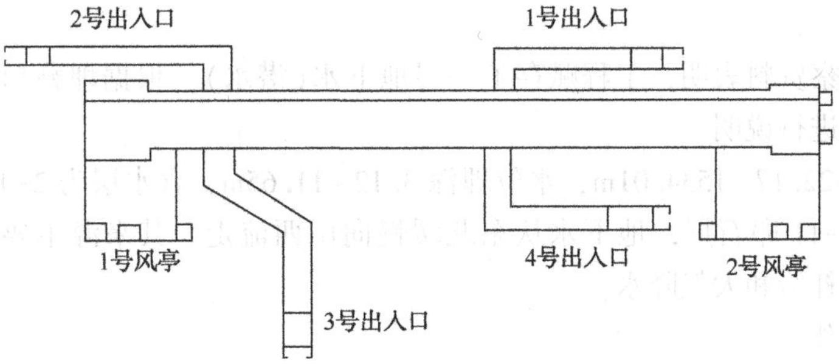

图 8.44　总平面图

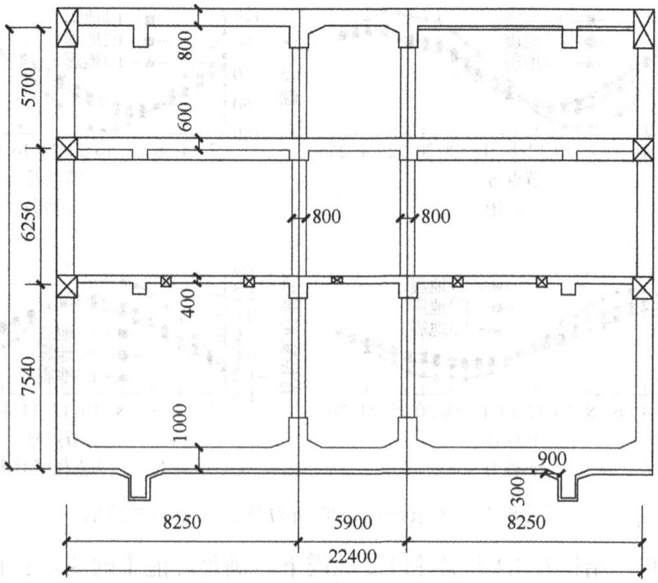

图 8.45　典型断面图(单位：mm)

(2) 工程地质概况

兰州市处于我国黄土高原的腹部，它是一个东西较长、南北狭窄的带状盆地城市，兰州市中心高程大致为 1511~1559m，南山与北山的高差大约为 600m。同时由于基底结构等因素的控制，形成了隆起、凹陷相交的复杂构造。这些隆起最宽的地方长度为 7.5km，而最窄的地方长度却不到 1km，盆地的宽窄长度变化起伏较大。且兰州市处于祁连山地震带，地震频繁发生。祁连山地震带有成组活动的特点，该地震带的前兆地震与主震的距离小于 30km，震级差为 1.5~3.0。

兰州地区处在黄土高原和青藏高原的交接地带，其地质构造比较复杂。尤其在第三纪以后，在多方向区域的构造控制下，垂直方向的升降构造运动就相对剧烈。我国比较闻名的天水-兰州-河西走廊的地震带就跨越过该地区。

地下车站所处的土层划分：杂填(Q_1^{ml})。

(3) 水文地质土(Q_4^{ml})、黄土状土(Q_4^{al})、第四系全新统冲积地层(Q_4^{ml})、第四系下更新统冲积地层

根据相关勘察资料表明，工程赋存了一层地下水(潜水)。根据埋藏形式和含水层等特点，对该潜水层进行说明。

水位标高 1522.17~1534.01m，水位埋深 3.12~11.65m，含水层为 2-10-3 卵石层、2-10-4 卵石层、3-11 卵石层，地下水从东北缓慢向南西流走。其来源主要有三部分：地表水入渗、黄河水补给和大气降水。

(4) 气象条件

兰州市为中温带大陆性气候。冬季的气温不是很低，夏季的气温不是很高，适宜居住。平均海拔高度为 1520m，年平均气温为 11.2℃，年平均降水量为 327mm，全年日照时数平均为 2446h。

8.2.3.2　地震参数的选取

依据《城市轨道交通结构抗震设计规范》(GB 50909—2014)，地下车站所处的场地土是中硬土，以及按照建筑场地的划分方法来说，场地类别属于Ⅱ类。依据《中国地震动参数区划图》(GB 18306—2015)，反应谱特征周期区是0.45s区，场地类别是Ⅱ类，同时依据《城市轨道交通结构抗震设计规范》(GB 50909—2014)，设计地震动加速度反应谱特征周期为0.45s。

8.2.3.3　基于反应位移法和反应加速度法地铁地下车站抗震设计

(1) 反应位移法和反应加速度模型计算参数

在土体和地下车站相互作用过程中，土体的地震反应特征决定了地下车站的地震反应特征，基于这种原理反应位移法就应运而生，这种抗震分析方法通常用在地铁地下车站等其他地下结构及设施。

反应位移法是依据在地震动作用下，地铁地下车站反应主要由车站四周的土体变形来决定的，同时将场地的变形和土弹簧作用在地下车站来实现抗震设计和分析，建模时结构通常采取梁单元，按静力方法来代替动力分析，该方法有三个关键参数：地下车站各构件的惯性力、土层的强制位移和车站四周顶底板以及侧墙的剪切力。

在利用反应加速度法进行地铁地下车站抗震分析时，与反应位移法数值分析时的边界条件相比更加符合实际工程，建模时在底部添加固定边界，模型的两侧添加限制车站宽度方向的铰接边界。以兰州城市轨道交通1号线某地下车站为研究对象，基于反应位移法和反应加速度法分析车站在地震动作用下的内力以及位移。

① 场地各土层模型参数以及结构混凝土参数。下面将应用MIDAS/GTS有限元软件进行建模分析，其通常用在基坑、边坡和隧道等项目中。该软件采用有限元计算原理，对静力、动力线性和动力非线性的地铁地下车站同样适用。可以利用强大的三维建模功能将复杂的实际工程进行一定程度简化，然后建立数值模型，以此会解决许多施工中遇到的问题。同时，选取的模型计算参数对结果的合理性至关重要。其基本分析思路为：根据地勘资料选取地层参数；建立模型；输入材料参数及属性；划分网格及赋予属性；设定工况；计算；结果处理。

基于反应位移法应用MIDAS/GTS有限元软件对地下车站进行抗震分析，该方法主要通过建立土弹簧来代替地下车站和周围土层的相互作用。在数值分析时首先需要确定反应位移法模型所需要的计算参数。

对于反应加速度法，计算模型中不需要建立土弹簧，所以不考虑地基反力弹簧刚度的取值，反应加速度模型中包括了地铁地下车站所处的各土层，而反应位移法计算模型需要把各土层删除，导致了两种方法有着本质的差别，建立反应位移法计算模型，其中关键的因素就是地震作用下的空间位移加速度。

根据兰州市轨道交通1号线一期工程某车站岩土工程勘察报告相关内容，得到各层土的模型参数如表8.20所示，结构混凝土计算参数如表8.21所示。

表 8.20 各层土的模型参数

编号	土层	弹性模/MPa	密度/(kg/m³)	泊松比	内摩擦角/(°)	黏聚力/Pa	剪切波速/(m/s²)
1	杂填土	164	1710	0.32	12	50	232
2	黄土状土	350	1670	0.33	24	20000	250
3	第四系全新统冲积层	648	2170	0.25	36	5000	318
4	第四系下更新统冲积层	996	2280	0.23	43	15000	380

表 8.21 结构混凝土计算参数

模型参数	参数值	模型参数	参数值
弹性模量/MPa	3.78×10^4	压缩-回弹系数	1
泊松比	0.2	张拉-回弹系数	0
密度/(kg/m³)	2500	初始屈服拉应力/MPa	2.89
阻尼比	0.1	极限压应力/MPa	32.4
损伤模量	0	初始屈服压应力/MPa	14.4

② 反应位移法抗震计算参数。选择基岩面：选取基准面埋深 85m，大于所规定的埋深 25m。

设计剪切波速为 356.384m/s，换算单位体积重量为 21770N/m³，动剪切模量为 2.821×10^8N/m²，动变形模量为 7.614×10^8N/m²

③ 地层水平相对位移计算参数。在应用反应位移法对地铁地下车站进行抗震分析时，各参数的取值十分重要。反应位移法的标准断面的计算简图如图 8.46 所示。

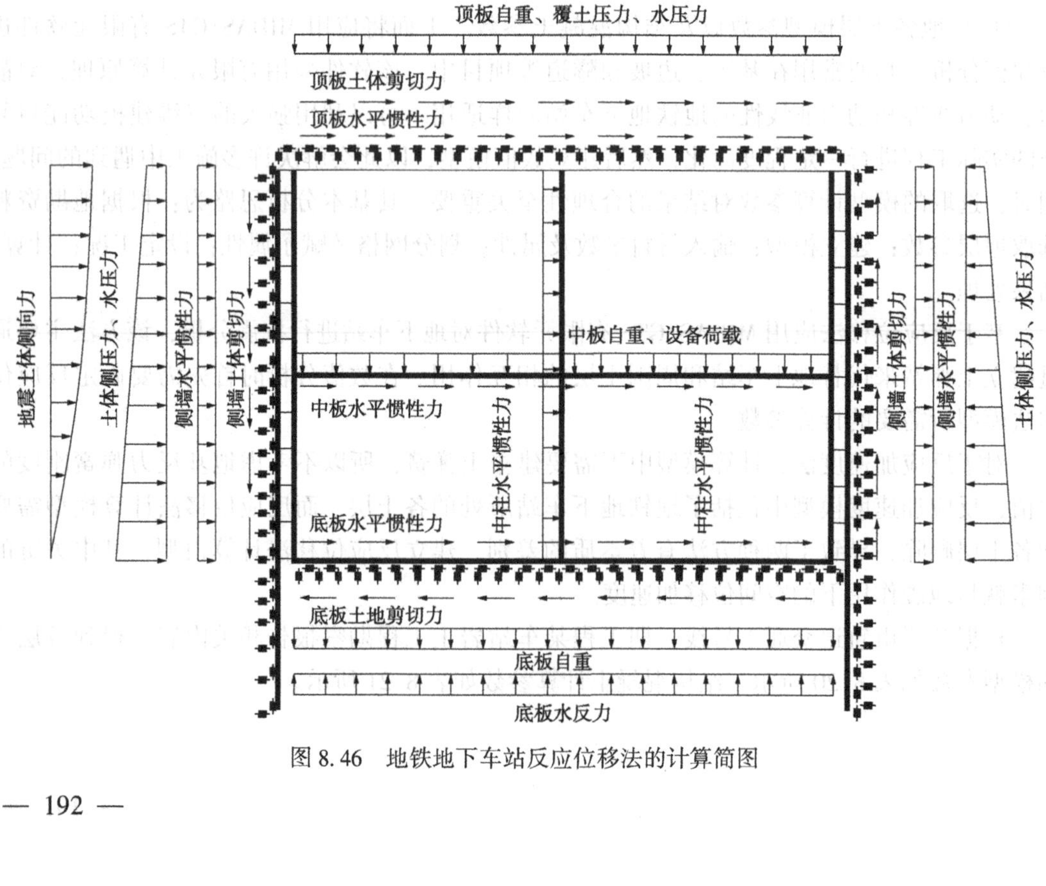

图 8.46 地铁地下车站反应位移法的计算简图

依据《城市轨道交通结构抗震设计规范》(GB 50909—2014)，地基反力弹簧刚度采用有限元法。

结构惯性力计算如式(8.4)所示。

$$F_i = \eta A_g \times m_i \tag{8.4}$$

式中　m_i——结构 i 单元的质量；

F_i——受到的水平地震力；

η——水平地震作用的修正系数；

A_g——地震动峰值加速度，取值为 $0.2g$。

这里选取的地震波为兰州波，在分析惯性力、剪应力以及强制位移时，考虑的是车站底板以上的埋深，底板的埋深是22.645m，得到在不同深度下的空间位移加速度和强制位移的变化如图8.47所示。

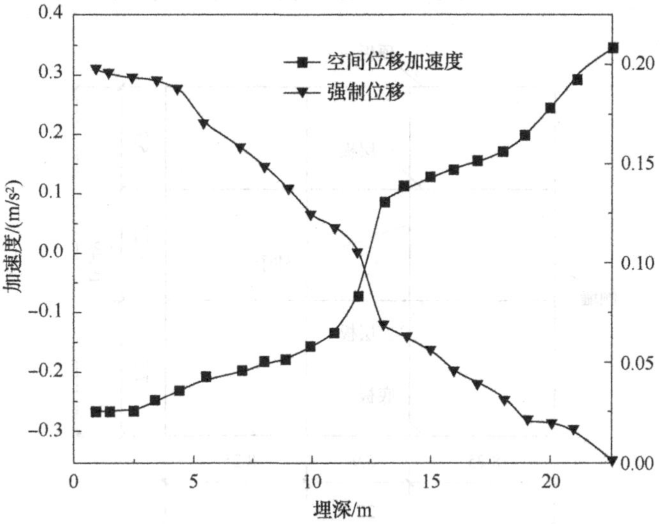

图8.47　车站埋深的空间位移加速度和强制位移

经计算，地震作用下结构的顶板剪力为13.23kN/m，地震作用下结构的底板剪力为80.34kN/m，地震作用下结构的侧面剪力为46.79kN/m。

(2) 基于反应位移法地铁地下车站的抗震分析

① 反应位移法模型的建立。在应用有限元软件MIDAS/GTS建立反应位移法的计算模型时，得到地基反力弹簧刚度，以此施加在车站的四周，每间隔1m的距离在结构接触面上添加一个切向土弹簧和法向土弹簧。在车站的四周按照一定的方向施加剪切应力；同时在水平向施加惯性力，这和反应加速度法计算模型中施加的空间位移加速度是一样的；强制位移的添加是施加在车站水平向土弹簧的末端，以及车站变截面的某些位置上，它最终是通过转化成为力的形式作用在结构上，这时的车站底板的强制位移无须施加，这是因为车站其他结构的相对位移是根据车站底板的相对位移来计算的，车站底板的相对位移可认为是零，同时保证强制位移施加的方向和加速度的方向一致。这里对车站各部位进行有效合理的简化后，车站所处的地层以及车站各部位的尺寸如图8.48和图8.49所示，最后得出反应位移法的计算模型如图8.50所示。

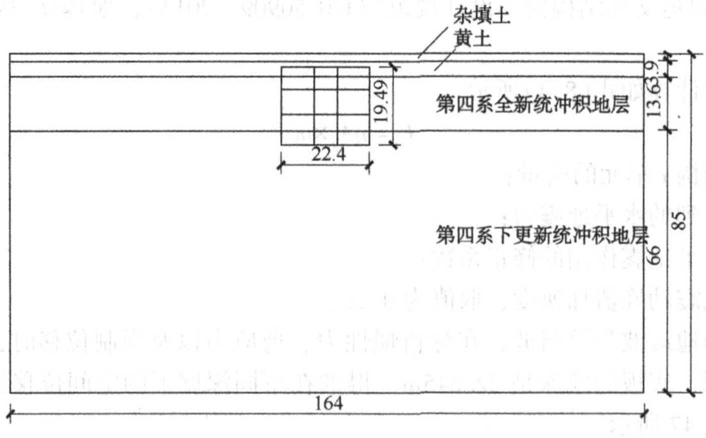

图 8.48　简化后计算模型横断面图(单位：m)

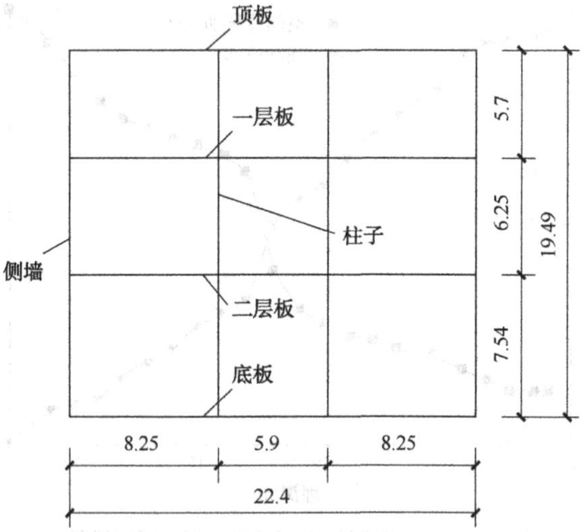

图 8.49　简化后车站横断面图(单位：m)

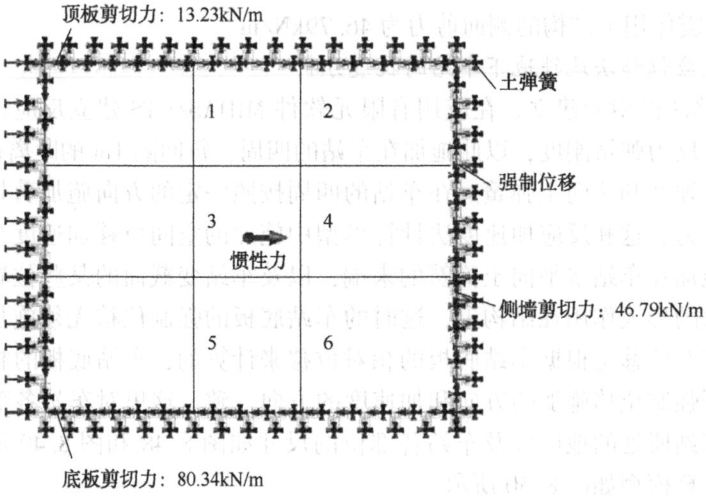

图 8.50　反应位移法计算模型(单位：m)

② 反应位移法内力分析。对柱子进行编号：第一层的左右柱子编号为 1、2，依次对第二层、第三次柱子编号为 3~6，每个柱子的柱顶和柱底进行剪力以及弯矩分析，得到内力如图 8.51~图 8.53 所示。可以直接看出：地下车站侧墙所受的弯矩要比柱子承受的弯矩要大；在底板和侧墙的连接处的剪力最大；地下三层柱子承受的剪力比一、二层的弯矩会大很多，弯矩的变化和剪力的变化基本一致，所以需要对这些部位进行更多分析。

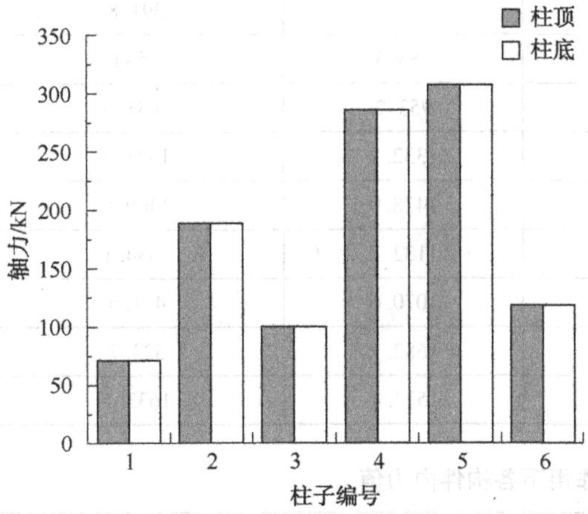

图 8.51　车站柱子轴力

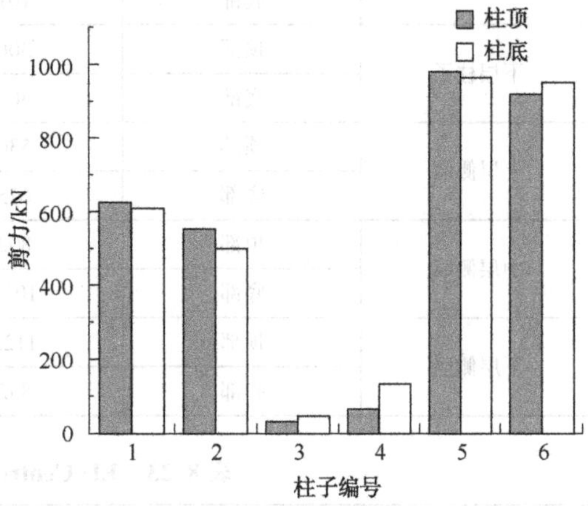

图 8.52　车站柱子剪力

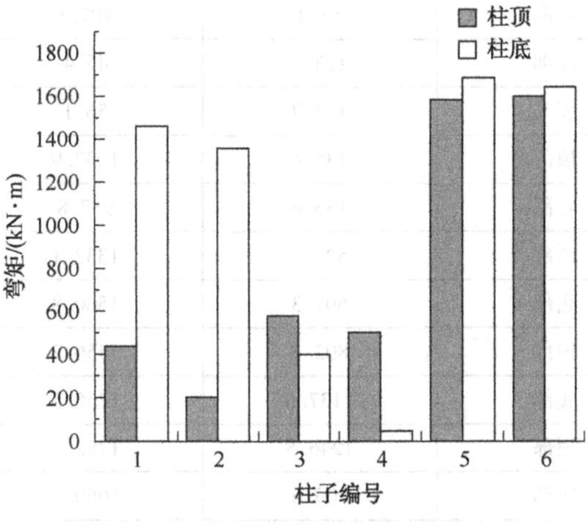

图 8.53　车站柱子弯矩

在兰州波的作用下，下层柱子承受的最大轴力为 06.57kN，最大剪力为 953.26kN，最大弯矩为 1668.90kN·m，总体来说相比其他部位受力要大。三层柱子的柱底轴力和柱顶轴力数值大小完全相同；对于剪力而言，中层柱子承受的剪力对于其他两层的柱子的剪力要小了许多；然而对于弯矩，基本每层柱子柱底的弯矩值要比柱顶的弯矩值大，某些部位的弯矩值甚至是相差好几倍，中层的弯矩值同样小于其他两层的弯矩值。各层柱子的剪应力和各层板的变化基本一致：从中部向两端过渡过程中剪应力数值会增大。与两层地下车站相比，三层车站下层柱子是受力比较集中的构件，是地震中破坏比较严重的构件，抗震设计与分析时应该予以重视。在兰州波和 EI-Centro 波作用下结构内力值如表 8.22 和表 8.23 所示。

表 8.22 兰州波作用下各构件内力值

部位		轴力/kN	剪力/kN	弯矩/(kN·m)
上层柱子	顶部	70.8	623.5	434.9
	底部	70.8	608.2	708
中层柱子	顶部	101.0	29.0	576.1
	底部	101.0	49.6	391.8
下层柱子	顶部	306.6	885.3	1584
	底部	306.6	953.2	1688.9
上层侧墙	顶部	536.4	1332.1	1321.0
	底部	675.0	1428.9	1469.5
中层侧墙	顶部	802.3	1132.2	1084.1
	底部	1011.7	1070.6	471.6
下层侧墙	顶部	1125.5	1682.7	523.7
	底部	832.3	1573.4	1633.1

表 8.23 EI-Centro 波作用下各构件内力值

部位		轴力/kN	剪力/kN	弯矩/(kN·m)
上层柱子	顶部	53.4	427.6	388.9
	底部	53.4	401.1	1568.9
中层柱子	顶部	123.7	45.4	534.2
	底部	123.7	56.1	416.8
下层柱子	顶部	135.6	1037.9	1457.2
	底部	135.6	987.8	1559.0
上层侧墙	顶部	527.9	1332.1	1321.0
	底部	601.3	1560.8	1578.3
中层侧墙	顶部	802.3	1456.7	1250.9
	底部	1137.6	1255.5	481.1
下层侧墙	顶部	1246.5	1762.3	668.9
	底部	709.6	1660.5	1786.4

在这两种波作用下柱子和侧墙受力变化基本一致，依据《城市轨道交通结构抗震设计规范》(GB 50909—2014)，地下车站中柱构件在设计上应从轴压比、剪压比以及剪跨比等方面来分析其受力特征。通常限制轴压比的主要目的是控制结构的延性，如若发生破坏，将导致混凝土压碎而受拉钢筋尚未屈服的小偏心受压的脆性破坏，因此轴压比取值不能太大，这时就会取一个限值，可参考《城市轨道交通结构抗震设计规范》(GB 50909—2014)的相关规定。柱的轴压比限值是 0.75。经计算，上层柱顶的轴压比是 0.65，中层柱顶的轴压比是 0.71，下层柱顶的轴压比是 0.73。上层柱顶、中层柱顶和下层柱顶的轴压比均小于柱轴压比限值，但是下层柱顶轴压比更接近比限值，所以在结构设计时，主要考虑下层柱子的轴压比是比较合理的。

剪跨比指的是柱子截面弯矩除以剪力和有效高度二者的乘积；当柱子的剪跨比大于 2 时，通常发生的是延性弯曲破坏，当柱子的剪跨比小于 2 时，通常发生的是脆性剪切破坏。经计算，上层柱顶的剪跨比是 1.96，中层柱顶的剪跨比是 1.50，下层柱顶的剪跨比是 1.06，故剪跨比均小于限值 2。剪压比指的是柱子截面剪应力除以混凝土轴心抗压强度的设计值。对柱的强度和刚度有明显的影响。经计算，上层柱顶的剪压比是 0.12，中层柱顶的剪压比是 0.11，下层柱顶的剪压比是 0.10。但是如果剪压比大于 0.15，柱的强度和刚度有明显的退化功能，使其不能发挥作用，分析抗震时对柱的截面尺寸有所要求。

同时车站中板承受的弯矩大于柱子承受的弯矩，这是由于它所产生的弯矩大部分是根据地震动位移形变来影响的。在弹簧端部施加的自由场土层的变形，目的是抵消弹簧对输入地震动剪切力的影响而施加的额外作用。所以反应位移法中其主要作用是把地震剪切力施加在侧墙的左右部分、上下板以及土体交界处。

③ 反应位移法位移分析。基于反应位移法进行地铁地下车站抗震分析时，不仅要考虑构件的内力，还要考虑在地震作用下其位移的变化。

重点考虑到车站顶板、一层板、二层板、顶底板和各层柱子的位移，每层板各取 5 个比较关键的位置进行编号，位移变化如图 8.54 所示。

可以看出在 X 方向地震波的作用下，车站一层板的相对位移最大，二层板相对位移较大，顶板位移次之，但是三者差值相差不大；但是底板的位移最小，与前三者相差较大，同时每层板的位移变化很均匀，起伏变化小，位移变化呈现“W”的形状。所以在对车站每层板位移进行分析和控制时，选取板中某一节点即可代替该板层的位移变化。

由于各层柱子的位移左右变化规律一致，每层柱子取 4 个节点进行位移分析，如图 8.55 所示。

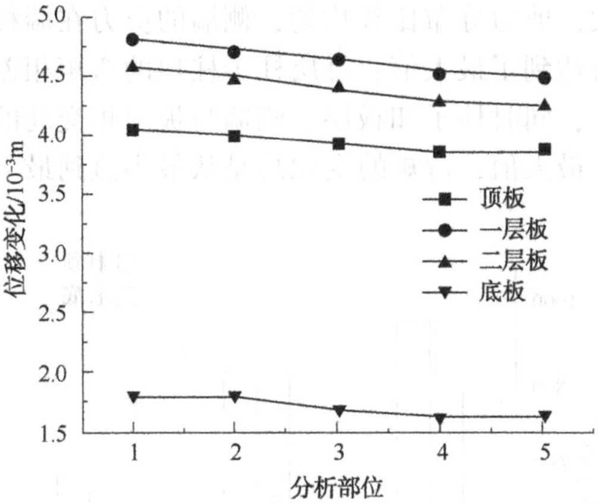

图 8.54　车站各层板位移变化

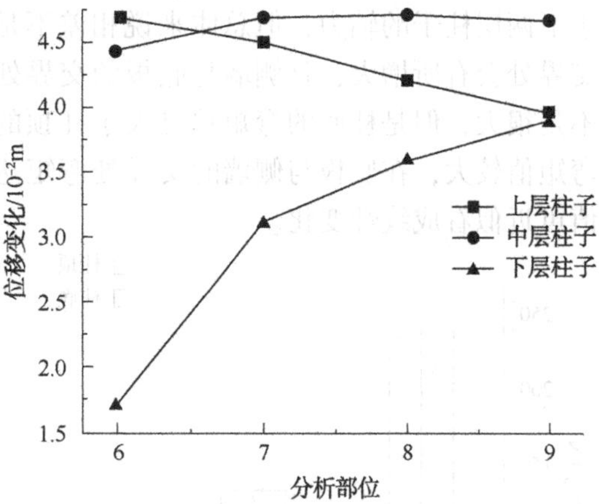

图 8.55　车站三层柱子位移变化

可以看出在 X 方向地震波的作用下，车站中层柱子相对位移最大，上层柱子位移次之，但是二者差值相差不大，两层柱子的位移变化比较均匀，起伏变化较小；下层柱子的位移较小，同时下层柱子的位移变化不均匀，起伏变化大。EI-Centro 波作用和兰州波作用下车站结构的位移变化规律基本相同。

基于反应位移法进行地铁地下车站抗震相对位移分析时，车站结构发生的是剪切变形，且结构的不同会使振型的自振周期有所差异，这就导致了产生的位移不同。整体分析三层柱子的相对位移变化，发现从中部向两端过渡过程中相对位移数值会从最大值逐渐趋近于最小值。

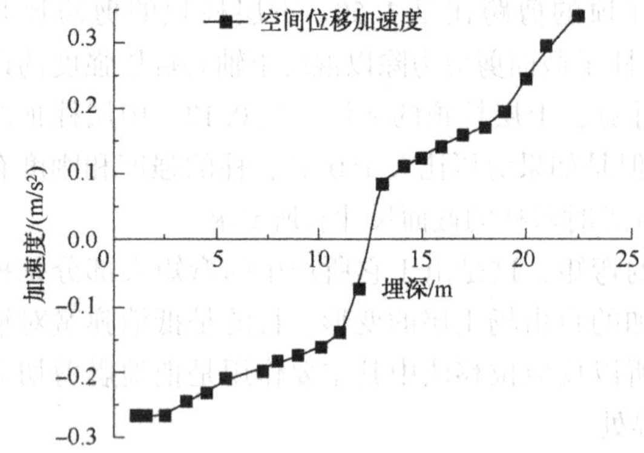

图 8.56　空间位移加速度随埋深变化

(3) 基于反应加速度法地铁地下车站的抗震分析

① 反应加速度法模型的建立。基于反应加速度法进行地铁地下车站抗震分析时，求解地表和车站底板位置处自由土层地震反应加速度值十分重要，同时利用有限元软件 MIDAS/GTS 建立反应加速度模型，模型中的各地层就需要保留，在模型底部添加固定边界，在两侧添加限制 Y 方向的铰接边界，将地震作用的基准面作为计算模型的底面，同时将地表面作为模型的顶面，这时候在 X 方向的加速度是主要的荷载，它对数值模拟的结果起到了决定性的作用。在不同埋深的情况下，空间位移的加速度的方向和位移都在变化，在兰州波作用下在车站底板以上加速度变化如图 8.56 所示。

② 反应加速度法内力分析。依照反应位移法的内力分析，不考虑土层的内力变化，只分析柱子和墙板所承轴力、剪力以及弯矩。

按照反应位移法来对一侧的柱子进行编号 1~3，分析柱子顶部和底部的剪力以及弯矩，得到内力如图 8.57~图 8.59 所示。可以看出：每层柱子顶部和底部的轴力大小一致，相对来说上层柱子的轴力略大于下两层柱子的轴力，但总体来说相差不是很大，下层侧墙的轴力较上两层的轴力要大，且侧墙与底板的交界处达到了最大值；同样上层柱子的剪力略大于下两层柱子的轴力，但总体来说相差不是很大，剪力分布比较均匀，侧墙的剪力在墙板交界处会有所增大，且侧墙与底板的交界处剪力达到了最大值；每层柱子柱顶的弯矩相差不是很大，但是柱底的弯矩总是大于柱顶的弯矩，同时柱子和板层、侧墙与板层相交处的弯矩值较大，在底板与侧墙的交界处弯矩达到了最大值，弯矩的变化总是从最小值到最大值可近似看成线性变化。

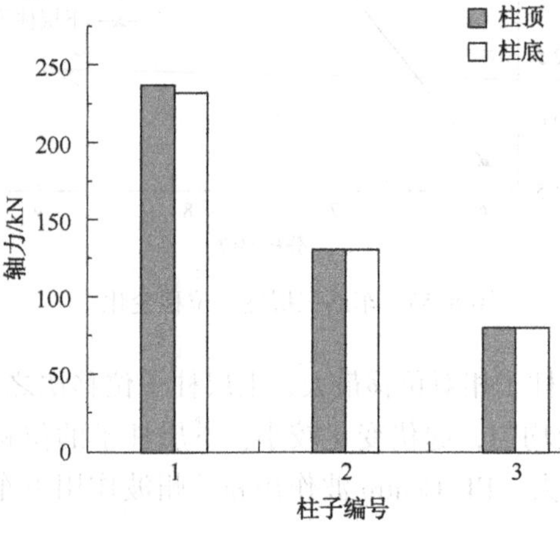

图 8.57　车站柱子轴力

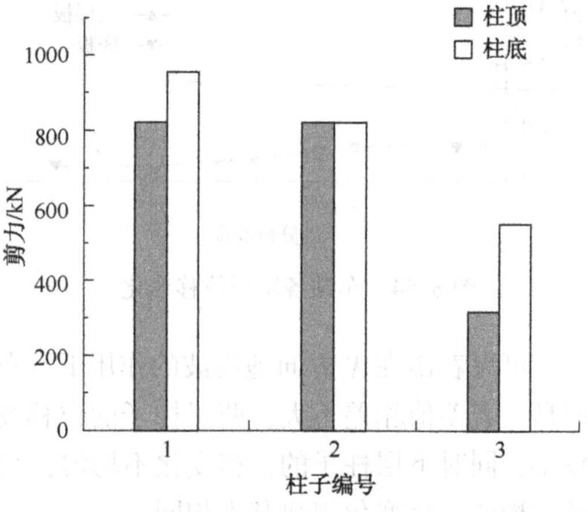

图 8.58　车站柱子剪力

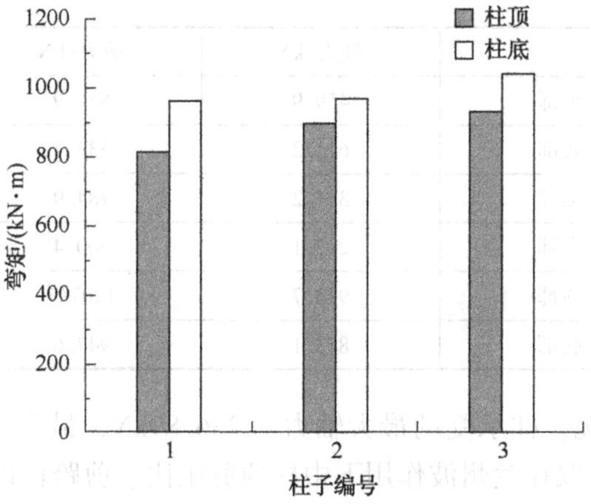

图 8.59　车站柱子弯矩

在结构设计时，应给予该位置充分考虑。在兰州波和 EI-Centro 波作用下结构内力值如表 8.24~8.25 所示

表 8.24　兰州波作用下各构件内力值

部位		轴力/kN	剪力/kN	弯矩/(kN·m)
上层柱子	顶部	236.8	816.0	811.8
	底部	236.8	949.9	963.3
中层柱子	顶部	130.7	817.6	892.2
	底部	130.7	819.3	973.2
下层柱子	顶部	80.5	320.3	932.3
	底部	80.5	555.2	1041.5
上层侧墙	顶部	383.8	844.6	1238.4
	底部	501.3	336.9	1377.6
中层侧墙	顶部	353.3	764.8	721.7
	底部	217.3	564.4	932.3
下层侧墙	顶部	1073.2	1408	670.8
	底部	833.2	1088.5	1355.7

表 8.25　EI-Centro 波作用下各构件内力值

部位		轴力/kN	剪力/kN	弯矩/(kN·m)
上层柱子	顶部	80.2	766.8	679.0
	底部	80.2	870.0	998.1
中层柱子	顶部	267.6	789.9	784.2
	底部	267.6	912.2	908.3
下层柱子	顶部	198.4	468.8	743.8
	底部	198.4	532.7	110.6

续表

部位		轴力/kN	剪力/kN	弯矩/(kN·m)
上层侧墙	顶部	459.9	854.9	1002.1
	底部	611.2	333.7	1231.0
中层侧墙	顶部	341.2	784.9	825.4
	底部	203.1	500.4	1055.4
下层侧墙	顶部	943.7	1207.7	778.5
	底部	853.1	947.6	1408.5

分析柱子的受力情况，柱承受的最大轴力为236.89kN，最大剪力为949.965kN，最大弯矩为1041532kN·m，取在兰州波作用下中柱的剪压比、剪跨比以及轴压比等分析柱子的受力特征。柱的轴压比限值是0.75。经计算：上层柱顶的轴压比是0.54，中层柱顶的轴压比是0.62，下层柱顶的轴压比是0.68，上层柱顶、中层柱顶和下层柱顶的轴压比均小于柱轴压比限值，故轴压比是比较合理的；同时上层柱顶的剪跨比是1.05，中层柱顶的剪跨比是1.04，下层柱顶的剪跨比是1.04，剪跨比均小于限值2；剪压比对柱的强度和刚度有明显的影响，上层柱顶的剪压比是0.09，中层柱顶的剪压比是0.08，下层柱顶的剪压比是0.09，都小于限值0.15。

反应位移法和反应加速度法结果有所不同的原因在于对静力模型侧边界的选取，反应加速度法适应性比较广，对于不同的侧边距都能得到很好的计算精度，计算精度随着侧边距的增加会有略微的提高；但是对于反应位移法来说，侧边界的选取对于计算精度有重大影响，侧边距过大会导致结构响应偏小，侧边距过小会导致结构响应偏大。对于结构变形，由于反应位移法直接以位移作为施加荷载的方式，土体阻尼的存在让变形计算变得不够准确，这方面的分析还有待加强。

④ 反应加速度法位移分析。重点考虑到车站各层板和各层柱子的位移，每层板各取5个比较关键的位置，各层柱子取4个比较关键的位置进行编号，位移变化如图8.60、图8.61所示。

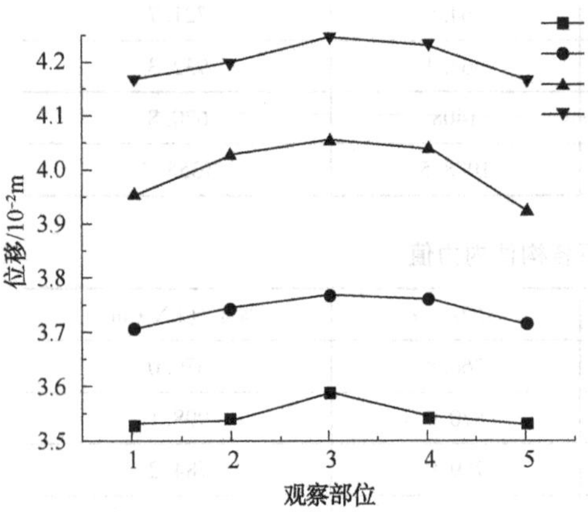

图8.60 车站各层板位移变化

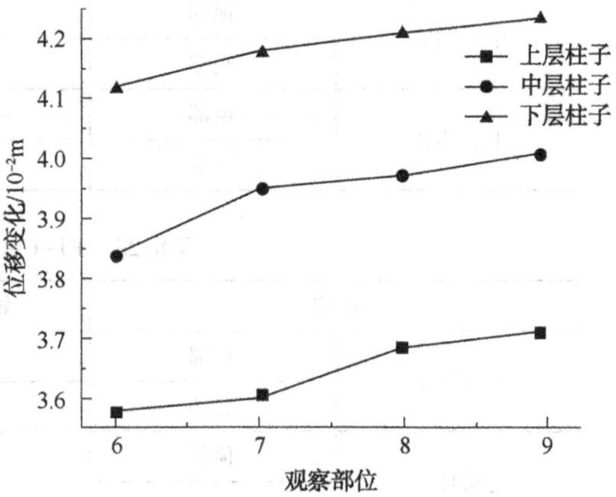

图8.61 车站三层柱子位移变化

可以看出在X方向地震波的作用下，车站底板的相对位移最大，顶板的相对位移最小，但是这几层板的差值相差不大，每层板的位移变化较为均匀，起伏变化较小，所以在对车站每层板位移进行分析和控制时，选取板中某一节点即可代替该板层的位移变化；同时上层柱子到下层柱子的位移变化是缓慢增大，在底板和柱子接触位置达到最大值，且最大值和最小值的差值保持在可接受范围之内。

同时层间位移角也是衡量地下车站结构位移变化的一个重要指标。该参数在研究地铁地下车站水平方向抗震性能时具有很重要的作用。通常将和底板的接触的节点的位移看成0，得到各节点对应的土层横向相对位移如表 8.26 所示。

表 8.26　各节点对于底板土层相对位移　　m

节点编号	相对位移	节点编号	相对位移	节点编号	相对位移
569	0.0072	565	0.0047	561	0.0022
568	0.0065	564	0.0041	560	0.0016
567	0.0060	563	0.0034	559	0.0011
566	0.0053	562	0.0028	558	0.0005
—	—	—	—	557	0

通常情况下，层间位移角可以从两方面来进行分析，一方面是按照弹性阶段分析，另一方面是按照弹塑性阶段分析，故二者存在不同层的层间位移角。

若以弹性阶段来分析，上层层间位移角<1/500；中层层间位移角<1/500；下层层间位移角<1/500；结构处于弹性阶段，满足相关要求。

若以弹塑性阶段来分析，需将弹性阶段分析的层间位移角相应位置系数扩大 1.6 倍，故上层层间位移角<1/250；中层层间位移角<1/250；下层层间位移角<1/250；结构处于弹塑性阶段，且满足相关要求。

若为弹性工作阶段，车站每层的位移角均小于 1/550，构件截面满足抗震的计算要求，同时柱子也满足轴压比限值要求，证明柱子具有较好的延性；若为弹塑性工作阶段，车站每层的位移角均小于 1/250，构件截面满足抗震的计算要求，不会出现局部或整体倒毁的情况。

依据《城市轨道交通结构抗震设计规范》(GB 50909—2014)，在进行地铁地下车站抗震分析时，在不同的抗震设防类别中尽可能使用反应加速度法来进行计算分析。该方法考虑了土-结构相互作用，无须考虑地基弹簧刚度系数，并且计算的精度较高，效率有所提升。

8.2.3.4　基于时程分析法地铁地下车站抗震分析

时程分析法是通过线性时程直接积分求解的一种动力抗震分析方法。其精度比较高，现在已慢慢成为许多国家抗震设计规范用来进行抗震分析的方法之一。可通过建模得到许多具有代表性质点的位移、速度等，由此可以分析地铁地下车站各构件的内力及变形。在抗震设计与分析中，前面所提到的静力法相对较简单，由于前提条件及各种假定要求较多，所以导致其使用范围具有有限性。在此将通过有限元软件 MIDAS/GTS 对兰州城市轨道交通 1 号线某地下车站在地震工况下进行数值模拟，通过输入不同的地震波来研究地下车站的动力特性，分析软件模拟得出车站需要的部位的内力和位移，并且根据得出的结果提出了一些比较具有针对性的措施。

(1) 时程分析法模型的建立

利用时程分析法建立兰州地铁某地下车站的三维模型，地基为半无限区域的，但是建立的三维模型无限区域是用半无限区域来代替的。建立的模型需要的精度这时候就会首先考虑到模型的计算尺寸。若所选的模型尺寸太小，在地震动作用下，会导致利用模型分析的结果不精确，不能很好反映实际的情况；若所选的模型尺寸太大，计算机运行时间较长，同时模型的精度也没有很大的提升。计算模型的尺寸对于模型的结果有着至关重要的影响。

土层采用常见的摩尔-库伦本构模型，柱子采用1D(一维)梁单元，1.0厚混凝土采用2D(二维)板单元。同时计算模型的宽度取164m，模型的高度取85m，沿轨道方向上的计算长度取42m。在此分别建立无黏弹性人工边界和黏弹性人工边界的动力时程模型，分析两种边界在地震动作用的差异性。

为了更精确进行数值分析，更能真实反映地铁地下车站地震响应，还需要采取一些假设，该模型采取的假设如下：模型中四种土层之间互相独立，认为是弹性体，结构混凝土的刚性比土体的刚性大很多，认为是线弹性体；基岩层产生的地震波，同时对于行波效应不进行考虑；在进行时程分析法分析时，土层与结构接触的位置要符合变形协调和位移协调的条件；模型中未考虑比例阻尼，取而代之的是材料阻尼。

① 无黏弹性人工边界。车站模型的四周与土层之间不做处理。在计算模型前后左右四面添加自由场，同时模型的底部固定。在模型的宽度方向输入兰州波及EI-Centro波，采用设计基本地震加速度峰值0.2g作为地震动时程分析的目标峰值。有限元模型中网格划分如图8.62所示，无黏弹性人工边界车站模型如图8.63所示。

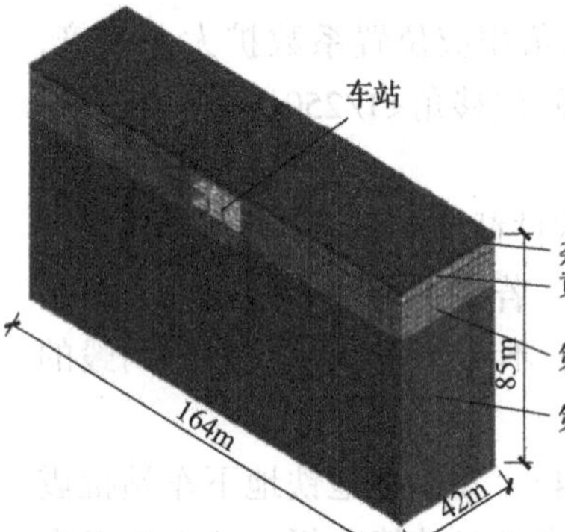

图8.62 整体网格划分

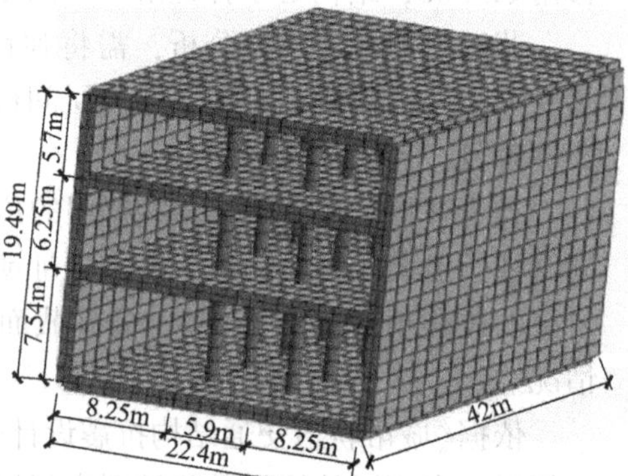

图8.63 无黏弹性人工边界车站模型

② 黏弹性人工边界。车站模型的边界条件是：在计算模型Y方向前后添加自由场，由于在X方向输入地震波，故只需要在X方向左右两侧添加黏弹性边界，同时底部固定。在模型的X方向输入兰州波，采用设计基本地震加速度峰值$0.2g$作为地震动时程分析的目标峰值。计算模型如图8.64所示。

当对模型进行三维动力时程分析时，所得的模型纵向两边的柱子的内力结果并不精确，不能用于下面分析。应选用中间的五根柱子作为研究对象对其进行分析。

(2) 不同边界条件下的时程分析

① 不同边界条件下的内力分析。基于时程分析法地铁地下车站抗震分析时，采用有黏弹性边界和无黏弹性边界分别进行数值模拟，根据得出的结果，分析哪种边界符合实际情

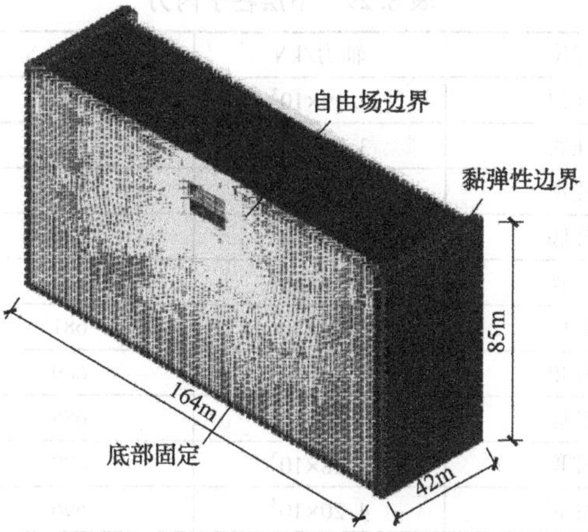

图 8.64 黏弹性人工边界计算模型图

况。两种边界条件下得到模态一和模态二的特性周期都为 0.949，在地震动作用下得到无黏弹性边界结构的水平变形云图，得到各层柱子内力如表 8.27~表 8.29 所示。

表 8.27 上层柱子内力

柱子编号	部位	轴力/kN	剪力/kN	弯矩/(kN·m)
1	柱顶	604	867	2.57×10^3
	柱底	610	905	1.67×10^3
2	柱顶	531	828	2.45×10^3
	柱底	542	865	1.64×10^3
3	柱顶	554	818	2.43×10^3
	柱底	564	856	1.69×10^3
4	柱顶	531	828	2.45×10^3
	柱底	541	856	1.64×10^3
5	柱顶	605	867	2.57×10^3
	柱底	610	905	1.68×10^3

表 8.28 中层柱子内力

柱子编号	部位	轴力/kN	剪力/kN	弯矩/(kN·m)
1	柱顶	1.27×10^3	813	2.57×10^3
	柱底	1.28×10^3	834	2.18×10^3
2	柱顶	1.28×10^3	795	2.51×10^3
	柱底	1.29×10^3	815	2.14×10^3
3	柱顶	1.28×10^3	788	2.49×10^3
	柱底	1.29×10^3	808	2.13×10^3
4	柱顶	1.28×10^3	795	2.51×10^3
	柱底	1.29×10^3	815	2.14×10^3
5	柱顶	1.27×10^3	813	2.57×10^3
	柱底	1.28×10^3	834	2.18×10^3

表 8.29　下层柱子内力

柱子编号	部位	轴力/kN	剪力/kN	弯矩/(kN·m)
1	柱顶	3.19×10^{3}	680	2.65×10^{3}
	柱底	3.20×10^{3}	696	2.59×10^{3}
2	柱顶	3.19×10^{2}	669	2.61×10^{3}
	柱底	3.20×10^{3}	685	2.54×10^{3}
3	柱顶	3.18×10^{3}	665	2.60×10^{3}
	柱底	3.19×10^{3}	681	2.52×10^{3}
4	柱顶	3.19×10^{2}	669	2.61×10^{3}
	柱底	3.20×10^{3}	685	2.54×10^{3}
5	柱顶	4.18×10^{3}	679	2.65×10^{3}
	柱底	4.20×10^{3}	696	2.59×10^{3}

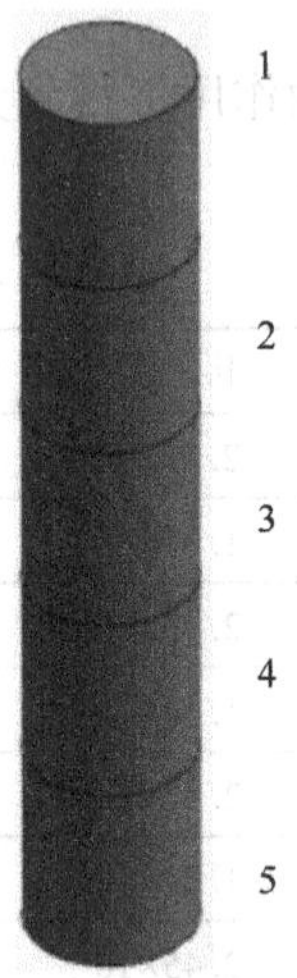

图 8.65　柱子编号

同样进行特征值分析时，在 X 方向得到系数最大的两个特征值都为 0.949，并得出有黏弹性边界结构的位移和应力云图。

② 不同边界条件下的地震响应对比分析。取每个柱子五个关键位置进行分析，依次编号为 1~5，如图 8.65 所示。

对比分析边界条件不同导致内力的差异，对上层柱子的轴力、剪力和弯矩进行分析，相关结果如图 8.66~图 8.68 所示。

在两种不同的边界条件下，由于混凝土柱子的自重作用，使得柱底的轴力值总是略微大于柱顶的轴力值，有黏弹性边界的轴力值大于没有黏弹性边界的轴力值，且相差两倍左右，从外侧柱子到内侧柱子的轴力值逐渐减小，差值相差不是很大；有黏弹性边界比没有处理的边界的弯矩和剪力值要小得多，数值甚至相差几倍左右。柱顶的剪力值略微大于柱底的剪力值，柱顶的弯矩值比柱底的弯矩值要大许多，上层柱子与墙板接触位置的剪力弯矩值达到最大值。

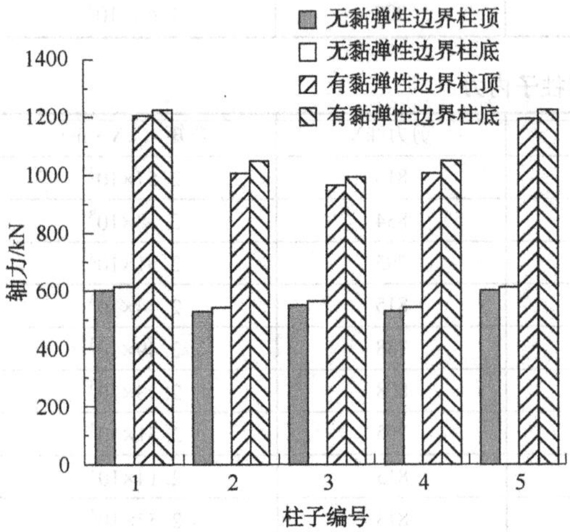

图 8.66　不同边界条件下上层柱子的轴力值

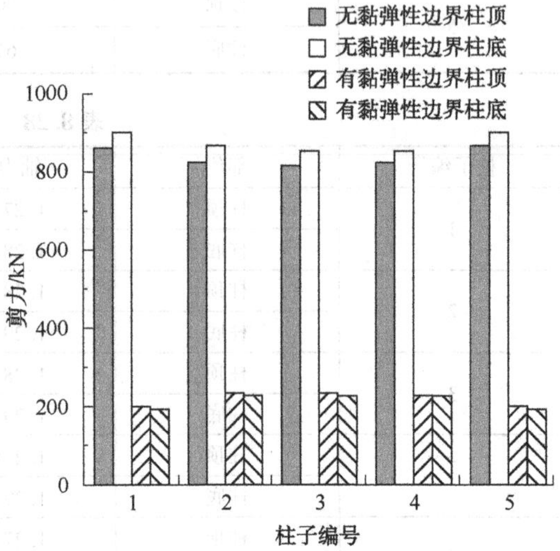

图 8.67　不同边界条件下上层柱子的剪力值

对中层柱子和下层柱子同样进行剪力和弯矩分析，相关结果如图 8.69~图 8.72 所示。

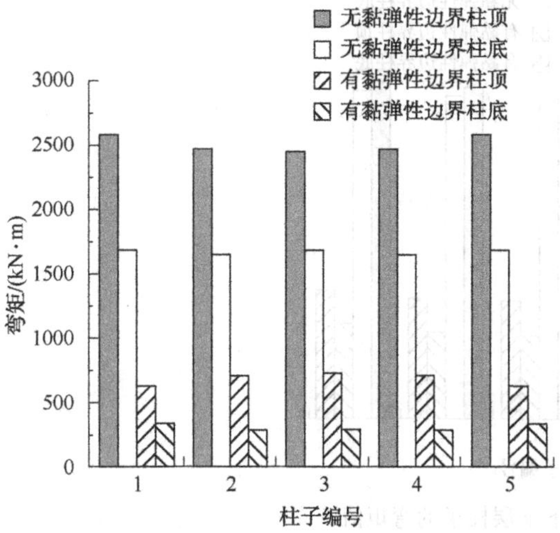

图 8.68　不同边界条件下上层柱子的弯矩值

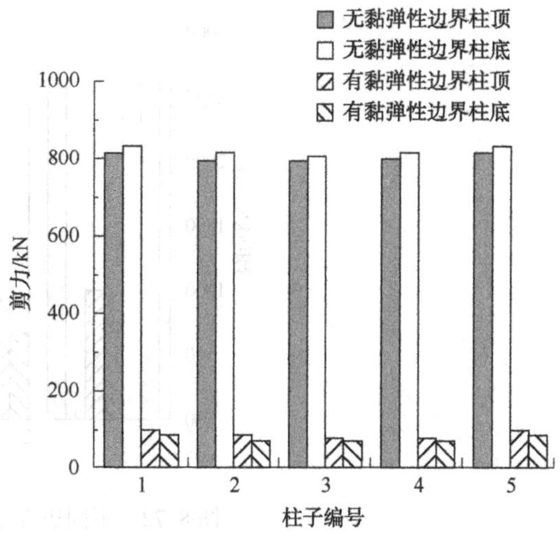

图 8.69　不同边界条件下中层柱子的剪力值

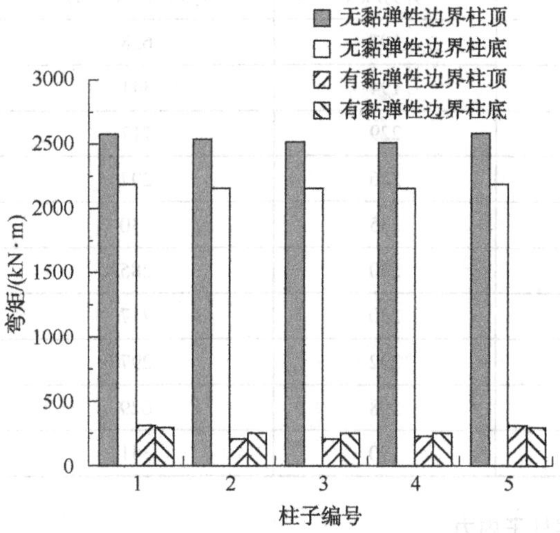

图 8.70　不同边界条件下中层柱子的弯矩值

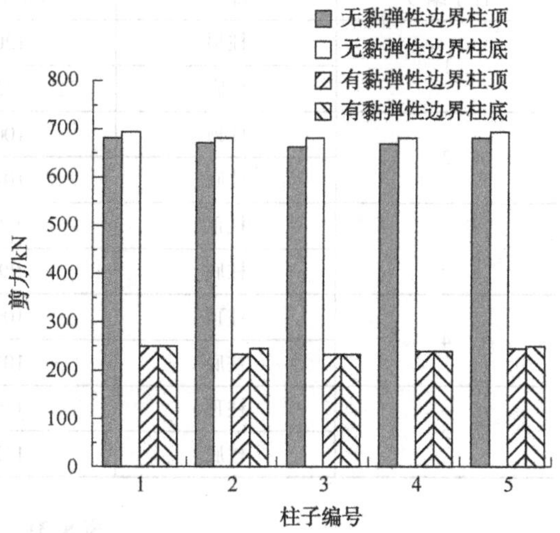

图 8.71　不同边界条件下下层柱子的剪力值

中层柱子与下层柱子在这两种不同边界条件下内力和上层柱子类似，内力差异很大。中层柱子柱顶的剪力和弯矩值略大于柱底，但是相差不大，而下层柱子柱底的弯矩和剪力值要大于柱顶，但是三层柱子柱底和弯矩值相差较大。比较三层柱子所受的内力，下层柱子的内力最大，上层柱子次之，下层柱子的内力最小，同时在柱子和底板的连接处内力达到最大值，剪力为 252kN，弯矩为 998kN · m。在设计与分析时，应给予该位置适当考虑。在地震作用下柱子是破坏最为严重的构件，其柱顶和柱底承受较大的内力。可以看出：不采用黏弹性边界不能反映实际工程中能量传递问题，会造成结果偏大，采用黏弹性边界能够很好反映地震波的传播，减少边界效应对结果的影响。在 EI-Centro 波作用下各层柱子内力如表 8.30~表 8.32 所示。

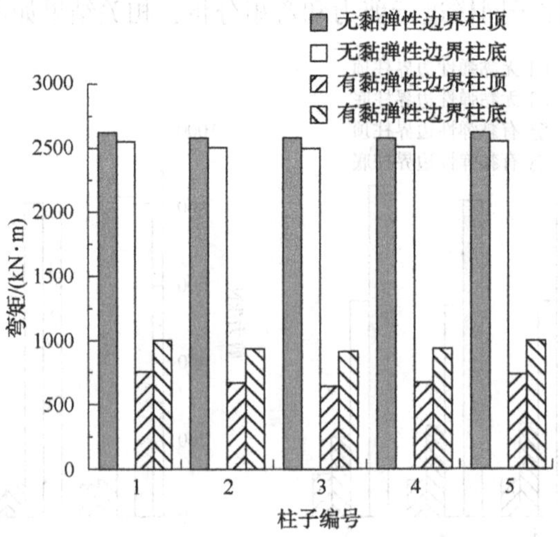

图 8.72　不同边界条件下下层柱子的弯矩值

表 8.30　上层柱子内力

柱子编号	部位	轴力/kN	剪力/kN	弯矩/(kN·m)
1	柱顶	1205	197	628
	柱底	1226	194	341
2	柱顶	1002	229	717
	柱底	1045	226	297
3	柱顶	973	235	730
	柱底	992	230	285
4	柱顶	1003	230	717
	柱底	1052	222	297
5	柱顶	1193	198	629
	柱底	1226	190	341

表 8.31　中层柱子内力

柱子编号	部位	轴力/kN	剪力/kN	弯矩/(kN·m)
1	柱顶	1389	102	315
	柱底	1974	96	301
2	柱顶	1230	79	249
	柱底	1356	72	161
3	柱顶	1209	89	212
	柱底	1298	68	296
4	柱顶	1355	100	201
	柱底	1455	98	266
5	柱顶	1544	122	288
	柱底	1421	92	312

表 8.32　下层柱子内力

柱子编号	部位	轴力/kN	剪力/kN	弯矩/(kN·m)
1	柱顶	1023	298	809
	柱底	1189	277	1007
2	柱顶	898	290	764
	柱底	1123	224	1001
3	柱顶	1098	312	741
	柱底	902	267	1021
4	柱顶	1087	276	654
	柱底	1043	255	998
5	柱顶	911	239	802
	柱底	1089	268	1223

在 EI-Centro 波作用下其柱子的内力变化和兰州波基本类似，同时对于地铁地下车站的侧墙，它的受力性能和梁更为接近，轴压比也相对较小，满足抗震设防性能要求。

③ 各层板位移结果分析。在地震荷载作用下，各层楼板可能会发生竖向的裂缝，这里对楼板的竖向位移进行分析，在一定程度上能够反映地下车站在竖直方向上的抗震性能。取地震波作用时刻前 15s 进行分析，依据《地下结构抗震设计标准》(GB/T 51336—2018)规定，采用时程分析法进行位移分析时，宜取不少于 3 组设计地震动时程，于是在此基础上，根据推荐的地震波选取增加一条 Whittier Narrows(惠堤尔窄地)-593 波，得到不同地震波作用下各波峰时刻车站顶板、一层板和二层板沿车站宽度方向的竖向位移变化，如图 8.73~图 8.75 所示。图中位移以向下为负，向上为正。

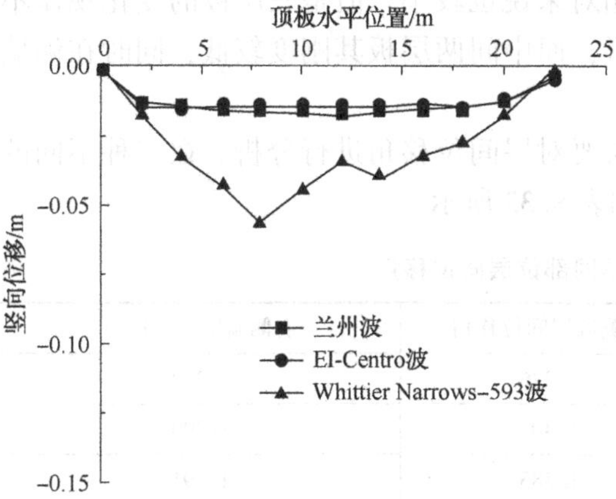

图 8.73　顶板水平位置的竖线位移

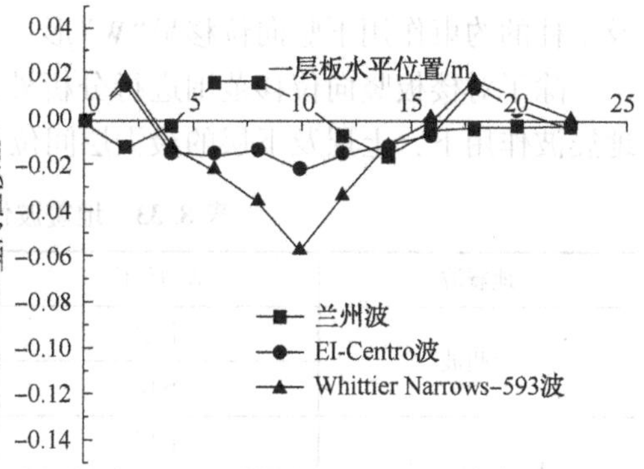

图 8.74　一层板水平位置的竖线位移

在该三种不同的地震波作用下，顶板会出现竖向的变形，这是由于顶板主要承受竖直向下的压力，然而不同地震波作用下的竖向位移影响会有明显差别，兰州波和 EI-Centro 波作用下竖向位移变化基本一致，说明二者对顶板的影响作用基本相同，然而 Whittier Narrows-593 波作用下顶板的竖向位移最大，最大值是 0.052m，可以将顶板竖向变形近似

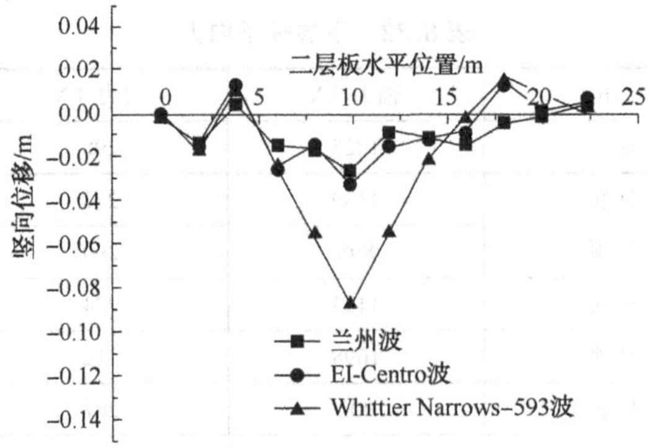

图 8.75 二层板水平位置的竖线位移

看成“U”形变化，此时顶板的变形主要为弯曲变形。

EI-Centro 波和 Whittier Narrows-593 波作用下一层板竖向位移变化规律近似，只是 EI-Centro 波作用下的竖向位移值相对较小，一层板的跨中左右位置(10.05m)竖向向下位移达到最大，数值是 0.031m，Whittier Narrows-593 波作用下一层板跨中左右位置(10.85m)竖向向下位移达到最大，数值是 0.061m。而兰州波作用下一层板竖向位移呈类似余弦函数变化，向上位移最大数值是 0.019m，向下位移最大数值是 0.017m.

该三种波作用下二层板在竖向位移变化规律近似，兰州波和 EI-Centro 波作用下竖向位移的最大值相近，兰州波在跨中左右位置(10.05m)竖向向下最大位移为 0.021m，EI-Centro 波在跨中左右位置(10.05m)为 0.029m，但是 Whittier Narrows-593 波在 6.12m～14.05m 范围内较其他两种波变化比较“突进”，在跨中左右位置(10.05m)竖向向下最大位移为 0.096m。可以将二层板竖向变形近似看成“W”形变化。

总体来说，二层板的变形程度要大于一层板的变形，顶板的变形最小，产生这种现象的原因是中间两层板厚度相对顶板较小，刚度相对来说也较小。但是三层板的变化规律不同，顶板在侧墙的约束作用下竖向位移呈“U”形，而中间两层板其刚度较低，同时在侧墙及中柱的约束作用下竖向位移呈“W”形。

除了对楼板竖向位移范围进行分析外，还需要对层间位移角进行分析。在三种不同的地震波作用下，上层及下层的最大层间位移角如表 8.33 所示。

表 8.33 地震波作用下不同部位层间位移角

地震波	结构部位	左侧墙层间位移角	右侧墙层间位移角
兰州波	上层	1/376	1/379
	下层	1/402	1/390
EI-Centro 波	上层	1/383	1/391
	下层	1/399	1/410
Whittier Narrows-593 波	上层	1/398	1/401
	下层	1/422	1/430

可以看出左侧和右侧的墙层间位移角数值相差不大。在上述三条地震波的作用下，上层的层间位移角数值都很相近，相差在 1‰，而下层数值的层间位移角也相差不大，均在

1‰内。且车站的上层的层间位移角都要略微大于下间位移角，也均小于所规定的 1/250，说明该车站具有较好的水平向抗震性能，符合地下结构抗震设计的相关规定。

(3) 反应位移法、反应加速度法和时程分析法地震响应对比

对基于反应位移法、反应加速度法和时程分析法得出的剪力和弯矩进行对比。单取兰州波作用下车站某些关键位置进行分析，相关结果如表 8. 34 和 8. 35 所示。

表 8. 34　不同方法柱子关键位置的剪力和弯矩

关键位置	分析方法	剪力/kN	弯矩/(kN·m)
一层柱顶	反应位移法	623. 5	434. 9
	反应加速度法	816. 0	811. 8
	时程分析法	230	628
一层柱底	反应位移法	608. 2	1430
	反应加速度法	949. 6	963. 6
	时程分析法	222	341
二层柱顶	反应位移法	29. 0	576. 1
	反应加速度法	817. 6	892. 2
	时程分析法	122	288
二层柱底	反应位移法	49. 6	391. 8
	反应加速度法	819. 3	973. 2
	时程分析法	92	312
三层柱顶	反应位移法	885. 3	1584
	反应加速度法	320. 3	932. 3
	时程分析法	844. 6	1238. 4
三层柱底	反应位移法	953. 2	1688. 9
	反应加速度法	555. 2	1041. 5
	时程分析法	949. 9	1377. 6

表 8. 35　不同方法侧墙关键位置的剪力和弯矩

关键位置	分析方法	剪力/kN	弯矩/(kN·m)
一层侧墙顶	反应位移法	1332. 1	1321. 0
	反应加速度法	844. 6	1238. 4
	时程分析法	1275. 8	1322. 7
一层侧墙底	反应位移法	1428. 9	1469. 5
	反应加速度法	336. 9	1377. 6
	时程分析法	985. 1	1358. 0
二层侧墙顶	反应位移法	1132. 2	1084. 1
	反应加速度法	764. 8	721. 7
	时程分析法	1021. 8	981. 7

续表

关键位置	分析方法	剪力/kN	弯矩/(kN·m)
二层侧墙底	反应位移法	1070.6	471.6
	反应加速度法	564.4	932.3
	时程分析法	942.1	821.9
三层侧墙顶	反应位移法	1628.7	423.7
	反应加速度法	1408	670.8
	时程分析法	1533.8	650.3
三层侧墙底	反应位移法	1573.4	1633.1
	反应加速度法	1088.5	1355.7
	时程分析法	1389.4	1566.2

基于反应位移法、反应加速度法和时程分析法柱子受到的内力最大值都在下层柱子和墙板的接触位置，反应加速度法的内力值较其他两种方法的内力值要小，取值较为保守；时程分析法和反应位移法的内力较为接近，最大剪力相差3.4‰，最大弯矩相差18.4%。在进行抗震设计与分析时，重点考虑下层柱子与楼板和上层柱子与楼板的接触位置，这些位置的内力值较大，发生破坏的可能性也较大。同时发现三种方法柱子受力情况：反应位移法和反应加速度法的内力较时程分析法数值偏大，这与实际工程应用二维抗震分析方法相吻合，是偏安全的。

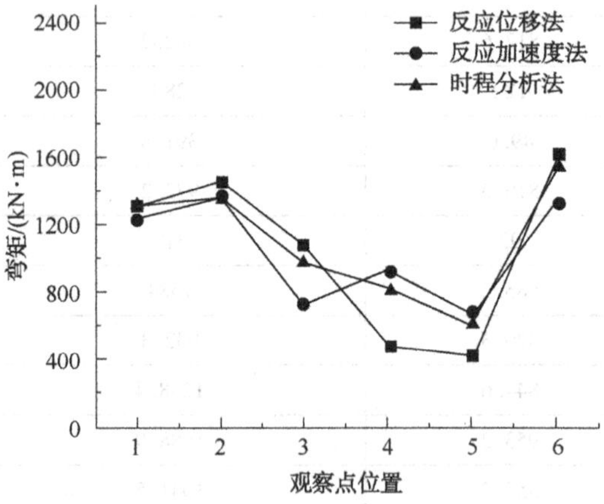

图 8.76　三种方法侧墙关键位置弯矩对比

对三层侧墙从顶部到底部等距离编号依次为1~6，得到在这三种方法下侧墙弯矩如图8.76所示。

三种抗震分析方法车站侧墙的地震响应趋势基本一致，都表现出三层墙顶弯矩最小，而三层墙底弯矩值达到最大。时程分析法和反应加速度法的结果相差很小，偶尔后者结果会大于前者的结果，但在二层墙顶两者相差较大，误差为26.5%，但是对于反应位移法在二层墙底的弯矩值与其他两种方法相比相差一倍左右，同时观察柱子受到的弯矩很多部位小于其他两种方法的弯矩值，这时如果应用反应位移法来进行车站抗震分析，则需要考虑扩大安全系数问题。

同时在X向位移使用三种方法进行对比分析，按照反应位移法和反应加速度法在各层板取五个关键位置编号为1~5进行分析，相关结果如图8.77所示。

无论各层板在X方向何侧发生偏移，都取其数值的绝对值，如图8.77(a)所示，反应位移法和时程分析法顶板横向位移曲线几乎重合，而反应加速度法相对稍小，位移最大误差为12.7%；如图8.77(b)所示，一层板的横向位移时程分析法最大，反应位移法次之，反应加速度法最小，位移最大误差为22.8%；如图8.77(c)所示，反应加速度法和时程分析法二层板横向位移相差不大，位移最大误差为13.8%；如图8.77(d)所示，底板横向位

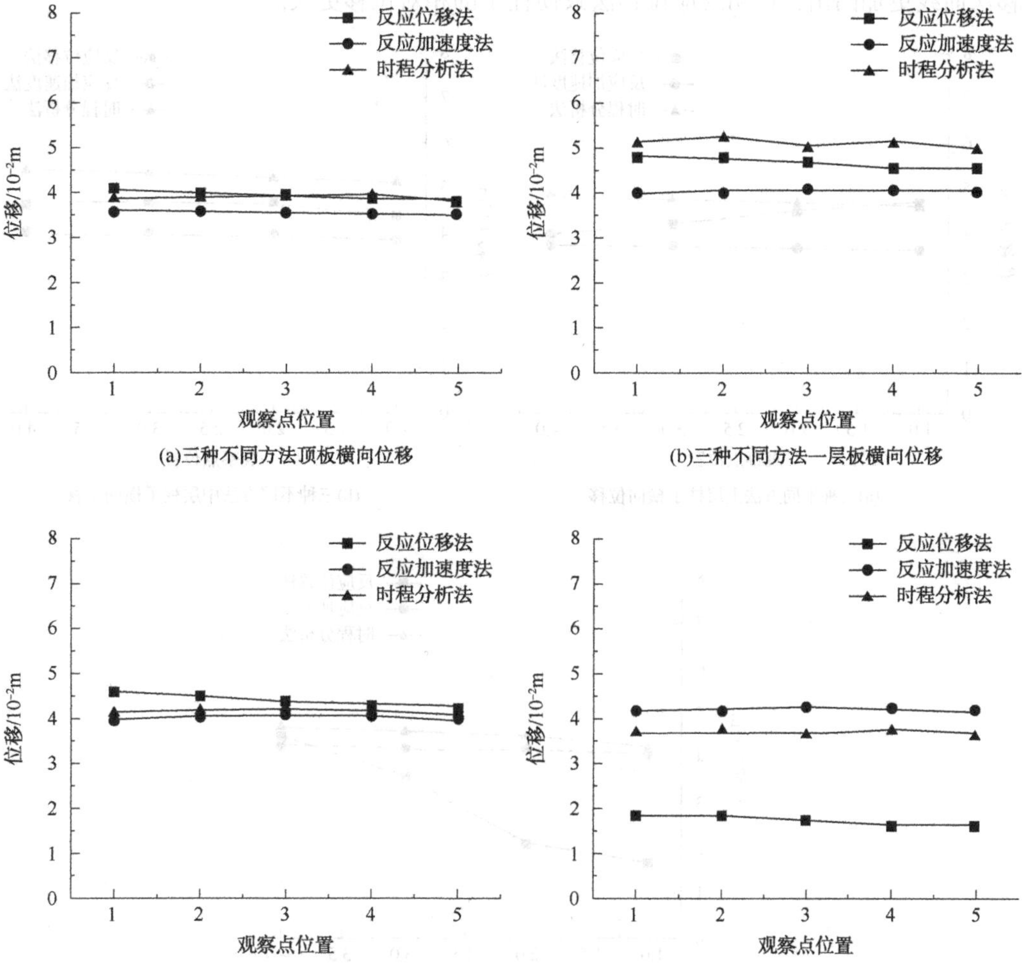

(a)三种不同方法顶板横向位移

(b)三种不同方法一层板横向位移

(c)三种不同方法二层板横向位移

(d)三种不同方法底板横向位移

图 8.77　三种不同方法各层板横向位移

移相差较大，时程分析法与反应加速度法位移相差 12.0%，反应位移法底板的位移较小，说明反应位移法各层板的相对位移更大。

柱子是车站受力比较集中的构件，除了分析各层板的横向位移，还需要分析三层柱子的位移，按照上述方法对每层柱子等距离取四个位置编号为 1~4 来进行分析，相关结果如图 8.78 所示。

各层柱子横向位移的数值取绝对值，如图 8.78(a)所示，反应加速度法和时程分析法一层柱子横向位移比较稳定，数值分别在 0.036m 左右和 0.046m 左右，而反应位移法则是“连接”两种方法的横向位移，位移最大误差为 23.4%；如图 8.78(b)图所示，三种方法的二层柱子的横向位移都比较平稳，时程分析法最大，反应位移法次之，反应加速度法最小，数值分别为 0.051m 左右、0.046m 左右和 0.040m 左右，位移最大误差为 20.6%；如图 8.78(c)所示，时程分析法和反应加速度法的横向位移相差不大，但是前者略大于后者，数值分别为 0.042m 左右和 0.045m 左右，但是反应位移法下层柱子横向位移变化较大，下层柱顶位移和柱底位移相差 0.027m，三种方法柱子的横向位移虽然是倒“U”形，但是反应位移法曲线更加凸出，说明反应位移法致使柱子的相对位移更大。

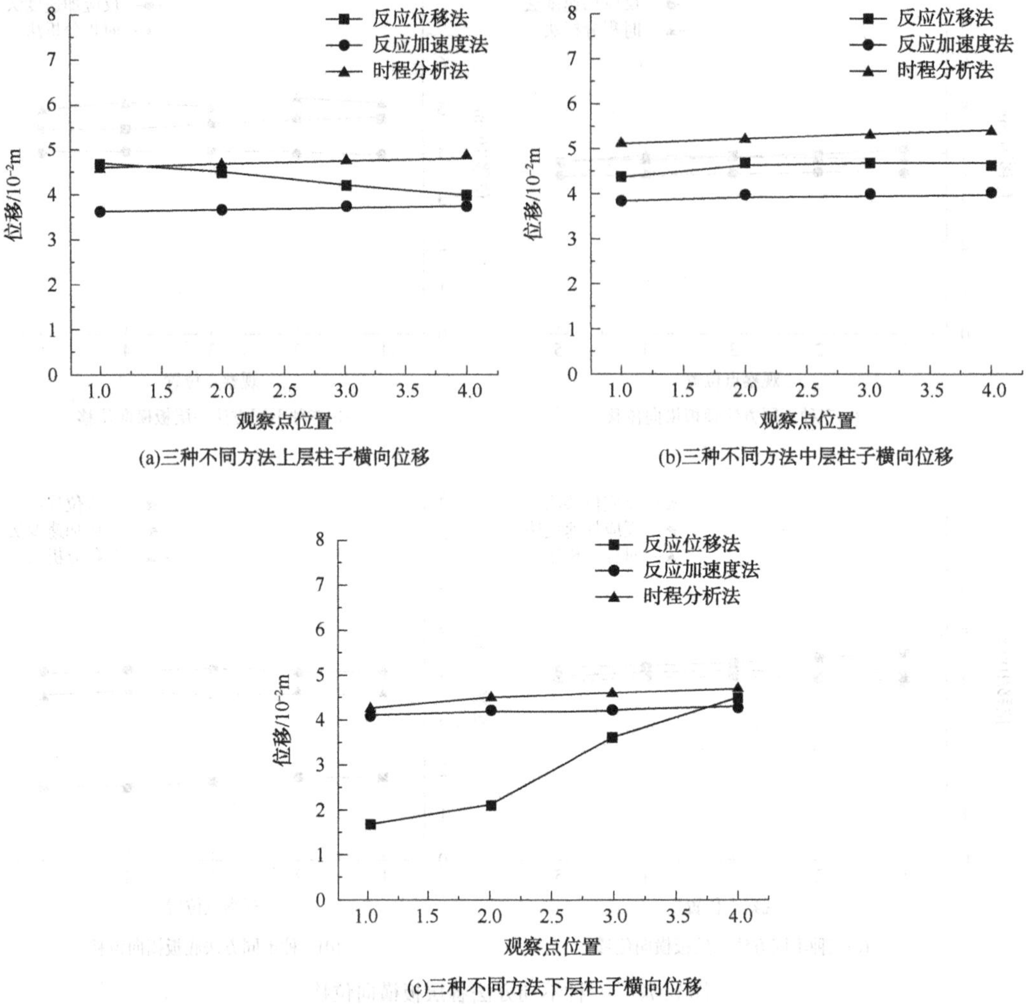

(a)三种不同方法上层柱子横向位移

(b)三种不同方法中层柱子横向位移

(c)三种不同方法下层柱子横向位移

图 8.78　三种不同方法下柱子横向位移

因此可知：反应位移法和时程分析法相比，柱子受到的内力要大，因此在工程中采用反应位移法用于地下车站抗震分析是合理的。

参 考 文 献

[1] 北京城建勘测设计研究院有限责任公司．城市轨道交通岩土工程勘察规范：GB 50307—2012[S]．北京：中国计划出版社，2012.

[2] 曹萌芽．城市轨道交通大型地下空间结构抗震性能设计[J]．工程建设与设计，2021(19)：91-93+120.

[3] 陈代秉．地铁盾构区间隧道抗震分析[J]．现代城市轨道交通，2014(2)：20-23.

[4] 邓自宇，熊立红，章亮．反应谱理论及应用[J]．天津城市建设学院学报，2008，14(4).

[5] 丁德云，赵继．城市轨道交通大型地下空间结构抗震性能分析[J]．地震工程学报，2017(S1)：224-231.

[6] 董正方，王君杰，苏俊省，等．城市轨道交通地下结构抗震设计流程[J]．城市轨道交通研究，2015(5)：65-68+72.

[7] 杜兴华．公路铁路一体化高架车站结构抗震分析[J]．城市道桥与防洪，2020(5)：266-270+30-31.

[8] 樊长刚，谢泽龙．下穿地道结构抗震设计分析[J]．工程建设与设计，2019(7)：9-11.

[9] 黄佳．轨道交通结构抗震设计规范技术要点[J]．四川水泥，2020(8)：317+319.

[10] 孔令飞．兰州地铁某地下车站的抗震分析[D]．兰州交通大学，2022.

[11] 刘秋芳．市区某地铁站地下空间的结构设计[J]．工程建设与设计，2019(13)：34-36.

[12] 刘威展．考虑地震不确定性的桥上车辆响应以及脱轨评估[D]．西南交通大学，2022.

[13] 刘轶．双柱大悬挑高架车站抗震性能化设计[J]．广东土木与建筑，2021(6)：71-74.

[14] 刘志雄，徐彩彩，陈进杰．梁端位移对轻轨车辆运行的影响分析[J]．铁道建筑，2010(9)：5-8.

[15] 龙帮云，刘殿华．建筑结构抗震设计[M]．南京：东南大学出版社，2017.

[16] 骆晓，骆翔翔．城市轨道交通高架车站结构设计研究[J]．科技创新导报，2018，15(27)：51+53.

[17] 吕尚文．公轨共建高架车站的抗震性能研究[J]．世界地震工程，2020(3)：181-190.

[18] 马坤全，陈文艳．轨道交通高架桥合理抗震设计参数及抗震措施研究[J]．中国铁道科学，2001(4)：66-71.

[19] 彭涛．城市轨道交通高架车站抗震设计反应谱不同规范的差别分析[J]．交通世界，2021(34)：21-22.

[20] 孙成良，高辛财．北京地铁 16 号线工程设计实践与创新：首都第一条 8A 编组地铁[M]．北京：中国建筑工业出版社，2020.

[21] 铁道第三勘察设计院集团有限责任公司．铁路桥涵地基和基础设计规范：TB 10093—2017[S]．北京：中国铁道出版社，2017.

[22] 同济大学，天津市地下铁道集团有限公司．城市轨道交通结构抗震设计规范：GB 50909—2014[S]．北京：中国计划出版社，2014.

[23] 王光裕，苏锦峰．城市轨道交通独柱长悬臂高架车站结构抗震性能研究[J]．工程与建设，2018(1)：86-89.

[24] 王君杰，朱敢平，亓路宽，等．城市轨道交通结构抗震设计规范技术要点[J]．地震工程与工程振动，2014(4)：235-241

[25] 王君杰．城市轨道交通结构抗震设计[M]．北京：中国建筑工业出版社，2019.

[26] 王胜．城市轨道交通简支高架桥梁横向抗震能力研究[D]．石家庄铁道大学，2018.

[27] 伍兴文．城市轨道交通大型地下空间结构抗震性能设计[J]．工程建设与设计，2019(15)：29-31.

[28] 信春雷．穿越断层隧道结构地震动破坏机理与抗减震措施研究[D]．西南交通大学，2017.

[29] 袁勇，陈之毅．城市地下空间抗震与安全[M]．上海：同济大学出版社，2014.

[30] 赵杰林．独柱式长悬臂高架车站地震安全性探讨[J]．建筑结构，2012(4)：79-83.

[31] 中国建筑科学研究院．混凝土结构设计规范(2015 年版)：GB 50010—2010[S]．北京：中国建筑工业出版社，2015.

[32] 中国建筑科学研究院．建筑抗震设计规范(附条文说明)(2016 年版)：GB50011—2010[S]．北京：中国建筑工业出版社，2010.

[33] 中国建筑科学研究院．建筑桩基技术规范：JGJ 94—2008[S]．北京：中国建筑工业出版社，2008.

[34] 中国建筑科学研究院．组合结构设计规范：JGJ 138—2016[S]．北京：中国建筑工业出版社，2016.

[35] 周顺华．城市轨道交通结构设计与施工[M]．北京：人民交通出版社，2017.

后　记

截至2022年12月31日，我国31个省(自治区、直辖市)和新疆生产建设兵团共有53个城市开通运营城市轨道交通线路290条，运营里程9584km，车站5609座。2022年全年实际开行列车3316万列次，完成客运量194.0亿人次(较2021年减少43.1亿人次，降低18.2%)；新增城市轨道交通运营线路21条，新增运营里程847km，新增南通和黄石2个城市首次开通运营城市轨道交通……我国城市轨道交通建设正在高质量发展的道路上稳步前行。

城市轨道交通是大城市中重要的公共交通方式。地震对于轨道交通结构的安全稳定性具有很大的影响。科学合理的抗震设计，能直接影响城市轨道交通整体结构的抗震性能。因此，应依据相关抗震规范的要求，分析当下城市轨道交通抗震设计的不足，明确思路，全面保证设计的合理性，不断优化城市轨道交通抗震性能。

在未来，在保证城市轨道结构抗震性能的基础上，充分重视轨道交通建设安全的前提下，应该加大对城市交通结构调整的力度，采取各种有效措施优先发展公共交通，特别是特大城市和超大城市发展大运量、快速度、高效率的城市轨道交通系统，这是合理利用有限的城市土地资源和交通资源，解决我国城市交通拥挤的根本措施。